司法统计学

SIFA TONGJIXUE

夏一巍◎著

西南财经大学出版社

中国·成都

图书在版编目(CIP)数据

司法统计学/夏一巍著.--成都:西南财经大学
出版社,2025.3.--ISBN 978-7-5504-6658-6

Ⅰ.D926.14

中国国家版本馆 CIP 数据核字第 2025UP4626 号

司法统计学

夏一巍 著

策划编辑:李晓嵩
责任编辑:刘佳庆
责任校对:廖术涵
封面设计:墨创文化
责任印制:朱曼丽

出版发行	西南财经大学出版社(四川省成都市光华村街55号)
网　　址	http://cbs.swufe.edu.cn
电子邮件	bookcj@swufe.edu.cn
邮政编码	610074
电　　话	028-87353785
照　　排	四川胜翔数码印务设计有限公司
印　　刷	郫县犀浦印刷厂
成品尺寸	185 mm×260 mm
印　　张	21.625
字　　数	441 千字
版　　次	2025 年 4 月第 1 版
印　　次	2025 年 4 月第 1 次印刷
印　　数	1— 2000 册
书　　号	ISBN 978-7-5504-6658-6
定　　价	49.80 元

前言

我的主要研究领域是犯罪学，这是一门探究犯罪现象、分析犯罪原因和寻找犯罪预防方式与控制策略的学科。对犯罪学而言，统计学是不可或缺的工具，它帮助研究者剖析不同人群的犯罪特点和不同类型犯罪的规律和成因，为预防犯罪策略的制定提供依据。事实上，统计学及量化研究方法的应用并不局限于犯罪学，而是在整个法学领域中逐渐显现其价值。量化研究方法，以其科学性、规模性和价值中立性等特征，为法学研究提供了全新的视角和证据。因此，我希望通过这本《司法统计学》教材，向法科生和其他研究本领域的读者介绍统计学的基础知识、方法论及其在法学研究中的应用。与传统的数理统计课程不同，本教材将尽量不深入探讨复杂的数学推导，而是侧重于解决实际问题，更适合数学基础较弱的读者。

诚然，在法学院开设统计学课程，无论是对教师还是对学生都是一大挑战。对教师而言，确定教学内容、深度和范围是一大难题。实际上，在过去几年的教学中，几乎每一年我都在调整教学的内容、深度和范围。对法科生而言，一听到"统计学"这个名词就会感到头痛，有的同学甚至会抱怨，为什么在其他法学学科任务已非常繁重的情况下，还要学习统计学。对此，我每次上统计学课都会进行一个问卷调查，询问选课学生对统计学的第一印象，包括计算、参数、数据、数学、编程和变量等关键词几个选项（多选题）。调查结果显示，大多数学生倾向于选择数学和数据等关键词，这意味着他们依然将统计学视为一门数学课。

然而，《司法统计学》这本教材更想强调统计学的"变量"面向。为何从变量角度切入？从自然科学的角度来说，比如高中物理的欧姆定律，描述的是电压与电流之间的正比关系，即两个变量之间的线性关系。同样，在社会科学研究中，也可以将研究问题转化为变量与变量之间的关系。例如，犯罪学领域的社会纽带理论指出，当青少年处于父母管教不严的环境中时，更容易出现越轨行为。这里，父母的管教严格程度是自变量（X），而青少年的越轨行为程度则是因变量（Y），从而表明了自变量 X 和因变量 Y 之间的负相关关系。这种"变量思维"也完全适用于法学研究中，从而能够讨论法律现象中的"量"的变化。在我与熊谋林教授共同开设的"实证法学导论"课上，我们鼓励学生使用这种思维方式来探索法学问题。学生们参与此课程时，提出了各种富有创意的研究议题，比如"法官性别对离婚案件中子女归属判决的影响""考试作弊罪中考试类型对量刑结果的影响"等。这些研究案例均可拆解为自变量 X 和因变量 Y，从而为使用统计学提供了绝佳的机遇。

简言之，许多社会科学乃至自然科学议题，都可以被转换为变量之间的关系问题，而统计学正是研究变量变化的科学。因此，在"司法统计学"这门课程中，我希望以变量为中心，介绍统计学相关技术。这样，一旦能将研究问题分解为变量间的关系，就可以自然而然地应用统计学了。当然，我也想强调，统计学仅是研究法学问题的一种科学方法，它并不能替代所有其他方法。研究方法的选择需适应研究问题本身。如果研究问题无法用变量间的关系来表达，那么统计学就不适合用于解决它。比如，在法学研究中，经常需要进行价值判断，或比较不同的法律理论或制度，这些问题就不适合用纯粹的统计学方法来处理，因为难以将这些问题简化为变量间的关系，且这些问题本身就涉及价值判断。但实证研究或许可以为这些比较和判断提供一些经验素材，从而加强其论证的合理性。所以，在选择特定的研究方法时，必须明确每种方法的适用范围和局限性，不能盲目地认为某种方法可以解决所有问题。

经过以上介绍，相信读者对这本《司法统计学》有了更深入的理解。本书的目标非常明确，即将统计学作为一种工具性学科介绍给读者，类似于提供一个"菜谱"。假设的使用场景是，读者首先从研究问题出发，将其明确为变量间的关系，然后识别变量类型（这将在第一章中详细介绍），接着根据教材的内容和变量类型选择相应的分析方法。把统计学视为"菜谱"，意味着最终的"菜肴"应根据"食材"类型来决定。当食材为特定类型时，必定有其对应的烹饪方法。同理，不同类型的变量也对应不同的统计方法。鉴于此，本书的具体目标是为了实现这个根本目标而量身定制的，即介绍何时使用统计学、如何使用相应的统计技术，以及如何解读统计结果（即何时用、如何用、如何解读）。"司法统计学"课程对学生的数学基础的要求较低，不需要其学过高等数学，课程涉及的数学部分如微积分也会尽量简化难度，因此学习本课程的同学请放心，不必有负担。

下面介绍本书的章节划分，共分为十四章，按照上篇、中篇、下篇和番外篇的结构安排。正如前文所述，我希望以变量作为介绍本书统计技术的核心。因此，从章节标题就可以看出，这些内容基本上是围绕变量的不同组合展开的。

在第一章绪论结束之后为上篇。上篇包含四章，分别涵盖单变量描述性统计分析、两个类别变量关系的描述性统计、类别变量与尺度变量关系的描述性统计，以及两个尺度变量关系的描述性统计的内容。相信通过上篇的学习，读者可以掌握对任意测量水平的两个变量进行描述性分析的技术。

紧接着进入中篇，即对概率论基础的介绍。中篇包含两章，第六章主要介绍概率、随机事件与随机变量等方面的知识。而第七章则重点介绍大数定律、中心极限定理与抽样分布的知识。对概率论的掌握将会为下篇的推论性统计打下基础。近年来，大量实证法学研究都以裁判文书作为分析素材，但裁判文书的数量庞大，全部阅读这些裁判文书并将其一一编码是不现实的。推论性统计技术可以让研究者对随机抽取的样本进行分析，从而对总体参数进行有效推论。

经过概率论的铺垫，将进入下篇，也就是推论性统计的学习。本书将首先介绍参数估计和假设检验，这是推论性统计的核心部分。完成这两个部分的学习后，本书将在第十章到第十三章介绍单个总体均值与方差的假设检验、两个类别变量关系的假设检验、类别变量与尺度变量关系的假设检验以及两个尺度变量关系的假设检验。读者可能已经注意到，这与上篇的排列顺序完全一致，只是增加了一个"假设检验"的后缀。至此，完成第十三章的学习后读者已经能够找到合适的双变量（单变量）统计技术进行推论性统计分析。

然而，仅仅了解双变量统计知识对于处理实际问题而言是远远不够的。因此，本书在番外篇进一步回归分析进行延伸，从而适应更多情况。

在番外篇的第一部分，本书将讨论如何使用回归分析处理类别变量。完成这一章的学习之后，读者可以使用回归模型探索任何测量水平的两个变量之间的相关关系。番外篇的第二个部分，则进一步将双变量技术拓展到多变量。这一延伸对实际研究而言意义重大，现代社会科学定量研究中几乎没有只使用两个变量关系的情况。以刑期与盗窃金额的关系研究为例，仅考虑这两个因素可能会受到严重质疑，因为众多因素都可能影响刑期，如犯罪的未完成形态、自首、认罪认罚等。如果不考虑这些变量，可能会导致错误的结论。因此，在进行研究时，需要超越简单的双变量关系分析。

总之，尽管本课程不能详细讲解统计技术背后所有的数学基础，但通过介绍基本概念和分析方法，相信读者能实现"何时用、如何用、如何解读"这三个目标。最终，我希望统计学不再是一个令法科生头疼的难题，而是成为他们探索法律世界、理解法律现象、解答法律问题的有力工具。最后，如果对本人的研究感兴趣，可以通过邮箱联系我：xiayw@swufe.edu.cn，本书所有习题答案也将同步更新，欢迎各位读者邮件联系。

夏一巍

2024 年 7 月 10 日

于西南财经大学柳林校区

目录 CONTENTS

下篇　推论性统计

番外篇　回归分析拓展

第一章　绪论

本章将主要探讨三个核心内容：统计方法在实证法学研究中的地位、统计学几组基本概念，以及最为关键的内容——变量的测量层次。完成本章的学习后，读者将能够根据具体的研究问题，找到并应用相应的统计方法。如前言所述，量化研究的本质，在于探索变量之间的关系，尤其是自变量与因变量之间的关系，而变量的测量层次则直接决定了统计方法的选择。因此，本章将引导读者了解基本的测量方法，鼓励大家根据现实或构思的研究问题，拆解并探讨变量间的关系。

第一节　统计方法概述

一、统计学与通则式解释

近十年来，实证法学这一概念在法学界引发了广泛的讨论。尽管文献中使用了诸多不同的概念和术语，但其核心思想均在于使用经验素材来论证某些法学命题①。这种研究范式与法律解释学的路径形成了鲜明的对比。在某种程度上，这两种不同的范式在认识论上出现了根本的分歧。解释学将现成的法律文本视为研究的起点，运用逻辑、历史、语义学等方法来探寻文本的内涵，我们可以将其比喻为一种"自上而下"的研究方法。而实证研究方法则从已经存在的经验素材中总结归纳出规律，并以此检视现有理论的适用性，因此可以将其理解为一种"自下而上"的研究方法。

需要指出的是，法律解释学并非完全不使用经验素材。事实上，很多解

---

① 针对实证法学概念的综述，详见：熊谋林."实证法学"的概念术语回顾与回归——基于文献的实证法学研究整合路径 [J]. 湖湘法学评论，2024（1）：21-49.

释学研究都会在论证中使用某些个案作为论据。然而，这种使用方法与实证研究对经验素材的使用方法存在核心的区别。简而言之，从方法层面来看，实证研究"几乎全部的论证过程"是在对经验素材的分析中产生的，而解释学则可能仅将个案使用作为佐证。

实证研究方法大致可以分为量化研究方法与质化研究方法。尽管读者可能在不同场合阅读过使用量化和质化研究方法的论文，并发现它们的风格迥异，但两种方法的共性实际上大于个性。从某种意义上说，两种方法的差异仅仅是研究风格和研究方法的差异。量化研究更多侧重于计算和统计分析，将个别现象加以概念化以便于归纳出一般性的描述或者以此检验因果假设。同时，该方法一般使用一些能被其他研究者复制的测量和分析技术。相对而言，质化研究没有定式，研究者采用诸如观察、访谈、内容分析等方法来探索研究问题[1]。

本书即将深入介绍的统计学，是量化研究所采用的核心研究方法。统计方法的核心目标，在于揭示大量现象背后隐藏的统计规律。换言之，统计规律旨在实现通则式解释（nomothetic），这与法律解释学所追求的覆盖所有个体的个案式解释方式存在本质差异。通则式解释致力于寻找一些关键因素（自变量），以解释既定现象在某个方面的变异，并构建一个概率模型来进行解释[2]。

例如，犯罪学研究常常发现家庭破裂的孩子更有可能走上犯罪道路，但这并不意味着每个家庭破裂的孩子都会犯罪，这只是一个基于大样本的统计规律。统计规律具有一定的随机性，它并不要求每个个体都完全符合所发现的现象。然而，我们可以确信，在绝大多数样本中，这种规律是成立的。尽管统计规律存在随机性，但在大量随机现象的背后，我们可以找到一条相对稳定的线索。

实证法学研究中，以盗窃金额与刑期关系为例，虽然盗窃特定金额财产对应的刑期存在差异，但是两者之间大体上应当存在某种正相关关系。甚至，我们可以使用回归的方法，计算出盗窃金额每增长 1 000 元所增加的刑期长度。在民法领域，我们也可以找到类似的例子。比如，在离婚案件中，

---

[1] 加里·金，罗伯特·基欧汉，悉尼·维巴. 社会科学中的研究设计 [M]. 陈硕译. 上海：格致出版社，2014.

[2] MAXFIELD M G, BABBIE E R. Research Methods for Criminal Justice and Criminology [M]. Cengage Learning, 2017：35-36.

精神损害赔偿的争议往往与过错方的行为类型有关，如婚外情、家庭暴力或私生子等。在这些情况下，无过错方可以要求精神损害赔偿。利用统计学方法，我们可以探索出哪种过错类型更容易获得精神损害赔偿的统计规律。但需要注意的是，这个结果只是一种统计规律，并不代表法院一定会支持相应的精神损害赔偿请求，因为实际判决可能还受到其他复杂因素的影响。

二、针对量化研究的常见误解

针对法律量化研究而言，许多读者可能对这种研究范式心存诸多质疑。以下选取一些具有代表性的质疑，并尝试给出一些初步的思考：

其一，有人质疑研究结论可以通过举出反例的方法来反驳。针对这一质疑，我们可以援用通则式解释的基本内涵来回应。量化研究寻找的是自变量影响因变量的"概率模型"，它并不追求绝对的确定性，而是关注在大量观察中自变量与因变量之间呈现出的统计规律性。因此，它允许存在反例。以流动儿童犯罪率的研究为例，尽管研究显示，流动儿童的犯罪率较高，但完全可能存在一些流动儿童并没有走上违法犯罪的道路。在通则式解释的框架下，这项犯罪学研究的发现应表述为：相较于非流动儿童，流动儿童有较高的概率走上违法犯罪的道路。

需要进一步说明的是，通则式解释对于政策制定具有重要意义。当我们发现某些自变量和因变量之间存在稳定的因果关系时，就有理由相信，通过改变自变量，我们可以影响因变量。更有意义的是，通过精确量化不同的自变量对因变量的影响程度，我们可以明确哪些自变量对因变量更为重要。例如，在犯罪学研究中，经常会计算并比较多个因素对犯罪行为或犯罪率的影响。如果研究结论成立，那么它将为预防犯罪的资源分配提供重要的参考依据。

当然，举反例的方法并非完全不能成为反驳某项量化研究的方法。当反例足够多且足够系统时，它应当成为研究者不可回避的一个现象。例如，如果发现大量流动儿童不仅没有走向违法犯罪的道路，反而奋发图强，变得比其他青少年更加远离违法犯罪，那么这一现象至少在两个层面具有重要意义：

（1）原先的研究结论可能存在抽样问题，即可能存在系统性抽样误差，让这个"反常"群体没有获得其应有的贡献。

（2）这一群体可能存在某些特殊机制从而扭曲了原先的发现。例如，很多犯罪学研究发现，与新闻报道或者常识相反，一代移民在诸多方面都比本地人表现良好，这种发现往往被称为"移民悖论（immigration paradox）"①。犯罪学家将这一现象归因于"选择效应"，即品行不良或者具有身体弱势的移民可能无法成功融入，甚至可能无法移出原籍地。如果移民悖论机制成立，那么发现特定群体的流动儿童表现反而良好，则说明原来的发现并没有考虑这种机制存在的可能性，从而存在纰漏。

其二，有人认为，很多量化研究似乎只是在"证明常识"，因此其研究意义有限。这一质疑是实证研究，尤其是量化研究经常面临的。以流动儿童犯罪率的研究为例，有人质疑：发现流动儿童犯罪率高于本地儿童，这难道不是常识吗？针对这个问题，至少有四个方面可以回应：

（1）常识未必正确。每个人的常识都受制于其自身社会环境的局限，某个人的常识并非等于所有人的常识。例如，"移民悖论"这个例子就很好地说明了常识与现实的差异。

（2）常识可能自相矛盾。以犯罪学的研究为例，这些研究都指出，与不良同伴结交非常容易引发青少年的越轨犯罪行为。然而，这一发现却经常被一些读者轻视，声称古人早就说过"近朱者赤，近墨者黑"。但另一方面，古人也说过"出淤泥而不染"，表明并非所有人都会受到同伴的影响。那么，到底哪个观点才是正确的呢？或者说，两者都正确，但这些常识在什么样的具体情境下才成立呢？这就需要通过严谨的量化研究来探究。事实上，古人的话语中充满了相互矛盾的观点（表1.1），因此，对于犯罪学研究的任何一项发现，我们几乎都能找到与之相对应的"常识"。所以，如果仅凭常识来指导实践，那么就会存在很大的随意性，因为研究者完全可以根据自己想要的结论来选择符合结论的"常识"。

（3）常识不够精确。即使根据常识能得出流动儿童犯罪率高的结论，但是"高多少"这个问题并不能被常识准确回答。而这个问题的答案对于制定相关政策至关重要。例如，如果发现流动状态这一因素对犯罪行为的贡献远远不如同伴影响，那么政策制定者就应该更加重视引导未成年人良性交友。

（4）常识可能无法解释机制。即使发现流动儿童的犯罪率较高，那么

① HAGAN J, LEVI R, DINOVITZER R. The Symbolic Violence of the Crime - Immigration Nexus: Migrant Mythologies in the Americas [J]. Criminology and Public Policy, 2008, 7: 95-112.

其背后的原因或机制是什么呢？是由于他们缺乏父母的有效管教，还是因为他们更容易接触不良同伴，进而引发越轨和犯罪行为呢？上述任何一个解释都只是一个可能的机制路径，需要使用量化研究来进一步验证，从而找到变量间关系的真正桥梁。

总之，本书希望强调的是，任何常识只在特定的时空和社会背景下生效。与其说研究"证明常识"，不如说某些常识恰好符合经验观察而已。

表 1.1　"矛盾"的常识

"矛盾"的常识 1-10	"矛盾"的常识 11-20
1. 俗话说，宁为玉碎，不为瓦全；俗话又说，宁做鸡头，不做凤尾。 2. 俗话说，宁养顽子，不养痴儿；俗话又说，聪明反被聪明误。 3. 俗话说：站得高，望得远；俗话又说：爬得高，跌得重。 4. 俗话说：兔子不吃窝边草；俗话又说：近水楼台先得月。 5. 俗话说：糟糠之妻不下堂；俗话又说：贫贱夫妻百事哀。 6. 俗话说：知无不言，言无不尽；俗话又说：逢人只说三分话，不可全抛一片心。 7. 俗话说：皇帝女儿不愁嫁；俗话又说：酒香也怕巷子深。 8. 俗话说：不以成败论英雄；俗话又说：胜者为王，败者为寇。 9. 俗话说：男怕学错行；俗话又说：行行出状元。 10. 俗话说：有缘千里来相会；俗话又说：不是冤家不聚头。	11. 俗话说：自古英雄出少年；俗话又说：大器晚成。 12. 俗话说：小心驶得万年船；俗话又说：富贵险中求。 13. 俗话说：忍一时风平浪静；俗话又说：忍字心头一把刀。 14. 俗话说：退一步海阔天空；俗话又说：狭路相逢勇者胜。 15. 俗话说：人怕出名猪怕壮；俗话又说：人生在世，名利二字。 16. 俗话说：忠言逆耳利于行；俗话又说：有话好好说。 17. 俗话说：浪子回头金不换；俗话又说：狗改不了吃屎。 18. 俗话说：好人一生平安；俗话又说：好人不长寿，祸害一千年。 19. 俗话说：有情人终成眷属；俗话又说：多情总被无情伤。 20. 俗话说：人不可貌相；俗话又说：人靠衣裳马靠鞍。

其三，有人质疑量化研究缺乏体系性，甚至指出有些结论相互矛盾。这种批评往往将量化研究与理论工作相比较，然后指出量化研究只能产生"零碎的知识"，不利于构建理论。针对这一点，本书认为有必要明确知识产生的过程。按照华莱士（Wallace）（1971）提出的科学之轮（wheel of science）的基本设想（如图 1.1 所示）[1]，理论仅仅是研究的第一步，还需要根据理论形成研究假设，进行经验观察以讨论理论的适用性，并最终根据这些经验观察重新修正或者发展理论，周而复始。因此，理论的提出仅仅是第一步，无论多么宏大的理论，如果没有经验观察作为佐证，可能只是空中楼阁。从这个意义上说，量化研究是检验理论的重要工具，也是构成整个科

---

① WALLACE W. The Logic of Science in Sociology [M]. New York：Routledge，1971.

学之轮的重要环节。量化研究之所以看似"零碎"，是因为验证理论是一个"做减法"的过程。理论虽然描述得非常完整和宏观，但是经验数据可能只能对其中一些命题进行检验。然而，只有当足够的经验研究积累起来，形成更为完善的理论时，才能推动科学之轮的转动，从而实现科学的真正进步。因此，在法学研究中，并不是实证研究太多，而是实证研究太少，以至于在还没有充分经验证据支持的情况下，很多新理论、新政策和新概念就蜂拥而至。

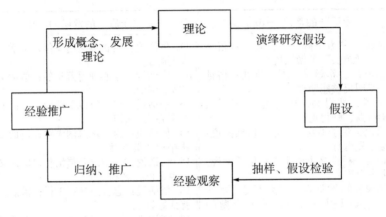

图 1.1　科学之轮

至于结果相互矛盾，则涉及方法论层面的问题。前文已提及，常识仅在特定的时空和社会背景下生效，这可能是导致实证研究结果相互矛盾的根本原因。再者，考虑到任何实证研究在各个环节都可能存在偏误，因此，若在不加审视的前提下直接将研究结论进行对比，势必会得出"研究结论相互矛盾"的结论。以调查研究为例，总体调查误差（total survey error）① 是一个评估调查研究的有用框架，它从代表性和测量两个维度深入分析了调查研究可能的误差来源（见图 1.2 Groves & Lyberg 2010）。因此，任何一个环节的误差都可能导致研究结论的不可控。那么，如何合并不同的研究结论呢？事实上，在统计学中，存在一种称为元分析（meta-analysis）的研究方法，这种方法能够将不同研究的统计结果进行合并（synthesis），从而对特定的自变量与因变量之间的关系得出更具稳定性的结论。

---

① GROVES R M, LYBERG L. Total survey error：Past, present, and future ［J］. Public Opinion Quarterly, 2010, 74（5）：849-879.

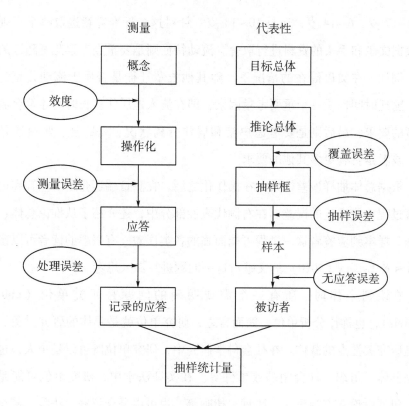

图 1.2　总体抽样误差框架

第二节　总体与个体、样本与抽样

一、总体与个体

接下来，我们将进一步介绍统计学的一些基本概念。首先是"总体"和"个体"。总体是全体研究对象的集合，而个体则是构成总体的最小单位，也是具体调查分析的对象。以流动儿童与犯罪为例，如果研究中国流动儿童，那么总体应当是全部流动儿童，而个体则是每一个流动儿童。虽然这个例子中定义总体和个体看似非常简单，但是按照总体抽样误差的框架来实施具体操作时，则会面临各种抉择。仅从测量的第一步，即操作化开始，就已经可能面临各种问题。通常而言，流动儿童可以定义为随父母或其他监护人迁移到非户籍所在地生活的儿童。我们可以从年龄范围、流动特征和户籍-居住分离三个方面进行思考。年龄范围是划定"儿童"的重要标准，究竟是 0~17 岁、6~14 岁，还是 10~14 岁？针对这个标准究竟选取哪个，则需要根据文献和手头的资料进行取舍。流动特征则是要重点考察儿童随迁的范围，例如，在父母健在的情况下，随其他长辈迁徙是否属于流动儿童？此外，随迁时间也是一个重要考量因素，即在流入地居住多长时间才符合流动儿童的要求？最后则是要考虑户籍和居住分离状况，是跨县、跨镇还是跨省？或者是否有更多其他的要求。

根据总体抽样误差框架，在操作化之后，在测量端还介绍了应答和记录应答过程可能产生的误差。在右侧代表性部分中，还介绍了从推论总体、抽样框、样本到应答者这一过程可能面临的各类误差。有兴趣的读者可以参考 Groves & Lyberg（2010）的文献对这一问题进行深入思考。

在谈到个体时，还有一个需要明确的问题是研究单位（unit of analysis），也称作分析单位。简而言之，研究单位就是具体的研究对象，或者是研究关注点的载体。在社会科学研究中，研究单位既可以是个人，也可以是群体、组织、社会制品或事件等。在实证法学中，研究单位可能是个人，包括诉讼双方当事人、法官、律师等，也可以是合议庭、法院，甚至是地区等。正确选择研究单位是实证分析的前提，也是结论可以正确推论的保障。这一点对于实证法学来说尤为重要。

例如，在"盗窃特定金额财产对应的刑期"这一研究中，研究单位究竟是什么？这取决于研究目的。针对这一议题，存在多个可能的研究单位，包括被告人、案件、法院、地区等。在进一步分析每个研究单位所对应的研究议题之前，需要首先明确这些研究单位之间的嵌套关系。一个案件（case）可能包含多个被告人，因为存在共同犯罪问题，因此被告人是嵌套在案件之中的。而案件可能嵌套于法院之中，法院又嵌套于地区之中。因此，对这个议题的研究单位而言，存在"被告人 $\in$ 案件 $\in$ 法院 $\in$ 地区"的结构关系。

如果以被告人作为研究单位，那么这意味着这项研究可能希望探讨的是针对每个被告人而言，盗窃金额对刑期的影响。然而，现实情况是，随着裁判文书的公开，很多研究者误以为研究单位是案件，或者是一则裁判文书，但这种认识在遇到共同犯罪时就会遇到困难。如果将研究单位认定为法院或者地区，那么或许指向的是一个集合层次（aggregate level）的研究对象，因为某个法院内部或者地区内部会存在大量案件，涉及众多被告人。因此，对集合层次的对象而言，其特征既可以是其本身的属性，例如法院的层级（基层人民法院、中级人民法院、高级人民法院），也可以是个体层次（individual level）特征的汇总，例如生效判决的平均刑期，或者涉案被告人的平均盗窃金额。

因此，研究结论的得出与研究单位的选取密不可分。当选取集合层次的研究对象时，其结论仅限于集合层次，不能类推到个体层次。否则，就会犯区群谬误（ecological fallacy），也称为生态谬误或者层次谬误：集合层面的数据或观察结果错误地推断到个体层面。假设在一项法学研究中，研究者收集了不同地区的犯罪率数据，并发现某个地区（如 A 区）的犯罪率显著高于其他地区。如果研究者仅基于这一群体层面的数据，就推断出 A 区的所有个体（居民）都比其他地区的居民有更高的犯罪倾向，那么这就构成了一个典型的区群谬误。

反之，如果将个体层次的发现错误地推广到集合层次，则会出现"原子谬误"（atomic fallacy），也称为还原论谬误。例如，假设一位研究者研究了一起特定的法律案件，发现该案件中的法官做出了一个不寻常的裁决，如果基于这个个别案件的观察，研究者就推断出整个法律体系或所有法官都存在类似的问题或偏见，这就犯了原子谬误。

二、样本与抽样

样本（sample）是从总体中抽取的一部分个体，用于研究的集合。而抽取样本的过程则被称为抽样（sampling）。很显然，由于研究经费、时间等诸多限制，我们通常很难直接研究总体。以盗窃罪为例，裁判文书网上已经记录了超过十万份的判决书，对其进行一一人工编码显然是不现实的。即使使用自然语言处理技术对文本进行提取，也存在较大的误差①。因此，我们需要使用抽样的方法来研究一些总体较大的情况。在统计学中，遵循随机抽样原则抽取的样本称为"随机样本（random sample）"，否则称为"非随机样本（non-random sample）"。在后续介绍的推论性统计中，一般默认样本是从总体中随机选择的。

这里需要特别说明什么是随机抽样原则。随机抽样并不意味着随便选

---

① XIA Y. Trade-off Between "Big Data" and "Small Data": a Simulation Study on The Application of Random Sampling in Chinese Empirical Legal Studies [J]. Hong Kong Law Journal, 2023 (53): 1215-1240.

择。以研究盗窃金额与刑期关系为例，有研究者声称只须从例如四川地区选择一些生效的裁判文书，就可以"管窥"全国的规律。这种做法显然是不科学的。我们必须明确"随机"的含义。从数学角度来看，随机意味着总体的每个个体都有相等的概率被抽中。例如，在前面的例子中，如果我们仅使用四川地区的生效裁判文书，那么其他地区的裁判文书在样本中被抽中的概率就为零，这明显违反了随机抽样的原则。因此，这个样本不能被视为随机样本，由此研究对象所概括出的全国总体规律也是不可靠的。

一般而言，有诸多抽样方法可以实现随机抽样，包括简单随机抽样（simple random sampling）、系统抽样（systematic sampling）、分层抽样（stratified sampling）和整群抽样（cluster sampling）。以裁判文书为例，假设研究者希望从所有的交通肇事罪一审判决书中随机抽取 1 000 份判决书。那么，可以采用以下方法进行抽样：

（1）简单随机抽样：研究者首先需要获取一个包含全部裁判文书的列表，然后使用随机数生成器或抽签的方式，从所有交通肇事罪一审判决书中随机抽取 1 000 份。例如，研究者可给每一份裁判文书生成一个随机数，然后使用 Excel 等软件对这个随机数进行排序（升序和降序均可），那么前 1 000 份裁判文书可以视为一个样本量为 1 000 的随机抽样。

（2）系统抽样：首先，将所有交通肇事罪一审判决书按一定顺序排列（如时间顺序）。其次，计算抽样间隔 k（即总数除以样本量，例如，如果总数为 10 000 份，样本量为 1 000 份，则 $k=10$）。最后，研究者随机选择一个起点，然后每隔 k 份抽取一份，直到抽满 1 000 份。

（3）分层抽样：首先，根据某些特征（如案件年份、地域分布等）将所有交通肇事罪一审判决书分成若干层。其次，根据每一层的占比分配总样本量（1 000 份样本）。最后，在每一层中进行简单随机抽样。

（4）整群抽样：首先，将所有交通肇事罪一审判决书分成若干聚类（如按法院、地区等划分）。其次，随机抽取若干个聚类，再从这些聚类中抽取所需数量的判决书。例如，首先从所有法院中随机抽取 50 个法院，然后从每个法院中随机抽取 20 份判决书，最终得到 1 000 份判决书的样本。

以上四种基础的随机抽样方法能够确保最后每个个体被抽中的概率相等。随着统计学的发展，等概率这一要求已经得到了放宽。现代的很多抽样调查通常只需要保证每个个体有已知且非零的概率（known and non-zero probability）被抽中即可。这个要求的数学意义很明确：即使最终获得的样本并非等概率样本，但我们既然已知抽样权重，就可以对研究结果进行加权（weighting），同样可以得到与随机样本一致的估计。

因此，"已知非零"是随机抽样的最基本要求，研究者可以使用这个标准来衡量某些研究，尤其是实证法学的结论是否可靠。例如，很多法学研究希望研究公民的司法态度或者安全感等，倾向于选择网络问卷的方法进行调查。很显然，在这个研究设计中，那些对调查不感兴趣或者没有时间的人则不会参加调查，因此违反了"非零概率"的原则。甚至，针对这种网络问卷，很多人还会选择在朋友圈进行发放，这种抽样其实某种程度上已经演变成了一种滚雪球抽样（snowball sampling）。此时，每个个体被选中的概率其实与第一个节点类似，例如，如果发放者是大学生，那么其朋友圈的人至少有较高概率是大学生。因此，个体被抽中的概率不仅不相等，而且最为麻烦的是，我们无法计算个体入样的概率，因此"已知概率"这一特征也无法满足。

事实上，随机抽样在社会科学研究中，尤其是实证法学研究中，很多时候是一种奢望。因为随机抽样通常需要在抽样前知晓一个包含所有个体的列表，这个列表通常被称为抽样框（sampling frame）。然而，抽样框有时很难获取，即使可以获取也会存在偏误。例如，研究者可能希望研究所有生效的强奸案件的裁判文书，虽然裁判文书网可以提供一个可行的抽样框，但遗憾的是，由于选择性上传的问题[1]，研究者能获取的仅仅是一个不完整的抽样框。那么针对非随机抽样是否完全不可以进行推论性统计？统计学家已开发出一些可能的解决方案，有兴趣的读者可以参考一些近期的综述性成果[2]。

① 马超；于晓虹；何海波. 大数据分析：中国司法裁判文书上网公开报告［J］. 中国法律评论，2016（04）：195-246. 唐应茂. 领导意愿、机构能力和司法公开——北京、上海、广东裁判文书上网率的初步研究［J］. 中国法律评论，2018（06）：90-102.
② BAKER R，BRICK J M，BATES N A，et al. Summary Report of the AAPOR Task Force on Non-probability Sampling［J］. Journal of Survey Statistics and Methodology，2013，1（2）：90-143.

第三节　变量的测量层次

一、测量层次的种类

本章的最后一部分，也是最为重要的一部分，我们将学习变量的测量层次（level of measurement）。变量的测量层次是选择统计方法的核心参考依据。本书几乎所有的内容是围绕不同测量层次的排列组合来划分章节的。因此，明确变量的测量类型将直接决定统计方法的选择。如果把变量比喻为"食材的类型"，那么统计方法就是对应的"烹饪手法"。很显然，如果针对特定类型的食材选择了不恰当的烹饪方法，最终可能会导致菜肴完全失败，或者大材小用。无论哪种情况，都是我们不愿看到的。

一般而言，我们可以将变量分为类别变量（categorical variable）和尺度变量（scale variable）两个大类。对于类别变量，我们可以进一步将其细分为无序类别变量（也称为定类变量）和有序类别变量（也称为定序变量或序列变量）。对于连续变量，我们可以进一步将其细分为定距变量和定比变量。这四种变量类型根据所包含信息的丰富程度依次递增。下面将分别进行讲解。

1. 定类变量（nominal variable）

定类变量是测量层次最低的一种变量，其取值仅代表不同的类型，而无法进行数值上的比较。例如，婚姻状况中的"已婚"和"未婚"，它们的取值仅表示不同的类型，没有数值上的大小之分。同样，共同犯罪中的分工，如"教唆犯"和"帮助犯"，也属于定类变量。

2. 定序变量（ordinal variable）

定序变量，也被称为有序类别变量。与定类变量相比，定序变量的取值之间存在一个明确的顺序或等级关系。以教育程度为例，我们可以用1、2、3、4、5分别代表小学、初中、高中、大学和研究生。这些数字不仅表示不同的分类，还意味着受教育程度的逐渐提高。因此，与定类变量相比，定序变量具有取值顺序的特性。在法学领域，如果考察主刑的刑种这个变量，则可能包括管制、拘役、有期徒刑、无期徒刑和死刑几个取值。这些取值可以被视为刑罚严重程度逐次递增，因此其也可以被视为一个定序变量。

需要指出的是，定序变量的取值顺序需要由研究者自行确定。例如，假设研究者对强奸案件中加害人和被害人之间的关系感兴趣（假设加害人为男性），则可能存在陌生人、熟人、朋友、前男友、前夫等几种关系。这种变量既可以视为定序变量，也可以视为定类变量。区别在于研究者是否认为这些关系类型暗含某种"顺序"。此外，邻居或亲属这类关系的具体位置也是一个问题。如果将其视为定类变量，那么位置无关紧要；但如果将其视为定序变量，则需要仔细考虑邻居和亲属在感兴趣的某个"顺序"中应处于何处。例如，若按亲密程度划分，邻居可能处于与熟人相似的位置，而亲属可能处于朋友之上的位置。但若按照其他标准，变量的顺序可能会有所不同。

无论是定类变量还是定序变量，都是类别变量，其变量的取值最多只能进行排序，无法进行四则运算。以受教育程度这个定序变量为例，其取值可能有小学、初中、高中、本科和研究生等。我们只能说初中学历肯定高于小学学历，高中学历肯定高于初中学历，但无法进行加减法运算。例如，我们无法说初中和小学的距离一定等于初中和高中之间的距离，因为小学通常有六年学制，而初中和高中通常只有三年学制。其他的定序变量则更加不可以进行四则运算。因此，我们需要引入一个新的概念，即尺度变量。

3. 定距变量（interval variable）

定距变量尺度变量中最基础的一个分类。这种变量的取值具有相等的间隔，可以测量数值之间的差距，但没有绝对零点。例如，温度就是一个很好的例子：20 ℃和30 ℃之间的差异与20 ℃和10 ℃之间的差异是相等的。因此，我们可以说，今天20 ℃的温度比昨天10 ℃的温度高了10 ℃。这一表述就体现了定距变量可以进行加减运算的特性。那么，绝对零点是什么意思呢？简单地说，就是0在该变量中是否代表"无"或"不存在"。以温度为例，0只是水结冰的温度，并不代表温度这个概念"不存在"。因此，定距变量只能进行加减运算，不能进行乘除运算。例如，假设昨天气温是10 ℃，今天气温是20 ℃，不会有人感叹"今天比昨天热了一倍"。

4. 定比变量（ratio variable）

当定距变量具有绝对零点时，就可以被视为定比变量。例如，有期徒刑的长度就是一个定比变量，因为刑期长度为0是有意义的，可能意味着无罪或者其他情况。而且，如果一个被告人被判处一年有期徒刑，另一个被告人被判处两年有期徒刑，我们可以说第二个被告人所判处的有期徒刑是第一个人的两倍。

上面我们已经介绍完了所有的四种变量类型，下面我们用表 1.2 对其进行简单总结。可以发现，从定类变量、定序变量、定距变量到定比变量，越往后的变量类型，其包含的信息就越多。定类变量仅包含分类信息，而定序变量除了包含分类信息之外，还可以对每个类别进行排序。而到了定距变量和定比变量，不仅能够对它们进行分类和排序，甚至可以进行加减或乘除的比较。因此，一旦明确了这些概念之后，大家就可以将任何一个可以实证的法学研究问题转化为不同的变量，并进一步思考究竟应当采用怎样的测量方法来测量这两个变量。

表 1.2　不同测量水平变量包含的信息

变量包含信息	类别变量		尺度变量	
	定类变量	定序变量	定距变量	定比变量
分类（＝，≠）	√	√	√	√
排序（＞，＜）	—	√	√	√
加减（＋，－）	—	—	√	√
乘除（×，÷）	—	—	—	√

二、测量层次的转换

值得一提的是，当我们对同一个事物或同一概念进行测量时，可以使用不同测量水平的变量。例如，如果我们测量年龄，可以将其视为定类变量，使用"老""中""青"这样的分类来测量。很显然，在这种情况下，年龄也可以被视为一个定序变量。当然，我们还可以进一步询问被访者的出生年，这个时候它就变成了一个定距变量。最后，我们也可以直接询问被访者的具体年龄，这个时候它就变成了定比变量。所以我们可以看到，对于同一种事物，我们可以进行不同层次的测量。

但是有一点要注意：一旦我们要进行测量，应尽可能使用测量层次较高的变量。因为通常而言，测量层次较高的变量可以转化为测量层次较低的变量；反之，则非常困难。例如，当知道这个人的年龄之后，可以很容易地计算出他的出生年份，也可以很容易地对他进行"老""中""青"的划分。但是，一个较低的测量层次通常不能够转化为较高的测量层次，因为较高的测量层次需要更多的信息。例如，我们仅知道这个人是老年人、中年人还是青年人，那么我们没有办法知道他的具体出生年份和年龄。

测量层次较低的变量不可能变成测量层次较高的变量？并不尽然。如前所述，测量层次越高的变量，其包含的信息越多。那么，如果要实现从较低测量水平的变量向较高测量水平的转变，就需要"添加"更多信息。这种添加通常依靠额外的假设。例如，前面我们谈到加害人与被害人关系，如果将其从定类变量转换为定序变量，那么需要依靠某些标准（例如，亲密程度）重新排列所有的关系取值。

还有两个特殊情况需要讨论。一个是虚拟变量（dummy variable）。所谓的虚拟变量，是对类别变量的每一个取值重新进行编码的结果。对性别而言，我们将研究对象是否为男性转为一个新变量。1 表示"是男性"，0 表示"不是男性"。虽然这个变量看起来似乎是一个定类变量，但在某种情况下，我们可以对它进行一些加减或者乘除运算。假设我们问卷调查了 10 个人，那么会得到 10 个人对这个变量的取值，将其取均值，能得到男性在样本中的占比。虚拟变量技术对于后面章节中将类别变量转化为尺度变量具有非常重要的意义。

另一个特殊情况是李克特式量表（Likert scale）。这是一种常见的心理学量表形式。很多心理学量表在设置答案选项时，可能如下：1＝非常不同意，2＝不同意，3＝无所谓/中立，4＝同意，5＝非常同意。从直观上看，这个变量应当是定序变量。但是，有的时候我们也可以把它视为定距变量来处理。有研究表明，对于这种量表问题，1 和 2 之间的距离可能与 2 和 3 之间、3 和 4 之间的距离相等。因此，我们可以将其视为定距变量，并进行加减运算①。但是，需要注意其背后的假设。

在明确了不同的变量的测量层次之后，相信读者可以根据不同的变量，选择最适合其测量层次的统计方法。后面的章节将会根据变量的测量层次，来探讨最适合的统计方法。在学习完第一章之后，鼓励读者将自己构思的某些法学研究问题或者在期刊论文中发现的研究问题拆解为变量与变量之间的关系。如果发现这种拆解无法进行，则可能意味着这个问题并不适合使用量化研究。一旦拆解完毕，就可以尝试思考一下，针对每个变量，如何使用上述四种不同的测量水平对其进行测量。

① NORMAN G. Likert scales, levels of measurement and the "laws" of statistics [J/OL]. Advances in Health Sciences Education: Theory and Practice, 2010, 15 (5): 625-632.

本章小结

第一节主要内容

通则式解释：概率解释而非个案解释。

第二节主要内容

总体与个体：全体研究对象的集合为总体，构成总体的最小单位为个体。

样本与抽样：从总体中抽取的一部分个体为样本。随机抽样的原则是个体等可能被抽中。常见的抽样方法有：简单随机抽样、系统性抽样、分层抽样和整群抽样。

第三节主要内容

变量的测量水平如表1.3所示：

表 1.3　变量的测量水平

变量包含信息	类别变量		尺度变量	
	定类变量	定序变量	定距变量	定比变量
分类（＝，≠）	√	√	√	√
排序（＞，＜）	—	√	√	√
加减（＋，−）	—	—	√	√
乘除（×，÷）	—	—	—	√

思考题

1. 请在一个学术数据库中找到一篇法律实证研究（或其他领域的实证研究）论文，并分析以下问题：

（1）请分析这个研究样本是不是随机样本？

（2）这个研究涉及哪些变量？自变量有哪些？因变量有哪些？

（3）请讨论这些变量的测量水平。

2. 讨论下列变量的测量水平，并讨论是否可以将其转化为其他的测量水平。

（1）自由刑的种类（如管制、拘役、有期徒刑、无期徒刑）。

（2）法定量刑情节（如从重、从轻、减轻、免除处罚等）。

（3）罚金数额。

（4）追诉时效。

上篇

描述性统计

从第二章至第五章，我们将主要介绍描述性统计的内容。描述性统计可以理解为，我们的研究目的仅限于分析已有的数据，而没有将其推论至更广泛总体的意图。一般来说，当我们所拿到的数据就是总体时，我们可以使用描述性统计。假设我们手里的是样本数据，如果我们没有将其推论到总体的意图，同样也可以使用描述性统计。鉴于统计表、统计图和统计特征值是描述性统计的主要工具，因此，在整个描述性统计章节中，我们将按照统计表、统计图和统计特征值这样的顺序来逐一介绍。

第二章 单变量描述性统计分析

第二章主要内容是介绍单变量描述性统计分析。所谓的单变量分析，是指在整个分析过程中只涉及一个变量，不会涉及两个变量之间的共变关系，更不会涉及更多的变量。而双变量描述性统计分析的介绍则集中在第三到第五章。

第一节 单变量分布及其描述方法

一、变量的定义和分布

1. 变量的定义和特征

在深入介绍描述性统计的知识之前，我们首先需要明确什么是变量。本书一直强调，统计学是一门专门研究变量变化的科学。虽然在第一章我们已经简要介绍了变量的测量层次，但似乎还未对变量本身给出一个更为明确、具体的定义。事实上，变量就是会变化的量，这是对变量最为核心、也最为简单的理解。变量的英文名为 variable，意为 something that varies，即会发生变化的事物。因此，变量的核心特性就是它会发生变化。尽管对于每一个个体而言，其特征值可能是固定的，但在不同的个体之间，这些特征值可能会存在差异。例如，我们之前提到的盗窃金额与刑期的关系就是一个很好的例子。对于一则裁判文书中记载的每一个被告人而言，其盗窃总金额可能是固定的。但当我们观察不同的被告人时，会发现他们的盗窃金额是存在差异的，这就是一个变量。与数理统计学中常用的例子不同，很多统计学教材都会讨论一个事件多次发生，结果不同的情况，如扔硬币，每次扔的结果都会不一样。这个例子其实也可以类推到司法统计学中。我们可以将扔硬币这个行为替换为抽样。从众多裁判文书中进行抽样，样本量为1，每次抽样都可能出现不同的被告人，其盗窃金额也可能存在差异。

那么，不会发生变化的是什么呢？是常量（constant）。因此，变量的一个重要特征就是它一定会发生变化。有些读者可能会觉得这是句废话，但很多时候，如果在做研究时，没有明确的变量意识，就会犯很多错误。之前有研究者想要研究获利金额与侵犯公民个人信息罪入罪的关系，他选择的素材是已经生效的裁判文书。在这个例子中，可以明显地观察到，研究者设定的因变量——是否构成侵犯公民个人信息罪，其实并不是一个真正的变量，而是一个常量。为什么呢？因为那些不构成该罪的案例，基本上也不会形成裁判文书，所以无法作为研究的有效样本。因此，这个研究从一开始就无法有效进行。

对于变量的取值，我们主要介绍两个主要特征：一是完备性，二是互斥性。

完备性是指变量的取值必须涵盖全部的个案。例如，对于受教育程度而言，我们可能会列举小学、初中、高中、本科、研究生等学历。但这样的分类是否具有完备性呢？这可能存在问题。比如，有没有可能有人读过职高或大专？如果数据中出现这种情况，那么很明显这样的受教育程度的划分就不具有完备性。再比如，对于年龄特别大的一些群体，他们可能并没有接受过正式教育，而是上过私塾。对于这种情况，我们是否有必要将其作为一个新的分类呢？

互斥性，即变量的取值不能相互包含。这一点非常重要。例如，前面提到的受教育程度，如果一个人的最高学历是高中，那么他就不能同时选择其他学历。但有时候，在设计问题或寻找变量时，可能会忽略互斥性。例如，如果研究者想要了解被访者的月收入，并希望将其编码为一个定序变量，那么他可能会使用诸如"1 至 1 000""1 000 到 2 000""2 000 到 3 000""3 000以上"这样的划分方式。这听起来具有完备性，但互斥性存在问题。即，如果月收入恰好是 2 000 元，那么他应当选择第二个选项还是第三个选项呢？

2. 变量的分布

在学习了变量的定义之后，我们可以进一步探讨变量的分布。本书主要介绍三种分布：第一种是频次分布，第二种是频率分布，第三种是累积分布。

【例 2.1】假设我们调查了 1 000 名罪犯，并涉及了五种不同的主刑刑罚类型（见表 2.1）。对于频次分布，我们可以将每一种特定的刑罚类型及其对应的人数进行列举，这就是频次分布。而频率分布，则是将频次分布中的每一个频次除以总数，从而得到每一个具体分类的频率。

表 2.1　主刑类型的描述性统计

主刑类型	频次/次	频率/%	累积频次/次	累积频率/%
管制	122	12.20	122	12.20
拘役	240	24.00	362	36.20
有期徒刑	608	60.80	970	97.00
无期徒刑	23	2.30	993	99.30
死刑	7	0.70	1 000	100.00
总计	1 000	100.00	—	—

注：表格内数据仅为教学而产生的计算机模拟数据，并非真实数据。

最后，对于累积分布而言，它可以进一步分为累积频次分布和累积频率分布。将上述频次按照变量的取值逐项累加，就能得到累积频次分布。而将累积频次除以总数，就可以得到累积频率。具体而言，表中"拘役"对应的累积频次等于"拘役"对应的频次和管制对应的频次之和。以此类推，每一项对应的累积频次都是其本身的频次与其上所有频次之和。而对应的累积频率则是累积频次除以 1 000。累积频率的解释方法也略有特殊。例如，如果有期徒刑的累积频率为 97.00%，这意味着判处刑罚在有期徒刑之下（含有期徒刑）的罪犯占比为 97.00%。由此可见，累积频率对于定序变量是一种非常方便的表达方式。

通过三种不同的变量分布，我们可以很明显地看到：频次、频率和累积频率分布通常适用于类别变量。而对于尺度变量而言，可能就需要先将变量的取值进行分段，然后再进行计算，我们后面将详细介绍。

这里再补充一点，对于尺度变量，在数学上可以分为离散型数据和连续型数据。所谓的离散型数据，是指相邻的两个数字间不存在其他的数值。例如年龄，可能是 18 岁、19 岁，但是如果说 19.5 岁或者 19.25 岁，听起来就会很奇怪。而连续型变量则从理论上说任何两个数之间都有无穷多个数，比如身高，有 1.8 米的同学，有 1.9 米的同学，中间当然也有 1.7 米、1.85 米的同学，甚至也可能有 1.845 米、1.843 5 米的同学，任何一个取值理论上都是可能的。

二、统计表

在介绍了变量的三种分布之后，第一种单变量描述的方法即统计表。相信大家在各种场合都见过统计表，它们可以分为横表和竖表，其中横表更为常见。表 2.1 就是一个横表。它清晰地展示了变量"主刑"的每个类型的频次、频率以及累积频次和频率，从而在一个表内全面描述了该变量的基本情况。

1. 类别变量：简单表

对于类别变量，可以使用简单表进行描述。如表 2.1 所示，表格的第一行为表头，用于展示对应列的内容。第二行到最后一行构成表身。表头的第一个单元格内，通常放置变量名。其中，第一列被称为主词，而第二列到最后一列则被称为宾词。在表身中，主词需要列出变量的所有取值，随后在宾词中展示出各个取值出现的频次、频率、累积频率或累积百分比等统计信息。

制作表格时，虽然有一些基本原则①，但是具体要求可能因表格的使用目的不同而有所不同。例如，在投稿学术期刊时，期刊可能有具体的要求。美国心理学学会（American Psychological Association，APA）就对表格有明确的要求②，规定必须使用"三线表"的格式来制作所有表格。而统计年鉴等出版物对表格也有自己的特定要求。不过，无论要求如何，绝大部分表格的制作都遵循一个共同的规则：即将标题放在表格的正上方，简明扼要地说明表里的内容，并在表的左上方附上表的编号。对于表格的附加说明，则通常写在表的下方。这是一个相对基本且普遍适用的要求。

2. 尺度变量：分组表

为了描述尺度变量的特征，我们需要使用分组表。分组表是将变量的取值按照一定的标准进行分段，并制作简单表格的过程，也可以将其视为将尺度变量转化为定序变量的过程。在分组完成后，每个组的最大值称为组上限，最小值称为组下限。

---

① 例如有的表格要求：（1）表的正上方须有标题，简明、扼要、准确地说明表的内容；（2）表的左上方应有表的编号；（3）数字部分横行间不必标画线条，两侧不画纵线，呈开口式；（4）数字书写要工整，小数点上下对位；（5）当某项数字缺少时用"—"表示；（6）如有对表的其他说明可在表的下面写出表注。

② 有兴趣的读者可以参考：https：//apastyle. apa. org/style-grammar-guidelines/tables-figures/tables.

【例 2.2】假设研究者统计了某地区男性社区戒毒人员的年龄分布，并将结果绘制于表 2.2。表 2.2 就是一个分组表的示例。通过此表，我们可以很清楚地了解该地区男性社区戒毒人员的年龄分布情况。而且从累积频率可以看出，年龄 50 岁以上的社区戒毒人员占比超过 50%，这表明社区戒毒人员呈现出比较明显的老龄化趋势。

表 2.2　某地区男性社区戒毒人员的年龄分布

年龄/岁	频次/次	频率/%	累积频次/次	累积频率/%
25~29	24	0.88	24	0.88
30~34	132	4.82	156	5.70
35~39	320	11.68	476	17.38
40~44	370	13.51	846	30.89
45~49	287	10.48	1 133	41.37
50~54	421	15.37	1 554	56.74
55~59	573	20.92	2 127	77.66
60 及以上	612	22.34	2 739	100.00
总计	2 739	100.00	—	—

如何制作分组表呢？通常而言，需要遵循以下几个步骤：

首先，我们需要确定全距，即数据的最大值和最小值之间的差。根据对这 2 739 名戒毒人员的年龄的统计，最小年龄为 27 岁，最大年龄为 63 岁。因此，全距为 36。

其次，确定组数和组距。一般选择 2、3、5、10 及其倍数作为组数，这样制作出来的表格会比较美观。在此例中，我们选择 5 作为组距。

然后，确定各组的上下限。考虑到年龄这个变量虽然是尺度变量，但是是离散型变量而非连续型变量，因此我们使用了特定的组上下限设置。需要提醒的是，对于离散型变量，组距的计算应包含两端点。例如，"25~29"岁组的组距实际上是 5（包含 25 岁和 29 岁），而非简单的 29-25=4。对于连续型变量，如盗窃金额，可以设置组上下限为"0~3 000""3 000~6 000""6 000~9 000"以及"9 000 以上"。虽然这里看似违反了互斥原则（例如 3 000 这个取值可能在好几个分类中），但在对连续型变量分组时，我们默认组上限为实，下限为虚。换言之，应表示为（0, 3 000]、（3 000, 6 000]、（6 000, 9 000]、（9 000, +∞）。

最后，将频次和频率填入表格中相应的位置即可。这样就完成了分组表的制作。

三、统计图

介绍完统计表后，另一个重要的描述性统计工具是统计图。与表格相比，图像更加直观。在制作和展示统计图时，需要注意一些规范：每个图的左下方都要有图的编号，用于唯一标识该图。图的正下方则要有图的名称，用以简明扼要地说明图的内容。如果需要对图进行进一步地解释或说明，可以在图的下面写出图注。另外，如果图中有多种绘图元素，比如不同的线条或颜色代表不同的数据系列，那么可以用图例的形式予以说明，以便读者更好地理解和解读图中的信息。同时，需要注意的是，表格的名称和编号通常放在上方，而图的标题和编号则放在下方，可归纳为"表上图下"。

1. 描述类别变量的统计图

同样地，针对不同的变量类型，所使用的图也会有所差异。首先，我们来介绍描述类别变量的统计图：第一种是条形图，条形图可以用条形的长度来表示数据的大小，横轴表示类别变量的一个取值作为分类标志，纵轴则表示频次或频率。图 2.1 展示了某市解除强制隔离戒毒人员首次吸食毒品场合分布的条形图，结果显示绝大部分吸毒人员是在朋友家或娱乐场所吸毒，这两个场所加起来占比超过 75%。

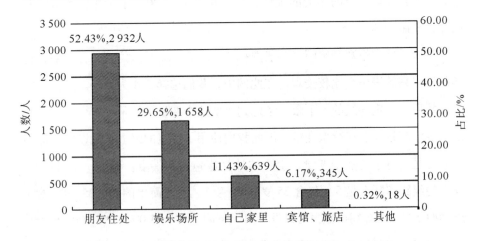

图 2.1　某市解除强制隔离戒毒人员首次吸食毒品场合分布

另外一种描述类别变量的统计图是饼状图。饼状图以圆为整体，将圆心角按照每个部分所占的相同比例进行分割。图 2.2 展示了某地区解除强制隔离戒毒人员的家人对他们戒毒的态度。可以看到，始终支持戒毒的占 85%，曾经支持但现已放弃的占 3%，始终不闻不问的占 8%，曾经放弃但现在支持的占 4%。

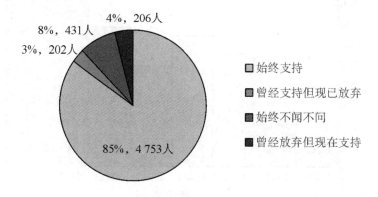

图 2.2　2018—2023 年某市解除强制隔离戒毒人员家人对戒毒态度情况

　　第三种描述类别变量的方法是使用折线图。折线图通过折线或连续曲线来展示事物的分布和变化趋势。具体来说，将条形图中各个类别的中点连接起来，即可形成折线图。当横坐标代表时间时，折线图尤其适合用来表现数据随时间的变化趋势。图 2.3 展示了 2018—2023 年某市解除强制隔离戒毒人数折线图。从中可以看出强制隔离戒毒人员数量出现逐年上升的趋势。

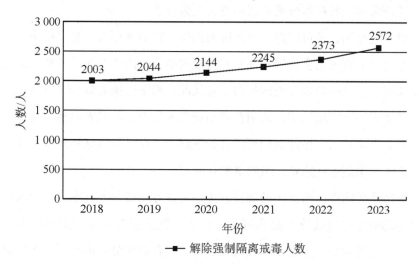

图 2.3　2018—2023 年某市解除强制隔离戒毒人数折线图

2. 描述尺度变量的统计图

　　下面介绍对于尺度变量的统计图选择。首先，最常见的就是使用直方图。直方图与前面所介绍的条形图非常相似，都是用某种柱形代表相应的频次或者频率。图 2.4 展示了某市解除强制隔离戒毒人员的年龄分布情况，从中可以看出每个年龄段男性戒毒人员的分布特征。

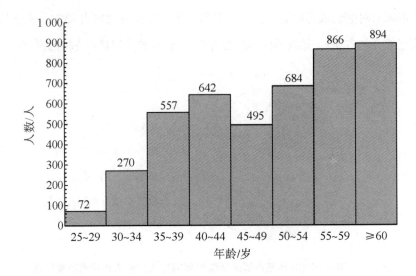

图 2.4　某市解除强制隔离男性戒毒人员的年龄分布情况直方图

在对比直方图和条形图时，可以发现：直方图的各个柱形是紧密连接的，而条形图的柱形则是分离的。为何会有这种区分呢？原因在于这两种图形所描述的变量具有不同的测量层次。对于尺度变量，显然其更可能是连续变量，因此将其分开表示是不合适的。而对于类别变量，则更多是离散变量，所以采用这种柱形分离的表示方法更为合适。

对于直方图，还可以进行更进阶的操作，例如制作人口金字塔图。这实际上是将两个直方图横向展示并相互拼接的结果。图 2.5 展示了某市解除强制隔离戒毒人员按性别分类的年龄分布状况。根据这幅人口金字塔图，可以看出其呈现倒金字塔结构，表明在强制戒毒人员中，年轻人数相对较少，而大多数是中老年人。由此我们可以有如下观察：在进行强制隔离戒毒的干预时，必须考虑到这些戒毒人员的老龄化问题。

其次是折线图。折线图的制作方法是将直方图或每条频率直方图的每条柱顶部的中点的直线连接起来即可。图 2.6 就是图 2.4 对应的折线图。最后，需要提及的是上述统计图仅对频数分布或者频率分布进行了描述。对累积频数和累积频率依然可以制作类似的直方图、柱状图和折线图。

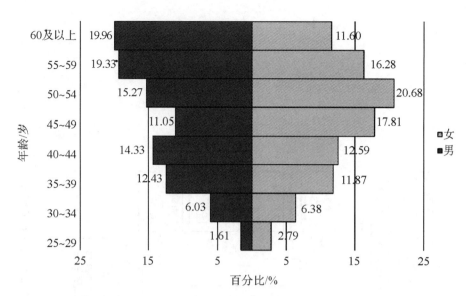

图 2.5　某市解除强制隔离戒毒人员的年龄分布情况金字塔图

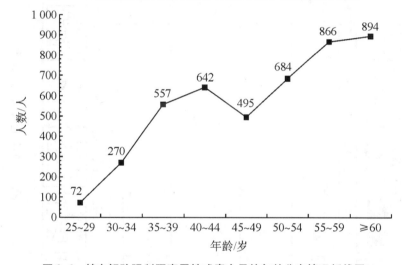

图 2.6　某市解除强制隔离男性戒毒人员的年龄分布情况折线图

　　以上仅仅介绍了一些常见的统计图。事实上，有相当多的统计图可供选择。在选择统计图的时候，除需要考虑变量类型之外，还需要考虑希望呈现的目标。安德鲁·阿贝拉（Andrew Abela）曾经制作出一个统计图选择的思维导图（见图 2.7）。感兴趣的读者可以参考这个思维导图进行合适的统计图选择。当然，统计图也是数据可视化领域中发展迅猛的领域，很多科技公司在数据可视化中做了非常多新的尝试。感兴趣的读者可以访问一些可视化网站以了解这一领域的最新进展①。

_____

　　①　例如 Apache ECharts 是一款基于 JavaScript 的数据可视化图表库。感兴趣的读者可以访问其官方网站获取数据可视化的一些新进展：https：//echarts. apache. org/en/index. html。

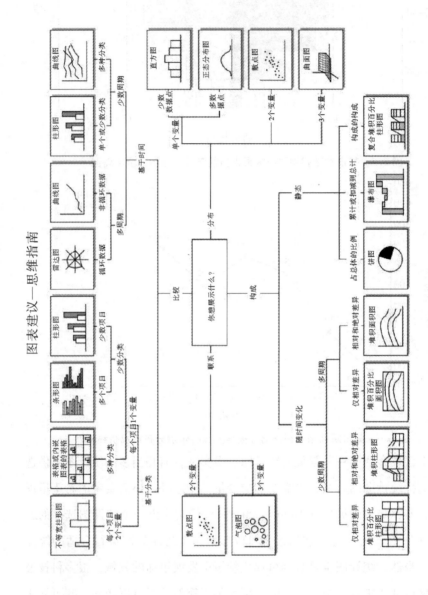

图2.7 如何选择合适的图表

注：原图题目Chart Suggestions—A Thought-Starter，由Andrew Abela绘制。此处将图片内容进行了翻译。

第二节 集中趋势

前面的图表都可以让我们对变量的分布有一个较为详细的了解。虽然直观，但可能不够简洁。统计特征值则是希望用一个或多个数字来概括和代表变量分布的特征，也就是描述性统计在提供图表之外的第三个重要任务——寻找统计特征值，用以描述变量的分布或变量之间的关系。

接下来，我们将深入探讨集中趋势和离散趋势的应用场景。相信对于这一部分的绝大多数内容，读者在高中数学，甚至初中数学课程中已经有所接触，比如众数、中位数、算术平均数，以及方差、标准差等概念。但既然本书是以变量的测量水平为组织形式，那么我们将尝试将这些概念与特定测量水平的变量相对应，以加深读者对这些概念的理解和应用。

本节将集中介绍集中趋势（central tendency）。顾名思义，集中趋势的指标主要反映数据分布的聚合特征，简言之，就是揭示这个变量主要"集中"在哪些数值上。它主要包含众数、中位数和算术平均数这三个重要的统计量。

一、众数（Mode）M_0

众数 M_0，即用频次最高的值来代表变量的集中趋势。以表 2.1 为例，"有期徒刑"就是主刑类型的众数，因为其占比高达 60.80%，是占比最高、频次最大的类别。

从变量的测量层次角度来看，众数是一个普遍适用的指标，它可以用于描述任何测量层次的变量。然而需要注意的是，众数在描述定类变量时具有独特的优势，因为它是描述这类变量集中趋势的唯一指标。因此，我们可以将众数视作为定类变量"量身定制"的集中趋势指标。其他的集中趋势指标通常对变量的测量层次有更高的要求。尽管众数也可以用于描述尺度变量的分布特征，但由于尺度变量取值范围广泛，有时可能难以直接找到众数。在这种情况下，一个常用的方法是将尺度变量进行分组，从而找到众数组。

此外，众数的使用还有一个特点，就是它仅限于单峰分布的情况。如果数据呈现多峰分布，那么可能众数并不是一个合适的集中趋势指标。例如，如果表2.1中"拘役"和"有期徒刑"的频次和频率都一样，那么这组数据中就有2个众数。当然，如果数据呈现均匀分布，例如所有主刑类型的频次和频率都一样，那么则可以认为这组数据没有众数。

二、中位数（Median）M_d

中位数M_d是位于变量分布中点的数值，它可以将数据分为相等的两半。计算中位数的一个重要前提是将取值进行排序，因此它仅适用于测量层次在定序及以上的变量。中位数尤其适用于变量取值较多的情况。

对于未分组数据而言，只需将数据按照大小排列，然后找到中间的数即可。当数据总量为奇数时，只需找到第$(N+1)/2$对应的数字即可。例如，对于1，3，5，7，9这五个数而言，只需选择第$(5+1)/2=3$个数即可。而对于数据总量为偶数的情况，则需要在第$N/2$和$N/2+1$两个数之间取均值。例如，对于1，3，5，7，9，11这六个数而言，需要对第$N/2=3$和第$N/2+1=4$的数，也就是5和7，取均值即可得到中位数6。

对于分组数据的中位数计算，由于缺少原始数据，可能会稍微复杂一些。回到【例2.2】，若希望找到年龄的中位数，则需要根据分组表2.2进行估计。显然，我们可以观察到年龄在45~49岁的累积频率是41.37%，而年龄在50~54岁的累积频率为56.74%。因此，中位数应当位于50~54岁。如果要求不高，可以将50~54岁作为中位数组的近似代表。

但若想计算出更为精确的中位数，则需要进一步假设50~54岁内部的年龄是均匀分布，并使用如下公式进行计算：

$$M_d = L + \frac{\frac{N}{2} - cf\uparrow}{n}h \qquad (2-1)$$

上述公式虽然看起来比较复杂，但其原理相对简单。其中L为中位数组的下限，在表2.2中则为50。N为样本量，即2 739。而$cf\uparrow$为中位数组以下的累积频次，即45~49岁对应的累积频次1 133。n为中位数组的频次，本例中为421。h代表组距，本例中组距为5。那么综合起来：

$$M_d = 50 + \frac{\frac{2\,739}{2} - 1\,133}{421} \times 5 \approx 52.81$$

因此，理论上的中位数为 52.81，即 53 岁左右。

这个公式可以这样理解：首先，我们观察到中位数组为 50～54 岁。那么 50 是我们的起点，我们需要找出中位数比 50 多了多少。为了求出这个数值，我们需要对组距（5）进行划分。显然，中位数应该是在 $N/2 = 1\ 369.5$ 的位置，那么 $N/2$ 比 $cf\uparrow$（1 133）高出了 $N/2 - cf\uparrow = 236.5$ 个频次。而我们知道 50～54 这个中位数组总共频次是 421。因此，我们可以求出一个比例，即中位数到上一组的频次 236.5，恰好是中位数组总频次 421 的 236.5/421 ≈ 56.17%。也就是中位数的取值应当比 50 高出组距 5 × 56.17% ≈ 2.81。最终，我们可以得到 52.81 这个理论中位数。

当然，公式（2-1）仅仅是从组下限往上计算中位数的方法。我们完全可以对其进行修改，使其能够从组上限往下计算理论中位数。读者可以尝试适当变换公式，相信应该能够得到完全相同的数值。

三、算数平均数（Mean）$\overline{X}$

可以观察到，无论是众数还是中位数，都并未完全利用变量的所有取值。算数平均数，有时也简称平均数或均值，是将所有取值加和，然后除以其总数得出的，因此对数据信息的利用最为充分。此外，由于算数平均需要将取值进行加减运算，因此它只能适用于尺度变量。

对于未分组数据而言，算数平均数的计算公式如下：

$$\overline{X} = \frac{\sum X_i}{N} \tag{2-2}$$

其中 $\overline{X}$ 为均值，X_i 为每一个观察值。因此均值公式的分子部分是所有观察值的总和。而分母部分的 N 则是观察总数。

【例 2.3】假设抽取 5 名盗窃罪的被告人，其获得的刑期分别为 6 个月，12 个月，18 个月，24 个月和 30 个月。那么平均刑期显然为（6+12+18+24+30）/5 = 18（月）。

如果数据以频次分布表的形式展现，则需要用如下公式计算：

$$\overline{X} = \frac{\sum n_i X_i}{\sum n_i} \tag{2-3}$$

其中 X_i 为变量值，而 n_i 为变量值对应的频次。

【例 2.4】假设研究者收集了 90 名被告人的刑期数据，其获得的刑期与

对应的频次如表 2.3 所示。那么均值则可以计算为

$$\bar{X} = \frac{6 \times 10 + 12 \times 20 + 18 \times 30 + 24 \times 20 + 30 \times 10}{10 + 20 + 30 + 20 + 10} = 18$$

表 2.3　90 名被告者的刑期频次分布

有期刑期/月	频次
6	10
12	20
18	30
24	20
30	10
总计	90

而对于分组数据而言，则可以用组中值来代替分组数据的平均值。因此可以使用和频次分布均值类似的公式来计算

$$\bar{X} = \frac{\sum n_i b_i}{\sum n_i} \tag{2-4}$$

上式与（2-3）唯一的区别是使用组均值代替了实际值。回到【例2.2】，为了计算其总体均值，则需要计算表 2.2 每个区间的组均值（见表2.4）。组均值的计算方法是组上限和组下限之和除以 2。那么，最终其均值计算方法如下：

$$\bar{X} = \frac{\left(\begin{array}{c} 24 \times 27 + 132 \times 32 + 320 \times 37 + 370 \times 42 + \\ 287 \times 47 + 421 \times 52 + 573 \times 57 + 612 \times 62 \end{array}\right)}{24 + 132 + 320 + 370 + 287 + 421 + 573 + 612} \approx 50$$

表 2.4　对表 2.2 的组均值与频次

年龄/岁	组均值	频次
25~29	27	24
30~34	32	132
35~39	37	320
40~44	42	370
45~49	47	287
50~54	52	421
55~59	57	573

表2.4(续)

年龄/岁	组均值	频次
60 及以上	62	612
总计		2 739

四、集中趋势指标比较

以上是三个集中趋势指标的简要介绍。尽管它们的基本概念并不复杂，但在此仍需强调，本书是以变量的测量层次为轴来介绍和分析一系列统计指标的。因此，明确这三种集中趋势指标的使用范围和适用条件显得尤为重要。

首先，需要明确的是，众数这一指标适用于所有测量等级的变量，无论其是定类、定序、定距还是定比。然而，中位数则主要适用于定序及以上等级的变量，它要求数据至少具备一定的排序性质。至于算术平均数，它是最为严格的一个指标，仅适用于定距和定比这两个等级的尺度变量，因为它要求数据可以进行加减等数学运算。

值得注意的是，集中趋势指标的适用范围与信息利用程度之间存在一定的负相关关系。尽管众数适用于所有测量等级的变量，但其仅考虑了数据的分类特征，对信息的利用程度相对较低。因此，在变量的测量等级高于定类变量时，我们应尽量选择使用那些能更充分、更全面地利用其信息的集中趋势指标。中位数在众数的基础上，进一步要求了数据的排序信息，因此它对信息的利用程度要高于众数。而算术平均数则在中位数的基础上更进一步，利用了数据可以进行加减运算的特性。因此，对于尺度变量而言，使用算术平均数作为集中趋势的度量是最为恰当和合理的选择。

其次，还需要注意的一点是，三种不同的集中趋势受到异常值的影响存在差异。均值虽然对数据利用得非常充分，但是极易受到异常值的影响。如果个别数据非常大或非常小，将直接影响均值。相较而言，中位数和众数则较少受到极端值的影响。不同偏态的分布与众数、中位数、均值的关系如图2.8 所示，可以更加直观地看出三个集中趋势与数据的偏态之间的关系。

最后，还存在集合平均数、调和平均数等均值指标。感兴趣的读者可以自行查找相关资料。

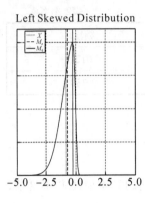
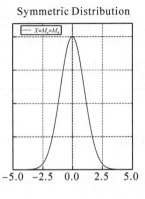
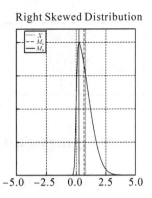

图 2.8　数据偏态与集中趋势

第三节　离散趋势

前面我们介绍了集中趋势，现在来介绍另一组指标——离散趋势（dispersion）。如果说集中趋势是反映数据集中程度的话，那么离散趋势则是反映数据的离散程度。为什么我们需要介绍离散趋势呢？因为仅依靠集中趋势并不能很好地反映数据的整体分布特征。在统计学中，有一个著名的笑话：统计学家是把头放在火炉里面，脚放在冰桶里面，然后说"平均而言我还不错"的一群人。这个笑话恰恰体现了仅依靠集中趋势来代表数据状态的局限性。

当然，就像前面所介绍的一样，不同的集中趋势指标其实是为了适应不同测量水平的变量而量身定制的。基于同样的思路，接下来即将介绍的离散趋势指标也会对不同测量水平的变量具有特定的适应性。

一、异众比例（Variation Ratio）

首先，与众数类似，我们将介绍一个专为定类变量设计的离散趋势指标，即异众比率。其公式如下：

$$\gamma = \frac{N - f_{M_0}}{N} \tag{2-5}$$

其中，N 为总数。f_{M_0} 为众数的频次。很显然，这个公式非常直观，它计算的是非众数组所占的比率，顾名思义，即"异众比率"。试想，如果一个数据的离散程度非常低，这就意味着它的绝大部分数据会集中在众数上。因此，此时的异众比率会比较小。反之，异众比率越高，代表数据的离散程度越高。考虑到这个离散趋势指标仅利用了众数的信息，虽然从适用性上可以涵盖所有测量水平的变量，但其最适合的还是定类变量。

二、极差（全距）（Range）

极差（全距）是衡量变量取值范围的一个指标。其计算方法为用数据的最大值减去最小值。可以看出，由于极差需要知道数据的极值，因此它至少需要应用于定序测量水平以上的变量。它也可以被视为与中位数或算术平均数配套的离散趋势测量指标。

极差的优势与其局限一样明显。它的计算简单，例如，5名被告人的刑期（单位：月）分别为6，8，10，12，14，那么极差为8。但是，极差的一个显著缺点是它极易受到极端值的影响。如果数据录入员不小心将最后一个被告人的刑期录入为144，那么极差则变为138。正是由于极差的计算仅依赖两个数值，因此它非常容易受到极端值的影响。

极差有时也可以作为检查数据录入错误的一个指标。在很多调查问卷中，对于缺失值（即有的被访者没有作答此题）会标记为99或者998等值。如果没有进行事先的数据清理，则会出现非常异常的极差。假设某个题目取值范围的理论值为1~5，那么极差最大为4。这是因为在这个取值范围内，最大的数减去最小的数就是4。但如果缺失值没有被清理，则会出现98或者997等奇怪的数字，这就提醒研究者需要进行数据清理。

三、四分位差（Interquartile Range）

为了克服上述问题，我们进一步引入一个叫作四分位差的概念。简单来说，四分位差就是基于数据从小到大排列后，位于第25%位置的值（我们称为下四分位数，用Q1来表示）与位于第75%位置的值（我们称为上四分位数，用Q3来表示）之间的差值。四分位差在某些时候能够克服极端取值的影响，因为它不再依赖于两个极值点，而是使用了数据的25%和75%位置的值。此外，75%分位数减去25%分位数的差值恰好可以反映数据中间50%的情况，因此这也是一个被广泛使用的指标。

这里还需要提及另一个概念，即百分位数（quantile），它为我们描述数据分布中的特定位置提供了有力的工具。百分位数将数据整体划分为100个等份，每一份恰好代表数据的1%。前面介绍的Q1和Q3，其实对应的是第25百分位数和第75百分位数。顺带一提，Q2也即第50百分位数，其实就是中位数。因此很多统计软件会直接汇报第50百分位数而非给出中位数，读者需要明白两者其实是同一个概念。百分位数可以这样解释：该值表示有百分位数对应比例的数据取值小于或等于它。例如，临近期末很多学生都非常关心自己的成绩排名。假设90百分位数对应的成绩是85分，那么一个考了90分的学生则可以知道其期末考试分数已经超过了90%的同学的成绩。

下面将详细介绍未分组数据的四分位差计算方法。

【例2.5】假设有12位法学学生参加了刑法期末考试（满分100），具体成绩如下：78，82，85，87，88，90，91，93，94，95，96，98。

首先，我们需要将这些成绩从小到大进行排序，排序后的成绩序列为：78，82，85，87，88，90，91，93，94，95，96，98。

接下来，我们计算四分位数。Q1（下四分位数）的位置由公式（n+1）/4确定，其中n是数据总数。将n=12代入公式，得到位置为3.25。由于位置是3.25，我们取第3个数据85作为基数，并加上0.25倍的（第4个数据87与第3个数据85的差），即85+0.25×（87−85）=85.5。因此，Q1的值为85.5。

Q3（上四分位数）的位置由公式3×（n+1）/4确定。将n=12代入公式，得到位置为9.75。由于位置是9.75，我们取第9个数据95作为基数，并加上0.75倍的（第10个数据96与第9个数据95的差），即95+0.75×（96−95）=95.75。因此，Q3的值为95.75。

最后，我们计算四分位差。四分位差等于Q3减去Q1，即95.75−85.5=10.25。所以，这组法学学生考试成绩的四分位差是10.25。

对于分组数据而言，上下四分位数的计算方法与中位数大致相同：

$$Q_1 = L_{25} + \frac{\frac{N}{4} - cf\uparrow_{25}}{n_{25}} h_{25} \tag{2-6}$$

$$Q_3 = L_{75} + \frac{\frac{3N}{4} - cf\uparrow_{75}}{n_{75}} h_{75} \tag{2-7}$$

上式中L_{25}和L_{75}分别表示25%和75%位置上的值所在的组的下限；n_{25}和n_{75}分别表示这两个位置所在组的频次；$cf\uparrow_{25}$和$cf\uparrow_{75}$分别表示在L_{25}和

L_{75} 以下的累积频次；h_{25} 和 h_{75} 分别表示这两个位置所在组的组距；N 表示样本量。下面以表 2.2 为例介绍计算过程。

首先，我们需要确定四分位数的位置。对于 Q1，其位置是总样本量的四分之一，即 2 739/4＝684.75。这意味着 Q1 位于第 684 和第 685 个数据之间。同样地，Q3 的位置是总样本量的四分之三，即 2 739×3/4＝2 054.25，表明 Q3 位于第 2 054 和第 2 055 个数据之间。

接下来，我们需要找到 Q1 和 Q3 所在的组。通过查看累积频次，我们可以确定 Q1 落在"40~44"年龄组内，因为该组的累积频次是 476，小于 684.75 但最接近它。同样地，Q3 落在"55~59"年龄组内，因为该组的累积频次是 2 127，小于 2 054.25 但最接近它。

现在，我们使用公式（2-6）和公式（2-7）来计算 Q1 和 Q3 的精确值，如下：

$$Q_1 = 40 + \frac{684.75 - 476}{370} \times 5 \approx 41.15$$

$$Q_3 = 55 + \frac{2\ 054.25 - 2\ 127}{573} \times 5 \approx 56.85$$

最后，我们计算四分位差，即 Q3－Q1＝56.85－41.15＝15.70。

对于四分位差和极差，还需要补充一点的是，有一种作图方法能够同时反映上述几个指标。这种方法就是箱线图（boxplot），它是一种用来显示一组数据分散情况的统计图。箱线图能够展示出数据的最大值、最小值、Q2（中位数）、Q1 和 Q3。通常，箱线图包含一个矩形箱子和两条线段（称为"触须"）。箱子表示了数据的中位数、四分位数以及四分位差，而触须则可能表示数据的最大值和最小值，或者根据某些规则调整后的值（以避免异常值的影响）。图 2.9 就是一个箱线图的示例。其中最小值和最大值分别为 1 和 137。Q1、Q2（中位数）和 Q3 分别为 34.5、69 和 103.5。

四、方差（Variance）与标准差（Standard Deviation）

接下来，我们再介绍两个极为常见的指标，那就是方差与标准差。相信大家对这两个概念并不陌生。方差和标准差可以视为与算术平均数对应的离散趋势指标，用于衡量数据的离散程度。需要注意的是，由于其计算过程中需要变量的测量水平在定距以上，因此这两个指标更适用于定距或更高水平的测量数据。

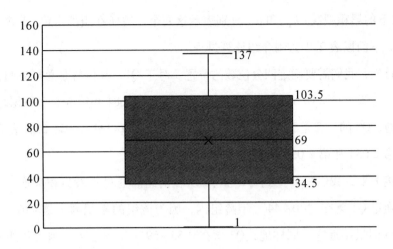

图2.9 箱线图示例

在深入介绍方差与标准差这两个方法之前，我们需要先了解一个基础概念——离差（deviation）。离差是指每一个观察值与其平均值之间的差值。当然，我们还可以计算出一个平均离差，其方法是将所有离差的绝对值求和，然后再除以样本量，这样我们就能得到一个平均离差的值。其计算公式如下：

$$D = \frac{\sum |X_i - \bar{X}|}{N} \qquad (2-8)$$

其中，X_i代表每个观察值，$\bar{X}$代表算术平均数，N代表样本量。虽然平均离差可以较好地反映数据的离散水平，但是由于公式中含有绝对值，无法求导，限制了其运用的范围。因此需要介绍方差和标准差两个指标。

方差是将每个观察值与平均值的差的平方求和，最后再除以样本量所得到的结果。而标准差则是方差的平方根。通常用σ^2代表方差，σ代表标准差。两者的计算公式如下：

$$\sigma^2 = \frac{\sum (X_i - \bar{X})^2}{N} \qquad (2-9)$$

$$\sigma = \sqrt{\frac{\sum (X_i - \bar{X})^2}{N}} \qquad (2-10)$$

与算数平均数相同，回到【例2.3】，5名盗窃罪的被告人的刑期分别为6个月，12个月，18个月，24个月和30个月。已知平均刑期为（6+12+18+24+30）/5＝18（月）。接下来计算方差，方差是每个观察值与平均值的差的平方的平均值。所以，方差的计算如下：

$$\sigma^2 = \frac{(6-18)^2+(12-18)^2+(18-18)^2+(24-18)^2+(30-18)^2}{5}=72$$

那么标准差 $\sigma = \sqrt{72} \approx 8.49$。

对频次分布数据而言，方差和标准差的公式变为

$$\sigma^2 = \frac{\sum (X_i - \bar{X})^2 n_i}{\sum n_i} \tag{2-11}$$

$$\sigma = \sqrt{\frac{\sum (X_i - \bar{X})^2 n_i}{\sum n_i}} \tag{2-12}$$

其中 n_i 为每个取值的频次，其他符号与公式（2-9）以及（2-10）相同。我们同样使用表2.3中90名被告人刑期的例子。已知其均值为18个月。那么：

$$\sigma^2 = \frac{\begin{array}{c}(6-18)^2\times10+(12-18)^2\times20+(18-18)^2\times30+\\(24-18)^2\times20+(30-18)^2\times10\end{array}}{10+20+30+20+10}=48$$

而标准差 $\sigma = \sqrt{48} \approx 6.93$。

以此类推，针对分组数据的方差和标准差，只需要用组均值代替改组的变量值即可。读者可以根据表2.4的数据自行计算。

$$\sigma^2 = \frac{\sum (b_i - \bar{X})^2 n_i}{\sum n_i} \tag{2-13}$$

$$\sigma = \sqrt{\frac{\sum (b_i - \bar{X})^2 n_i}{\sum n_i}} \tag{2-14}$$

总之，本章介绍的集中趋势和离散趋势指标之间存在一一对应的关系。众数与异众比率相对应，中位数则与极差和四分位差相对应，均值与方差和标准差相对应。不同的集中趋势和离散趋势指标均有其最适合的变量测量水平。尽管这些统计量可能并非全新的知识，但相信读者在学完本章之后，能够在特定测量水平的变量下，选择最为适合的统计指标。

本章小结

第一节和第二节主要内容

变量：变化的量。具有完备性与互斥性两个特征。

变量的分布：频次分布，频率分布和累积分布。

统计表：①基本结构；②简单表；③分组表。

统计图：①条形图、饼图、折线图等；②直方图、折线图等。

第三节主要内容

集中趋势有三个重要指标：众数、中位数和算数平均数。

众数：M_0，最高频次；针对简单表和分组表的计算；适用于任何变量，但通常用于定类变量。

中位数：M_d，变量分布中点的数值；针对简单表和分组表的计算；适用于定序及以上变量。

算数平均数：$\bar{X} = \sum X_i / N$，所有取值加和然后除以总数；针对简单表和分组表的计算；适用于定距及以上的变量（尺度变量）。

第四节主要内容

离散趋势指标：异众比率、极差、四分位差、标准差与方差。

异众比率：非众数所占的比例；适用于任何变量，但通常用于定类变量。

极差：最大值减最小值；适用于定序变量及以上，但是容易受到极值影响。

四分位差：75百分位数减去25百分位数；适用于定序变量及以上，不太容易受到极值的影响。

标准差与方差：$\sigma^2 = \sum (X_i - \bar{X})^2 / N$；针对简单表和分组表的计算，适用于定距及以上的变量（尺度变量）。

思考题

1. 2024 年 7 月某地区犯罪情况如表 2.5 所示：

表 2.5　2024 年某地区犯罪情况

犯罪类型	次数/次
盗窃	284
抢劫	190
强奸	34
危险驾驶	352
绑架	32
诈骗	224
敲诈勒索	86
合计	1 202

要求：

（1）绘制 2024 年某地区犯罪情况的条形图，标注各犯罪类型的名称和发生次数；

（2）找出众数并计算异众比率。

2. 某禁毒所 465 名吸毒人员情况如表 2.6 所示：

表 2.6　某禁毒所吸毒人员居住情况

居住类型	人数/人
与配偶居住	174
与子女同住	97
独居	32
其他	22
合计	325

要求：

（1）绘制该禁毒所 325 名吸毒人员居住的条形图；

（2）绘制该禁毒所 325 名吸毒人员居住情况的饼图；

（3）找出该禁毒所 325 名吸毒人员居住情况的众数。

3. 某地区 30 名法官的年龄如下所示：

32	34	34	36	37	38	38	39	40	40
41	42	42	43	43	43	47	48	49	49
50	52	53	54	54	55	56	57	58	58

要求：对上面的数据进行适当的分组，编制频次和百分比分布表，并绘制条形图和饼图。

4. 24 名诈骗受害者的年龄（以周岁为单位）数据如下：

| 19 | 23 | 41 | 15 | 21 | 19 | 27 | 47 | 29 | 45 | 19 | 44 |
| 23 | 31 | 26 | 44 | 34 | 34 | 17 | 24 | 18 | 16 | 36 | 37 |

要求：根据上面的数据

（1）计算众数、中位数；

（2）计算四分位差；

（3）计算平均数和标准差。

5. 某电信诈骗案件中 100 名受害者财产损失情况表 2.7 所示：

表 2.7　100 名电信诈骗受害者财产损失情况

收入/元	人数/人
20 000 以上	5
15 001~20 000	12
10 001~15 000	31
5 001~10 000	45
5 000 以下	7

要求：计算他们损失财产的中位数、平均值及标准差。

6. 表 2.8 是 6 月某城市 8 个区县基层法院审理合同纠纷案件数。

表 2.8　审理合同纠纷案件数　　　　单位：件

A 区	B 区	C 区	D 区	E 区	F 区	G 区	H 区
121	85	56	34	72	67	48	49

要求：根据上表数据，

（1）绘制某城市 8 个区县基层法院审理合同纠纷案件数条形图；

（2）计算某城市 8 个区县基层法院审理合同纠纷案件数的平均值和标准差。

第三章 两个类别变量关系的描述性统计

现在进入第三章的学习。第三章将介绍两个类别变量关系的描述统计。在此之前，我们仅介绍了单个变量的描述统计方法。而在第三章，我们将开始探究两个类别变量之间的关系。这将使我们能够研究一个变量如何随着另一个变量的变化而变化，并通过统计方法来描述这种关系。

需要注意的是，第三章到第五章所介绍的都是两个变量之间的相关关系，也称为双变量相关关系（bivariate correlation）。这种相关关系仅仅是数学上的相关（correlation），而非因果关系（causal relation）。因果关系探讨的是自变量（X）和因变量（Y）之间的引起与被引起的关系。例如，在犯罪学中，我们经常讨论青少年不良交友（X）与其自身越轨行为（Y）之间的关系。如果能证明 X 和 Y 之间存在因果关系，那么可以称不良交友能导致自身越轨行为的增加。而运用第三章到第五章的知识，即使我们发现 X 和 Y 相关，也只能说不良交友与自身越轨行为的增加相关。那么如何发现因果关系呢？本书将在后续章节作简要讨论。不过需要注意的是，相关关系应该是因果关系的前提，如果 X 和 Y 都不具有相关关系，那么它们构成因果关系的可能性也很低。图灵奖获得者朱迪亚·珀尔（Judea Pearl）将相关关系定义为因果关系三个阶梯中的第一个阶梯[①]，可见相关关系是因果关系的前提条件。

同样，我们将遵循统计图、统计表和统计特征值的顺序来介绍整个章节。需要注意的是，考虑到类别变量包括两个分类，即定类变量和定序变量。因此，在探讨两个变量的相关关系时，如果仅仅是两个定类变量或者定类变量与定序变量的组合，那么无法计算其相关的方向（direction）。因此，我们将两个定类变量或者定类变量与定序变量之间的关系称为列联相关

---

① 珀尔，麦肯齐. 为什么：关于因果关系的新科学 [M]. 江生、于华，译. 北京：中信出版集团，2019.

（contingency association），而将两个定序变量之间的关系称为等级相关（rank association）。

例如，我们想探讨性别与是否支持废除死刑之间的关系。然而，对于这两个类别变量，我们似乎无法直接确定是正相关还是负相关，因此适合使用列联相关。但是，当两个类别变量都是定序变量时，我们就可以使用等级相关讨论它们之间的正相关或负相关关系。例如，对于受教育程度和废除死刑的态度，我们可能会发现，受教育程度越高，人们越倾向于废除死刑。因此，在这种情况下，我们可以明确两个变量之间相关关系的方向。

第一节　列联表

一、列联表基本知识

表示两个类别变量之间相关关系的最简单且直观的方法，就是制作表格来展现它们之间的关系。在统计学中，这种表格通常被称为交叉表（cross tabulation）或列联表（contingency table）。列联表的一个重要特征是可以展现两个变量的联合分布（joint distribution）。因此，通过观察列联表，我们能够很直观地看出当一个变量取不同类别时，另外一个变量的分布是否呈现出显著差异。当出现显著差异，则可以说明两个变量相关。

列联表也是一种基本的统计表格，它与上一章提到的简单表的最大区别在于，它能在同一个表格中同时展示两个不同变量的分布情况，因此也被称为复合表。制作列联表（或者开展类似的双变量统计分析）至少表明研究者开始有意识地探究变量之间的关系[①]。

【例 3.1】研究者希望了解吸毒者类型和毒龄的关系，于是向某边境地区的戒毒所戒毒人员发放问卷，并成功收集了 4 270 份有效问卷。表 3.1 展示了不同类型吸毒者毒龄的频次分布，该表就是一个典型的列联表。因为在

---

① 事实上，一项对我国犯罪学领域的实证研究表明，大量法律实证研究仅使用了单变量描述性统计，这可能说明很多法学实证研究尚未开始探索两个变量之间的关系，仅仅只是对某些变量进行了单变量描述性统计。参见夏一巍，罗霞. 犯罪学研究中量化分析方法的使用：现状、问题与建议 [J]. 犯罪研究，2023（1）：52-66.

制作此表时，需要同时知道两个变量的信息。例如，本地吸毒者中毒龄为 0
~4 年的有 1 276 人，为了求得这一频次，既需要知道被访者的毒龄信息，
还需要知道其是本地还是外地吸毒者。

表 3.1　不同类型吸毒者毒龄的频次分布

类型	毒龄/年					
	0~4	5~9	10~14	15~20	20 以上	总计
本地吸毒者	1 276	529	253	528	149	2 735
外地吸毒者	1 034	249	115	68	69	1 535
总计	2 310	778	368	596	218	4 270

注：数据来源于对该地区某戒毒所内进行戒毒治疗的吸毒者的问卷调查。从严格意义上讲，毒
龄应该按照尺度变量的形式测量。然而遗憾的是，问卷以多项选择题的形式收集了毒龄信息，因此
只能按照定序变量处理。这个例子再次提醒我们，在收集数据的时候需要尽可能收集测量水平较高
的变量。

将表 3.1 每个单元格内的频次除以总数 4 270，就可以得到不同类型吸
毒者毒龄的频率分布，如表 3.2 所示。

表 3.2　不同类型吸毒者毒龄的频率分布

类型	毒龄/年					
	0~4	5~9	10~14	15~20	20 以上	总计
本地吸毒者	0.299	0.124	0.059	0.124	0.035	0.641
外地吸毒者	0.242	0.058	0.027	0.016	0.016	0.359
总计	0.541	0.182	0.086	0.140	0.051	1.000

现在，我们将表 3.1 和表 3.2 推广。假设 X 和 Y 分别为两个类别变量。
其中 X 一共有 r 个取值，分别为 x_1，x_2，$\cdots$，x_r，而 Y 一共有 c 个取值，分
别为 y_1，y_2，$\cdots$，y_c [1]。那么，两个变量频次分布的列联表如表 3.3 所示。
其中每个单元格的频次用 n_{ij} 来代表，其中 i 和 j 分别代表对应的行数和列
数。而 $n_{i.}$ 和 $n_{.j}$ 分别为第 i 行和第 j 列所有的频次之和。

---

[1]　这里有两处值得说明。首先，我们习惯将 X 和 Y 分别叫做自变量与因变量。虽然列联表无
法区分自变量与因变量的因果关系。但是习惯上将自变量放在左侧（行），因变量放在上侧（列）。
这样可以比较直观地观察到自变量对因变量变化的影响。其次，之所以使用 r 和 c 分别代表 X 和 Y
的最大取值，是因为两个字母分别为 row（行）和 collum（列）的缩写。

表3.3　频次分布列联表

X	Y						总计
	y_1	y_2	$\cdots$	y_j	$\cdots$	y_c	
x_1	n_{11}	n_{12}	$\cdots$	n_{1j}	$\cdots$	n_{1c}	$n_{1\cdot}$
x_2	n_{21}	n_{22}	$\cdots$	n_{2j}	$\cdots$	n_{2c}	$n_{2\cdot}$
$\vdots$	$\vdots$	$\vdots$	$\vdots$	$\vdots$	$\vdots$	$\vdots$	$\vdots$
x_i	n_{i1}	n_{i2}	$\cdots$	n_{ij}	$\cdots$	n_{ic}	$n_{i\cdot}$
$\vdots$	$\vdots$	$\vdots$	$\vdots$	$\vdots$	$\vdots$	$\vdots$	$\vdots$
x_r	n_{r1}	n_{r2}	$\cdots$	n_{rj}	$\cdots$	n_{rc}	$n_{r\cdot}$
总计	$n_{\cdot 1}$	$n_{\cdot 2}$	$\cdots$	$n_{\cdot j}$	$\cdots$	$n_{\cdot c}$	N

　　读者在初次接触本章可能无法将原始数据与表3.3进行对应。实际上，表3.3是原始数据汇总后的结果。未汇总的原始数据可能如表3.4所示，其中每一行是一个观测值，每一列是一个变量。表3.4中有两个变量分别为 X 和 Y。例如，当 X 和 Y 的取值分别为 x_1 和 y_1 时，这样的观测值一共有 n_{11}，以此类推。因此，将表3.4整理汇总之后，就形成了表3.3。

表3.4　原始数据示意图

X	Y	个数
x_1	y_1	
$\vdots$	$\vdots$	有 n_{11} 个
x_1	y_1	
x_1	y_2	
$\vdots$	$\vdots$	有 n_{12} 个
x_1	y_2	
$\vdots$	$\vdots$	$\vdots$
x_i	y_j	
$\vdots$	$\vdots$	有 n_{ij} 个
x_i	y_j	
$\vdots$	$\vdots$	$\vdots$

　　将表3.3中每个单元格均除以总数 N，即可得到频率分布的列联表（即表3.5）。其中 $p_{ij} = \dfrac{n_{ij}}{N}$。

表 3.5　频率分布列联表

X	Y						总计
	y_1	y_2	$\cdots$	y_j	$\cdots$	y_c	
x_1	p_{11}	p_{12}	$\cdots$	p_{1j}	$\cdots$	p_{1c}	$p_1.$
x_2	p_{21}	p_{22}	$\cdots$	p_{2j}	$\cdots$	p_{2c}	$p_2.$
$\vdots$	$\vdots$	$\vdots$	$\vdots$	$\vdots$	$\vdots$	$\vdots$	$\vdots$
x_i	p_{i1}	p_{i2}	$\cdots$	p_{ij}	$\cdots$	p_{ic}	$p_i.$
$\vdots$	$\vdots$	$\vdots$	$\vdots$	$\vdots$	$\vdots$	$\vdots$	$\vdots$
x_r	p_{r1}	p_{r2}	$\cdots$	p_{rj}	$\cdots$	p_{rc}	$p_r.$
总计	$p._1$	$p._2$	$\cdots$	$p._j$	$\cdots$	$p._c$	1

二、联合分布、边际分布和条件分布

在介绍完列联表之后，我们将进一步探讨三个主要的分布：联合分布（joint distribution）、边际分布（marginal distribution）以及条件分布（conditional distribution）。

简单地说，表 3.3 和表 3.5 中，除了总计所在的行和列之外，其内部单元格所展现的就是联合分布。之所以称为联合分布，是因为在计算每个单元格的频次 n_{ij} 和频率 p_{ij} 时，需要同时知道两个变量的信息。

边际分布则是指表 3.3 和表 3.5 中最下面一行或最右边一列的数据所构成的分布。例如，表 3.5 中最下面一行（"总计"所在的行）所展现的就是变量 Y 的频次边际分布，而最右边一列（"总计"所在的列）则展示了变量 X 的频次边际分布。边际分布只需要知道某一个变量的信息即可。例如，Y 的频次边际分布仅需要知道 Y 自身的信息，无需知道 X 的任何信息。因此，边际分布所构成的表格实际上就是我们在上一章中介绍的单变量描述性统计中的简单表。

最后，条件分布是指在固定一个变量的取值后，另一个变量的分布情况。由于条件频次分布解读意义有限，因此在提及条件分布时，通常指的是条件频率分布。表 3.6 所展示的就是 X 的条件分布，具体地说，它展示了在 Y 取固定值时 X 的分布情况。可以观察到，表中的每个单元格都除以其对应的列边际和，因此每一列的频率之和为 1。正因如此，X 的条件分布在一些统计软件中被称为列百分比（column percentage）。顾名思义，列百分比就是将每一列中的频数除以该列的边际总和，从而得到的比例。

表 3.6　关于 X 的条件分布

X	Y						总计
	y_1	y_2	$\cdots$	y_j	$\cdots$	y_c	
x_1	$\dfrac{n_{11}}{n_{\cdot 1}}$	$\dfrac{n_{12}}{n_{\cdot 2}}$	$\cdots$	$\dfrac{n_{1j}}{n_{\cdot j}}$	$\cdots$	$\dfrac{n_{1c}}{n_{\cdot c}}$	$\dfrac{n_{1\cdot}}{N}$
x_2	$\dfrac{n_{21}}{n_{\cdot 1}}$	$\dfrac{n_{22}}{n_{\cdot 2}}$	$\cdots$	$\dfrac{n_{2j}}{n_{\cdot j}}$	$\cdots$	$\dfrac{n_{2c}}{n_{\cdot c}}$	$\dfrac{n_{2\cdot}}{N}$
$\vdots$	$\vdots$	$\vdots$	$\vdots$	$\vdots$	$\vdots$	$\vdots$	$\vdots$
x_i	$\dfrac{n_{i1}}{n_{\cdot 1}}$	$\dfrac{n_{i2}}{n_{\cdot 2}}$	$\cdots$	$\dfrac{n_{ij}}{n_{\cdot j}}$	$\cdots$	$\dfrac{n_{ic}}{n_{\cdot c}}$	$\dfrac{n_{i\cdot}}{N}$
$\vdots$	$\vdots$	$\vdots$	$\vdots$	$\vdots$	$\vdots$	$\vdots$	$\vdots$
x_r	$\dfrac{n_{r1}}{n_{\cdot 1}}$	$\dfrac{n_{r2}}{n_{\cdot 2}}$	$\cdots$	$\dfrac{n_{rj}}{n_{\cdot j}}$	$\cdots$	$\dfrac{n_{rc}}{n_{\cdot c}}$	$\dfrac{n_{r\cdot}}{N}$

以此类推，我们也可以计算 Y 的条件分布，具体结果见表 3.7。与 X 的条件分布类似，Y 的条件分布是指在固定 X 的取值后，Y 的分布情况。在表 3.7 中，每个单元格都除以其对应的行边际和，因此每一行的频率之和也为 1。这使得 Y 的条件分布在一些统计软件中被称为行百分比（row percentage）。

表 3.7　关于 Y 的条件分布

X	Y					y_c
	y_1	y_2	$\cdots$	y_j	$\cdots$	
x_1	$\dfrac{n_{11}}{n_{1\cdot}}$	$\dfrac{n_{12}}{n_{1\cdot}}$	$\cdots$	$\dfrac{n_{1j}}{n_{1\cdot}}$	$\cdots$	$\dfrac{n_{1c}}{n_{1\cdot}}$
x_2	$\dfrac{n_{21}}{n_{2\cdot}}$	$\dfrac{n_{22}}{n_{2\cdot}}$	$\cdots$	$\dfrac{n_{2j}}{n_{2\cdot}}$	$\cdots$	$\dfrac{n_{2c}}{n_{2\cdot}}$
$\vdots$	$\vdots$	$\vdots$	$\vdots$	$\vdots$	$\vdots$	$\vdots$
x_i	$\dfrac{n_{i1}}{n_{i\cdot}}$	$\dfrac{n_{i2}}{n_{i\cdot}}$	$\cdots$	$\dfrac{n_{ij}}{n_{i\cdot}}$	$\cdots$	$\dfrac{n_{ic}}{n_{i\cdot}}$
$\vdots$	$\vdots$	$\vdots$	$\vdots$	$\vdots$	$\vdots$	$\vdots$
x_r	$\dfrac{n_{r1}}{n_{r\cdot}}$	$\dfrac{n_{r2}}{n_{r\cdot}}$	$\cdots$	$\dfrac{n_{rj}}{n_{r\cdot}}$	$\cdots$	$\dfrac{n_{rc}}{n_{r\cdot}}$
总计	$\dfrac{n_{\cdot 1}}{N}$	$\dfrac{n_{\cdot 2}}{N}$	$\cdots$	$\dfrac{n_{\cdot j}}{N}$	$\cdots$	$\dfrac{n_{\cdot c}}{N}$

利用条件分布的知识，我们可以对【例 3.1】再次分析。例如，表 3.1 中的例子进行了重新分析，可以制作吸毒者类型的条件分布表（表 3.8）与毒龄的条件分布表（表 3.9）。例如，表 3.8 的第一列可以解读为：在毒龄为"0~4"的吸毒者中，本地人占比 55.2%，外地人占比 44.8%。以此类推，表 3.9 的第一行可以解读为：在本地吸毒者中，毒龄为"0~4""5~9""10~14""15~20""20 年以上"的分别占比 46.7%、19.3%、9.3%、19.3%、5.4%。

表 3.8　吸毒者的类型的条件分布（列百分比）

类型	毒龄/年					总计
	0~4	5~9	10~14	15~20	20 以上	
本地吸毒者	0.552	0.680	0.688	0.886	0.683	0.641
外地吸毒者	0.448	0.320	0.313	0.114	0.317	0.359
总计	1	1	1	1	1	1

表 3.9　毒龄的条件分布（行百分比）

类型	毒龄/年					总计
	0~4	5~9	10~14	15~20	20 以上	
本地吸毒者	0.467	0.193	0.093	0.193	0.054	1
外地吸毒者	0.674	0.162	0.075	0.044	0.045	1
总计	0.541	0.182	0.086	0.140	0.051	1

三、两个变量独立的条件

前面我们给出了两个变量相关的初步定义：当一个变量取不同类别时，另外一个变量的分布会出现显著差异。反过来说，两个变量独立的数学定义则是：当一个变量取不同类别时，另外一个变量的分布并未发生变化（或仅发生微小变化）。回顾条件分布的定义，两个变量相互独立的条件说明的是所有的条件分布都相等。既然条件分布相等，那么对应的边际分布也自然相等。因此，两个类别变量相互独立的表现形式是：条件分布相等，且等于边际分布。很显然，表 3.8 和表 3.9 表明，吸毒者类型和毒龄之间并非相互独立而是彼此相关。

将上述定义推广，可以得到对于任意 i 行和 j 列的频次 n_{ij}，除以其行边

际和 $n_{i.}$，等于其对应的列边际和 $n_{.j}$ 除以总数 N（公式 3 - 1）。当然，也可顺理成章地得到，对于任意 i 行和 j 列的频次 n_{ij}，除以其列边际和 $n_{.j}$，等于其对应的行边际和 $n_{i.}$ 除以总数 N（公式 3 - 2）。两个公式完全等价。

$$\frac{n_{ij}}{n_{i.}} = \frac{n_{.j}}{N} \qquad (3-1)$$

$$\frac{n_{ij}}{n_{.j}} = \frac{n_{i.}}{N} \qquad (3-2)$$

将公式（3-1）和公式（3-2）左侧的分母换到右侧，均可以得到

$$n_{ij} = \frac{n_{i.} \times n_{.j}}{N} \qquad (3-3)$$

这个公式意味着，当两个变量独立时，联合分布的频次等于对应的行和列边际分布的乘积再除以样本量。这一性质对后续章节中卡方值的计算具有至关重要的意义。将上式左右侧同时除以样本量，则可以得到

$$\frac{n_{ij}}{N} = \frac{n_{i.}}{N} \times \frac{n_{.j}}{N} \qquad (3-4)$$

换言之，公式（3-4）表明 $p_{ij} = p_{i.} \times p_{.j}$，即联合分布等于边缘概率的乘积。这一性质与常见的《概率论与数理统计》教材中两个变量独立的条件完全一致[①]。

第二节　分类图

下一个议题就是介绍哪些统计图可以展现出两个类别变量的相关关系。在上一章，我们介绍了条形图、饼状图和折线图，将这些统计图按照另外一个变量进行分组，即可得到分类图。本节将完全使用【例 3.1】的数据制作分类图。

首先，我们来介绍分类条形图。它与普通条形图的主要区别在于，它会根据不同的类别来展示柱状分布。图 3.1 展示了不同类型吸毒者的毒龄分布

---

① 很多《概率论与数理统计》教材中均指出：如果随机变量间是相互独立的，边际分布的乘积就可求出联合分布：$F(x_1, x_2 \cdots x_n) = \prod_{i=1}^{n} F_i(x_i)$。本章仅仅是这一性质在两个类别变量相关关系上的具体应用而已。

条形图。图 3.1 中的柱形代表了毒龄的条件分布。根据前面介绍的两个变量独立性的知识，可以联想到，如果所有的柱状高度相等，则意味着两个变量的条件分布相等，因此这两个变量可能相互独立。然而，从图 3.1 中我们可以观察到，条件分布存在差异。

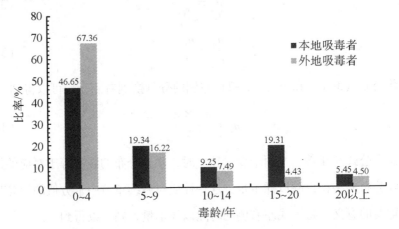

图 3.1　不同类型吸毒者毒龄分布条形图

既然存在分类条形图，那么自然而然地，也存在分类饼图。虽然图 3.2 展示的并非分类饼图，而是圆环图，但其所表达的内容与分类饼图完全一致。可以设想一下，如果不同类型的吸毒人员毒龄分布相似，那么我们会看到这两个圆环的分布近似重合。

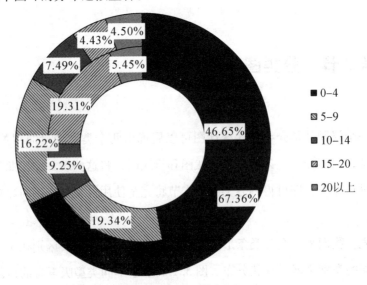

图 3.2　不同类型吸毒者毒龄分布圆环图

最后，我们还可以使用分类折线图来展示两个类别变量之间的相关关系。如图 3.3 所示，折线图展现的依然是毒龄的条件分布。如果折线重合较多，我们可以认为这两个变量之间没有明显的相关关系。

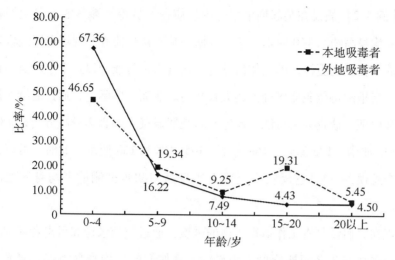

图 3.3　不同类型吸毒者毒龄分布折线图

第三节　列联相关系数

之前的两节内容，我们主要介绍了如何使用图表来展示两个类别变量之间的相关关系。现在，我们将进一步介绍如何使用一个具体的统计量来评估这两者之间的相关关系。尽管通过图表我们能够观察到吸毒者类型和毒龄之间存在一定的相关关系，但仅凭图表难以准确判断它们之间相关性的大小。为了解决这个问题，我们即将介绍列联相关系数这一重要工具。列联相关系数通常用于描述两个无序的类别变量（定类变量）之间的相关关系，其构建方法主要有两种：一种是基于消减误差比例（proportional reduction in error, PRE）的方法，另一种则是基于卡方值（Chi-Square）的方法。我们将在第十一章中详细介绍基于卡方值的列联相关系数。而在本节，我们将重点介绍基于消减误差比例的方法构建的一系列列联相关系数。尽管在实际应用中，卡方值可能更为常见，但了解消减误差比例这一统计思想同样具有重要意义。

一、消减误差比例基本思想

为了阐述消减误差比例的统计思想，可以构想如下实例，以便读者更好地了解其基本思想。

【例 3.2】假设在某起刑事案件中，侦查人员得知涉案的 6 名犯罪嫌疑人的平均身高约为 170 厘米，这一数据是基于初步侦查和现场遗留线索推测得出的。在缺乏更深入的具体信息时，侦查人员可能会以这个平均身高作为参考，来推测每位犯罪嫌疑人的大致身高。然而，实际上，通过后续的深入调查和取证，侦查人员可能发现这 6 名犯罪嫌疑人的真实身高分别是 180 厘米、175 厘米、172 厘米、168 厘米、165 厘米和 160 厘米。此时，可以计算出一个总误差 $E1$，它反映了这些真实身高与初步推测的平均身高之间的差异。

现在，假设侦查工作取得了新的进展：通过监控录像和目击者证词，侦查人员确认前 3 名犯罪嫌疑人为男性，且他们的平均身高为 175 厘米；同时，后 3 名犯罪嫌疑人为女性，她们的平均身高为 165 厘米。在这一新证据的基础上，侦查人员在推测每位犯罪嫌疑人的身高时，就不会再简单地依赖整体平均身高 170 厘米了。相反，他们会根据性别和已知的平均身高来做出更精确的推测。例如，当侦查人员知道某位犯罪嫌疑人是男性时，他们会更倾向于使用男性的平均身高 175 厘米作为推测的依据。这样做当然也会存在一定的误差，但此时的误差 $E2$ 相较于之前的 $E1$ 应该会有所减小，因为侦查人员利用了更多的具体证据来优化他们的推测。

这就是削减误差比例（PRE）的一般思想。当没有其他信息可用时，我们只能依靠一个变量的边际分布信息（如均值）进行猜测，这种猜测可能具有较大误差。但是，如果另外一个变量与被猜测的变量存在相关关系，那么借助其中一个变量去了解另一个变量时，就能减少一部分误差。如果减少的误差非常大，就意味着两个变量之间高度相关，否则，两个变量之间的相关性就会比较低。

现在，让我们正式介绍一下削减误差比例（PRE）的计算公式。假设有两变量 X 和 Y。如果我们想要预测个体在 Y 变量上的取值，在没有任何其他辅助信息的前提下，我们只能依靠 Y 的边际分布的特征（如均值、众数等集中趋势）来猜测 Y，这个时候所犯的错误为 $E1$。假设我们知道了每个个体在 X 变量上的取值，那么我们可以利用 X 变量来预测其在 Y 变量上的取值。换言之，我们可以利用 Y 的条件分布的特征来猜测 Y，这个时候所犯的错误为 $E2$。削减误差比例（PRE）的计算公式为

$$PRE = \frac{(E1 - E2)}{E1} \tag{3-5}$$

显然，PRE 的取值范围在 0 到 1 之间，0 代表不相关，1 代表完全相关。可以想象，当 $E1 = E2$，$PRE = 0$。这意味着使用了 X 的信息猜测 Y，其结果没有任何好转。换言之，借助 Y 的条件分布去猜测 Y 的取值，和使用 Y 的边际分布猜测 Y 的取值完全相同。回顾两个变量独立的定义：条件分布等于边际分布。因此 $PRE = 0$ 恰好反映了两个变量完全独立的情况。而当 $E2 = 0$ 时，$PRE = 1$。这意味着条件分布的信息完全可以猜测出联合分布的信息。这个时候，必然是两个变量完全相关的情况。

根据公式（3-5），我们可以计算引例中的 PRE。首先，计算总误差 $E1$。侦查人员最初使用平均身高 170 厘米来推测 6 名犯罪嫌疑人的身高，但实际身高分别是 180 厘米、175 厘米、172 厘米、168 厘米、165 厘米和 160 厘米。因此，$E1$ 是这 6 个实际身高与平均身高的差的绝对值之和：$E1 = |180 - 170| + |175 - 170| + |172 - 170| + |168 - 170| + |165 - 170| + |160 - 170| = 34$。

接下来，计算使用新证据后的总误差 $E2$。侦查人员现在知道前 3 名犯罪嫌疑人是男性，平均身高 175 厘米；后 3 名是女性，平均身高 165 厘米。他们可以使用这个新信息来做出更精确的推测。因此，$E2$ 是使用特定性别的平均身高进行推测时的误差：$E2 = |180 - 175| + |175 - 175| + |172 - 175| + |168 - 165| + |165 - 165| + |160 - 165| = 16$。

最后，计算削减误差比例 PRE：$PRE = (E1 - E2) / E1 = (34 - 16) / 34 \approx 0.53$。这意味着，借助性别推测犯罪嫌疑人身高可以消减约 53% 的误差。

二、λ 系数

在了解完消减误差比例的思想之后，我们来介绍几个基于这一思想建构的指标。其中，λ 系数是最简单的一个指标。λ 系数主要指 1954 年由古德曼（Goodman）和克鲁斯卡（Kruskal）提出的一种衡量两个定类变量相关关系的方法[①]。

【例 3.3】依然使用某边境地区戒毒所不同类型吸毒者的调查数据。不过现在考察不同类型的吸毒人员与主要使用的毒品类型（传统毒品或新型

---

① 事实上，Goodman 和 Kruskal 在 20 世纪 50 年代发表了一系列题为 *Measures of Association for Cross Classifications* 的论文。1979 年两位作者将这些论文集结成册，并最终形成一本专著，参见：GOODMAN L A, KRUSKAL W H. Measures of Association for Cross Classifications [M]. New York：Springer, 1979.

毒品）之间的关系。具体数据如表 3.10 所示。

表 3.10　不同类型吸毒者主要使用毒品类型分布

单位：人

类型	毒品类型		总计
	传统毒品	新型毒品	
本地吸毒者	1 799	936	2 735
外地吸毒者	523	1 012	1 535
总计	2 322	1 948	4 270

首先，我们需要定义 $E1$。根据边际分布可以知道使用传统毒品的人有 2 322 人，使用新型毒品的有 1 948 人。所以如果盲猜一个吸毒者使用的毒品类型，我们很可能会猜他使用传统毒品，因为从边际分布来看，使用传统毒品的个体数量更多。然而，在这种情况下会犯很多错误。如果我们用总数 4 270 减去使用传统毒品的人数 2 322，我们会得到猜错的人数，即 1 948 人。这意味着我们会猜错 1 948 人，因此 $E1 = 1\ 948$。

现在如果我们知道这些吸毒者是本地吸毒者或外地吸毒者，然后再进行猜测，由于本地吸毒者和外地吸毒者在主要使用的毒品类型上存在差异（如表 3.10 所示），那么我们再次猜测时很可能会少犯一些错误。例如，针对本地吸毒者，我们会猜测其主要吸食毒品为传统毒品，因此我们猜错的人数是 2 735−1 799＝936（人）。而针对外地吸毒者，我们会猜测主要吸食的是新型毒品，因此猜错的人数是 1 535−1 012＝523（人）。因此，这时我们可以计算出在知道吸毒者类型的情况下，猜错的人数 $E2 = 936 + 523 = 1\ 459$（人）。

最后，我们可以通过公式计算出消减误差比例为 $(E1-E2)/E1 = (1\ 948-1\ 459)/1\ 948 \approx 0.25$。这个比例表示知道吸毒者类型后再去猜测他们主要使用的毒品类型时，可以减少约 25% 的误差。

相信通过这个例子，大家已经了解了 λ 系数的使用方法。推而广之，假设我们不知道其他的信息，需要猜测每个个案的取值，唯一可能参考的就是变量 Y 的边际分布。在这种情况下，我们通常会用 Y 的边际分布的众数值来进行猜测，因为之前在介绍集中趋势时提到过，对于定类变量而言，众数是唯一可用的集中趋势指标。所以，$E1$ 的更准确定义是总数 N 减去 Y 边际分布中的众数值，如下式：

$$E1 = N - \max(n_{\cdot j}) \tag{3-7}$$

而 $E2$，我们可以用每一行的边际和减去每一行的众数值〔用 $\max(n_{ij})$ 表示〕，然后再逐行求和。也即 $E2 = \sum_{i=1}^{r}(n_{i.} - \max(n_{ij}))$。考虑到，$\sum_{i=1}^{r}(n_{i.}) = N$。$E2$ 可以简化为

$$E2 = N - \sum_{i=1}^{r}\max(n_{ij}) \tag{3-7}$$

然后，我们将公式（3-6）和公式（3-7）代入消减误差比例的公式，最终得到了 λ_y 的计算公式。

$$\lambda_y = \frac{E1 - E2}{E1} = \frac{N - \max(n_{.j}) - \left[N - \sum_{i=1}^{r}\max(n_{ij})\right]}{N - \max(n_{.j})}$$

$$= \frac{\sum_{i=1}^{r}\max(n_{ij}) - \max(n_{.j})}{N - \max(n_{.j})} \tag{3-8}$$

虽然最终的 λ_y 公式看起来有点复杂，但可以简单解释为：每一行的最高频次之和减去 Y 的边际分布中的最高频次，然后再除以个案总数减去 Y 边际分布中的最高频次。

$$\lambda_y = \frac{每行最高频次之和 - Y 边际分布中的最高频次}{总数 N - Y 边际分布中的最高频次} \tag{3-9}$$

针对 λ 系数，有几个注意事项。首先，λ 系数的取值范围在 0 到 1 之间。我们一方面可以使用消减误差比例的原始公式来理解 λ 取 0 和 1 时的情况：当 $E1 = E2$，$\lambda = 0$；当 $E2 = 0$，$\lambda = 1$。另一方面可以直接参考公式（3-9）来理解。当每行最高频次之和恰好等于 Y 边际分布中的最高频次，也即 $\sum_{i=1}^{r}\max(n_{ij}) - \max(n_{.j})$，此时 $\lambda_y = 0$。为了更好地理解这种情况，假设我们将"外地吸毒者"这一行的数据置换一下，形成表 3.11。从中可以发现，每一行的众数都是"传统毒品"。因此，每行最高频次之和 = 1 799 + 1 012，其数值和 Y 边际分布中的最高频次 2 811 完全相等。

表 3.11　不同类型吸毒者主要使用毒品类型分布（置换第二行数值）

类型	毒品类型		总计
	传统毒品	新型毒品	
本地吸毒者/人	1 799	936	2 735
外地吸毒者/人	1 012	523	1 535
总计/人	2 811	1 459	4 270

而当每行最高频次之和等于总数 N 时，则 $\lambda_y = 1$。这种情况下，每一行都只存在一个不为 0 的频次。此时，联合分布呈现某种"对角线"分布的形态（见表 3.12）。从直观上，我们也能看出两个变量完全相关。套用消减误差比例最原始的理解，此时如果知道吸毒者是本地还是外地，就可以"完全正确地"猜测其吸食毒品的类型，因此不可能存在任何的 $E2$。

表 3.12 不同类型吸毒者主要使用毒品类型分布（完全相关）

类型	毒品类型		总计
	传统毒品	新型毒品	
本地吸毒者/人	2 735	0	2 735
外地吸毒者/人	0	1 535	1 535
总计/人	2 735	1 535	4 270

其次，λ 系数具有不对称性，即借助 y 来猜测 x 时，$E1$ 和 $E2$ 很可能会发生变化。因此，在公式（3-10）中展示了如何计算 λ_x。

$$\lambda_x = \frac{E1 - E2}{E1} = \frac{N - \max(n_{i.}) - \left[N - \sum_{j=1}^{c} \max(n_{ij}) \right]}{N - \max(n_{i.})}$$

$$= \frac{\sum_{j=1}^{c} \max(n_{ij}) - \max(n_{i.})}{N - \max(n_{i.})} \tag{3-10}$$

以上公式也可以简单表示为

$$\lambda_x = \frac{每列最高频次之和 - X\ 边际分布中的最高频次}{总数\ N - X\ 边际分布中的最高频次} \tag{3-11}$$

那么 λ_x 和 λ_y 各自在什么时候使用呢？通常而言，我们将 X 视为自变量，Y 视为因变量。如果 X 和 Y 具有较为明确的因果关系[①]，那么直接使用 λ_y。如果因果关系不明，那么可以使用 λ_x 和 λ_y 的某个加权平均值，其权重为两个系数对应的 $E1$［公式（3-8）和公式（3-10）的分母］，如下：

$$\lambda = \frac{E1_{\lambda_x}}{E1_{\lambda_x} + E1_{\lambda_y}} \lambda_x + \frac{E1_{\lambda_y}}{E1_{\lambda_x} + E1_{\lambda_y}} \lambda_y \tag{3-12}$$

---

① 此处我们将简要定义一下因果关系。一般而言，因果关系的成立需要满足三个条件：（1）在发生顺序上，因在前，果在后（即时间顺序，temporal order）。（2）它们之间存在关联（association）或者说共变（co-variation）的关系。（3）必须排除其他可能用于解释该结果的因素（即消除虚假关系，elimination of spuriousness）。然而，对于 λ 系数的选取，我们其实无法严格按照上述三个条件来进行思考，因此只能根据研究目的来大致推断。例如，就我们之前介绍的本地和外地吸毒者与毒品类型的例子而言，我们可以大致认为吸毒者类型是 X，毒品类型是 Y。因为这个假设的因果关系至少满足了前两个条件。

下面将根据【例3.3】制作的表3.10中的数据重新计算 λ_x、λ_y 和 λ。如下

$$\lambda_x = \frac{1\,799 + 1\,012 - 2\,735}{4\,270 - 2\,735} \approx 0.049\,5$$

$$\lambda_y = \frac{1\,799 + 1\,012 - 2\,322}{4\,270 - 2\,322} \approx 0.251$$

$$\lambda = \frac{4\,270 - 2\,735}{(4\,270 - 2\,735) + (4\,270 - 2\,322)}0.049\,5$$
$$+ \frac{4\,270 - 2\,322}{(4\,270 - 2\,735) + (4\,270 - 2\,322)}0.251$$
$$\approx 0.16$$

同样，对于这些 λ 系数均可以利用 PRE 的思想进行解释。

三、 τ 系数

虽然 λ 系数具有计算简单、解释明确等优点，但是这个系数仅使用了众数信息，对表格数据利用不全。这可能会导致一个很严重的问题，例如计算表3.1的 λ 系数，会发现无论是 λ_x 和 λ_y 均为0。这可能并不符合直观印象。因此需要介绍另外一个指标，即 τ 系数。τ 系数也由古德曼和克鲁斯卡两位学者提出，因此也有人将这个系数称为 Goodman-Kruskal tau 系数。

τ 系数依然是基于消减误差比例的方式构建，但对单元格信息都加以了利用。依然以【例3.3】形成的表3.10为例。但现在我们需要重新定义 $E1$。我们依然对预测吸毒类型感兴趣，那么在不知道其他信息的情况下，我们只能利用 Y 的边际分布。此时，我们知道传统毒品和新型毒品的吸毒者的人数分别为 2 322 人和 1 948 人。因此，我们不妨将 4 270 名吸毒者随机分为 2 322 人和 1 948 人两个群体。此时我们将 2 322 人这个群体中的所有人都猜测使用传统毒品，而 1 948 人这个群体的所有人都猜测使用新型毒品，很显然，这种做法必然会犯错误，而犯错误的期望[1]分别为 1 948（1-1 948/4 270）与 2 322（1-2 322/4 270）。因此 $E1$ 等于

$$E1 = 1\,948\left(1 - \frac{1\,948}{4\,270}\right) + 2\,322\left(1 - \frac{2\,322}{4\,270}\right)$$
$$= 4\,270 - \frac{1\,948^2 + 2\,322^2}{4\,270}$$

---

[1] 此处指的是数学期望。对于没有接触过数学期望的读者，可以理解为平均猜错的频次。

$$\approx 2\ 123.26$$

当然，我们可以使用类似的方法对本地吸毒者和外地吸毒者做类似操作。然后将两个错误相加，即可形成 $E2$

$$E2 = \left(2\ 735 - \frac{1\ 799^2 + 936^2}{2\ 735}\right) + \left(1\ 535 - \frac{523^2 + 1\ 012^2}{1\ 535}\right)$$

$$\approx 1\ 917.33$$

最后，PRE＝（$E1-E2$）/$E1$ 即可得到 $\tau_y \approx 0.10$。可以解释为，利用 X 猜测 Y 可以减少约 10% 的误差。而且可以明显看出，τ_y 比 λ_y 低了很多。这说明当我们考虑了更多信息之后，消减误差比例的计算变得更加稳健。推而广之，对于 τ_y 而言，$E1$ 和 $E2$ 分别定义如下：

$$E_1 = n_{\cdot 1}\left(1 - \frac{n_{\cdot 1}}{N}\right) + n_{\cdot 2}\left(1 - \frac{n_{\cdot 2}}{N}\right) + \cdots + n_{?\ r}\left(1 - \frac{n_{\cdot c}}{N}\right)$$

$$= N - \frac{1}{N}\sum_{j=1}^{c} n_{\cdot j}^2 \tag{3-13}$$

$$E_2 = \left(n_{1.} - \frac{1}{n_{1.}}\sum_{j=1}^{c} n_{1j}^2\right) + \left(n_{2.} - \frac{1}{n_{2.}}\sum_{j=1}^{c} n_{2j}^2\right) + \cdots +$$

$$\left(n_{c.} - \frac{1}{n_{c.}}\sum_{j=1}^{c} n_{cj}^2\right)$$

$$= N - \sum_{i=1}^{r}\sum_{j=1}^{c}\frac{n_{ij}^2}{n_{i.}} \tag{3-14}$$

$$\tau_y = \frac{E_1 - E_2}{E_1} = \frac{N - \frac{1}{N}\sum_{j=1}^{c} n_{\cdot j}^2 - \left(N - \sum_{i=1}^{r}\sum_{j=1}^{c}\frac{n_{ij}^2}{n_{i.}}\right)}{N - \frac{1}{N}\sum_{j=1}^{c} n_{\cdot j}^2}$$

$$= \frac{\sum_{i=1}^{r}\sum_{j=1}^{c}\frac{n_{ij}^2}{n_{i.}} - \frac{1}{N}\sum_{j=1}^{c} n_{\cdot j}^2}{N - \frac{1}{N}\sum_{j=1}^{c} n_{\cdot j}^2} \tag{3-15}$$

如果使用 Y 猜测 X，那么上述公式可以修改为

$$\tau_x = \frac{E_1 - E_2}{E_1} = \frac{N - \frac{1}{N}\sum_{i=1}^{r} n_{i.}^2 - \left(N - \sum_{j=1}^{c}\sum_{i=1}^{r}\frac{n_{ij}^2}{n_{\cdot j}}\right)}{N - \frac{1}{N}\sum_{i=1}^{r} n_{i.}^2}$$

$$= \frac{\sum_{j=1}^{c}\sum_{i=1}^{r}\frac{n_{ij}^2}{n_{\cdot j}} - \frac{1}{N}\sum_{i=1}^{r} n_{i.}^2}{N - \frac{1}{N}\sum_{i=1}^{r} n_{i.}^2} \tag{3-16}$$

虽然公式看起来十分夸张，但是计算起来并不困难。尤其是将其还原到 $E1$ 和 $E2$ 的时候，计算起来将会相对容易。同样利用表 3.10 的数据计算 τ_x。

$$E1 = 4\ 270 - \frac{2\ 735^2 + 1\ 535^2}{4\ 270}$$

$$\approx 1\ 966.381\ 7$$

$$E2 = \left(2\ 322 - \frac{1\ 799^2 + 523^2}{2\ 322}\right) + \left(1\ 948 - \frac{936^2 + 1\ 012^2}{1\ 948}\right)$$

$$\approx 1\ 782.762\ 7$$

$$\tau_x = \frac{E1 - E2}{E1} = \frac{1\ 966.381\ 7 - 1\ 782.762\ 7}{1\ 966.381\ 7}$$

$$\approx 0.093\ 7$$

同样，上述结果可以解释为利用 Y 猜测 X 可以减少约 9.37% 的误差。

第四节　等级相关系数

上一节介绍了列联相关系数，这些系数都是基于消减误差比例构建，其取值范围通常位于 0 到 1 之间。接下来，我们将介绍等级相关系数，这一系数主要适用于衡量两个定序变量之间的相关性。由于定序变量具有方向性，因此等级相关系数不仅能够评价两个变量的相关程度，还能判断两者是正相关还是负相关。因此等级相关系数的取值范围通常在 -1 到 1 之间。-1 代表完全负相关，而 1 代表完全正相关。为此，我们需要引入一种新的统计思想，即利用排序来评判两个变量之间的相关关系。

一、斯皮尔曼等级相关系数

斯皮尔曼等级相关系数（Spearman's rank correlation coefficient, Spearman's ρ）利用两个变量的等级[1]差平方和来衡量两者的相关关系[2]。

---

① 等级也可以理解为排名、排序，在英文中通常称为 rank。在非参数统计领域，rank 也经常被翻译为"秩"，同样体现了排名的含义。

② SPEARMAN C. The proof and measurement of association between two things [J]. The American Journal of Psychology, 1904, 15（1）：72-101.

【例3.4】为了直观理解这一系数，假设我们获取了 7 名吸毒人员的年龄（X）和毒龄（Y）状况，结果如表 3.13 所示。现在，我们对年龄按从大到小的顺序进行排序，并记录每个年龄的排名；对于毒龄数据也进行了类似处理。需要注意的是，X 和 Y 中均出现了相同的值，这种情况称为"结"（tie）。对于结，在计算排名时需计算其所在排名的平均值。

等级差是评价两个变量相关性和方向的核心参考指标。如果 X 和 Y 正相关，那么等级差应该较小；如果 X 和 Y 负相关，那么等级差会较大。由于等级差之和总是为 0，因此我们可以使用等级差的平方和作为核心指标。如果等级差平方和为 0，则表示两个变量完全正相关；如果等级差平方和达到最大值，则表示两个变量完全负相关。

斯皮尔曼等级相关系数的计算公式为

$$\rho = 1 - \frac{6 \sum_{i=1}^{N} d_i^2}{N(N^2 - 1)} \tag{3-17}$$

上式中，d_i 为第 i 个个体在两个变量上的等级差，N 为个体总数。可以证明，ρ 的取值范围为 $[-1, 1]$。当两个变量完全正相关，两个变量的等级完全相同，此时等级差平方和为 0，$\rho = 1$。当两个变量完全负相关，两个变量的等级完全逆序，此时等级差平方和达到最大值，$\rho = -1$。

代入表 3.13 的数据，可以计算出：

$$\rho = 1 - \frac{6 \times (0 + 2.25 + 1 + 0.25 + 0.25 + 0.25 + 0)}{7(7^2 - 1)}$$

$$= 1 - \frac{24}{336} \approx 0.9286$$

由此可见两个变量呈现较强的正相关关系。

表 3.13　年龄与毒龄

个体序号	年龄（X）/岁	年龄排序	毒龄（Y）/岁	毒龄排序	等级差 d_i	等级差平方 d_i^2
1	60	1	30	1	0	0
2	55	2	15	3.5	−1.5	2.25
3	50	3	20	2	1	1
4	40	4	15	3.5	0.5	0.25
5	30	5.5	8	6	−0.5	0.25

表3.13(续)

个体序号	年龄（X）/岁	年龄排序	毒龄（Y）/岁	毒龄排序	等级差 d_i	等级差平方 d_i^2
6	30	5.5	10	5	0.5	0.25
7	25	7	5	7	0	0

ρ 取值范围 $[-1, 1]$ 的证明。ρ 的最大值为1的证明相对容易，此时两个排序完全相同。比较复杂的是证明 ρ 的最大值为-1。换言之，此时需要证明，两个排序完全逆序时 $\sum\limits_{i=1}^{N} d_i^2 = \dfrac{N(N^2-1)}{3}$。

假设 X 的排序是 $1, 2, \cdots, N$。而 Y 的排序在完全逆序时为 $N, N-1, \cdots, 1$。那么等级差为

$$d_i = i - (N - i + 1) = 2i - N - 1$$

等级差平方和为

$$\sum_{i=1}^{N} d_i^2 = \sum_{i=1}^{N} [2i - (N+1)]^2$$

$$= \sum_{i=1}^{N} (2i)^2 + \sum_{i=1}^{N} (N+1)^2 - \sum_{i=1}^{N} 4i(N+1)$$

$$= 4\frac{N(N+1)(2N+1)}{6} + N(N+1)^2 - 4(N+1)\frac{N(N+1)}{2}$$

$$= \frac{N(N^2-1)}{3}$$

故得证。须提醒的是，此处证明过程利用了正整数求和与正整数平方求和的公式。

斯皮尔曼等级相关原本设计用于处理数据取值较多的情况。实际上，它完全可以应用于两个尺度变量。斯皮尔曼等级相关的提出，初衷是作为第五章将要介绍的皮尔逊相关系数的非参数替代方法。然而，在实证研究中，定序变量的取值范围往往有限。例如，当研究者试图探究受教育程度和废除死刑的态度之间的关系时，由于这两个变量的取值较少，因此会有大量的结（ties）出现，此时斯皮尔曼等级相关系数便不再适用。我们需要进一步介绍另一组等级相关系数，这组系数通过利用数据中的同序对、异序对和同分对的数量，来评估两个定序变量之间的相关性及其方向。

二、γ 等级相关系数

1. 同序对、异序对和同分对

考虑到本章仅涉及双变量相关的内容，因此将三个关键概念定义如下：同序对（Concordant Pairs）指的是两个观测值在两个变量上观测值的等级顺序相同的样本对。异序对（Discordant Pairs）则是指两个观测值在两个变量上观测值的等级顺序不同的样本对。同分对（Tied Pairs）是指两个观测值在某一变量上或者同时在两个变量上取值相同的样本对。

【例3.5】为了更好地阐述这三个概念，继续考虑表3.13中的例子。如果将这7个个体进行两两配对，那么一共有 $C_7^2 = 21$ 种不同的组合方式。在这些组合中，例如序号为1和2、1和3以及1和4的个体对都可以被视为同序对。以1和2为例，我们可以发现序号为1的个体，其年龄大于序号为2的个体的年龄，同时其毒龄也大于序号为2的个体的毒龄。而序号为2和3的两个个体则构成异序对，因为虽然序号为2的个体的年龄高于序号为3的个体，但是序号为3的个体的毒龄高于序号为2的个体。最后，序号为5和6的个体构成同分对，因为它们在年龄上的取值相同。类似地，序号为2和4的个体也构成同分对，因为它们的毒龄相同。

表3.13展示了在两个尺度变量中如何计算同序对、异序对和同分对。而对于类别变量，我们可以根据汇总数据进行计算。表3.14是一个3×3的列联表，它汇总了两个类别变量 X 和 Y 的信息。其中 X 有三个取值，且存在 $x_3 > x_2 > x_1$ 的关系；Y 也有三个取值，也存在 $y_3 > y_2 > y_1$ 的关系。请注意，在计算等级相关系数时，列联表的顺序非常重要。后续列举的公式必须按照表3.14的大小顺序进行排序，否则可能出现等级相关系数符号相反的情况。

表3.14 3×3列联表

X	Y		
	y_1	y_2	y_3
x_1	n_{11}	n_{12}	n_{13}
x_2	n_{21}	n_{22}	n_{23}
x_3	n_{31}	n_{32}	n_{33}

接下来，我们将介绍如何根据表3.14寻找同序对、异序对和同分对。其中，同分对最容易寻找。同分对要求两个观测值在某一变量上或者同时在两

个变量上取值相同。显然，同一行的个体在 X 的取值相同，例如 n_{11}，n_{12} 和 n_{13} 对应的个体在 X 的取值上相同且都等于 x_1。类似的，同一列的个体在 Y 的取值相同，例如 n_{11}，n_{21} 和 n_{31} 对应的个体在 Y 的取值上相同且都等于 y_1。

在明确同分对之后，现在介绍如何寻找同序对。为了避免重复，我们仅按照一个方向寻找，即一旦锁定某个个体之后，需要寻找在 X 和 Y 的取值都比这个个体大的个体。首先，我们锁定左上角第一个单元格，它表明 X 和 Y 分别等于 x_1 和 y_1 的观测值一共有 n_{11} 个。显然，处于同一行和同一列的个体都不构成同序对，因为它们构成同分对。为了寻找 X 和 Y 的取值都比这个个体大的个体，我们需要向右下角寻找：n_{22}，n_{23}，n_{32} 和 n_{33} 的个体都满足要求。同理，n_{12} 对应的个体的同序对也需要向右下角寻找，即 n_{23} 和 n_{33}。n_{21} 的个体也是如此，同序对为 n_{32} 和 n_{33}。最后，n_{22} 的个体的同序对为 n_{33}。综合起来，同序对 n_s 的数量为

$$n_s = n_{11} \times (n_{22} + n_{23} + n_{32} + n_{33}) + n_{12} \times (n_{23} + n_{33})$$
$$+ n_{21} \times (n_{32} + n_{33}) + n_{22} \times n_{33} \tag{3-18}$$

为什么只寻找了 n_{11}，n_{12}，n_{21} 和 n_{12} 对应的同序对呢？因为对于最后一行和最后一列的个体，要么 X 已经取最大值，要么 Y 已经取最大值，因此无法找到比这些个体在 X 或 Y 上取值更大的个体。综上，同序对可以使用这种"右下角"法则进行寻找。这个法则的前提是找到 X 和 Y 的取值都比特定个体大的个体配对。换言之，如果一开始希望寻找 X 和 Y 的取值都比特定个体小的个体配对，则可以使用"左上角"法则进行寻找。有兴趣的读者可以自行证明，使用"左上角"法则计算出的同序对和公式（3-18）展开后完全相同。那么为什么同时使用"右下角"法则和"左上角"呢？原因是同序对仅考虑的是组合，而非排列[①]。

在明确了同序对的寻找方法之后，异序对的寻找方法就变得相对容易了。同样，我们需要首先定义一个方向。例如，当我们锁定一个个体之后，我们希望其配对的个体满足 X 取值小于它，但是 Y 的取值大于它。这个时候，我们需要使用"左下角"法则。首先锁定 n_{13}，满足异序对条件的个体都出现在左下角，即 n_{21}，n_{22}，n_{31} 和 n_{32}。同理，我们可以寻找 n_{12} 的异序对，即 n_{21} 和 n_{31}；n_{23} 的异序对 n_{31} 和 n_{32}；以及 n_{22} 的异序对 n_{31}。因此，异

　　[①]　当然也可以将同序对、异序对和同分对视为排列，这对后面介绍的等级相关系数而言，差别不大。

序对计算公式如下：

$$n_d = n_{13} \times (n_{21} + n_{22} + n_{31} + n_{32}) + n_{12} \times (n_{21} + n_{31})$$

$$+ n_{23} \times (n_{31} + n_{32}) + n_{22} \times n_{31} \qquad (3-19)$$

当然，如果我们修改寻找的方向，寻找 X 取值大于特定个体，但是 Y 的取值小于特定个体的配对，则需要使用"右上角"法则。其得出的结果与公式（3-19）应当完全相同。

2. γ 等级相关

明确了同序对、异序对和同分对的概念之后。可以猜想，如果数据中同序对多，异序对少，则很可能呈现正相关关系。反之则可能呈现负相关关系。γ 等级相关就是基于这种特征构造。由于 γ 等级相关也是古德曼和克鲁斯卡两位学者提出，也称 Goodman and Kruskal's gamma。其计算方法为

$$\gamma = \frac{n_s - n_d}{n_s + n_d} \qquad (3-20)$$

很显然，γ 等级相关系数取值范围也是-1 到 1。当数据中全是同序对没有异序对（$n_d = 0$）的时候，取值为 1。当数据中全是异序对没有同序对（$n_s = 0$）的时候，取值为-1。

【例 3.5】实际计算 γ 等级相关系数，假设下述例子：研究者为了了解不同文化程度的人对死刑的态度，于是发放问卷并收集了 1 000 名被访者的回复（表 3.15）。根据公式，计算得到 $\gamma = -0.05$，这表明文化程度与死刑态度具有轻微的负相关关系。文化程度越高的居民可能更加不支持死刑。

表 3.15 不同文化程度居民对死刑态度的交叉表

文化程度	对死刑态度		
	不支持	不好说	支持
小学及以下	299	124	59
初中、中专	242	58	27
高中及以上	541	182	86

$$n_s = 299 \times (58 + 27 + 182 + 86) + 124 \times (27 + 86)$$

$$+ 242 \times (182 + 86) + 58 \times 86$$

$$= 189\ 463$$

$$n_d = 59 \times (242 + 58 + 541 + 182) + 124 \times (242 + 541)$$
$$+ 27 \times (541 + 182) + 58 \times 541$$
$$= 208\ 444$$

$$\gamma = \frac{n_s - n_d}{n_s + n_d} = \frac{189\ 463 - 208\ 444}{189\ 463 + 208\ 444} \approx -0.047\ 6$$

值得一提的是，γ 等级相关也具有 PRE 性质[1]。因此上述结果也可以近似地解释为利用 X 猜测 Y 减少了 4.76% 的误差[2]。还需要提及的是，当两个类别变量取值只有 2 类，γ 等级相关退化为 Q 系数（也称为 Yule's Q[3]）。为了简单说明，可以构建一个 2×2 列联表，见表 3.16。

表 3.16　两个独立变量 2×2 列联表

X	Y		总计
	y_1	y_2	
x_1	n_{11}	n_{12}	$n_{1.}$
x_2	n_{21}	n_{22}	$n_{2.}$
总计	$n_{.1}$	$n_{.2}$	N

此时 $n_s = n_{11} \times n_{22}$，而 $n_d = n_{21} \times n_{12}$。那么 γ 等级相关系数为

$$\gamma = \frac{n_{11} \times n_{22} - n_{21} \times n_{12}}{n_{11} \times n_{22} + n_{21} \times n_{12}} \qquad (3-21)$$

实际上，上式也是 Q 系数的计算方法。此时，还需进一步说明的是，根据公式（3-4），两个变量相关独立的条件是

$$\frac{n_{ij}}{N} = \frac{n_{i.}}{N} \times \frac{n_{.j}}{N}$$

换言之，如果两个变量相互独立，那么 γ 等级相关或者 Q 系数恰好等于 0，这也再次说明了 γ 等级相关的 PRE 性质。证明如下：

$$\gamma = \frac{\dfrac{n_{1.}\,n_{.1}}{N} \times \dfrac{n_{2.}\,n_{.2}}{N} - \dfrac{n_{2.}\,n_{.1}}{N} \times \dfrac{n_{1.}\,n_{.2}}{N}}{\dfrac{n_{1.}\,n_{.1}}{N} \times \dfrac{n_{2.}\,n_{.2}}{N} + \dfrac{n_{2.}\,n_{.1}}{N} \times \dfrac{n_{1.}\,n_{.2}}{N}}$$

① 详细证明过程详见卢淑华. 社会统计学：第 4 版. 北京：北京大学出版社，2015：229-230.

② 此处考虑到 γ 等级相关是一个非对称测量，因此将结果解释为"利用 X 猜测 Y 减少的误差"可能有一定的瑕疵。

③ YULE G U. On the Association of Attributes in Statistics：With Illustrations from the Material of the Childhood Society［J］. Philosophical Transactions of the Royal Society of London. Series A, Containing Papers of a Mathematical or Physical Character, 1900, 194：257-319.

$$= \frac{n_1.\,n_{.1} \times n_2.\,n_{.2} - n_2.\,n_{.1} \times n_1.\,n_{.2}}{n_1.\,n_{.1} \times n_2.\,n_{.2} - n_2.\,n_{.1} \times n_1.\,n_{.2}}$$

$$= 0$$

3. 其他类 γ 等级相关系数

γ 等级相关系数最大的问题是并没有考虑同分对。如果同序对较多，那么很可能出现系数高估的情况。针对此，肯德尔（Kendall）对 γ 等级相关进行了一系列修正，并提出了一系列系数，称为 Kendall's Tau[①]。肯德尔一共介绍了三种 τ 系数，分别为 τ_a，τ_b 和 τ_c 系数。

$$\tau_a = \frac{n_s - n_d}{\frac{N(N-1)}{2}} \qquad (3-22)$$

考虑到样本量为 N 的个体一共有 $C_N^2 = \frac{N(N-1)}{2}$ 种可能的组合，τ_a 将其视为分母，因此也考虑到所有的同分对可能的情况。在不存在同分对的情况下，τ_a 自然与 γ 等级相关相等。但是如果同序对较多，τ_a 分母的矫正可能过于严格。因此肯德尔进一步介绍了 τ_b。

$$\tau_a = \frac{n_s - n_d}{\sqrt{T - T_r}\,\sqrt{T - T_c}} \qquad (3-23)$$

其中 $T = C_N^2 = \frac{N(N-1)}{2}$。而 T_r 和 T_c 分别代表同分对中 X 值不变和 Y 值不变的个数。这两个值也可以直接使用行边际和来计算，如下：

$$T_r = \frac{\sum_{i=1}^{r} n_i.(n_i.-1)}{2}, \quad T_c = \frac{\sum_{i=1}^{c} n_{.j}(n_{.j}-1)}{2}$$

可以发现 τ_b 适用于行列相差不大的情况，也即 X 和 Y 的取值差不多情况。但是如果行列相差过大，则建议使用 τ_c：

$$\tau_a = \frac{n_s - n_d}{\frac{1}{2}N^2\left(\frac{m-1}{m}\right)} \qquad (3-24)$$

其中 $m = \min(r, c)$，也就是行和列中最小的那个。

τ_a，τ_b 和 τ_c 三个指标都是对称测量。萨默斯（Somers）提出一个新的指

---

① KENDALL M G. A New Measure of Rank Correlation [J]. Biometrika, 1938, 30 (1/2): 81-93.

标 d 系数（也称 Somers' d）其可以实现非对称测量[①]。其中 d_y 和 d_x 分别可以视为 X 对 Y 的相关和 Y 对 X 的相关。

$$d_y = \frac{n_s - n_d}{n_s + n_d + n_y} \tag{3-25}$$

$$d_x = \frac{n_s - n_d}{n_s + n_d + n_x} \tag{3-26}$$

其中 n_y 和 n_x 分别是 Y 的同分对和 X 的同分对。这种方式就可以在分母中排除同时为 X 和 Y 的同分对。例如在 3×3 列联表中，我们可以仿照同序对和异序对的寻找方法，使用"向下"法则寻找 Y 的同分对，使用"向右"法则寻找 X 的同分对。

$$
\begin{aligned}
n_y = {} & n_{11}(n_{21} + n_{31}) + n_{21} n_{21} \\
& + n_{12}(n_{22} + n_{32}) + n_{22} n_{32} \\
& + n_{13}(n_{23} + n_{33}) + n_{23} n_{33}
\end{aligned} \tag{3-27}
$$

$$
\begin{aligned}
n_x = {} & n_{11}(n_{12} + n_{13}) + n_{12} n_{13} \\
& + n_{21}(n_{22} + n_{23}) + n_{22} n_{23} \\
& + n_{31}(n_{32} + n_{33}) + n_{32} n_{33}
\end{aligned} \tag{3-28}
$$

如果希望将非对称测量变为对称测量，只须取两个 d 系数的均值即可

$$d = \frac{d_y + d_x}{2} \tag{3-29}$$

本章小结

第一节和第二节主要内容

两个变量相关：条件分布差异。

列联表：①结构：需要使用两个变量的信息。②种类：频次表和频率表。③类型：联合分布表、边际分布表和条件分布表。④两变量独立的条件：条件分布等于边际分布。

[①] SOMERS R H. A new asymmetric measure of association for ordinal variables [J]. American Sociological Review, 1962, 27（6）：799-811.

分类图：分类条形图、分类饼图、分类折线图。

第三节主要内容

消减误差比例：①基本思想：依靠 Y 的边际分布的特征猜测 Y（E1）、依靠 Y 的条件分布的特征来猜测 Y（E2）。②计算公式：$PRE = (E1 - E2)/E1$。

基于 PRE 的列联相关系数有 λ 系数和 τ 系数。

λ 系数：$E1 = N - \max(n_{\cdot j})$ ；$E2 = N - \sum_{i=1}^{r} \max(n_{ij})$ 。

τ 系数：$E1 = N - \dfrac{1}{N} \sum_{j=1}^{c} n_{\cdot j}^2$ ；$E2 = N - \sum_{i=1}^{r} \sum_{j=1}^{c} \dfrac{n_{ij}^2}{n_{i\cdot}}$ 。

第四节主要内容

等级相关系数不仅衡量关系的强度，还衡量关系的方向。

斯皮尔曼等级相关：依靠等级差平方和。$\rho = 1 - \dfrac{6 \sum_{i=1}^{N} d_i^2}{N(N^2 - 1)}$ 。

γ 等级相关系数：依靠同序对与异序对的数量差。$\gamma = \dfrac{n_s - n_d}{n_s + n_d}$ 。调整分母后的若干类似指标包括 Kendall's Tau 系列和 Somers' d。

思考题

1. 如下表所示，某律所为了给上市公司做尽职调查，对该公司员工的性别以及居住地情况进行了调查（见表 3.17）。

表 3.17　某上市公司员工的性别与居住地情况

单位：人

地区	性别		合计
	女	男	
东部	1 134	524	1 658

表3.17(续)

地区	性别		合计
	女	男	
中部	456	278	734
西部	121	174	295
合计	1 711	976	2 687

要求：根据表3.17中数据，计算按地区划分的员工性别频率的条件分布，并绘制相应的分类条形图和折线图，比较不同地区员工性别分布的特点。

2. 为了了解跑步是否为辅助戒毒的有效手段，某禁毒所对此进行了调查，结果如表3.18所示。

表3.18　某戒毒所不同性别的戒毒人员认为跑步是否可以辅助戒毒

单位：人

性别	认为跑步对辅助戒毒的效果	
	有效	无效
男	35	7
女	22	6
合计	57	13

要求：

（1）绘制按性别划分的分类条形图，比较不同性别对跑步效果的认可情况，并判断这些戒毒人员对跑步效果的认可是否与性别有关；

（2）用 λ 和 τ 系数来衡量相关程度。

3. 表3.19是某学校不同性别的学生是否遭受过校园霸凌的调查结果：

表3.19　某年级学生是否遭受过校园霸凌的调查结果

单位：人

性别	遭受校园霸凌	
	遭受过	未遭受过
男	78	23
女	42	67
合计	120	90

要求：

（1）绘制按性别划分的分类条形图，比较不同性别的学生是否遭受过校园霸凌，并判断是否存在性别差异。

（2）用 λ 和 τ 系数来衡量相关程度。

4. 某公安局需要对干警们进行体能测试，表 3.20 是 10 名干警在百米短跑与立定跳远测试中的成绩。

表 3.20　10 名干警的 100 米短跑与立定跳远成绩

干警编号	100 米短跑/秒	立定跳远/米
1	12.7	2.7
2	13.3	2.2
3	13.4	2.3
4	13.0	2.3
5	12.5	2.0
6	12.0	2.7
7	13.5	2.4
8	12.4	2.1
9	12.9	2.3
10	12.2	2.0

要求：计算这两项成绩的斯皮尔曼等级相关系数。

5. 表 3.21 是某妇联组织对某地区 90 名已婚女性的夫妻关系满意度与同事关系满意度的调查结果：

表 3.21　某地区 90 名已婚女性的夫妻关系满意度与同事关系满意度调查结果

单位：人

对夫妻关系满意度	对同事关系满意度			合计
	不满意	一般	满意	
不满意	14	4	7	25
一般	2	5	13	20
满意	9	6	30	45
合计	25	15	50	90

要求：计算这 90 名已婚女性的夫妻关系满意度与同事关系满意度的 Gamma 等级相关系数、Kendall's Tau-c 等级相关系数（τ_c）和 Somer's d 系数，讨论这些系数所反映的相关性强度和方向。

第四章　类别变量与尺度变量关系的描述性统计

本章将介绍类别变量与尺度变量相关关系的知识。很多法学实证研究均可能涉及类别变量与尺度变量相关关系，例如，刑期与犯罪未完成形态之间的关系，或者探讨初次犯罪年龄与家庭状况及家庭结构之间的关系等。与之前几章相似，可以借助统计表、统计图以及特定的统计指标来描述和分析这种相关关系。

需要注意的是，本章介绍的仍然是相关关系，而非因果关系。因此，本章虽然默认以 X 为类别变量，Y 为尺度变量的方式介绍统计指标（下文将直接按照这种默认规律介绍），但如果 Y 是类别变量，X 是尺度变量同样适用。

第一节　均值差异基本思想

均值差异（mean differences）比较是评价类别变量与尺度变量相关关系的重要方法。假设 X 是类别变量，Y 是尺度变量，只需观察在自变量 X 的不同水平下，因变量 Y 的均值是否存在差异，即可评判类别变量 X 与尺度变量 Y 之间是否存在相关关系。例如，如果我们想了解犯罪的未完成形态对刑期的影响，可以比较未遂、既遂、中止这三种形态下各自的平均自由刑期长短。如果均值之间存在显著差异，那么我们可以认为犯罪类型与刑期之间存在相关关系。

一般而言，假设 X 为类别变量，有 x_1，x_2，$\cdots$，x_m，共 m 个取值。可以计算每个类别下 Y 的平均值，用 $\bar{y}_1$，$\bar{y}_2$，$\cdots$，$\bar{y}_m$ 代表。如果这些均值差异大，就可以认为 X 和 Y 存在相关关系；否则，就认为它们不存在相关关系。

【例 4.1】酒驾入刑的前提是酒精对个体反应时间影响巨大，因此，了解饮酒对个体反应时间的影响对于评估酒精对认知功能和行为反应的影响具有重要意义。假设研究者随机选取了 10 名成年男性。记录了未饮酒前他们的反应时间（单位：毫秒）：290，300，310，280，320，295，305，285，315，290。其均值为 298 毫秒。随后，让 10 名被试者饮酒后再次测试反应时间（单位：毫秒），分别为：340，350，360，330，370，345，355，335，365，340。其均值为 348 毫秒。

未饮酒状态：我们选取了一组未饮酒的个体，并测量了他们的反应时间。假设我们得到了以下 10 个未饮酒个体的反应时间数据（单位：毫秒）：290，300，310，280，320，295，305，285，315，290。其均值为 298 毫秒。

饮酒状态：同样地，我们选取了一组饮酒后的个体，并测量了他们的反应时间。假设我们得到了以下 10 个饮酒后个体的反映时间数据（单位：毫秒）：340，350，360，330，370，345，355，335，365，340。其均值为 348 毫秒。

那么，饮酒状态反应时间均值－未饮酒状态反应时间均值＝348 毫秒－298 毫秒＝50 毫秒。这可能表明饮酒对个体的反应时间产生了明显的影响，导致反应时间延长。

第二节　统计表和统计图

下面介绍哪些表格或图可以用来描述类别变量和尺度变量之间的相关关系。考虑到均值差异是评价类别变量和尺度变量之间关系的主要指标，那么统计表则只需要展示均值差异即可。例如，对【例 4.1】而言，可以制作表 4.1，从中可以直观地观察到是否饮酒对平均反应时间的影响。当然，如果 X 有大于两个分组的情况，新增行即可。

表 4.1 是否饮酒平均反应时间差异（纵表）

是否饮酒	频次	平均反应时间/毫秒
未饮酒状态	10	298
饮酒状态	10	348

有的时候，为了更好地对比各组差异，使用横表也是一种选择。表 4.2 展示了上例的横表，可以更好地对比均值差异。不过，当 X 的分组变多，则需要新增过多的列，可能会导致每一列排版困难，影响美观。此外，当 X 分组变多，要做到像表 4.2 一样展示两组的均值差异也会变得困难。假设 X 有 m 组，那么至少需要展示 C_m^2 个均值差，也给排版带来困难。

表 4.2 是否饮酒平均反应时间差异（横表）

是否饮酒	未饮酒状态	饮酒状态	均值差异 （未饮酒-饮酒）
平均反应时间/毫秒	298	348	50

同样，可以使用条形图来展示上述数据。图 4.1 展示了是否饮酒平均反应时间的条形图。可以看出，两个柱形代表了两个组均值，从中可以直观地展现两个均值差异。

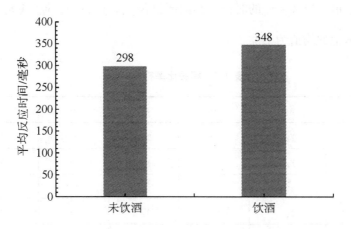

图 4.1 是否饮酒平均反应时间条形图

当然也可以把柱状的顶端中点连线起来，最后变成折线图，如图 4.2 所示。折线图相较于条形图更适合展示趋势变化，从图 4.2 所示的折线图也能较为清楚地看出，饮酒后平均反应时间增加这一趋势。

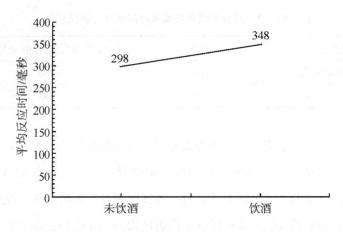

图 4.2　是否饮酒平均反应时间折线图

第三节　相关比率

下面我们介绍相关比率（Eta squared，η^2）。首先进行一些符号约定（见表 4.3），假设有两个变量，X 和 Y。X 为类别变量，有 x_1，x_2，$\cdots$，x_m，共 m 个取值。当 $X = x_i$ 的时候，其内部包含 y_{i1}，y_{i2}，$\cdots$，y_{in_i} 共 n_i 个取值，这 n_i 个取值的均值为 $\bar{y}_i$。

表 4.3　相关比率符号约定

x_1	x_2	$\cdots$	x_i	$\cdots$	x_m
y_{11}	y_{21}	$\cdots$	y_{i1}	$\cdots$	y_{m1}
y_{12}	y_{22}	$\cdots$	y_{i2}	$\cdots$	y_{m2}
$\vdots$	$\vdots$	$\vdots$	$\vdots$	$\vdots$	$\vdots$
y_{1j}	y_{2j}	$\cdots$	y_{ij}	$\cdots$	y_{mj}
$\vdots$	$\vdots$	$\vdots$	$\vdots$	$\vdots$	$\vdots$
y_{1n_1}	y_{2n_2}	$\cdots$	y_{in_i}	$\cdots$	y_{mn_m}
$\bar{y}_1$	$\bar{y}_2$	$\cdots$	$\bar{y}_i$	$\cdots$	$\bar{y}_m$

η^2 同样是基于消减误差比例原理构建的一个指标。大家可能还记得，在第三章我们介绍消减误差比例时所用的例子，即根据性别来猜测身高。实

际上，那个例子已经展示了如何构建类别变量和尺度变量之间的相关关系 PRE。只不过，在那个例子中，$E1$ 和 $E2$ 分别是每个个体值减去整体均值和组均值后的绝对值。但考虑到绝对值无法进行求导运算，因此在 η^2 的计算中，$E1$ 和 $E2$ 使用的是差值的平方，而非绝对值。接下来，我们首先定义 $E1$：

$$E1 = \sum\nolimits_{i=1}^{m} \sum\nolimits_{j=1}^{n_i} (y_{ij} - \bar{y})^2 \tag{4-1}$$

其中，m 为 X 取值的类别数，n_i 为第 i 组的个案数，$\bar{y}$ 为整体均值，y_{ij} 为第 i 组（当 X 取值为 i）的第 j 个观测值。可以发现，公式（4-1）就是每个 y_{ij} 与整体均值差的平方和。回顾我们第三章对 PRE 中 $E1$ 的定义，即依靠 Y 的边际分布的特征（如均值、众数等集中趋势）来猜测所犯的错误为 $E1$。那么，公式（4-1）就很好地反映了利用尺度变量 Y 的边际分布集中趋势（即均值），来猜测 Y 可能犯的错误。

类似的，$E2$ 计算方法为

$$E2 = \sum\nolimits_{i=1}^{m} \sum\nolimits_{j=1}^{n_i} (y_{ij} - \bar{y}_i)^2 \tag{4-2}$$

公式（4-2）与公式（4-1）非常类似。唯一的区别是括号内每个 Y 减去的并不是整体均值而是对应第 i 组的组均值。这也恰好能反映 $E2$ 的定义，即利用 Y 的条件分布的集中趋势（均值）猜测 Y 所犯的错误。

最后 η^2 自然是利用 PRE 的公式求得，即

$$\eta^2 = \frac{E1 - E2}{E1} = \frac{\sum_{i=1}^{m} \sum_{j=1}^{n_i} (y_{ij} - \bar{y})^2 - \sum_{i=1}^{m} \sum_{j=1}^{n_i} (y_{ij} - \bar{y}_i)^2}{\sum_{i=1}^{m} \sum_{j=1}^{n_i} (y_{ij} - \bar{y})^2}$$

$$\tag{4-3}$$

上述公式可以进一步化简：

$$\eta^2 = \frac{\sum_{i=1}^{m} \sum_{j=1}^{n_i} (\bar{y}_i - \bar{y})^2}{\sum_{i=1}^{m} \sum_{j=1}^{n_i} (y_{ij} - \bar{y})^2} \tag{4-4}$$

可以发现，化简后的公式分子变为组均值减去整体均值的平方和，这一性质对于我们下一章讲解回归方程而言极为重要。η^2 依然具有 PRE 的性质，当 $E1 = E2$，此时组均值和整体均值完全相等，也能反映条件分布（组均值）等于边缘分布（整体均值），因此 PRE = 0。而当 $E2 = 0$，此时公式（4-4）分子分母相同，也就是个体每个 Y 的取值等于其组均值（$y_{ij} = \bar{y}$），这意味着完全可以使用组均值代替每一个 Y。此时当然 PRE = 0，也即用条件分布

（组均值）猜测 Y 不会犯任何错误。

当然，η 就可以直接用如下方法计算。

$$\eta = \sqrt{\eta^2} = \sqrt{\frac{E1 - E2}{E1}} = \sqrt{\frac{\sum_{i=1}^{m} n_i (\bar{y}_i - \bar{y})^2}{\sum_{i=1}^{m} \sum_{j=1}^{n_i} (y_{ij} - \bar{y})^2}} \tag{4-5}$$

η^2 的详细证明过程如下：

$$\eta^2 = \frac{\sum_{i=1}^{m} \sum_{j=1}^{n_i} (y_{ij} - \bar{y}_i + \bar{y}_i - \bar{y})^2 - \sum_{i=1}^{m} \sum_{j=1}^{n_i} (y_{ij} - \bar{y}_i)^2}{\sum_{i=1}^{m} \sum_{j=1}^{n_i} (y_{ij} - \bar{y})^2}$$

$$= \frac{\sum_{i=1}^{m} \sum_{j=1}^{n_i} [(y_{ij} - \bar{y}_i)^2 + (\bar{y}_i - \bar{y})^2 + 2(y_{ij} - \bar{y}_i)(\bar{y}_i - \bar{y})] - \sum_{i=1}^{m} \sum_{j=1}^{n_i} (y_{ij} - \bar{y}_i)^2}{\sum_{i=1}^{m} \sum_{j=1}^{n_i} (y_{ij} - \bar{y})^2}$$

$$= \frac{\sum_{i=1}^{m} \sum_{j=1}^{n_i} (\bar{y}_i - \bar{y})^2 + \sum_{i=1}^{m} \sum_{j=1}^{n_i} 2(y_{ij} - \bar{y}_i)(\bar{y}_i - \bar{y})}{\sum_{i=1}^{m} \sum_{j=1}^{n_i} (y_{ij} - \bar{y})^2}$$

$$= \frac{\sum_{i=1}^{m} \sum_{j=1}^{n_i} (\bar{y}_i - \bar{y})^2 + \sum_{i=1}^{m} [2(\bar{y}_i - \bar{y}) \sum_{j=1}^{n_i} (y_{ij} - \bar{y}_i)]}{\sum_{i=1}^{m} \sum_{j=1}^{n_i} (y_{ij} - \bar{y})^2}$$

$$= \frac{\sum_{i=1}^{m} \sum_{j=1}^{n_i} (\bar{y}_i - \bar{y})^2}{\sum_{i=1}^{m} \sum_{j=1}^{n_i} (y_{ij} - \bar{y})^2}$$

现在可以利用相关比率的公式计算【例 4.1】中饮酒与反应时间的 η^2。此时需要首先计算这 20 个个体的整体均值，等于 313 毫秒。然后分别计算 $E1$ 和 $E2$。

$$E1 = (290 - 313)^2 + (300 - 313)^2 + \cdots + (290 - 313)^2$$
$$+ (340 - 313)^2 + (340 - 313)^2 + \cdots + (340 - 313)^2$$
$$= 10\ 490$$

$$E2 = (290 - 298)^2 + (300 - 298)^2 + \cdots + (290 - 298)^2$$
$$+ (340 - 348)^2 + (340 - 348)^2 + \cdots + (340 - 348)^2$$
$$= 3\ 664$$

最后，可直接计算相关比率和 η，如下：

$$\eta^2 = \frac{E1 - E2}{E1} = \frac{10\ 490 - 3\ 664}{10\ 490} \approx 0.652\ 6$$

$$\eta = \sqrt{\eta^2} \approx 0.807\,8$$

考虑到 η^2 高达 $0.652\,6$，这意味着，利用饮酒与否猜测反应时间，减少了约 65.26% 的误差。可见两个变量相关程度非常之高。

本章小结

第一节主要内容

主要依据：均值差异是衡量类别变量和尺度变量关系的主要依据。

统计图表：分类均值统计表、分类均值条形图与分类均值线形图。

第二节主要内容

相关比率 η^2：（1）可以使用消减误差比例构建。

（2）计算方法：$E1 = \sum_{i=1}^{m} \sum_{j=1}^{n_i} (y_{ij} - \bar{y})^2$；$E2 = \sum_{i=1}^{m} \sum_{j=1}^{n_i} (y_{ij} - \bar{y}_i)^2$。

（3）可化简为：$\eta^2 = \dfrac{\sum_{i=1}^{m} n_i (\bar{y}_i - \bar{y})^2}{\sum_{i=1}^{m} \sum_{j=1}^{n_i} (y_{ij} - \bar{y})^2}$。

思考题

1. 表 4.4 列出了某市 15 个犯盗窃罪的被告人的认罪态度与刑期时间。

表 4.4　某市 15 个犯盗窃罪的被告人在不同的认罪态度情形下被判处刑期时间

认罪态度	时间/月				
认罪态度良好 y_{1j}	12	13	12	15	18
认罪态度一般 y_{2j}	15	16	16	20	22
认罪态度恶劣 y_{3j}	16	18	19	24	28

要求：

（1）绘制三种认罪态度下平均刑期时间的条形图；

（2）计算相关比率，说明在盗窃罪中，认罪态度是否对刑期有影响。

2. 在东、中、西部三个地区随机抽取了 16 个法院，统计了各法院 2014 年 1 月依法审结案件数量，具体数据如表 4.5 所示。

表 4.5　16 个法院 2014 年 1 月依法审结案件数量

东部地区	中部地区	西部地区
168	135	187
239	229	134
276	188	202
188	93	254
302	—	179
344	—	230

要求：根据表 4.5 数据，

（1）绘制 2014 年三个地区抽取的法院依法审结的案件数量均值的条形图。

（2）计算相关比率，并说明地区与法院依法审结案件数量之间是否相关。

第五章　两个尺度变量关系的描述性统计

本章将介绍两个尺度变量相关关系的描述性统计，主要涉及相关分析（correlation analysis）和回归分析（regression analysis）。在此，有三点需要说明。首先，许多教材将相关和回归分析的内容置于较靠后的位置，并且将系数估计和假设检验放在同一章节中讨论。尽管这样的安排有助于读者形成连贯的印象，但容易误导读者，使他们以为相关和回归分析仅属于推论性统计技术。实际上，相关系数和回归系数等完全可以被视为描述性统计指标，而对这些系数进行的假设检验则属于推论性统计的范畴。

其次，回归分析的应用远不止于描述两个尺度变量之间的相关关系。事实上，回归分析也是后续将要介绍的多变量相关关系，即多个 X 对一个 Y 影响的重要分析工具。

最后，由于虚拟变量（dummy variable）的引入，回归分析同样可以处理自变量为定类变量的情况。而广义线性模型（generalized linear model，GLM）则能够处理因变量为定类变量的情况。可以说，结合这两个特性，回归分析已经能够处理两个甚至多个任何类型变量之间的相关关系，因此成为当代量化研究的一个主要工具。本章将主要聚焦于两个变量均为尺度变量的情况，旨在为后续番外篇中回归分析的拓展打下基础。

第一节　统计图

针对两个尺度变量，通常只能使用统计图的方式加以描述。为什么统计表不适合用来描述尺度变量关系？这主要是因为尺度变量具有全距广和取值多的特点。如果我们尝试制作列联表的话，表格的行列将会非常多，导致数据难以处理。当然，也存在一种处理方法，即，将尺度变量分段后，再制作分组列联表。这种方法虽然貌似可行，但很显然没有考虑变量本身的测量水平。换句话说，强行将尺度变量降低到定序变量的水平，会导致信息的大量损失。

通常而言，散点图（scatter plot）可以较好地表示两个尺度变量之间相关关系，也是必要的工具。散点图通常以 X 为横坐标，Y 为纵坐标，数据中的每一个取值都可以根据对应的 X 和 Y 的取值在图上进行标记。图 5.1 展示了 4 个散点图，分别代表 X 和 Y 存在强正相关（a）、强负相关（b）、弱正相关（c）和弱负相关（d）的情况。

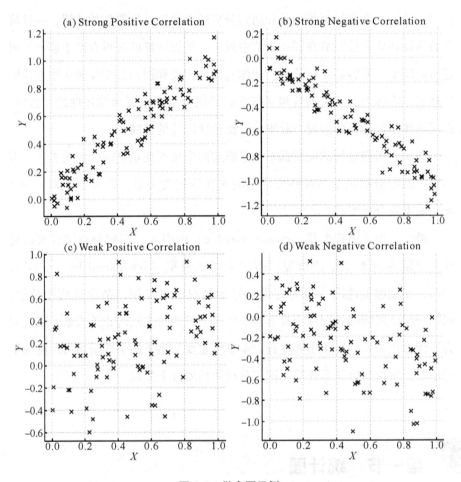

图 5.1　散点图示例

当两个变量完全不相关时，散点在 X 轴和 Y 轴之间会随机分布，使得很难观察到任何正相关或负相关的趋势，如图 5.2 所示。

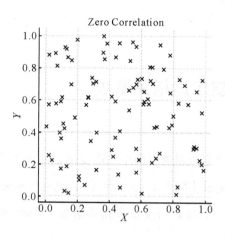

图 5.2 两个独立变量散点图示例

在进行任何后续的相关分析或回归分析之前，强烈建议先制作两个变量的散点图，以便直观地了解这两个变量之间的关系，避免得出错误的结论。对此，统计学家安斯科姆（Anscombe）用四组散点图充分地说明了这一点，并给这四组图取了一个形象的名字，叫"安斯科姆四重奏"（Anscombe's quartet)[①]。图 5.3 展示了这四组图，它们的相关系数和线性回归系数均完全相同，但每个散点图展现了完全不同的趋势。与安斯科姆四重奏的想法类似，近年来一些统计学家尝试生成在描述性统计上完全相同，但风格迥异的散点图。这些成果再次强调了散点图（或其他统计图）作为前置步骤的重要性[②]。

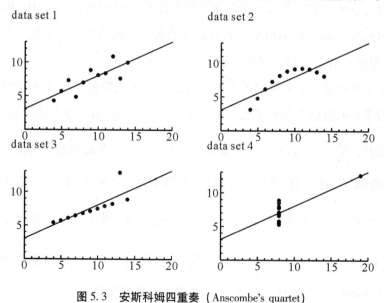

图 5.3 安斯科姆四重奏（Anscombe's quartet）

---

① ANSCOMBE F J. Graphs in Statistical Analysis [J]. The American Statistician, 1973, 27 (1)：17-21.

② 感兴趣的读者可以参考网站：https://github.com/jumpingrivers/datasauRus.

第二节　皮尔逊相关系数

散点图虽然能形象地表现出两个尺度变量之间的关系，但是不够精确。例如，如果想要精确量化图5.1（a）和（c）之间的相关程度，就不得不依赖更加精确的指标。下面介绍皮尔逊相关系数（Pearson's correlation coefficient），其公式如下：

$$r = \frac{\sum_{i=1}^{N} (x_i - \bar{x})(y_i - \bar{y})}{\sqrt{\sum_{i=1}^{N} (x_i - \bar{x})^2 \sum_{i=1}^{N} (y_i - \bar{y})^2}} \tag{5-1}$$

其中起到决定性的指标是 r 系数的分子部分，$\sum_{i=1}^{N} (x_i - \bar{x})(y_i - \bar{y})$。其度量的是所有 $(x_i - \bar{x})(y_i - \bar{y})$ 之和。为了更好地理解这个公式，假设我们有如图5.4所示的一系列数据，并且分别用竖线和横线标记了 X 和 Y 的均值位置，这样散点图就被分割成了四块。右上角（第一象限）的散点满足 $(x_i - \bar{x})(y_i - \bar{y}) > 0$，因为右上角散点的 X 和 Y 的取值均比各自的均值要大。而左下角（第三象限）的散点同样满足 $(x_i - \bar{x})(y_i - \bar{y}) > 0$，因为左下角散点的 X 和 Y 的取值都比各自的均值要小，负负得正。然而，左上角（第二象限）和右下角（第四象限）的散点满足 $(x_i - \bar{x})(y_i - \bar{y}) < 0$。例如，左上角的散点 Y 的取值大于 Y 的均值，但 X 的取值小于 X 的均值；反之，右下角的散点 X 的取值大于 X 的均值，但 Y 的取值小于 Y 的均值。

因此，$\sum_{i=1}^{N} (x_i - \bar{x})(y_i - \bar{y})$ 衡量的是在第一、三象限的散点与第二、四象限的散点的"优势"。如果更多的散点集中在第一、三象限，$\sum_{i=1}^{N} (x_i - \bar{x})(y_i - \bar{y}) > 0$。反之，如果更多的散点集中在第二、四象限，那么 $\sum_{i=1}^{N} (x_i - \bar{x})(y_i - \bar{y}) < 0$。其实，$\sum_{i=1}^{N} (x_i - \bar{x})(y_i - \bar{y})$ 就是概率论中的协方差（covariance）的分子部分[1]。协方差通常被定义为

---

[1]　了解概率论的读者可能会发现概率论教材中可能有如下表述：$Cov(X, Y) = E[(X - E(X))(Y - E(Y))] = E(XY) - E(X)E(Y)$。其实这个表述与公式（5-2）一致，考虑到本书即将在后续章节介绍数学期望，此处不便于提前引入。

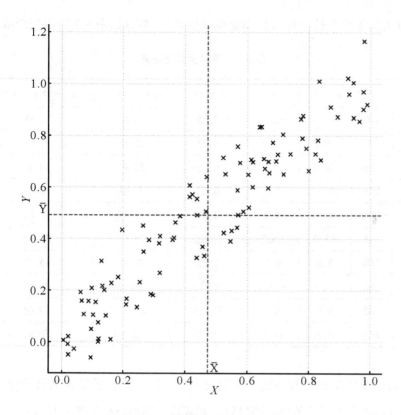

图 5.4 皮尔逊相关散点图示例

$$Cov(X, Y) = \frac{\sum_{i=1}^{N}(x_i - \bar{x})(y_i - \bar{y})}{N} \tag{5-2}$$

虽然协方差能够表示 X 和 Y 的相关关系的方向和大小，但是协方差很容易受到 X 和 Y 各自取值范围的影响，导致不同数据集的协方差无法直接比较。为了将其均一化处理，将协方差除以 X 和 Y 的标准差就可以得到皮尔逊相关系数。这样就可以将最终的皮尔逊相关系数限定在 -1 到 1 的范围内。

$$r = \frac{\dfrac{\sum_{i=1}^{N}(x_i - \bar{x})(y_i - \bar{y})}{N}}{\sqrt{\dfrac{\sum_{i=1}^{N}(x_i - \bar{x})^2}{N}}\sqrt{\dfrac{\sum_{i=1}^{N}(y_i - \bar{y})^2}{N}}} = \frac{Cov(X, Y)}{\sigma_X \sigma_Y} \tag{5-3}$$

为了详细讲解皮尔逊相关系数的计算过程，下面举一个例子。

【例 5.1】在刑事侦查学中，侦查人员经常需要根据现场的信息来推测犯罪嫌疑人的特征。其中，手印全长与身高之间的关系是一个非常典型的运用场景。为了探究手印全长与身高之间是否存在相关关系，假设研究者测量了 10 人的手印全长（厘米）和身高（厘米），数据如表 5.1 前两列所示。

表 5.1　手印全长与身高

X	Y	$x_i - \bar{x}$	$y_i - \bar{y}$	$(x_i - \bar{x})^2$	$(y_i - \bar{y})^2$	$(x_i - \bar{x})(y_i - \bar{y})$
17	170	−1.5	−3.7	2.25	13.69	5.55
18	172	−0.5	−1.7	0.25	2.89	0.85
16	168	−2.5	−5.7	6.25	32.49	14.25
19	175	0.5	1.3	0.25	1.69	0.65
20	178	1.5	4.3	2.25	18.49	6.45
15	165	−3.5	−8.7	12.25	75.69	30.45
21	180	2.5	6.3	6.25	39.69	15.75
14	162	−4.5	−11.7	20.25	136.89	52.65
22	182	3.5	8.3	12.25	68.89	29.05
23	185	4.5	11.3	20.25	127.69	50.85

首先计算 X 和 Y 的均值，分别为 18.5 与 173.7。然后根据这两个均值分别计算表 5.1 后续的列。将最后三列求和，则可以得到如下的结果：

$$\sum_{i=1}^{N}(x_i - \bar{x})^2 = 82.75$$

$$\sum_{i=1}^{N}(y_i - \bar{y})^2 = 518.10$$

$$\sum_{i=1}^{N}(x_i - \bar{x})(y_i - \bar{y}) = 206.5$$

最后，皮尔逊相关系数 r 的计算结果如下：

$$r = \frac{\sum_{i=1}^{N}(x_i - \bar{x})(y_i - \bar{y})}{\sqrt{\sum_{i=1}^{N}(x_i - \bar{x})^2 \sum_{i=1}^{N}(y_i - \bar{y})^2}}$$

$$= \frac{206.5}{\sqrt{82.75 \times 518.10}}$$

$$\approx 0.998$$

可以发现，r 值已经非常接近 1 了，这说明手印全长与身高之间存在很强的正相关关系[1]。

---

[1]　当然，在实际情况中，两个变量相关系数可能并不会这么高，相关系数通常在 0.3 到 0.5 之间。感兴趣的读者可以参考相关的法医学和物证技术学论文，如：胡向阳，姚慧芳，林建辉. 身高与手印各部位长度相关关系的综合研究 [J]. 法医学杂志，2004（4）：208-211.

此处需要补充一点，虽然皮尔逊相关系数能够衡量两个尺度变量之间相关关系的强弱，但它仅能反映散点在一条直线上的聚合程度，并不能表达 X 和 Y 之间相关关系的"斜率"高低。如图 5.5 第一行所示，当 r 接近 1 或者 -1 时，这仅仅代表散点的聚合程度变高。第二行进一步表明，这种聚合程度与"斜率"无关，无论斜率高低，只要散点聚合在一条直线上，那么 r 就可能等于 1 或者 -1。第三行则进一步强调，皮尔逊相关系数讨论的是散点聚合成一条"直线"的情况，而非其他图形。虽然很多散点图看起来非常有规律，但其皮尔逊相关系数很可能最终为 0，这再次强调了作图的重要性。

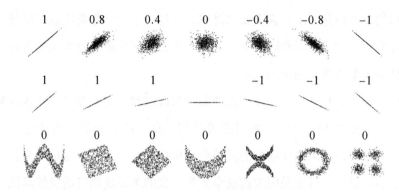

图 5.5　不同皮尔逊相关系数散点示例①

第三节　回归分析

一、回归分析基本思想

如何计算 X 和 Y 关系的斜率呢？本节将介绍回归（regression）这一重要的统计思想。回顾图 5.1，虽然我们能从散点分布的角度观察到似乎存在某种正相关或者负相关关系，而且也能观察到这些散点的分布都集中于某条隐含的直线，因此似乎可以用这条隐含的直线方程来代替两个尺度变量的关

---

① 本图来源：https：//en. wikipedia. org/wiki/Pearson_ correlation_ coefficient #/media/File：Correlation_ examples2. svg.

系。但是这种关系似乎并不绝对，有的散点游离于这条直线之外，有的散点在这条直线之上①。因此，（线性）回归分析的任务就是找到这条隐含的直线，并使用直线方程来描述它②。

事实上，回归这个词语最早源于英国生物学家、统计学家弗朗西斯·高尔顿（Francis Galton）在 19 世纪晚期对遗传学中向均值回归（regression towards the mean）的现象进行的深入研究③。他发现后代的体重等生理特征有向群体平均值回归的趋势，即子代的体重趋向于群体平均体重而不是父母的体重。由此，他将这种趋势称为"回归"（regression），并首次在遗传学领域使用了这一术语。

向均值回归是一个非常重要的思想，也是一个非常需要注意的问题。尤其是在实验研究或者干预研究中，如果不考虑向平均值回归效应的存在，可能高估或者低估真实的干预效应。

例如，在教育领域，假设一位老师希望改进教学实施方案，并选择某次考试成绩最差的 10% 的学生参与改进计划。在一段时间后，当这些学生再次参加考试时，可以预期他们的成绩会有所提升。这并不一定是因为教学实施方案的改进，而可能是因为这些学生第一次的考试成绩只是偶然偏低，他们实际上的学习能力并非那么差。随着时间的推移，这些学生的成绩可能向他们的真实水平（即均值）回归，从而在第二次考试中表现出更好的成绩。

类似地，在犯罪学领域，特别是与监狱犯罪相关的研究中，也可以观察到向均值回归的现象。假设有一个旨在减少因犯再次犯罪概率的监狱改革计划，该计划选择了一批被认为再次犯罪风险较高的因犯参与。在实施计划一段时间后，对这些因犯进行了跟踪调查，发现他们的再次犯罪率确实有所下降。然而，这并不一定意味着监狱改革计划取得了成功。因为最初被选为高风险因犯的人群中，有些人可能只是偶然地表现出了更高的犯罪风险，而实际上他们的犯罪风险并没有那么高。随着时间的推移，这些人的实际行为可能向他们的真实风险水平（即均值）回归，从而导致观察到的再次犯罪率下降。

---

① 其实也可以使用同序对和异序对的方式来理解。例如，观察图 5.1 左上角的图可以发现，虽然随机抽取任何两个散点，绝大多数情况可能是同序对（两个散点一个位于另外一个的右上方），但也存在一定数量的异序对。但是很显然，对于强正相关关系而言，同序对数量应该远远大于异序对，反之亦然。

② 本章我们仅讨论线性回归。因此我们仅将其描述为隐含的"直线"。回归方程完全可以处理非线性关系，这些内容将在番外篇加以说明。

③ 参见：The Popular Science Monthly. New York，Popular Science Pub.，1901：224.

二、最小二乘法与回归方程

既然回归的主要任务是找到这条隐含的直线，那么我们就需要确定哪一条直线最能代表散点之间的关系。现在，让我们通过一个新的例子来说明这一点。

【例5.2】假设研究者希望探讨盗窃罪被告人的前科数与刑期之间的关系。为此，他们从裁判文书中抽取了10名被告人的数据，并绘制了图5.6的散点图。为了精确评估这两个变量之间的关系，图5.6展示了三条拟合直线。可以明显感觉到，实线似乎更能代表散点之间的关系。但如何将这种直观感受量化为更为精确的关系呢？这就需要介绍一种寻找最佳拟合直线的方法，即最小二乘法（least squares method）。

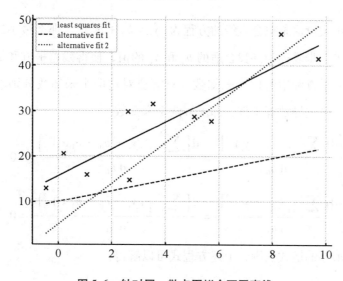

图5.6 针对同一散点图拟合不同直线

首先考虑一个核心指标，即残差（residual，ε），它被定义为每个数据点到拟合直线的垂直距离，具体表示为 $\varepsilon_i = y_i - \hat{y}_i$。其中 y_i 是实际观察到的数据点，而 $\hat{y}_i$ 是拟合直线上对应于 X 的预测值（如图5.7所示）。最小二乘法的目标就是找到一条直线，使得残差平方和最小，即求解 $\mathrm{argmin} \sum_{i=1}^{N} (y_i - \hat{y}_i)^2$。

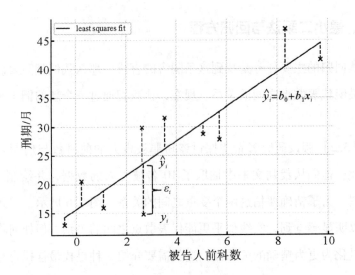

图 5.7　针对同一散点图拟合不同直线

进一步假设这条拟合直线的方程为：$\hat{y}_i = b_0 + b_1 x_i$。那么最小二乘法的任务可以进一步表述为寻找合适的 b_0 和 b_1 的值，使得残差平方和最小。很显然，残差平方和中有两个未知数，只需要对这两个未知数分别求一阶偏导，并令一阶偏导数等于零，即求解两个未知数：

$$\begin{cases} \dfrac{\mathrm{d}\left[\sum_{i=1}^{N}(y_i-\hat{y}_i)^2\right]}{\mathrm{d}\,b_0} = \dfrac{\mathrm{d}\left[\sum_{i=1}^{N}(y_i-b_0-b_1 x_i)^2\right]}{\mathrm{d}\,b_0} = 0 \\[4mm] \dfrac{\mathrm{d}\left[\sum_{i=1}^{N}(y_i-\hat{y}_i)^2\right]}{\mathrm{d}\,b_1} = \dfrac{\mathrm{d}\left[\sum_{i=1}^{N}(y_i-b_0-b_1 x_i)^2\right]}{\mathrm{d}\,b_1} = 0 \end{cases} \tag{5-4}$$

根据求导的链式法则，上述方程式可以解得：

$$\begin{cases} \sum_{i=1}^{N}2(y_i-b_0-b_1 x_i)(-1)=0 \\[3mm] \sum_{i=1}^{N}2(y_i-b_0-b_1 x_i)(-x_i)=0 \end{cases} \tag{5-5}$$

求解上述两个方程可以得到 $\hat{b}_0$ 和 $\hat{b}_1$ 的值，可得：

$$\hat{b}_0 = \frac{\sum_{i=1}^{N}y_i - b_1 \sum_{i=1}^{N}x_i}{N} = \bar{y} - \hat{b}_1 \bar{x} \tag{5-6}$$

$$\hat{b}_1 = \frac{\sum_{i=1}^{N}x_i y_i - \dfrac{\sum_{i=1}^{N}x_i \sum_{i=1}^{N}y_i}{N}}{\sum_{i=1}^{N}x_i^2 - \dfrac{\left(\sum_{i=1}^{N}x_i\right)^2}{N}} = \frac{\sum_{i=1}^{N}x_i y_i - N\bar{x}\bar{y}}{\sum_{i=1}^{N}x_i^2 - N\bar{x}^2} = \frac{\sum_{i=1}^{N}(x_i-\bar{x})(y_i-\bar{y})}{\sum_{i=1}^{N}(x_i-\bar{x})^2}$$

$$\tag{5-7}$$

上述两个公式指明了这条由最小二乘法产生的直线（简称"最小二乘线"）的两个重要性质：（1）最小二乘线必然穿过 X 和 Y 均值。（2）$\hat{b}_1$ 与协方差和皮尔逊相关系数存在函数关系。首先，仔细观察公式（5-7）可以发现，$\hat{b}_1$ 的分子又出现了协方差 $\sum\limits_{i=1}^{N}(x_i - \bar{x})(y_i - \bar{y})$ ，而分母则出现了 X 的方差。因此：

$$\hat{b}_1 = \frac{Cov(X,\ Y)}{\sigma_X^2} \tag{5-8}$$

结合公式（5-3），还可以进一步明确 b_1 与皮尔逊相关系数的关系：

$$\hat{b}_1 = r \frac{\sigma_Y}{\sigma_X} \tag{5-9}$$

根据前面的公式，我们已经可以计算出拟合直线方程了。再次回到【例5.1】有关手印全长（X）与身高（Y）的关系。我们已经计算出相关系数 $r \approx 0.998$。而且之前已经计算出 X 和 Y 的均值分别为 18.5 与 173.7。进一步计算 X 和 Y 各自的标准差 3.03 和 7.59，可以求出：

$$\hat{b}_1 = r \frac{\sigma_Y}{\sigma_X} = 0.998 \frac{7.59}{3.03} = 2.5$$

$$\hat{b}_0 = 173.7 - 2.5 \times 18.5 = 127.43$$

最终，拟合方程为

$$\hat{y}_i = 127.43 + 2.5\, x_i$$

三、回归方程解释

1. 系数解读

针对回归方程，需要对 b_0 和 b_1 进行进一步解读。在【例5.1】中，根据最小二乘法，我们得到了如下的直线方程：

$$\hat{y}_i = 127.43 + 2.5\, x_i \tag{5-10}$$

其中 $\hat{b}_0 = 127.43$，称为截距，即当 $x_i = 0$ 的时候 $\hat{y}_i$ 的取值。本例中，截距应解释为：当手印全长等于 0 时，对应的身高为 127.43 厘米。需要提醒的是，这个值仅是理论值，因为实际上不可能存在手印全长等于零的人（同样，手印全长仅有几厘米的人可能也不存在，除非是婴儿）。对于截距的解释反映了回归分析的一个特点，即可以根据现有数据信息对未知的数值进行外推（extrapolation），但要注意，在进行外推时，需要对自变量和因变量可能的范围进行筛选，以避免出现完全不合理的情况。

而方程中 $\hat{b}_1 = 2.5$，则进一步明确了我们最为关心的问题，即斜率。斜率反映了自变量每增加一个单位时，因变量相应增加的单位数。本例中，斜率说明，在人群中手印全长每增加 1 厘米，身高就增加 2.5 厘米。斜率是许多实证法学研究最为关注的问题之一，因为它可以直接量化两个变量之间关系的强度。例如，就前科与刑期而言，如果计算出回归方程，就可以回答究竟每增加一次前科，会转化为增加多少刑期。针对交通肇事罪中赔偿与刑期的回归方程，甚至可以回答赔偿金额每增加一万元，可以折抵多少刑期。

在解释斜率时，尤其要注意 X 和 Y 的单位。如果 X 是以分米为单位，那么斜率就需要对应调整为 X 每增加 1 分米时，Y 相应的增加量。

当然，如果将 X 的单位从厘米换成分米，其实并不需要重新估计回归模型，可以直接从现有的模型中推导出来。下面将介绍当 X 和 Y 分别增加（或减少）或者乘以（或除以）某个常数时，回归方程会发生怎样的变化。

2. X 每个取值都增加一个常数

首先，当 X 的每个取值 x_i 都增加一个常数 c 的时候，可以形成一个新的变量 X^*，这个新变量的每个取值为 $x_i^* = x_i + c$。那么 $x_i = x_i^* - c$，将其代入拟合的回归方程，得到：

$$\hat{y}_i^* = b_0 + b_1(x_i^* - c) = (b_0 - b_1 c) + b_1 x_i^* \qquad (5-11)$$

这说明如果 X 每个取值增加一个常数，回归模型的斜率 b_1 并不会发生改变，但是截距变为 $(b_0 - b_1 c)$。

这一性质的重要应用是变量的中心化（centering）。前面提到，很多时候截距的解释仅仅是理论情况，因为现实生活中自变量等于 0 的情况几乎不可能出现。这时，为了让截距具有实际意义，可以对自变量的每个取值减去其均值，即 $x_i^* = x_i - \bar{x}$。根据公式（5-11），新的回归方程斜率不会发生变化，但截距会变为 $b_0 + b_1 \bar{x}$。此时，新的回归模型的截距可以解释为：当 X 取均值的时候，Y 对应的取值。对手印全长与身高的回归模型公式（5-10）做这样的转换则可以形成新的回归方程：

$$\hat{y}_i^* = (b_0 + b_1 \bar{x}) + b_1 x_i^*$$
$$= (127.43 + 2.5 \times 18.5) + 2.5 \times x_i^*$$
$$= 173.68 + 2.5 \times x_i^*$$

此时，173.68 可以解释为：当手印全长取均值时，身高为 173.68 厘米。这样，截距就具有了现实意义。

3. X 每个取值都乘以一个常数

那么，当 X 的每个取值 x_i 都乘以一个常数 c 时，回归方程会发生怎样的变化呢？假设 $x_i^* = cx_i$，那么 $x_i = x_i^*/c$。将 x_i 的表达式代入原回归方程，我们得到新的回归方程为

$$\hat{y}_i^* = b_0 + b_1\left(\frac{x_i^*}{c}\right) = b_0 + \left(\frac{b_1}{c}\right)x_i^* \qquad (5\text{-}12)$$

此时，新方程的截距并不会发生变化，但是斜率变为 b_1/c。这一性质的重要应用是，当自变量变化单位时，我们可以轻松地调整回归方程。现在假设手印全长与身高的回归模型公式（5-10）中的自变量从厘米变为分米，即回归方程中每个自变量都除以 10，那么新的回归方程变为

$$\hat{y}_i^* = b_0 + \left(\frac{b_1}{c}\right)x_i^*$$
$$= 127.43 + 2.5 \times 10 \times x_i^*$$
$$= 173.68 + 25 \times x_i^*$$

也就是说，此时斜率变为 25，可以解释为，当手印全长每增加 1 分米，身高增加 25 厘米。

4. Y 的每个取值都加上或者乘以一个常数

类似地，可以讨论当因变量增加一个常数时，回归方程会如何变化？假设 $\hat{y}_i^* = \hat{y}_i + c$，将这个表达式代入原方程，得到新的回归方程为：$\hat{y}_i^* = (b_0 + c) + b_1 x_1$。在这种情况下，新的回归方程仅截距增加了 c，而斜率保持不变。

接下来讨论当因变量乘以一个常数时的情况。假设 $\hat{y}_i^* = c\hat{y}_i$，代入原方程后，新的回归方程变为：$\hat{y}_i^* = b_0 c + b_1 c x_1$。也就是说，新方程的斜率和截距都乘以了常数 c。

5. 标准化回归系数

将前面介绍的所有的性质综合运用的一个例子是计算标准化回归系数。假设我们对 X 和 Y 的每一个取值都进行如下的处理：

$$x_i^* = \frac{x_i - \bar{x}}{\sigma_X}$$

$$\hat{y}_i^* = \frac{\hat{y}_i - \bar{y}}{\sigma_Y}$$

这种方法是在变量中心化之后再除以各自的标准差。因此，可以将变量

的单位全部均一化，这种方法也被称为变量的标准化（standardization）。此时，新的回归方程变为

$$\hat{y}_i^* = \beta_0 + \beta_1 x_i^*$$

回归系数 β_1 的含义变为：自变量每增加一个标准差，对应的因变量增加 β_1 个标准差。因此，β_1 也称为标准化回归系数。在番外篇介绍的多元回归分析中，标准化回归系数具有重要意义。由于其本身是一个无量纲的系数，因此可以直接比较多个自变量的相对作用大小。

根据之前介绍的性质可以得出：

$$\beta_1 = b_1 \frac{\sigma_X}{\sigma_Y} \tag{5-13}$$

因此可以利用上式直接求出标准化回归系数。

四、拟合优度

最小二乘线虽然是描述散点趋势的优秀工具，但如何评价拟合直线对 X 和 Y 之间关系的拟合程度呢？这需要新的统计指标体系来描述，即拟合优度（goodness of fit）。拟合优度是统计学中用来评估模型对数据拟合程度的一个概念。具体来说，它衡量了模型预测值与实际观察值之间的一致性。高拟合优度表示模型能够很好地捕捉数据中的模式和趋势，而低拟合优度则表明模型在描述数据时存在较大误差。例如，在图 5.8 中，虽然两种不同形状散点图的拟合直线看似一样，但明显可以看出，对于圆点这一组数据而言，拟合优度更佳，因为模型预测值与实际观察值之间非常贴近。

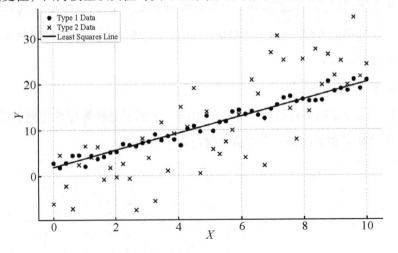

图 5.8　不同拟合优度的散点图

对于线性回归而言，最常用的拟合优度指标是决定系数（coefficient of determination，R^2），也称判定系数。其是根据消减误差比例构建的指标，其中 $E1$ 被定义为 Y 的每个取值 y_i 减去 Y 的均值 $\bar{y}$ 的平方和，也即仅利用 Y 的边际分布的特征（集中趋势，均值）猜测 Y 所犯的误差。如下：

$$E1 = \sum_{i=1}^{N} (y_i - \bar{y})^2 \tag{5-14}$$

而 $E2$ 被定义为 Y 的每个取值 y_i 减去回归方程的估计值 $\hat{y}_i$ 的平方和

$$E2 = \sum_{i=1}^{N} (y_i - \hat{y}_i)^2 \tag{5-15}$$

那么，决定系数 R^2 可以直接使用 PRE 的公式，如下：

$$R^2 = \frac{E1 - E2}{E1} = \frac{\sum_{i=1}^{N} (y_i - \bar{y})^2 - \sum_{i=1}^{N} (y_i - \hat{y}_i)^2}{\sum_{i=1}^{N} (y_i - \bar{y})^2} \tag{5-16}$$

以上公式可以进一步做如下简化，基本思路和上一章公式（4-4）非常一致：

$$R^2 = \frac{\sum_{i=1}^{N} (\hat{y}_i - \bar{y})^2}{\sum_{i=1}^{N} (y_i - \bar{y})^2} \tag{5-17}$$

根据公式（5-16）可以发现，决定系数 R^2 具有重要的消减误差比例性质，即 R^2 可以解释为利用回归方程猜测 Y（利用 X 猜测 Y）所减少误差的百分比。R^2 可以进一步解释为自变量可以解释因变量变异（即 $E1$）的百分比。为了更好地说明，图 5.9 展示了 $R^2 = 0$ 和 $R^2 = 1$ 时的散点图。当 $R^2 = 0$，时意味着 $E1 = E2$，即使用回归方程与使用 Y 的均值预测的误差相等。这意味着回归直线是一条水平线，见图 5.9（a）。而当 $R^2 = 1$，意味着 $E2 = 0$，即使用回归方程可以完美地预测 Y，因此不会出现任何 $E2$，那么回归直线会完全贴合在所有散点上见图 5.9（b）。

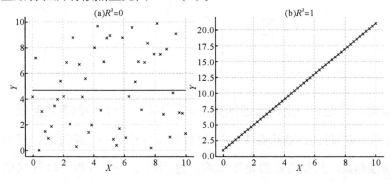

图 5.9 $R^2 = 0$ 和 $R^2 = 1$ 时的散点图

R^2 的详细证明过程如下：

$$R^2 = \frac{\sum_{i=1}^{N} (y_i - \hat{y}_i + \hat{y}_i - \bar{y})^2 - \sum_{i=1}^{N} (y_i - \hat{y}_i)^2}{\sum_{i=1}^{N} (y_i - \bar{y})^2}$$

$$= \frac{\sum_{i=1}^{N} [(y_i - \hat{y}_i)^2 + (\hat{y}_i - \bar{y})^2 + 2(y_i - \hat{y}_i)(\hat{y}_i - \bar{y})] - \sum_{i=1}^{N} (y_i - \hat{y}_i)^2}{\sum_{i=1}^{N} (y_i - \bar{y})^2}$$

$$= \frac{\sum_{i=1}^{N} (\hat{y}_i - \bar{y})^2 + \sum_{i=1}^{N} 2(y_i - \hat{y}_i)(\hat{y}_i - \bar{y})}{\sum_{i=1}^{N} (y_i - \bar{y})^2}$$

$$= \frac{\sum_{i=1}^{N} (\hat{y}_i - \bar{y})^2}{\sum_{i=1}^{N} (y_i - \bar{y})^2}$$

上式中 $\sum_{i=1}^{N} 2(y_i - \hat{y}_i)(\hat{y}_i - \bar{y}) = 0$ 的证明过程需要补充说明。该部分可以拆解为 2 个部分 $\sum_{i=1}^{N} (y_i - \hat{y}_i)\hat{y}_i$ 和 $\sum_{i=1}^{N} (y_i - \hat{y}_i)\bar{y}$ 的和。对于后者，根据残差的性质可得 $\sum_{i=1}^{N} (y_i - \hat{y}_i) = 0$。那么 $\sum_{i=1}^{N} (y_i - \hat{y}_i)\bar{y} = 0$。

比较麻烦的是证明 $\sum_{i=1}^{N} (y_i - \hat{y}_i)\hat{y}_i = 0$。在这证明过程中需要利用最小二乘法的重要性质：即根据公式（5-5）的第二个方程，可得 $\sum_{i=1}^{N} (y_i - \hat{y}_i)x_i = 0$，因此：

$$\sum_{i=1}^{N} (y_i - \hat{y}_i)\hat{y}_i = \sum_{i=1}^{N} (y_i - \hat{y}_i)(\hat{b}_0 + \hat{b}_1 x_i)$$

$$= \hat{b}_0 \sum_{i=1}^{N} (y_i - \hat{y}_i) + \hat{b}_1 \sum_{i=1}^{N} (y_i - \hat{y}_i)x_i$$

$$= 0$$

那么，R^2 是否一定越大越好呢？这并不是一个容易回答的问题。从一方面来说，R^2 越大，意味着 X 对 Y 的解释百分比越高。换言之，模型的预测准确性越高。从建模者的角度来看，这当然是一件好事。以量刑研究为例，如果构建出一个量刑模型，其 R^2 已经非常接近 1 了，这意味着只要我们输入某些情节（将其视为变量），便可以完美地预测刑期。然而，这种结果似乎表明我们不需要法官了，只需要机器来判案即可。

但这可能引发一系列的问题。首先，即使模型能够完美预测，我们是否应该完全依赖机器的判断，而忽视法官的经验、直觉和人文关怀？其次，模型的构建基于历史数据，如果数据存在偏见或局限性，模型是否也会继承这些问题，从而导致不公正的判决？再者，法律不仅仅是关于预测，还涉及解释、权衡和判断，这些都是机器难以替代的。

从另一方面来说，如果我们已经考虑了所有法定情节和酌定情节，但 R^2 依然很低，这可能表明法官在判决时还考虑了更多的其他情节。那么，如果这些其他情节是合理的，我们就需要进一步发掘这些合理成分，将其抽离出来并融入法律规则，从而进一步完善现有的情节范围。相反，如果这些其他情节不合理，我们就需要深入检讨是否存在大量的肆意判决或不当考量。这种情况下，我们可能需要进一步探究法官判决背后的原因，是否存在外部压力、个人偏见或其他非法律因素的影响，并思考如何在制度层面缓解或者消除这些影响。

在行为科学领域，对 R^2 的讨论也可能引发进一步的伦理考量。例如，在犯罪学领域，Y 通常代表人们的犯罪行为。如果回归模型的 R^2 非常高，这可能说明所选择的自变量已经能够非常完美地预测人的犯罪行为。那么，我们是否应当对那些模型预测出具有高犯罪概率的人群实施某些特殊的管控措施？然而，这种措施是否公平合理，又是一个需要考量的伦理问题。值得庆幸的是，犯罪学家们对这种方法论上的自觉性保持警惕。犯罪学家魏斯伯德（Weisburd）和皮克罗（Piquero）对 1968—2005 年所有的犯罪学研究中的 R^2 进行了综述，发现犯罪学研究或许仅能解释 20% 的犯罪行为[①]。这一方面说明现有的犯罪学理论对犯罪行为的解释可能尚且不足，另一方面也可能证明了个体主观能动性的存在。因此，不要为 R^2 过低而沮丧，因为这至少说明人还有改变的可能！

最后值得一提的是，在一元线性回归中，R^2 恰好是皮尔逊相关系数的平方，即

---

① David Weisburd & Alex R. Piquero, How Well Do Criminologists Explain Crime? Statistical Modeling in Published Studies, 37 Crime and Justice 453（2008）.

$$R^2 = r^2 = \frac{\left[\sum_{i=1}^{N} (x_i - \bar{x})(y_i - \bar{y}) \right]^2}{\sum_{i=1}^{N} (x_i - \bar{x})^2 \sum_{i=1}^{N} (y_i - \bar{y})^2} \qquad (5\text{-}18)$$

这一性质可以极大地减少 R^2 的计算难度。在【例 5.1】中（手印全长与身高）中，$r \approx 0.998$。那么 $R^2 = r^2 = 0.996$。这意味着在本例中，手印全长可以解释 99.6% 身高的变异。如果这一发现能推广到全部人群，无疑可以给侦查工作带来极大便利。

$R^2 = r^2$ 的详细证明过程如下，其中需要多次利用最小二乘法的公式，即公式（5-6）和公式（5-7）：

$$R^2 = \frac{\sum_{i=1}^{N} (\hat{y}_i - \bar{y})^2}{\sum_{i=1}^{N} (y_i - \bar{y})^2} = \frac{\sum_{i=1}^{N} (\hat{b}_0 - \hat{b}_1 x_i - \hat{b}_0 + \hat{b}_1 \bar{x})^2}{\sum_{i=1}^{N} (y_i - \bar{y})^2}$$

$$= \frac{\sum_{i=1}^{N} (\hat{b}_1 \bar{x} - \hat{b}_1 x_i)^2}{\sum_{i=1}^{N} (y_i - \bar{y})^2} = \hat{b}_1^2 \frac{\sum_{i=1}^{N} (\bar{x} - x_i)^2}{\sum_{i=1}^{N} (y_i - \bar{y})^2}$$

$$= \left[\frac{\sum_{i=1}^{N} (x_i - \bar{x})(y_i - \bar{y})}{\sum_{i=1}^{N} (x_i - \bar{x})^2} \right]^2 \frac{\sum_{i=1}^{N} (\bar{x} - x_i)^2}{\sum_{i=1}^{N} (y_i - \bar{y})^2}$$

$$= \frac{\left[\sum_{i=1}^{N} (x_i - \bar{x})(y_i - \bar{y}) \right]^2}{\sum_{i=1}^{N} (x_i - \bar{x})^2 \sum_{i=1}^{N} (y_i - \bar{y})^2}$$

$$= r^2$$

本章小结

第一节和第二节主要内容

统计图表：衡量两个尺度变量相关关系无法使用统计表，通常使用散点图。

皮尔逊相关系数：（1）散点在一条直线上的聚合程度的高低，并不能

表达 X 和 Y 之间相关关系的"斜率"高低；

（2）计算方法如下：

$$r = \frac{\sum_{i=1}^{N}(x_i - \bar{x})(y_i - \bar{y})}{\sqrt{\sum_{i=1}^{N}(x_i - \bar{x})^2 \sum_{i=1}^{N}(y_i - \bar{y})^2}} = \frac{Cov(X, Y)}{\sigma_X \sigma_Y}$$

第三节主要内容

基本思想：构建一条直线 $\hat{y}_i = b_0 + b_1 x_i$，以衡量两个变量的关系。

系数估计：可以使用最小二乘法估计斜率和截距：

$$\hat{b}_0 = \bar{y} - \hat{b}_1 \bar{x}$$

$$\hat{b}_1 = \frac{\sum_{i=1}^{N}(x_i - \bar{x})(y_i - \bar{y})}{\sum_{i=1}^{N}(x_i - \bar{x})^2} = \frac{Cov(X, Y)}{\sigma_X^2} = r\frac{\sigma_Y}{\sigma_X}$$

系数的解读：（1）斜率和截距的解读；

（2）X 和 Y 变化后对方程的影响。

拟合优度：（1）可以利用消减误差比例的方法构建；

（2）$R^2 = r^2$；

（3）计算方法如下：

$$R^2 = \frac{E1 - E2}{E1} = \frac{\sum_{i=1}^{N}(y_i - \bar{y})^2 - \sum_{i=1}^{N}(y_i - \hat{y}_i)^2}{\sum_{i=1}^{N}(y_i - \bar{y})^2} = \frac{\sum_{i=1}^{N}(\hat{y}_i - \bar{y})^2}{\sum_{i=1}^{N}(y_i - \bar{y})^2}$$

思考题

1. 表 5.2 是 10 个案件中律师代理费用与案件审结天数的数据：

表 5.2　10 个案件中律师代理费用与案件审结天数

项目	个体编号									
	1	2	3	4	5	6	7	8	9	10
律师代理费用/万元	3.9	5.8	6.2	6.8	7.5	8.5	9.8	11	15.5	25
案件审理天数/天	10	12	15	13	15	15	30	40	50	30

要求：

（1）绘制律师代理费用与案件审理天数的散点图；

（2）计算律师代理费 x 与案件审理天数 y 的皮尔逊相关系数；

（3）建立以律师代理费 x 为自变量、案件审理天数 y 为因变量的线性回归方程；

（4）计算回归模型的拟合优度（R^2），并解释其在模型评估中的意义。

2. 表 5.3 是某监狱 10 名犯罪者年龄与受教育年限的统计情况。

表 5.3　某监狱 10 名犯罪者年龄与受教育年限情况

项目	编号									
	1	2	3	4	5	6	7	8	9	10
年龄/岁	16	21	25	32	33	38	45	52	56	63
受教育年限/年	3	9	11	11	15	15	9	8	4	3

要求：

（1）计算年龄与受教育年限的皮尔逊相关系数。

（2）建立以年龄为自变量，受教育年限为因变量的线性回归方程，并解释截距和斜率的意义。

（3）计算拟合优度，并解释其含义。

概率论基础

本篇主要介绍概率论的一些基础知识，包括概率、随机变量的特征与分布、大数定律、中心极限定理与抽样分布。这些知识是介绍推论性统计所必备的数学基础。如果读者在阅读本书之前已经修读过概率论相关课程，或者对上述几个概念已经比较熟悉，那么可以跳过本篇，直接进入到"下篇：推论性统计"的介绍。

本篇对概率论基础知识的介绍不仅涉及概率论背后的数学知识，还将探讨这些知识在法学领域可能的应用场景。已有概率论基础的读者也可以通过阅读本部分的内容来巩固相关知识。不过需要提醒的是，本章不可避免地需要涉及较多的数学知识，在阅读本章的时候，读者如果希望理解证明过程，可能需要具有排列组合、极限等相关数学知识。

第六章　概率、随机事件与随机变量

第一节　随机事件与概率

一、随机现象、随机试验与随机变量

在一定的条件下，并不总是产生相同结果的现象被称为随机现象（random event），而只有一种确定结果的现象则被称为确定性现象（determinative event）。对于随机现象，一个常见的例子是扔一枚硬币，由于正面或反面的出现并不确定，每次扔硬币的结果都可能不同，因此它属于随机现象。结合第二章第一节关于变量的知识，我们知道变量的一个重要特点是其取值一定会发生变化，而不会是一成不变的。因此，本书讨论的变量与变量之间的关系，本质上都可以理解为随机现象。通常，随机试验（random trial）被定义为在相同条件下可以重复的随机现象的观察、记录和实验。在法学领域中，可以将侦查实验视为一种随机试验。侦查实验是指在受控条件下，模拟犯罪过程或重现犯罪现场，以观察和记录特定因素或行为对实验结果的影响，从而帮助推断犯罪情况或验证侦查假设的实验方法。因此，侦查实验满足随机试验的定义要求。

尽管很多随机现象并不能重复，例如每个案件的判决结果等，但我们可以从另一个角度来理解。假设我们从大量案件中随机选出一个案件，由于抽样过程是完全随机的，那么每次抽样出来的结果也是一个随机现象。所以，可以从一个更加宏观的尺度来理解随机现象与确定现象，而非集中于某一个个案。

虽然随机现象在个别的观察或试验中呈现出不确定性，但在大量观察和

试验中会呈现出一定的规律。例如，长期失业与犯罪之间的关系。虽然长期失业的个体并不一定会走向犯罪的道路，但如果从大量统计规律的角度来看，长期失业或许与财产类犯罪存在比较明显的正相关关系。

下面介绍几组常见概念：随机现象所有可能的基本结果组成的集合被称为样本空间（sample space），其中的基本结果被称为样本点（sample point）。随机现象的某些样本点组成的集合则构成随机事件（random event），简称事件。用来表示随机现象结果的变量被称为随机变量（random variable），常用大写字母 X，Y，Z 等来表示。

在法学领域，考虑这样一个随机现象：法院审理的某起案件中，被告是否被判处有罪。这是一个随机现象，因为每次审理案件时，结果并不确定。对于这个随机现象，所有可能的基本结果组成的集合，即｛有罪，无罪｝，被称为样本空间。这两个结果，"有罪"和"无罪"，就是样本空间中的样本点。而由这些样本点组成的集合，比如"被告被判有罪"或"被告被判无罪"，则构成随机事件。为了表示这个随机现象的结果，我们可以定义一个随机变量，比如 X。当被告被判有罪时，$X=1$；当被告被判无罪时，$X=0$。这样，随机变量 X 就代表了审理案件时可能的结果。

二、概率的定义及其确定方法

虽然随机事件都存在发生的可能性，但它们发生的可能性大小存在差异。概率（probability）就是用来量化随机事件发生可能性大小的一个指标。一般而言，概率理论基于三个基本公理：

（1）非负性公理（non-negativity axiom）：对于任何一个事件 A，它的概率 $P(A)$ 是非负的，即 $P(A) \geqslant 0$。

（2）正则公理（normalization axiom）：整个样本空间的概率是 1，即 $P(S)=1$，其中 S 表示样本空间。这意味着在所有可能的情况下，某个事件必然会发生。

（3）可列可加公理（countable additivity axiom）：对于任意一组两两互不相容（即互斥）的事件 A_1，A_2，…，A_n，这些事件的并集的概率等于各事件概率的和，即 $P(\cup_{i=1}^{+\infty} A_i) = \sum_{i=1}^{+\infty} P(A_i)$。

通过这三个基本公理，我们可以奠定概率论的基础，并利用它们来分析和计算各种复杂随机现象的概率。尽管这三个公理定义了概率的一般规则，但并未明确如何计算具体概率。下面将介绍一系列确定概率的方法：

①频率方法。频率方法是在大量重复试验中，通过频率的稳定值来获得概率的一种方法。假设事件 A 是可以大量重复进行的，如扔硬币、侦查实验等，那么在 N 次重复试验中，如果事件 A 出现了 n 次，此时 A 的频率为

$$f(A) = \frac{n}{N} \tag{6-1}$$

当 N 趋于无穷大的时候，频率趋近于概率：

$$P(A) = \lim_{N \to +\infty} \left(\frac{n}{N} \right) \tag{6-2}$$

【例 6.1】例如，如果希望求得扔一枚硬币正面朝上的概率，那么可以使用这种频率方法不断重复扔硬币这个实验，并计算正面出现的频率。图 6.1 展示了这一过程，图中黑色实线表示硬币正面朝上的累积频率，黑色虚线表示概率（0.5）。可以看到，随着抛硬币次数 N 的增加，累积频率逐渐趋近于概率。

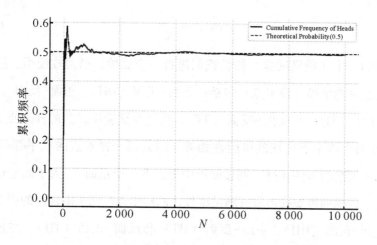

图 6.1 扔硬币正面朝上的频率随次数变化的结果

考虑到在包括法学在内的社会科学领域很难进行随机试验，上述频率方法的另外一个运用则是随机抽样。

【例 6.2】假设研究者希望知道总体中交通肇事罪的缓刑率，可以通过从总体中随机抽样的方式抽取不同数量的样本，然后计算样本的缓刑率。如图 6.2 所示，当样本量越来越大，以至于逼近总体时，发现样本的频率趋于 0.1，其恰好是总体的缓刑率。

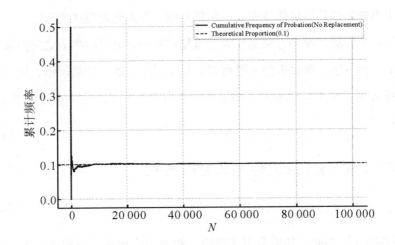

图6.2 样本缓刑率随样本量变化的模拟结果

②古典概率方法。假设被研究的随机试验只有有限个样本点 N，而且每个样本点出现的可能性相等，那么便可以使用古典概率计算。假设事件 A 一共有 n 个样本点，那么：

$$P(A) = \frac{n}{N} \qquad (6\text{-}3)$$

【例6.3】（随机试验）假设我们进行一个试验，扔两枚硬币。这个试验的所有可能结果（样本点）包括：正面-正面（HH）、正面-反面（HT）、反面-正面（TH）和反面-反面（TT）。在这个试验中，总的样本点数 $N = 4$。由于每个样本点出现的可能性相等，因此每个样本点的概率都是 1/4。假设我们关注的事件 A 是"两枚硬币中至少有一个正面"。为了确定这个事件的概率，我们需要找出所有满足事件 A 的样本点。满足事件 A 的样本点包括：正面-正面（HH）、正面-反面（HT）和反面-正面（TH）。在这个例子中，事件 A 共有 3 个样本点。根据古典概率方法，事件 A 的概率可以计算为：$P(A) = 3/4 = 0.75$。因此，扔两枚硬币至少有一个正面的概率是 3/4 或 75%。

【例6.4】（随机抽样）假设研究者希望通过抽样来估计某戒毒所内使用过新型毒品的吸毒人员频率。已知某戒毒所一共有 1 000 名吸毒人员，其中有 100 名使用过新型毒品。那么可以根据古典概率求：（1）抽取 1 人为新型毒品使用者的概率；（2）抽取 2 人，其中至少有 1 人是新型毒品使用者的概率。

对于问题（1）而言，样本空间的大小 $N = 1 000$。而事件 A（抽取 1 人为新型毒品使用者）的样本点数量为 $n = 100$，因此：

$$P(A) = \frac{n}{N} = \frac{100}{1\,000} = 0.1$$

对于问题（2）而言，可以定义事件 B 为"抽取 2 人其中至少有一人是新型毒品使用者"。那么 B 的补集 $\bar{B}$ 为"抽取两人都不是新型毒品使用者"。此时，样本点数为

$$N = C_{1\,000}^{2} = \frac{1\,000 \times 999}{2 \times 1}$$

事件 $\bar{B}$ 包含的样本点数为

$$n = C_{900}^{2} = \frac{900 \times 899}{2 \times 1}$$

那么

$$P(\bar{B}) = \frac{n}{N} = \frac{900 \times 899}{1\,000 \times 999} \approx 0.81$$

而根据正则公理 $P(\bar{B}) + P(B) = 1$。因此

$$P(B) = 1 - \frac{900 \times 899}{1\,000 \times 999} \approx 0.19$$

③几何概率方法。古典概率的限制条件较多，其中最为明显的限制是样本点有限，这一条件其实将古典概率的适用范围仅局限于类别变量。对于尺度变量这种样本点数量较多（甚至无穷大）而言，需要使用几何概率方法。

几何概率是一种计算连续型随机事件概率的方法。在几何概率中，我们不再关注具体的样本点，而是关注事件发生的区域在整个可能区域中的比例。几何概率定义如下：假设所有可能结果的几何区域为 S，其中事件 A 发生的区域为 S_A。那么，事件 A 的概率 $P(A)$ 为

$$P(A) = \frac{S_A}{S} \tag{6-4}$$

【例6.5】假设 X 市节假日期间晚上 8~10 点司机的血液酒精浓度分布如图 6.3 所示。而酒驾的标准是血液酒精浓度大于 20 mg/100mL。那么利用几何概率，随机抽取一名司机其可能酒驾的概率，为灰色区域除以整个黑色实线下围成的面积。已知黑色实线下围成的面积为 1，那么灰色区域的面积就是酒驾的概率。根据计算，血液酒精含量超过 20 mg/100mL 的概率约为 2.93%。

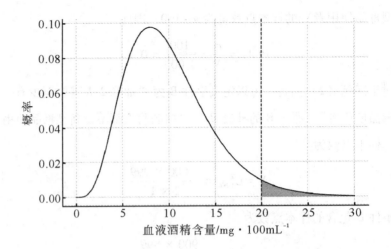

图 6.3 样本缓刑率随样本量变化的模拟结果

④主观概率方法。贝叶斯学派（Bayesian）认为，事件的概率取决于个人对该事件发生可能性的主观信念，这个概率称为主观概率。需要注意的是，主观概率并不是主观臆造，其计算具有相当严格的标准。这种主观概率最显著的特点是，它可以根据先前发生的事件或其他证据（先验概率）不断修正。因此，主观概率并不是一成不变的，而是随着新证据的出现不断变化。

例如，以扔一枚硬币为例，古典概率的计算方法是假设正反面概率相等，因此出现正面的概率为 0.5。但是，如果这一枚硬币并不是均匀的，那么这个假设可能就不成立。当然，可以转而使用频率方法，通过不断重复试验来求得真实的概率，这就是与贝叶斯学派相对应的频率学派（frequentist）的方法。而贝叶斯学派可能一开始就假设这个硬币不一定均匀（例如，正面的概率是一个分布，而非一个固定值），然后根据试验不断修正这个分布，直至样本量趋于无穷大并最终收敛于一个值。在这种情况下，很可能会与频率学派的结果一致。因此，贝叶斯学派的学者认为贝叶斯学派更加符合人类认知的标准，并声称"每个人都是天生的贝叶斯学派（born Bayesian）"。

在法学领域，有学者认为刑事证据的证明力其实就是一种主观概率，因为它描述的是"某个证据在有或没有的情况下对待证事实的影响"。因此，随着不同类型证据的不断出现，法官对待证事实的信念也会随之修正。在刑事侦查领域，这种主观概率也得到了极大的运用。柯南·道尔塑造的大侦探福尔摩斯的名言"当你排除了所有的不可能，剩下的无论多么荒谬，都是真相"[①]。这句话可以理解为事件 A（某人为凶手）的主观概率在其他可能性先验概率为零的情况下，达到了100%。

三、概率的运算

1. 概率的加法公式

加法公式是理解多个事件的概率的一种方法。根据事件是否互不相容（一个发生之后如果另外一个可能发生，则为相容，如果不发生，则为不相容），可以分为简化和一般两种情况。

简化式：假设如果两个事件 A 和 B 互不相容（即 A 和 B 不能同时发生），则它们的联合概率 $P(A \cup B)$ 可以表示为

$$P(A \cup B) = P(A) + P(B) \tag{6-5}$$

如果 n 个事件 A_1，A_2，$\cdots$，A_n 彼此互不相容：

$$P(\cup_{i=1}^{n} A_i) = \sum_{i=1}^{n} P(A_i) \tag{6-6}$$

可以发现，这个性质可以由概率的第三个公理（可列可加）决定。

【例6.6】假设某戒毒所开展一项回访调查，主要调查吸毒者在离开戒毒所3年内是否再次吸食传统毒品（事件 A）和吸食新型毒品（事件 B）。假设这两种情况是互不相容的，也就是说吸毒者只会吸食一种类型的毒品。那么，任意抽取一人，其复吸的总概率可以表示为：$P(A \cup B) = P(A) + P(B)$。例如，如果吸食传统毒品的概率为0.1，吸食新型毒品的概率为0.2，则复吸率为

$$P(A \cup B) = 0.2 + 0.1 = 0.3$$

一般式：假设两个事件 A 和 B 是相容的（即 A 和 B 可能同时发生），则它们的联合概率 $P(A \cup B)$ 可以表示为

$$P(A \cup B) = P(A) + P(B) - P(AB) \tag{6-7}$$

其中 $P(AB)$ 为两个事件同时发生的概率。当然，如果 A 和 B 不相容，$P(AB) = 0$，那么公式（6-7）可以变为公式（6-5）。

类似地，考虑到【例6.6】列举的事件 A 和事件 B 通常是相容的，因为现实中完全可能出现混合吸食传统毒品和新型毒品的使用者。假设这一群体

---

① 原文为：When you have eliminated the impossible, whatever remains, however improbable, must be the truth.

占比 $P(AB) = 0.05$，最终复吸率等于

$$P(A \cup B) = 0.1 + 0.2 - 0.05 = 0.25$$

一般式也可以推广到大于 2 个事件的情况。例如，对 A、B、C 三个事件而言，那么存在

$$P(A \cup B \cup C) = P(A) + P(B) + P(C) - P(AB) - P(AC) - P(BC) + P(ABC)$$

$$(6-8)$$

为了理解公式（6-8），可以考虑如图 6.4 所示的韦恩图。要计算 A、B、C 三个事件的并集，可以首先计算 $P(A) + P(B) + P(C)$。但是这个时候灰色部分可能被重复计算，因此需要减去两两相交的情况，即 $-P(AB) - P(AC) - P(BC)$。但是这个时候最中间的部分被重复剔除了，因此还需要最后再加 $P(ABC)$。

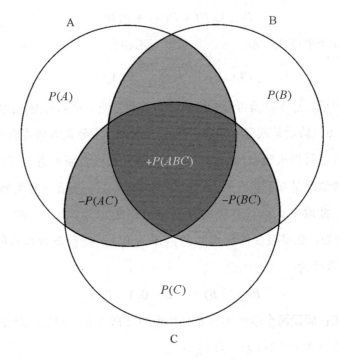

图 6.4 　$P(A \cup B \cup C)$ 的韦恩图

2. 概率的乘法公式

乘法公式讨论的是多个事件同时发生的情况。在法学领域的典型运用是计算多个间接证据的证明力。假设存在两个证据，证据 A 表明有目击证人目睹了一名红衣男子杀害了被害者，而证据 B 表明嫌疑人当天出门时正好穿着一件红衣。那么，要证明嫌疑人为凶手，就需要证据 A 和 B 所描述的事件同时发生。同样，根据事件是否相互独立，乘法公式也分为简化式与一般

式两种情况。

简化式：如果两个事件 A 和 B 彼此不相容的，则它们同时发生的概率为

$$P(AB) = P(A)\,P(B) \tag{6-9}$$

如果 n 个事件 A_1，A_2，$\cdots$，A_n 彼此不相容，则它们同时发生的概率为

$$P(A_1, A_2, \cdots, A_n) = P(A_1)\,P(A_2)\cdots P(A_n) \tag{6-10}$$

【例 6.7】在上述间接证据的例子中，考虑到目击证人可能存在看错的情况，假设证据 A 真实可信的概率为 0.9。而证据 B 也存在类似的问题，假设证据 B 真实可信的概率也为 0.9。那么，将这两个间接证据合并起来形成的证据链，其真实可信的概率为

$$P(AB) = 0.9 \times 0.9 = 0.81$$

这表明，对于间接证据而言，如果单个证据的证明力不足，那么可能会导致整个证据链条的证明力降低。此外，如果间接证据的证明链条过长，例如需要 A、B、C 三个事件同时成立才能形成证据链，那么最终有 $P(ABC) = P(A)\,P(B)\,P(C)$ ，这可能会进一步削弱证明力。

一般式：如果两个事件 A 和 B 彼此相容，则可能出现 A 与 B 相互影响的情况。为了更加量化 A 和 B 相互影响的情况，首先需要引入条件概率这一新概念。通常将 A 发生的条件下 B 发生的概率称为 $P(B \mid A)$，而将 B 发生的条件下 A 发生的概率称为 $P(A \mid B)$。那么，如果两个事件彼此不相容（即独立），存在以下关系：

$$P(A \mid B) = P(A)$$

$$P(B \mid A) = P(B)$$

在引入条件概率之后，A 和 B 同时发生的概率可以写为

$$P(AB) = P(A)\,P(B \mid A) = P(B)\,P(A \mid B) \tag{6-11}$$

显然，当 A 和 B 不相容，公式（6-11）可以还原为公式（6-9），即 $P(AB) = P(A)\,P(B)$ 。

在引入乘法公式后，【例 6.4】的第二个问题可以有另一种解法。现在重新定义事件 A 为"抽取的第 1 人是新型毒品使用者"的概率，事件 B 为"抽取的第 2 人是新型毒品使用者"的概率。那么，两个人都不是新型毒品使用者的概率为

$$P(\bar{A}\bar{B}) = P(\bar{A})\,P(\bar{B} \mid \bar{A})$$

其中 $P(\bar{A})$ 根据古典概率的计算方法可以算得

$$P(\bar{A}) = 1 - P(A) = 1 - \frac{100}{1\,000} = \frac{900}{1\,000}$$

而 $P(\bar{B} \mid \bar{A})$ 则需要考虑当被抽取的第一个人不是新型毒品使用者之后，第二个人也不是新型毒品使用者的概率。考虑到第一个人已经被抽取，因此样本空间变为 $1\,000-1=999$。同时，由于第一个人并不是新型毒品使用者，样本点也相应减少，变为 $900-1=899$。因此：

$$P(\bar{B} \mid \bar{A}) = \frac{899}{999}$$

最终，两个人都不是新型毒品使用者的概率为

$$P(\bar{A}\bar{B}) = P(\bar{A}) P(\bar{B} \mid \bar{A}) = \frac{900}{1\,000} \times \frac{899}{999} \approx 0.81$$

因此"抽取 2 人其中至少有一人是新型毒品使用者"的概率为

$$1 - P(\bar{A}\bar{B}) \approx 0.19$$

此结果与【例 6.4】中直接利用古典概率计算出的结果完全相同。

当然，如果 n 个事件 A_1，A_2，$\cdots$，A_n 彼此相容，则它们同时发生的概率为

$$P(A_1, A_2, \cdots, A_n) = P(A_1) P(A_2 \mid A_1) P(A_3 \mid A_1, A_2) \cdots P(A_n \mid A_1, A_2, \cdots, A_n)$$

$$(6-12)$$

3. 条件概率与贝叶斯公式

对式（6-11）进行适当的变形，就可以得到大名鼎鼎的贝叶斯公式（Bayes' formular），即

$$P(A \mid B) = \frac{P(B \mid A) P(A)}{P(B)} \qquad (6-13)$$

贝叶斯定律的一个重要应用是根据已知的 $P(B \mid A)$ 求出 $P(A \mid B)$，因此，式（6-13）有时也被称为逆概率公式。在实际应用中，我们常常关心的是 $P(A \mid B)$，但如果无法直接求出，就需要借助式（6-13）来间接求解。

【例 6.8】法律社会学的一个重要议题是探讨非法律因素是否可能对案件结果产生干扰。其中，法官的性别就是一个可能的影响因素。然而，在检索已经生效的裁判文书文本时，虽然文末会附有主审法官的姓名，但法官的性别往往不得而知。不过，我们知道姓名和性别之间存在强关联性。例如，

名为"王娜"的法官很有可能是女性,因为名字中含有"娜"的很多都是女性。为了将这种直觉量化,我们可以设定事件 A 为某法官为女性的概率,事件 B 为某法官的名字为"娜"。那么,根据名字猜测性别实际上就是要求解 $P(A|B)$ 。

很显然,$P(A|B)$ 很难直接求得,但根据贝叶斯公式,我们可以将这个概率转化为 $P(B|A)$ 、$P(B)$ 和 $P(A)$ 的表达式。假设我们能获取一个包含姓名与性别的名册,那么 $P(B|A)$ 就表示女性中名字含有"娜"的概率,这个概率可以通过对名册进行统计以获得。同样,$P(B)$ 也相对简单,只需要找到名册中所有名字中含有"娜"的概率即可。而 $P(A)$ 则更简单,只需要知道女性的占比即可。因此,根据贝叶斯公式,我们可以得到:

$$P(女性 | 名 = "娜") = \frac{P(名 = "娜" | 女性) P(女性)}{P(名 = "娜")}$$

这个方法可以构建出一个基于姓名的性别分类器,从而解决性别未知的问题[①]。

贝叶斯定律的另一个重要应用就是根据新的证据不断更新某一事件发生的概率。为了表明这一性质,首先需要进一步说明条件概率与主观概率的关系。条件概率表明,随着对先验事实的了解程度的不同,最终的条件概率会存在差异。利用条件概率可以进一步澄清证据的证明力问题。

【例 6.9】假设事件 E_1 为目击证人目睹了张三行凶,而事件 F 为张三是凶手。那么 $P(F|E_1)$ 就可以理解为一种主观概率的证明模式,即存在目击证人(事件 E_1)的情况下,张三是凶手(事件 F)的概率。

现在假设经过现场勘查,发现新的证据 E_2 即杀害死者的凶器(一把小刀)为张三所有物。那么现在张三为凶手的新概率是 $P(F|E_1, E_2)$ 。新概率与 $P(F|E_1)$ 的关系就可以用贝叶斯定律来计算:

$$P(F|E_1, E_2) = \frac{P(E_2|F, E_1) P(F|E_1)}{P(E_2|E_1)} \tag{6-14}$$

为了便于理解,假设 E_1 和 E_2 相互独立,那么 $P(E_2|E_1) = P(E_2)$,$P(E_2|F, E_1) = P(E_2|F)$,公式(6-14)可以简化为

$$P(F|E_1, E_2) = \frac{P(E_2|F) P(F|E_1)}{P(E_2)} \tag{6-15}$$

---

① 感兴趣的读者可以阅读下面文献以了解具体运用过程:XIA Y, CAI T, ZHONG H. Effect of Judges' Gender on Rape Sentencing: A Data Mining Approach to Analyze Judgment Documents [J]. China Review, 2019, 19(2): 125-149.

可以发现当新证据出现后，$P(F \mid E_1, E_2)$ 其实等于 $P(F \mid E_1)$ 乘以一个系数，即 $P(E_2 \mid F) / P(E_2)$。我们可以将其命名为贝叶斯因子（Bayes factor）。因此，新证据对证明力增加的程度取决于贝叶斯因子 $P(E_2 \mid F) / P(E_2)$ 大于 1 还是小于 1。

其中，$P(E_2 \mid F)$ 是指如果张三是凶手，那么凶器为张三所有的概率；而 $P(E_2)$ 是指任何其他证据都未知的情况下，凶器为张三所有的概率。很显然，如果凶手的确是张三，那么 $P(E_2 \mid F) > P(E_2)$。因此，贝叶斯因子会远远大于 1，新证据的出现会成比例地增加证明力。

反之，如果 E_2 是某种反面证据，例如发现张三有不在场证明，那么 $(E_2 \mid F) < P(E_2)$，此时贝叶斯因子小于 1，那么新出现的证据会削弱证明力。

第二节　随机变量的描述性统计

上一节介绍了如何计算某一个随机事件的概率，而随机变量则是描述所有可能取值及其出现概率的一个概念。对随机变量的描述性统计可以让我们更好地把握随机现象。第二章介绍的单变量描述性统计知识完全可以应用于描述随机变量。我们依然可以使用统计表、统计图、集中趋势和离散趋势来描述随机变量。唯一的区别在于，单变量描述性统计描述的是数据的实际分布，而随机变量的描述性统计描述的是随机变量的理论分布。

在概率论中，随机变量分为两种类型：离散型和连续型。如果任意两个取值之间可以插入一个有实际意义的第三值，那么它就是连续型变量，否则就是离散型变量。例如，对于性别变量，如果 1 表示男性，2 表示女性，那么 1.5 没有任何实际意义。因此，性别这个变量只能是离散型变量。而身高则是一个连续型变量，可以有 1.7 米、1.8 米等取值，自然也可以有 1.75 米、1.753 米等取值。

在不太严谨的情况下，可以将所有类别变量视为离散型随机变量，所有尺度变量视为连续型随机变量。当然，如果深入探究，随机变量的划分标准与测量层次的划分标准并不在同一个维度。测量层次的划分标准考虑的是变量承载的信息量，具有一定的"主观性"。而随机变量的划分标准则是根据随机变量取值特点进行的。因此，严格意义上来说，所有的类别变量都是离散型变量，而部分尺度变量可以是离散型变量。

一、离散型随机变量的概率分布与图表描述

假设 X 为一个离散型随机变量，其具有 x_1，x_2，x_3，$\cdots$，x_k 个取值，每个取值的概率为 p_1，p_2，p_3，$\cdots$，p_k。那么这个随机变量的概率分布列（或者分布列），如下：

$$P(X = x_i) = p_i \qquad\qquad (6-16)$$

概率分布列有时候也被称为概率质量函数（probability mass function，PMF）。其可以使用统计图和统计表的形式来表达。

【例 6.10】已知某戒毒所一共有 1 000 名吸毒人员，其中有 100 名使用过新型毒品。那么假设从中随机抽取 6 名吸毒者，那么其使用过新型毒品的人数分布就是一个离散型随机变量。假设其为 X，那么 X 的概率质量函数为：

$$P(X = x_i) = \frac{C_{100}^{x_i} C_{900}^{6-x_i}}{C_{1\,000}^{6}}, \ x_i = 0, \ 1, \ 2, \ 3, \ 4, \ 5, \ 6$$

X 的概率质量函数可以用表 6.1 来展示。

表 6.1　随机变量 X 的概率分布

X	0	1	2	3	4	5	6
p_i	0. 530 552 6	0. 355 677	0. 098 248 02	0. 014 311 86	0. 001 159 452	0. 000 049 525	0. 000 000 871

当然，也可以使用条形图（图 6.5）和折线图（图 6.6）形式来展现。

概率质量函数所定义的概率满足概率公理，因此具有如下两个性质：

（1）$P(X = x_i) \geqslant 0$，非负性公理。

（2）$\sum\limits_{i=1}^{k} P(X = x_i) = 1$，正则公理。

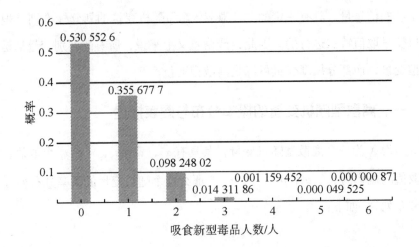

图 6.5 概率分布条形图

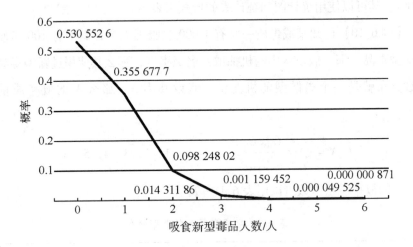

图 6.6 概率分布折线图

二、连续型随机变量的概率分布与图表描述

考虑到连续型随机变量取值的特征，其可能有无穷多个取值。因此，理论上每个取值的概率都趋近于 0，故无法计算每个点的概率。对于连续型变量而言，只能转为求某个区间的概率。例如，随机变量 X 在 $[x, x + \Delta]$ 区间的概率为

$$P(x \leqslant X \leqslant x + \Delta) \tag{6-17}$$

将上式除以 Δ 即可求得概率密度：

$$\frac{P(x \leqslant X \leqslant x + \Delta)}{\Delta} \tag{6-18}$$

而当 Δ 趋于 0，即可得到 $X = x$ 的概率密度函数（probability density function，PDF）

$$f(x) = \lim_{\Delta \to 0} \frac{P(x \leqslant X \leqslant x + \Delta)}{\Delta} \qquad (6\text{-}19)$$

根据概率密度函数，可以求得 X 在 $[x_1, x_2]$ 区间的概率为

$$f(x_1 \leqslant X \leqslant x_2) = \int_{x_1}^{x_2} f(x)\, \mathrm{d}x \qquad (6\text{-}20)$$

概率密度函数所定义的概率也满足概率公理，因此具有如下两个性质：

（1）$f(x) \geqslant 0$，非负性公理。

（2）$\int_{-\infty}^{+\infty} f(x)\, \mathrm{d}x = 1$，正则公理。

对于随机变量还可以使用累积频率分布来描述其特征，即为累积分布函数。定义为

$$F(x) = P(X \leqslant x) \qquad (6\text{-}21)$$

对于离散型随机变量而言，累积分布函数为

$$F(x) = \sum_{x_i \leqslant x} P(X = x_i) \qquad (6\text{-}22)$$

而对于连续型随机变量而言，累积分布函数为

$$F(x) = \int_{-\infty}^{x} f(t)\, \mathrm{d}t \qquad (6\text{-}23)$$

三、随机变量的集中趋势与离散趋势

与变量的描述性统计类似，我们也可以计算随机变量的集中趋势与离散趋势。其中数学期望可以视为随机变量集中趋势的指标，而方差可以视为离散趋势的指标。

1. 数学期望

数学期望（mathematical expectation）可以理解为随机变量的算术平均数。考虑到随机变量每个取值对应的概率并不一定均等，在计算数学期望时需要考虑到每个取值对应的概率，因此数学期望可以视为一个加权平均数。

对于离散型随机变量而言，可以使用如下公式计算：

$$E(X) = x_1 p_1 + x_2 p_2 + \cdots + x_n p_n = \sum_{i=1}^{k} x_i p_i \qquad (6\text{-}24)$$

简单来说，就是将离散型随机变量的每一个取值和其对应的概率相乘，并将所有结果求和。以【例6.10】为例，数学期望为

$E(X) = 0 \times 0.530\,552\,6 + 1 \times 0.355\,677 + \cdots + 6 \times 0.000\,000\,871 = 0.6$

这表明平均而言，吸食新型毒品的人数为 0.6 人。对于连续型随机变量，其期望的计算公式变为

$$E(X) = \int_{-\infty}^{+\infty} x f(x) \, \mathrm{d}x \tag{6-25}$$

数学期望具有以下性质：

（1）常数的期望等于该常数。这一点很好理解，考虑到期望是一种均值，如果所有取值都一样，那么其均值肯定也一样。

$$E(c) = c \tag{6-26}$$

（2）随机变量与常数的和的期望，等于随机变量期望与常数的和。这一点可以理解为随机变量每个取值都增加一个固定值，那么其均值也会增加某个固定值。

$$E(X + c) = E(X) + c \tag{6-27}$$

（3）常数与随机变量的积的期望，等于常数与随机变量期望的积。这一点也可以理解为随机变量每个取值都放大固定倍之后，最终均值也会放大固定倍。

$$E(cX) = cE(X) \tag{6-28}$$

（4）随机变量的和的期望等于期望的和。

$$E(X + Y) = E(X) + E(Y) \tag{6-29}$$

以上结论可以推广为 k 个随机变量的情况：

$$E\left(\sum_{i=1}^{k} X_i\right) = \sum_{i=1}^{k} E(X_i) \tag{6-30}$$

（5）多个独立随机变量[①]的积的期望等于期望的积。

$$E(XY) = E(X) E(Y) \tag{6-31}$$

以上结论也可以推广为 k 个独立随机变量的情况：

$$E(X_1 X_2 \cdots X_k) = E(X_1) E(X_2) \cdots E(X_k) \tag{6-32}$$

2. 方差与标准差

方差和标准差是主要的离散趋势指标。回顾第二章，方差的公式为平均离差平方和。因此，在引入了数学期望的概念之后，方差可以写为

$$Var(X) = E\left(X - E(X)\right)^2 \tag{6-33}$$

根据期望的性质，可以将方差进一步化简为

---

① 如果 X 和 Y 不独立，那么 $E(XY) = E(XE(Y \mid X))$ 或者 $E(XY) = E(X) E(Y) + Cov(X, Y)$。

$$Var(X) = E(X^2 + [E(X)]^2 - 2XE(X))$$

$$= E(X^2) + [E(X)]^2 - 2[E(X)]^2$$

$$= E(X^2) - [E(X)]^2 \qquad (6\text{-}34)$$

那么，对于离散型随机变量，方差为

$$Var(X) = \sum_{i=1}^{k} [x_i - E(X)]^2 p_i \qquad (6\text{-}35)$$

而对于连续型变量而言，方差为

$$Var(X) = \int_{-\infty}^{+\infty} [x - E(X)]^2 f(x)\, \mathrm{d}x \qquad (6\text{-}36)$$

标准差是方差开平方根，为

$$\sigma(X) = \sqrt{Var(X)} \qquad (6\text{-}37)$$

同样以【例 6.10】为例，既然已知其期望为 0.6，可以进一步计算方差，为

$$Var(X) = (0 - 0.6)^2 \cdot 0.530\,552\,6 + (1 - 0.6)^2 \cdot 0.355\,677 + \cdots$$

$$+ (6 - 0.6)^2 \cdot 0.000\,000\,871$$

$$\approx 0.400\,8$$

那么标准差为

$$\sigma(X) = \sqrt{Var(X)} \approx 0.633\,07$$

方差具有以下性质：

（1）常数的方差等于 0。这一点很好理解，因为如果所有的取值都是常数，那么这个随机变量其实没有任何离散性。

$$Var(c) = 0 \qquad (6\text{-}38)$$

（2）随机变量与常数的和的方差，等于随机变量的方差。这一点可以理解为，当随机变量的每个取值都增加一个固定值时，其离散程度不会改变。

$$Var(X + c) = Var(X) \qquad (6\text{-}39)$$

（3）常数与随机变量的积的方差，等于常数的平方与随机变量方差的积。这一点也可以理解为，当随机变量的每个取值都放大一个固定倍数后，考虑到方差存在一个平方项，因此离散程度会扩大常数的平方倍。

$$Var(cX) = c^2 Var(X) \qquad (6\text{-}40)$$

（4）两个独立随机变量和的方差等于方差的和。

$$Var(X + Y) = Var(X) + Var(Y) \qquad (6\text{-}41)$$

以上结论可以推广为 k 个独立随机变量的情况：

$$Var\left(\sum_{i=1}^{k} X_i\right) = \sum_{i=1}^{k} Var(X_i) \qquad (6\text{-}42)$$

（5）如果两个随机变量不独立，其和的方差可以写为：

$$Var(X + Y) = Var(X) + Var(Y) + 2Cov(X, Y) \qquad (6\text{-}43)$$

其中 $Cov(X, Y)$ 就是我们在介绍皮尔逊相关系数时提到的协方差，现在可以引入数学期望重新推导协方差的公式为

$$\begin{aligned}
Cov(X, Y) &= E[(X - E(X))(Y - E(Y))] \\
&= E[XY - XE(Y) - YE(X) + E(X)E(Y)] \\
&= E(XY) - E(X)E(Y) \qquad (6\text{-}44)
\end{aligned}$$

以上结论也可以推广为 k 个随机变量的情况：

$$Var\left(\sum_{i=1}^{k} X_i\right) = \sum_{i=1}^{k} Var(X_i) + 2\sum_{i=1}^{k}\sum_{j=1}^{i-1} Cov(X_i, X_j) \quad (6\text{-}45)$$

3. 矩、偏态与峰态

除了数学期望和方差之外，还有一些指标可以描述随机变量的分布。下面将介绍矩（moment）的概念。随机变量 X 的 k 阶原点矩被定义为

$$\mu_k = E(X^k) \qquad (6\text{-}46)$$

而 X 的 k 阶中心矩为

$$v_k = E(X - E(X))^k \qquad (6\text{-}47)$$

很显然，一阶到四阶中心矩都具有非常重要的统计意义。

其一，一阶中心矩其实就是离差，而且由于正负相抵消，一阶中心矩通常是 0：

$$v_1 = E(X - E(X)) = 0 \qquad (6\text{-}48)$$

其二，二阶中心距就是方差：

$$v_2 = E(X - E(X))^2 \qquad (6\text{-}49)$$

其三，三阶中心矩是衡量数据是否对称的主要指标：

$$v_3 = E(X - E(X))^3 \qquad (6\text{-}50)$$

偏态（skewness）系数就是根据 v_3 的大小衡量的。可以观察到，如果数据呈现对称分布，那么偏态系数等于 0。如果数据分布曲线的右尾延伸得较远，即有更多的极值位于右侧，那么偏态系数大于 0，通常称为正偏态，有时也称为右偏态（图 6.7a）。如果数据分布的左尾延伸得较远，即有更多的极值位于左侧，那么偏态系数小于 0，表示负偏态，有时也称为左偏态（图 6.7b）。偏态系数的计算公式为

$$\text{Skew} = E\left[\left(\frac{X - E(X)}{\sigma}\right)\right]^3 = \frac{\upsilon_3}{\sigma^3} \qquad (6\text{-}51)$$

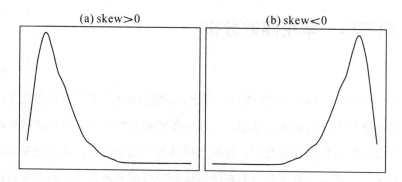

图 6.7　右偏态与左偏态分布

其四，四阶中心矩是表述数据的峰态（kurtosis）的核心指标。如果数据分布比较尖锐，那么四阶中心矩将非常大；如果分布平坦，四阶中心矩则相对较小：

$$\upsilon_4 = E\left(X - E(X)\right)^4 \qquad (6\text{-}52)$$

为了让四阶中心矩有一个参考标准，通常计算的是超值峰度（excess kurtosis），"减 3"是为了让正态分布的峰度为 0。最终峰态的公式如下：

$$\text{Kurt} = \frac{\upsilon_4}{\sigma^4} - 3 \qquad (6\text{-}53)$$

图 6.8 展现了不同的峰态的分布。其中点线表示 Kurt = 0，其分布为正态分布。实线表示 Kurt>0，发现其比正态分布更为尖锐。而虚线表示 Kurt<0，发现其比正态分布更为平缓。

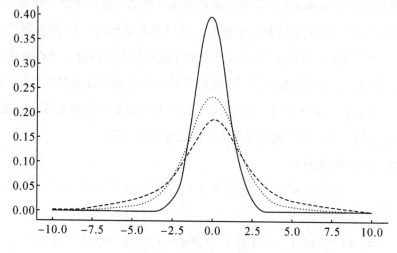

图 6.8　不同峰态的分布

第三节　常用离散分布

上一节集中介绍了常用的随机变量的描述性统计。本节将介绍几个比较常用的离散分布，包括两点分布、二项分布和超几何分布。虽然离散型随机变量其实还包含相当多的类型，包括多项分布、泊松分布、几何分布和负二项分布等，但是考虑到这些分布在法学研究中可能并不常见，有兴趣的读者可以参考其他概率论和统计学教材了解这些分布。

一、两点分布（伯努利分布）

在众多离散随机变量分布中，两点分布（也称为伯努利分布，Bernoulli distribution）是最简单也是最基础的一种离散分布。假设随机变量 X 有且仅有 2 个取值，0 和 1，且 $P(X=1)=p$，$P(X=0)=1-p=q$。此时，两点分布的概率质量函数可以写为：

$$P(X) = p^x (1-p)^{1-x}, \quad x = 0, 1 \tag{6-54}$$

之所以将其称为最基础的离散随机变量分布，是因为许多离散随机变量的推导都需要以此为基础。不仅如此，类别变量中很多变量都只有两个取值，例如：判决结果是否缓刑、法官性别是男性还是女性、案件是否上诉等等。回顾第一章第三节讨论的虚拟变量，即使某个类别变量的取值大于两类，依然可以将其编码为一系列的虚拟变量。例如，假设研究裁判文书的类型，这个变量一般来说具有三个取值，可以将其编码为：1＝刑事案件裁判文书，2＝民事案件裁判文书，3＝行政案件裁判文书。因此，可以使用虚拟变量，将这个变量重新编码为三个虚拟变量：刑事案件裁判文书（1＝是，0＝否）、民事案件裁判文书（1＝是，0＝否）和行政案件裁判文书（1＝是，0＝否）。这样一来，这个问题又变为了两点分布的问题。

两点分布的期望为：

$$E(X) = p^1 (1-p)^{1-1} \times 1 + p^0 (1-p)^{1-0} \times 0 = p \tag{6-55}$$

两点分布的方差为：

$$Var(X) = E(X^2) - [E(X)]^2 = 0^2 q + 1^2 p - p^2 = p(1-p) = pq \tag{6-56}$$

因此，在推导出上述公式之后，可以直接求出期望和方差。

【例 6.11】已知某戒毒所一共有 1 000 名吸毒人员，其中有 100 名使用过新型毒品。假设研究者从戒毒所随机抽取一人，并希望了解其是否使用过新型毒品。这个问题就可以直接转换为一个两点分布问题。假设这个随机变量为 X，吸食过新型毒品的情况下 $X = 1$，没吸食过 $X = 0$。此时，这个随机变量的期望和方差可以直接计算为：

$$E(X) = p = \frac{100}{1\ 000} = 0.1$$

$$Var(X) = p(1 - p) = 0.9 \times 0.1 = 0.09$$

二、二项分布

再次使用【例 6.11】，此时假设研究者不再抽取 1 个人，而是打算从戒毒所进行有放回的抽取 n 个人。那么，在这 n 个人中，吸食新型毒品的吸毒者人数就是一个离散随机变量，其取值可以是 0 到 n 之间的任何一个整数。此时，这个随机变量构成的分布称为二项分布（binomial distribution），其概率质量函数如下所示：

$$P(X = x) = C_n^x p^x (1 - p)^{n-x}, \quad x = 0,\ 1,\ 2,\ \cdots,\ n \qquad (6\text{-}57)$$

根据上式可以看出，由于是有放回的抽样，因此吸毒者曾经吸食过新型毒品的概率 p 在每次抽样中都不会发生变化。除此之外，如果总体相当大，而 n 比较小的话，也可以近似认为每次抽样的概率 p 不会发生变化。这是二项分布的重要特征。因此，决定整个二项分布的仅有两个参数，即 n 和 p，故二项分布有时也简写为 $X \sim \mathrm{Bin}(n,\ p)$。

可以证明，二项分布的期望为：

$$E(X) = np \qquad (6\text{-}58)$$

二项分布的方差为：

$$Var(X) = np(1 - p) = npq \qquad (6\text{-}59)$$

二项分布的期望的证明过程如下：

$$E(X) = \sum_{x=0}^{n} x\, C_n^x p^x (1 - p)^{n-x} = np \sum_{x=1}^{n} C_{n-1}^{x-1} p^{x-1} (1 - p)^{(n-1)-(x-1)}$$

$$= np\,[p + (1 - p)]^{n-1} = np$$

上述证明中运用到了二项式定理 $(a + b)^n = \sum_{k=0}^{n} C_n^k a^k b^{n-k}$。

而对于二项分布的方差的证明如下，首先：

$$E(X^2) = \sum_{x=0}^{n} x^2 C_n^x p^x (1-p)^{n-x} = \sum_{x=1}^{n} x\left[(x-1)+1\right] C_n^x p^x (1-p)^{n-x}$$

$$= \sum_{x=1}^{n} x(x-1) C_n^x p^x (1-p)^{n-x} + \sum_{x=1}^{n} x C_n^x p^x (1-p)^{n-x}$$

$$= \sum_{x=1}^{n} x(x-1) C_n^x p^x (1-p)^{n-x} + np$$

$$= n(n-1) p^2 \sum_{x=2}^{n} C_{n-2}^{x-2} p^{x-2} (1-p)^{(n-2)-(k-2)} + np$$

$$= n(n-1) p^2 \left[p + (1-p)\right]^{n-2} + np$$

$$= n(n-1) p^2 + np$$

然后

$$Var(X) = E(X^2) - \left[E(X)\right]^2 = n(n-1) p^2 + np - (np)^2 = np(1-p)$$

【例 6.12】已知某戒毒所一共有 1 000 名吸毒人员，其中 100 名使用过新型毒品。假设研究者从这 1 000 名吸毒人员中有放回地随机抽取 10 人，其中使用过新型毒品的人数 X 服从二项分布 Bin(10, 0.1)。由于已知二项分布的期望和方差，计算起来就非常方便：

$$E(X) = np = 10 \times 0.1 = 1$$

$$Var(X) = np(1-p) = 10 \times 0.9 \times 0.1 = 0.9$$

三、超几何分布

二项分布要求每次抽样时，概率 p 保持不变，这在总体非常大或进行有放回的抽样条件下可以得到满足。但是在总体较小的情况下进行不放回的抽样，则无法得到满足。在【例 6.4】的场景中，某戒毒所一共有 1 000 名吸毒人员，其中 100 名使用过新型毒品。如果抽样的样本量为 100 人，且是不放回的抽样，那么很显然，随着抽样的进行，后续样本中新型毒品使用者的概率会随着前期抽样样本中新型毒品使用者数量的变化而变化。超几何分布可以视为模拟这种不放回抽样情况的一种离散分布。假设抽样总体为 N，样本量为 n，而总体中符合条件的个体数量为 M，那么超几何分布的概率质量函数如下：

$$P(X = x) = \frac{C_M^x C_{N-M}^{n-x}}{C_N^n}, \quad x = 0, 1, 2, \cdots, r$$

$$r = \min(M, n) \tag{6-60}$$

可以发现，超几何分布由三个参数共同决定，因此也经常简化为 $X \sim H(n, M, N)$。可以证明超几何分布的期望为：

$$E(X) = n \frac{M}{N} \tag{6-61}$$

超几何分布的方差为：

$$Var(X) = n \frac{M}{N} \left(\frac{N - M}{N} \right) \frac{N - n}{N - 1} \tag{6-62}$$

如果令 $p = \dfrac{M}{N}$，$q = 1 - p$，那么

$$E(X) = np \tag{6-63}$$

$$Var(X) = npq \frac{N - n}{N - 1} \tag{6-64}$$

因此可以发现，超几何分布的期望和二项分布的期望完全一样。而其方差则是二项分布的方差乘以 $\dfrac{N - n}{N - 1}$。考虑到：

$$\lim_{N \to +\infty} \frac{N - n}{N - 1} = 1$$

可以发现，当 N 趋向无穷大时，超几何分布的期望和方差都将趋于二项分布。这也是为什么在 $N \gg n$ 的情况下，可以直接使用二项分布的原因。值得一提的是，$\dfrac{N - n}{N - 1}$ 也被称为有限总体矫正（finite population correction）系数。可以观察到：

$$\lim_{n \to N} \frac{N - n}{N - 1} = 0$$

上述公式表明，当样本量 n 逐渐接近总体 N 的时候，抽样误差（可以理解为 X 这个随机变量的方差）将会逐渐减少直至等于零。

【例 6.13】已知某戒毒所一共有 1 000 名吸毒人员，其中 100 名使用过新型毒品。假设研究者从这 1 000 名吸毒人员中进行不放回的抽样，且样本量为 50 人。此时，样本中使用过新型毒品的人数 X 服从超几何分布 $X \sim H(50, 100, 1\,000)$，可以直接计算期望和方差为

$$E(X) = 50 \frac{100}{1\,000} = 5$$

$$Var(X) = 50 \times 0.1 \times 0.9 \times \frac{1\,000 - 50}{1\,000 - 1} \approx 4.279$$

超几何分布的期望的证明过程如下：

$$E(X) = \sum_{x=0}^{r} x \frac{C_M^x C_{N-M}^{n-x}}{C_N^n} = n \frac{M}{N} \sum_{x=1}^{r} \frac{C_{M-1}^{x-1} C_{N-M}^{n-x}}{C_{N-1}^{n-1}}$$

$$= n \frac{M}{N}$$

上述证明中可能较难理解的是为什么 $\sum_{x=1}^{r} \frac{C_{M-1}^{x-1} C_{N-M}^{n-x}}{C_{N-1}^{n-1}} = 1$。其分子为 $\sum_{x=1}^{r} C_{M-1}^{x-1} C_{N-M}^{n-x}$，代表了两个步骤（1）首先从 $N-M$ 个元素中抽取 $n-x$，（2）然后再从 $M-1$ 个元素中抽取 $x-1$。所有的 x 取值为 1 到 r，求其总和。因此，其实际上可以理解为从 $N-1$ 个总体中随机抽取 $n-1$ 个元素的所有组合，因此 $\sum_{x=1}^{r} C_{M-1}^{x-1} C_{N-M}^{n-x} = C_{N-1}^{n-1}$。这一性质也会运用到对方差的证明当中。

对于超几何分布的方差的证明如下：

首先：

$$E(X^2) = \sum_{x=1}^{r} x^2 \frac{C_M^x C_{N-M}^{n-x}}{C_N^n} = \sum_{x=1}^{r} x(x-1) \frac{C_M^x C_{N-M}^{n-x}}{C_N^n} + \sum_{x=1}^{r} x \frac{C_M^x C_{N-M}^{n-x}}{C_N^n}$$

$$= \sum_{x=2}^{r} x(x-1) \frac{C_M^x C_{N-M}^{n-x}}{C_N^n} + \sum_{x=1}^{r} x \frac{C_M^x C_{N-M}^{n-x}}{C_N^n}$$

$$= \frac{M(M-1)}{C_N^n} \sum_{x=2}^{r} C_{M-2}^{x-2} C_{N-M}^{n-x} + n \frac{M}{N} = \frac{M(M-1)}{C_N^n} C_{N-2}^{n-2} + n \frac{M}{N}$$

$$= \frac{M(M-1) n(n-1)}{N(N-1)} + n \frac{M}{N}$$

然后：

$$Var(X) = E(X^2) - [E(X)]^2 = \frac{M(M-1) n(n-1)}{N(N-1)} + n \frac{M}{N} - \left(n \frac{M}{N} \right)^2$$

$$= n \frac{M}{N} \left(\frac{N-M}{N} \right) \frac{N-n}{N-1}$$

第四节　常用连续分布——正态分布

连续型分布也有很多类型，包括正态分布、均匀分布、指数分布、伽马分布和贝塔分布等。虽然这些连续分布都有其各自的用途，但是其中最为重要的分布是正态分布。正态分布不仅本身较为常见，而且也是后面介绍抽样分布的基础。因此本节仅介绍正态分布，对其他分布感兴趣的读者同样可以参考其他概率论教材。

一、正态分布

正态分布（也叫做常态分布，normal distribution）是数学家高斯（Gauss）研究误差理论时首先用来刻画误差的一种分布，因此也被叫作高斯分布（Gaussian distribution）。世界上很多事物都大致服从正态分布，无论是身高、体重或者是智商[①]。

如果随机变量的 X 的概率密度函数可以写为

$$P(x) = \frac{1}{\sqrt{2\pi\sigma^2}} e^{\frac{-(x-\mu)^2}{2\sigma^2}}, \quad -\infty < x < +\infty \qquad (6\text{-}65)$$

那么可以称 X 服从正态分布，记作 $X \sim N(\mu, \sigma^2)$。正态分布的概率密度函数图像如图 6.9 所示。可以发现，其图像大概呈现一个对称的"钟形曲线"。其中，取值最高处 $X = \mu$。图形的拐点出现在 $\mu \pm \sigma$ 处。横轴为渐进线，这意味着虽然最后图形贴近 X 轴但是不会完全与 X 轴交叉。

从概率密度分布函数可以看出，两个参数 μ 和 σ 决定了正态分布的图像。其中，μ 决定了正态分布的位置，也称为位置参数。从图 6.10 可以看出，当 μ 取不同数值的时候，图像沿着 X 轴平移。而 σ 决定了图像的离散程度，也称为尺度参数。从图 6.11 可以看出，当 σ 较小的时候，图像的离散程度较小，图像呈瘦高状。而当 σ 较大的时候，图像的离散程度较大，图像呈宽矮状。

[①]　有研究表明智力是服从正态分布的。例如，Richard J. Herrnstein 和 Charles Murray 两位学者 1996 年出版的一本引起较大争议的书 *The Bell Curve: Intelligence and Class Structure in American Life*《钟形曲线：美国社会中的智力与阶层结构》发现智力分布服从正态分布。

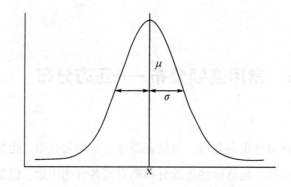

图 6.9　正态分布的概率密度函数

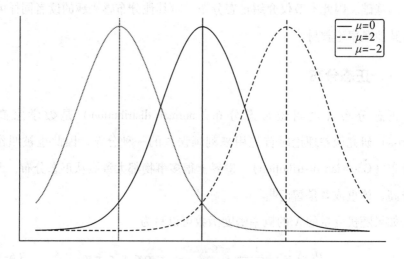

图 6.10　不同 μ 的正态分布的概率密度函数

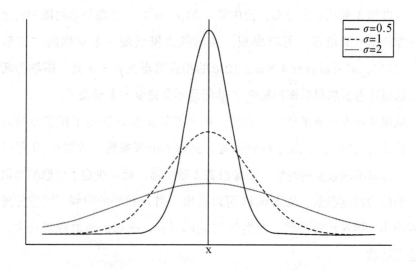

图 6.11　不同 σ 的正态分布的概率密度函数

正态分布的累积分布函数为其概率密度函数的积分。如下：

$$F(x) = \frac{1}{\sqrt{2\pi\sigma^2}} \int_{-\infty}^{x} \mathrm{e}^{\frac{-(t-\mu)^2}{2\sigma^2}} \mathrm{d}t, \quad +\infty < x < +\infty \tag{6-66}$$

而累计分布函数的图像如图 6.12 所示，可以看出其是一个单调递增的
"S"形曲线。这一曲线对二分类别变量回归模型（Probit 回归模型）具有
重要意义。

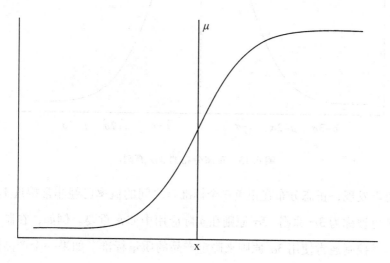

图 6.12　正态分布的累计分布函数

可以证明，正态分布的期望和方差分别为 μ 和 σ^2，即

$$E(X) = \int_{-\infty}^{+\infty} x \frac{1}{\sqrt{2\pi\sigma^2}} \mathrm{e}^{\frac{-(x-\mu)^2}{2\sigma^2}} \mathrm{d}x = \mu \tag{6-67}$$

$$Var(X) = E(X^2) - [E(X)]^2 = \sigma^2 \tag{6-68}$$

根据概率密度函数的性质，如果要计算正态分布在任意区间
$[x_1, x_2]$ 的概率，可以通过如下积分计算：

$$P(x_1 \leqslant X \leqslant x_2) = \int_{x_1}^{x_2} x \frac{1}{\sqrt{2\pi\sigma^2}} \mathrm{e}^{\frac{-(x-\mu)^2}{2\sigma^2}} \mathrm{d}x \tag{6-69}$$

很显然，此积分难以直接计算。因此，为了计算简便，通常将正态分布
变为标准正态分布，然后查表即可（下一部分将会详细介绍）。此外，对于
几个常见区间的概率取值，可以直接提前知晓（如图 6.13）。例如，正态分
布在均值加减三个标准差之间的概率分别为

$$P(\mu - \sigma \leqslant X \leqslant \mu + \sigma) = 0.682\ 7$$

$$P(X\mu - 2\sigma \leqslant X \leqslant \mu + 2\sigma) = 0.954\ 5$$

$$P(\mu - 3\sigma \leqslant X \leqslant \mu + 3\sigma) = 0.997\ 3$$

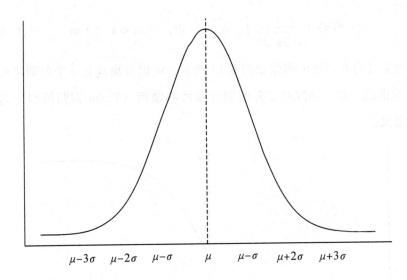

图 6.13　正态分布的 3σ 原则

可以发现，正态分布在正负三个标准差之间的概率已经非常接近 1。这个原则也被称为 3σ 原则。3σ 原则在实际应用中非常重要。例如，在制造业中，质量控制通常使用 3σ 原则来确定产品的质量标准。如果一个产品的某个测量值落在 $\mu \pm 3\sigma$ 之外，就被认为是异常的，需要进一步检验或处理。在法律领域，3σ 原则也可以运用于评估证据的可靠性、检测裁判结果的偏见程度、评估新法律或政策的影响以及支持量刑决策等，从而确保司法系统的公平性和有效性。

首先证明 $E(X)$，令 $t = \dfrac{x - \mu}{\sigma}$，那么 $x = t\sigma + \mu$，$\mathrm{d}x = \sigma\mathrm{d}t$，因此

$$E(X) = \frac{\sigma}{\sqrt{2\pi\sigma^2}} \int_{-\infty}^{+\infty} (t\sigma + \mu)\, \mathrm{e}^{\left(-\frac{t^2}{2}\right)}\, \mathrm{d}t$$

$$= \frac{\sigma}{\sqrt{2\pi\sigma^2}} \int_{-\infty}^{+\infty} t\sigma \mathrm{e}^{\left(-\frac{t^2}{2}\right)}\, \mathrm{d}t + \frac{\sigma\mu}{\sqrt{2\pi\sigma^2}} \int_{-\infty}^{+\infty} \mathrm{e}^{\left(-\frac{t^2}{2}\right)}\, \mathrm{d}t$$

其中第一个积分项为奇函数的积分，因此等于 0。第二项可以根据高斯积分的性质，即 $\int_{-\infty}^{+\infty} \mathrm{e}^{-x^2}\mathrm{d}x = \sqrt{\pi}$，得

$$E(X) = \frac{\sigma\mu}{\sqrt{2\pi\sigma^2}} \sqrt{2\pi} = \mu$$

利用类似的换元法，可以证明

$$E(X^2) = \frac{1}{\sqrt{2\pi\sigma^2}} \int_{-\infty}^{+\infty} x^2\, \mathrm{e}^{\frac{(x-\mu)^2}{2\sigma^2}}\mathrm{d}x$$

$$= \frac{\sigma}{\sqrt{2\pi\,\sigma^2}} \int_{-\infty}^{+\infty} (t\sigma + \mu)^2\, e^{-\frac{t^2}{2}} dx$$

$$= \frac{\sigma}{\sqrt{2\pi\,\sigma^2}} \int_{-\infty}^{+\infty} (\mu^2 + t^2\sigma^2 + 2t\sigma\mu)\, e^{-\frac{t^2}{2}} dx$$

$$= \frac{\sigma}{\sqrt{2\pi\,\sigma^2}} \int_{-\infty}^{+\infty} \mu^2\, e^{-\frac{t^2}{2}} dt + \frac{\sigma}{\sqrt{2\pi\,\sigma^2}} \int_{-\infty}^{+\infty} t^2\sigma^2\, e^{-\frac{t^2}{2}} dx$$

$$+ \frac{\sigma}{\sqrt{2\pi\,\sigma^2}} \int_{-\infty}^{+\infty} 2t\sigma\mu\, e^{-\frac{t^2}{2}} dt$$

上述第三个积分项同样由于奇函数的性质，其积分为 0。而根据高斯积分，前两个积分项可以进一步化简为

$$\frac{\sigma}{\sqrt{2\pi\,\sigma^2}} \int_{-\infty}^{+\infty} \mu^2\, e^{-\frac{t^2}{2}} dt = \frac{\sigma\mu^2}{\sqrt{2\pi\,\sigma^2}} \sqrt{2\pi} = \mu^2$$

$$\frac{\sigma}{\sqrt{2\pi\,\sigma^2}} \int_{-\infty}^{+\infty} t^2\sigma^2\, e^{-\frac{t^2}{2}} dx = \frac{\sigma\sigma^2}{\sqrt{2\pi\,\sigma^2}} \int_{-\infty}^{+\infty} t^2\, e^{-\frac{t^2}{2}} dt = \frac{\sigma\sigma^2}{\sqrt{2\pi\,\sigma^2}} \sqrt{2\pi} = \sigma^2$$

因此

$$Var(X) = E(X^2) - [E(X)]^2 = \mu^2 + \sigma^2 - \mu^2 = \sigma^2$$

二、标准正态分布与正态分布的标准化

1. 标准正态分布

标准正态分布是指当 $\mu = 0$ 且 $\sigma = 1$ 时的正态分布（也称 z 分布），即 $X \sim N(0, 1)$ ，其概率密度函数为

$$\varphi(x) = \frac{1}{\sqrt{2\pi}} e^{\frac{-x^2}{2}}, \quad -\infty < x < +\infty \tag{6-70}$$

为了区分，通常将标准正态分布的概率密度函数记为 $\varphi(x)$ 。而标准正态分布的累计概率密度分布则记为 $\varPhi(z)$ ，则定义如下：

$$\varPhi(z) = \int_{-\infty}^{x} \frac{1}{\sqrt{2\pi}} e^{\frac{-x^2}{2}} dx, \quad -\infty < x < +\infty \tag{6-71}$$

为了方便计算，本书在附表 1 中给出不同 z 的取值下 $\varPhi(z)$ 的值，以及在不同的 $[1 - \varPhi(z)]$ 情况下 z 的值。$[1 - \varPhi(z)]$ 通常也可以简称为 p 值。因此，这两个表格可以满足不同情况下 z 与 $\varPhi(z)$ 互换的情况。

首先介绍附表 1 的运用，即根据 z 的取值求 $\varPhi(z)$ 。

【例 6.14】当 $z = 1.96$，求 $\varPhi(z)$ 。

根据附表 1，可以直接查询 $z = 1.96$ 的时候，$\Phi(z) = 0.975\,0$

【例 6.15】当 $z = -1.96$，求 $\Phi(z)$ 。

附表 1 仅给出了 z 从 0 到 3.99 对应的 $\Phi(z)$ 。而当 z 为负数时，可以利用正态分布的对称性和正则公理（即概率总和为 1 的性质），可以得到：

$$\Phi(-z) = 1 - \Phi(z)$$

因此，$\Phi(-1.96) = 1 - \Phi(1.96) = 1 - 0.975 = 0.025$

【例 6.16】$\Phi(-1.96 \leq z \leq 1.96)$ ，此时，

$\Phi(-1.96 \leq z \leq 1.96) = \Phi(1.96) - \Phi(-1.96) = 0.975 - 0.025 = 0.95$

换 言 之 $\Phi(z < -1.96 \text{ 或 } z > 1.96) = [1 - \Phi(-1.96)] + [1 - \Phi(1.96)] = 0.05$

现在介绍附表 2 的运用，即根据 $1 - \Phi(z)$（或 p 值）的取值求出 z。

【例 6.17】当 $\Phi(z) = 0.975$ 或 $p = 0.025$ 时，求对应的 z。

此时，$1 - \Phi(z) = 0.025$，可以直接查附表 2，即可求出 $z = 1.96$

【例 6.18】$\Phi(z) = 0.025$ 或 $p = 0.975$ 时，求对应的 z。

附表 2 仅给出了 p 值在 0 到 0.499 的情况。那么对于 $p > 0.499$ 的情况，则需要查找 $1 - p$ 对应的 z，并且加上负号。因此此时需要查找 0.025 对应的 z，为 1.96。那么 $p = 0.975$ 时对应的 $z = -1.96$。

2. 正态分布的标准化

对标准正态分布的而言，结合附表 1 和附表 2，可以满足任意情况下 z 与 $\Phi(z)$ 的互换。然而，针对非标准正态分布的情况，则需要将这个分布转换为标准正态分布，再使用附表 1 和附表 2 即可。这一过程被称为 z 分数化或者标准化（standardization）。标准化的过程是将原来的正态分布的每一个取值均减去其均值 μ 再除以其标准差 σ，即生成一个新的随机变量，其等于：

$$z = \frac{X - \mu}{\sigma} \tag{6-72}$$

为何这样做就可以将一个任意正态分布变为标准正态分布呢？假设原先的随机变量 $X \sim N(\mu, \sigma^2)$ 。根据期望和方差的性质，随机变量加上一个常数，会让期望也加上这个常数，对方差没有影响，因此：

$$X - \mu \sim N(\mu - \mu, \sigma^2) = N(0, \sigma^2)$$

上述过程其实就是我们第五章提到的变量中心化的过程。再次根据期望

和方差的性质，当随机变量都乘以一个常数，期望也乘以该常数，方差则乘以该常数的平方。那么

$$\frac{X-\mu}{\sigma} \sim N\left(0 \times \frac{1}{\sigma},\ \sigma^2 \frac{1}{\sigma^2}\right) = N(0,\ 1)$$

根据上述公式可以发现，中心化后的正态分布变为标准正态分布。利用公式（6-72），可以计算任何正态分布特定区间的概率，也能根据概率反推出特定的取值范围。

【例6.19】假设成年男性人群服从 $N(170,\ 10^2)$ 的正态分布。侦查人员根据现场手印推测出犯罪嫌疑人身高在 180~185 cm。请问，满足条件的犯罪嫌疑人在男性人群中占比多少？

为了解决这个问题，首先需要知道将这个正态分布转换为标准正态分布，然后求出 180 和 185 对应的 z 值，然后可以根据附表 1 求出 $\Phi(z)$，最终便可计算概率。具体而言：

$$\Phi\left(\frac{185-170}{10}\right) - \Phi\left(\frac{180-170}{10}\right) = \Phi(1.5) - \Phi(1) = 0.9332 - 0.8413 = 0.0919$$

因此，满足条件的犯罪嫌疑人在男性人群中占比大约为 9.19%。

【例6.20】假设某个路段车辆行驶速度服从 $N(60,\ 5^2)$ 的正态分布（单位：km/h）。那么要超过 90% 的车辆，车速至少需要多少？

根据题设条件：

$$p = 1 - \Phi(z) = 1 - 0.9 = 0.1$$

查找附表 2，可以发现此时对应的 $z = 1.28$，因此

$$z = \frac{X-\mu}{\sigma} = 1.28$$

那么 X 等于

$$X = \mu + z\sigma = 60 + 1.28 \times 5 = 66.4$$

因此，在该路段只要车速大于 66.4 km/h 即可超过 90% 的车辆。

3. 标准正态分布与标准化的意义

根据标准化的推导过程，我们知道标准化相较于中心化增加了一个步骤，即每个取值都除以其标准差。这一过程可以视为将随机变量的单位均一化的过程，从而使得多个正态分布的取值可以相互比较。

例如，法治评估是很多地方政府常常面临的一项任务。假设地区 A 在 2019 年的法治评估得分是 90 分，而在 2020 年的得分也是 90 分。那么，地

区 A 的法治水平是否一定没有变化呢？如果这两年的评分标准完全相同，评估者也完全一致，那么或许可以勉强接受这一结论。然而，这种前提很难满足。一个替代的方案是将两年的得分进行标准化，并转化为 z 分数，这样我们就可以观察是否真的发生了变化。

进一步假设，2019 年各个参评地区的得分满足 $N(90, 5^2)$。那么地区 A 在 2019 年的 z 分数为 0。进一步假设 2020 年各个参评地区的得分满足 $N(85, 5^2)$，那么地区 A 在 2019 年的 z 分数为 1。很显然，地区 A 的法治指数得分反而增加了。

那么，如何解释 z 分数的意义呢？只需要将式（6-72）适当变形即可得到

$$X = \mu + z\sigma$$

如果 $z = 0$，那么 $X = \mu$，即随机变量的取值等于均值。如果 $z = 1$，那么 $X = \mu + \sigma$，即随机变量的取值等于均值加上一个标准差。因此，可以进一步解释为：地区 A 在 2019 年的得分处于平均水平，而在 2020 年的得分则超过平均水平一个标准差。推而广之，z 分数实际上反映的是随机变量的取值超过均值 z 个标准差。因此，z 分数也被称为标准分数（standard score）。

本章小结

第一节主要内容

几个相关概念：随机现象、随机试验与随机变量

概率的计算：（1）定义：随机事件发生可能性。（2）概率的三公理。（3）计算方法：古典概率、几何方法和主观方法。

概率运算：（1）加法公式 $P(A \cup B) = P(A) + P(B) - P(AB)$；（2）乘法公式 $P(AB) = P(A) P(B \mid A) = P(B) P(A \mid B)$；（3）条件概率与贝叶斯公式 $P(A \mid B) = \dfrac{P(B \mid A) P(A)}{P(B)}$。

第二节主要内容

离散型随机变量：（1）概率质量函数：$P(X = x_i) = p_i$。（2）累积分布

函数：$F(x) = \sum_{x_i \le x} P(X = x_i)$ 。

连续型随机变量：（1）概率密度函数：$f(x) = \lim_{\Delta \to 0} \dfrac{P(x \le X \le x + \Delta)}{\Delta}$ 。

（2）累积分布函数：$F(x) = \int_{-\infty}^{x} f(t) \, \mathrm{d}t$ 。

数学期望：（1）计算方法：对离散型随机变量而言，$E(X) = \sum_{i=1}^{k} x_i p_i$；对连续型随机变量而言，$E(x) = \int_{-\infty}^{+\infty} xf(t) \, \mathrm{d}t$ 。（2）期望的性质。

方差：（1）对离散型随机变量而言，$Var(X) = \sum_{i=1}^{k} [x_i - E(X)]^2 p_i$；对连续型随机变量而言，$Var(X) = \int_{-\infty}^{+\infty} [x - E(X)]^2 f(x) \, \mathrm{d}x$；（2）方差的性质。

矩、偏态与峰态：（1）n 阶中心距：$\mu_n = E(X - E(X))^n$，一阶＝离差；二阶＝方差；三阶＝偏态；四阶＝峰态。（2）偏态：$\text{Skew} = E = \dfrac{v_3}{\sigma^3}$。（3）峰态：$\text{Kurt} = \dfrac{v_4}{\sigma^4} - 3$。

第三节主要内容

两点分布：（1）定义：$P(X) = p^x (1 - p)^{1-x}$，$x = 0,1$。（2）期望与方差：$E(X) = p$，$Var(X) = p(1 - p) = pq$。（3）抽样理解：虚拟变量，抽一个样本的结果。

二项分布：（1）定义：$P(X = x) = C_n^x p^x (1 - p)^{n-x}$，$x = 0, 1, 2, \cdots, n$。（2）期望与方差：$E(X) = np$，$Var(X) = np(1 - p) = npq$。（3）抽样理解：虚拟变量，抽 n 个样本的结果，大样本或又放回的抽样。

超几何分布：（1）定义：$P(X = x) = \dfrac{C_M^x C_{N-M}^{n-x}}{C_N^n}$，$x = 0, 1, 2, \cdots, r$。

（2）期望与方差：$E(X) = np$，$Var(X) = np(1 - p) = npq \dfrac{N - n}{N - 1}$。（3）抽样理解：虚拟变量，抽 n 个样本的结果，小样本不放回。

第四节主要内容

正态分布：（1）概率密度函数；（2）期望和方差分别为 μ 和 σ^2；

（3）3σ原则。

标准正态分布：（1）期望和方差分别为 0，1。（2）标准化公式：$z = \dfrac{X - \mu}{\sigma}$。（3）标准化的意义：距离均值的标准差数量。

思考题

1. 某律师事务所有 40 名律师，其中 3 名为刑辩律师，其余为其他领域的律师。现需要从中选取 5 名律师组成一个工作组，前往另一地区进行法治宣传活动。请回答：

（1）5 名律师都是其他领域律师的概率是多少？

（2）5 名律师中有 2 名刑辩律师的概率是多少？

2. 某市法院所辖甲、乙、丙三个辖区，三个辖区的案件数量分别占全市总案件数的 $\dfrac{1}{4}$、$\dfrac{1}{3}$、$\dfrac{5}{12}$。在甲、乙、丙三个辖区中，当天审结的案件数量占该辖区案件总数的比例分别为 $\dfrac{1}{2}$、$\dfrac{1}{4}$、$\dfrac{1}{5}$。求：

（1）随机选取一个案件，该案件当天被审结的概率是多少？

（2）已知该案件当天被审结，问该案件来自乙辖区的概率是多少？

3. 某人在一起诉讼案件中支付了 200 元的诉讼费，他获得不同金额赔偿的概率如下：获得 10 000 元赔偿的概率是 0.1%，获得 1 000 元赔偿的概率是 1%，获得 100 元赔偿的概率是 20%。已知各种赔偿不能同时获取，求：

（1）此人获得不同赔偿金额的概率分布；

（2）此人获得赔偿金额的期望值；

（3）此人获得赔偿金额的标准差。

4. 某法学院学生在两次法理学考试中的成绩分别为 78 分和 82 分。第一次考试中，所有学生的平均成绩为 75 分，标准差为 5 分；第二次考试中，所有学生的平均成绩为 80 分，标准差为 6 分。请回答：该学生在哪次考试中的相对表现更出色？

第七章　大数定律、中心极限定理与抽样分布

在上一章中，我们对概率、随机事件与随机变量的知识进行了系统性介绍。本章将会介绍大数定律、中心极限定理与抽样分布，这些知识直接构成推论性统计的基础。尤其是中心极限定律，其不仅保证了样本统计量可以估计出总体参数，而且明确了这些统计量的集合分布形态。

第一节　大数定律

一般而言，表明在大量观察或者实验中随机现象的稳定性的一系列定律被称为大数定律。这些定律告诉我们，虽然单次试验或者观察的结果并不稳定，但是在大量的试验或者观察后会出现某种规律。

伯努利大数定律（Bernoulli law of large numbers）表示如下：假设 m 是在 n 次独立观察中事件 A 出现的次数。而 p 是事件 A 在每次观察中出现的概率，对于任意正数 ε ，有

$$\lim_{n \to \infty} \left(\left| \frac{m}{n} - p \right| < \varepsilon \right) = 1 \tag{7-1}$$

这说明，随着 n 的增大，事件 A 发生的频率 m/n 与其概率 p 的差值 $|m/n - p|$ 小于任何预先给定精度 ε 的可能性为 1。换言之，当 n 越来越大，随机事件 A 出现的频率收敛于其出现的概率。

如果将上述定律应用于抽样，假设事件 A 在总体中出现的频率为 p ，那么在这个总体中随机抽出一个样本量为 n 的样本，当 n 逐渐增加，那么 m/n 将会逐渐趋近于 p 。这个性质已经在【例 6.2】中得到了较为直接的说明。因此，伯努利大数定律为样本频率估计总体频率奠定了基础。

伯努利大数定律可以进一步理解为一系列独立同分布的随机变量序列样本均值与期望的均值之间的关系，而且这个随机变量服从两点分布（伯努利分布），即

$$\frac{m}{n} = \frac{1}{n}\sum_{i=1}^{n} X_i; \ p = E\left(\frac{1}{n}\sum_{i=1}^{n} X_i\right) = \frac{1}{n}\sum_{i=1}^{n} E(X_i)$$

那么，伯努利大数定律的结论可以推广为

$$\lim_{n\to\infty}\left(\left|\frac{1}{n}\sum_{i=1}^{n} X_i - \frac{1}{n}\sum_{i=1}^{n} E(X_i)\right| < \varepsilon\right) = 1 \qquad (7-2)$$

这表明，样本均值会趋于趋势总体均值，其为大数定律的一般表达式。但是，独立同分布这个条件一定需要满足吗？事实上，下面一系列大数定律表明，在诸多条件下大数定律的结论依然成立。

切比雪夫大数定律（Chebyshev's law of large numbers）是大数定律的另一种形式，它利用了切比雪夫不等式来说明样本均值与总体均值之间的关系。该定律放宽了独立同分布的要求，只要求随机变量具有相同的期望值和有限的方差。马尔科夫大数定律（Markov's law of large numbers）是另一种大数定律形式，该定律放宽了完全独立性的要求，只要满足一定的依赖条件（例如，序列具有有限的方差和某种形式的依赖结构），结论依然成立。辛钦大数定律（Khinchin's law of large numbers）是一种更广泛适用的大数定律，适用于任何具有相同分布且有限期望值的随机变量序列，不要求它们是独立的。

综上，大数定律为推论性统计打下了坚实的基础，它们确保了在随机抽样的情况下样本均值能够有效地估计总体均值。

第二节　中心极限定律

中心极限定理（central limit theorem）探讨的是在大量观察下，随机变量的特征值在分布上所展现的稳定性。同样，中心极限定理也有多个版本，每个版本都适用于不同的条件。中心极限定律可以表述为：不管独立同分布的随机变量 X_1，X_2，$\cdots$，X_n 的分布如何，只要存在 $E(X_i) = \mu$，$Var(X_i) = \sigma^2$，那么对任意实数 y，如下等式成立：

$$\lim_{n \to \infty} P\left(\frac{\sum_{i=1}^{n} X_i - n\mu}{\sqrt{n}\,\sigma} \leqslant y\right) = \Phi(y) = \frac{1}{\sqrt{2\pi}} \int_{-\infty}^{y} e^{-\frac{t^2}{2}} dt \qquad (7\text{-}3)$$

换言之，公式（7-3）表明，当 n 足够大的时候，随机变量

$\dfrac{\sum_{i=1}^{n} X_i - n\mu}{\sqrt{n}\,\sigma}$ 服从标准正态分布，即

$$\frac{\sum_{i=1}^{n} X_i - n\mu}{\sqrt{n}\,\sigma} \sim N(0,\ 1) \qquad (7\text{-}4)$$

利用期望和方差的性质，对上式进行适当的变型，即可得到

$$\bar{X} = \frac{\sum_{i=1}^{n} X_i}{n} \sim N\left(\mu,\ \frac{\sigma^2}{n}\right) \qquad (7\text{-}5)$$

换言之，中心极限定律可以表明，研究现象的总体分布是未知的，但只要样本容量足够大，样本均值的分布将都是已知的，即服从正态分布，且该正态分布的均值等于总体均值 μ，方差等于总体方差 σ^2 除以 n。这一性质具有极其重要的意义。下面将通过一个示例[①]，逐步拆解并理解该定理。

【例 7.1】某研究者希望研究故意伤害罪刑期的分布，因此从裁判文书网获取了 280 786 份故意伤害罪一审判决书[②]。所有这些判决书都不包含共同犯罪情况，故可以视为涉及 280 786 名被告人。这 280 786 名被告人的自由刑长度可以视为该研究的总体。而针对这 280 786 名被告人自由刑长度的分布可以称为总体分布（population distribution），假设其均值为 μ，方差为 σ^2。图 7.1 最上方绘制了总体分布的图像，可以看出，这一分布并不是正态分布，而是一个明显的正偏态分布。不过，中心极限定理中"总体分布未知"的条件保证了即使总体分布未知，中心极限定理依然成立。因此，并不需要格外关心总体分布的具体形态。

---

① 在网络上有很多针对中心极限定律的模拟实验，这些都可以帮助读者更加直观地了解这一定律，感兴趣的读者可以访问 https：//onlinestatbook. com/stat_ sim/sampling_ dist/index. html.

② 这是一项真实的研究，感兴趣的读者可以参见 XIA Y. Trade-off Between "Big Data" and "Small Data"：a Simulation Study on The Application of Random Sampling in Chinese Empirical Legal Studies ［J］. Hong Kong Law Journal, 2023（53）：1215-1240.

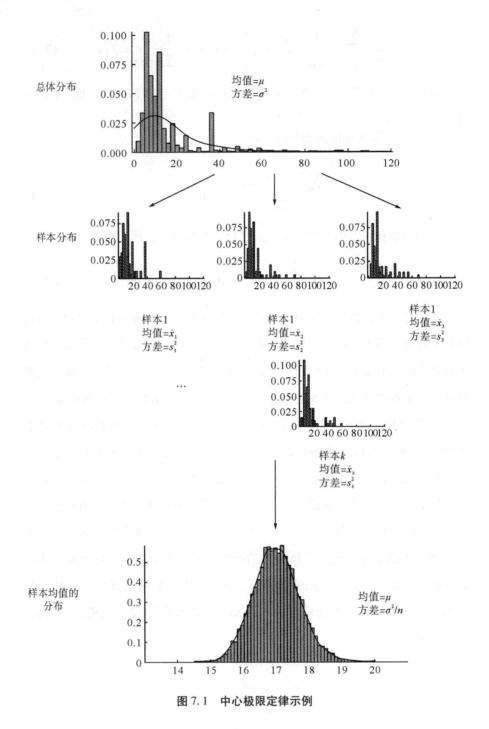

图 7.1 中心极限定律示例

现在，假设研究者从这个总体中随机抽取一个样本量为 1 000 的样本，并将这一过程执行 k 次，如图 7.1"样本分布"所示。每一次抽样都可能产生一个全新样本，每个样本都有其各自的均值 $\bar{x}$ 和方差 s^2。而针对每个样本的分布，则称为样本分布（sample distribution）。可以发现，每个样本的分布依然不是正态分布。而且，也很难说某个样本的均值 $\bar{x}$ 和方差 s^2 与总体

的均值 μ 和方差 σ^2 之间有什么直接的关系，因为每一次抽样都具有随机性。

那么，现在将每个样本分布的均值全部提取，可以得到 $\bar{x}_1$，$\bar{x}_2$，$\cdots$，$\bar{x}_k$ 的 k 个均值。绘制这些均值的分布图像，即可得到图 7.1 中最下方"样本均值的分布"。需要额外提醒的是，"样本均值的分布"并不是单个样本的分布，而是由无穷多个样本的均值汇聚而成的一个理论分布。

考虑到样本量已经高达 1 000，因此满足中心极限定律描述的"样本容量足够大"的条件。那么根据中心极限定理，"样本均值的分布"必然是正态分布，而且其"均值等于总体均值 μ，方差等于总体方差 σ^2 除以 n"。因此，中心极限定律表明，即使单个样本的均值与总体均值之间没有直接的联系，但是大量的样本均值与总体的参数具有明确的联系，因此，样本均值的抽样分布可以在总体分布和样本分布之间起到某种链接的桥梁。

针对中心极限定律有几个注意事项：

首先，满足中心极限定理的条件有两个：一是随机抽样，二是样本量足够大。对于随机抽样，只要满足第一章第二节介绍的"总体的每个个体都有相等的概率被抽中"这一条件，就可以视为随机抽样。关键在于第二个条件，即样本量究竟多大才能被视为"足够大"呢？如果样本量不够大，样本均值的分布又会呈现怎样的状态呢？

为了理解这一点，我们可以进行一个计算机模拟实验。这项实验从前面裁判文书研究的总体中随机抽取了样本量分别为 2、5、30、100 的样本。对于不同样本量的样本，我们从总体中执行 100 000 次抽样，然后计算每个样本的均值，并绘制出各自样本均值的分布，结果如图 7.2 所示。从图 7.2 中可以看出，当样本量比较小的时候，样本均值的分布并不服从正态分布，而是比较近似于总体的偏态分布。随着样本量的逐渐增大，可以发现样本均值的分布逐渐接近正态分布。特别是当样本量接近 30 的时候，样本均值的分布和正态分布之间的差别已经不大。因此，在本书后面的介绍中，我们将以 30 为分界线①：当样本量大于 30 时，完全可以使用正态分布来描述样本均值的分布；而当样本量小于 30 时，则需要使用其他的分布。

---

① 请注意，30 仅仅是一个人为的分界线。事实上，从图像也可以看出，样本量为 30 的时候，虽然已经接近正态分布，但并不完全符合。

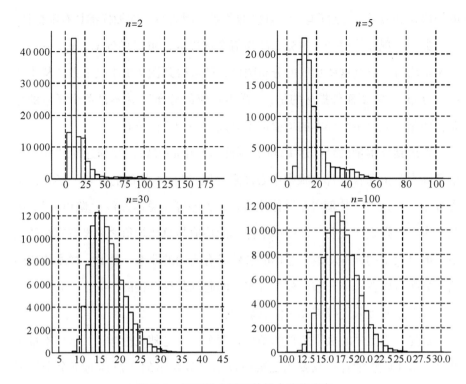

图 7.2　不同样本量下的样本均值分布

其次，本书介绍的中心极限定律仅描述了样本均值的分布情况，并未进一步说明样本的其他统计量，例如中位数、众数、极差、方差、标准差等指标服从 $N\left(\mu, \dfrac{\sigma^2}{n}\right)$ 的正态分布。因此，在使用的时候需要严格明确适用的条件。

第三节　抽样分布

一、总体分布、样本分布和抽样分布

根据上一节的介绍，我们可以发现中心极限定理准确地描述了样本均值分布的形态。为了方便起见，本书以后都将样本均值的分布称为抽样分布（sampling distribution），因为它是基于大量重复抽样产生的结果。当然，也可以存在其他统计量的抽样分布，例如样本方差的抽样分布、样本标准差的抽样分布等。但是考虑到中心极限定理主要描述的是样本均值的抽样分布，因此在没有特别说明的情况下，本书中"抽样分布"一词主要指的是样本均值的抽样分布。

至此，我们已经对总体分布、样本分布和抽样分布进行了完整的介绍。为了进一步规范后续的推论性统计术语，我们可以做如下约定（见表 7.1）：总体的指标称为参数（parameters），总体的均值 μ 和标准差 σ 就是总体的两个重要参数。每个样本的指标则称为统计量（statistics），样本的均值 $\bar{x}$ 和标准差 s 就是样本的两个重要统计量。最后，根据中心极限定律，抽样分布的均值等于总体均值 μ，而抽样分布的标准差，我们将给予其一个新的符号 $\sigma_{\bar{X}}$，其等于 $\sigma/\sqrt{n}$。抽样分布的标准差的另一个名字是标准误（standard error）[①]，其衡量的是样本均值与总体均值的平均距离，也即抽样误差（sampling error）的平均大小。

表 7.1 总体分布、样本分布和抽样分布的符号表示

分类	均值	标准差
总体分布	μ	σ
样本分布	$\bar{x}$	s
抽样分布	μ	$\sigma_{\bar{X}}$

再次回顾抽样分布的含义，抽样分布其实是无数多个样本均值构成的理论分布。因此，抽样分布不仅描述了样本均值可能结果的一个集合，而且还能为样本均值落在某一特定区间提供精确的概率。假设某个总体的均值和标准差分别为 $\mu = 100$，$\sigma = 10$。那么从这个总体中进行随机抽样，且样本量 $n = 100$。根据中心极限定律，抽样分布一定服从 $N(100, 1)$。因此，在执行任何抽样之前，我们可以根据正态分布的 3σ 原则直接得到，样本均值有 68.27% 的可能性在 [99，101]，95.45% 的可能性在 [98，102]，99.73% 的可能性在 [97，103]。

不仅如此，根据中心极限定律，标准误的计算公式 $\sigma/\sqrt{n}$ 也为研究所需的必要样本量提供了一个潜在的信息。图 7.2 展示了【例 7.1】中标准误随样本量变化的折线图。可以观察到，随着样本量的增加，标准误逐渐减

---

① 标准差与标准误是两个极其容易混淆的概念。虽然从本质上讲两者都是标准差，但是两者所对应的分布存在差异。当提及标准差的时候，通常对应的是总体分布和样本分布；而提及标准误，通常指的是抽样分布。

小，即抽样误差也随之降低。很显然，标准误的减少呈现出明显的"边际效应递减趋势"。例如，在样本量已经较高的情况下（如 $n = 500$），进一步增加样本量并不会导致标准误有显著变化。因此，研究者在确定合适样本量时，虽然样本量的增大总是伴随着抽样误差的减少，但显然没有必要盲目增加样本量。例如，当样本量已经高达 1 000 时，即使将样本量翻倍至 2 000，也只能导致抽样误差的轻微减少。这一性质对现代的法学实证研究具有重要的参考意义。在"大数据"思维的影响下，部分研究者盲目地增加样本量，动辄数十万甚至数百万，但中心极限定理告诉我们，很多时候，足够规模的样本所做出的统计推论已经足够可靠①。

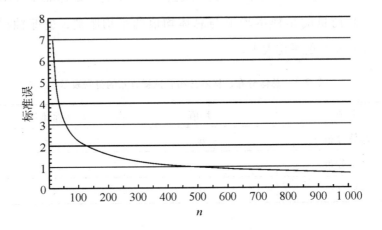

图 7.2 不同样本量下的标准误

二、大样本均值与频率的抽样分布

根据前面关于抽样分布的介绍，现在可以明确，在大样本（$n > 30$）情况下，样本均值的抽样分布如下：

$$\bar{X} \sim N\left(\mu,\ \frac{\sigma^2}{n}\right) \tag{7-6}$$

或者将上述正态分布标准化，即可得到

$$\frac{\bar{X} - \mu}{\sigma / \sqrt{n}} \sim N(0,\ 1) \tag{7-7}$$

虽然中心极限定律明确了抽样分布的形态，但是其中两个重要参数，即

---

① XIA Y. Trade-off Between "Big Data" and "Small Data": a Simulation Study on The Application of Random Sampling in Chinese Empirical Legal Studies [J]. Hong Kong Law Journal, 2023 (53): 1215-1240.

总体均值 μ 和标准差 σ，通常是未知的。更准确地说，在我们后面即将介绍的推论性统计部分，其目的就是要通过样本的统计量来估计总体的参数。因此，在总体均值和方差未知的情况下，为了评估样本均值的分布形态，可以使用样本方差 s^2 代替总体方差 σ^2。因此，在这种情况下，样本均值的抽样分布可以写为

$$\frac{\bar{X} - \mu}{s / \sqrt{n}} \sim N(0, 1) \qquad (7\text{-}8)$$

为什么可以使用样本的方差来代替总体方差？在下一章参数估计中我们会介绍，样本方差是总体方差的无偏、有效和一致的估计量。因此，在样本量比较大的情况下，完全可以使用样本方差代替总体方差。

上述公式也可以用于描述样本的频率。在讨论两点分布的章节中，我们提及对于类别变量，可以使用虚拟变量的方法，将类别变量转化为一系列 0/1 变量。以性别这一类别变量为例，可以生成一个变量 X（1＝男性，0＝女性）。那么，对这个新的变量取均值，其实就可以得到男性的频率，或者男性的占比。因此，利用虚拟变量技术，我们可以将样本频率问题转换为一个均值问题。假设在研究的总体中男性占比为 π（即总体均值），在样本中男性占比为 p（即样本均值），那么根据中心极限定律

$$\frac{p - \pi}{\sqrt{\dfrac{\pi(1 - \pi)}{n}}} \sim N(0, 1) \qquad (7\text{-}9)$$

在已知 π 的情况下，我们并不需要知道总体的方差，因为根据两点分布的性质，可以直接得到方差为 $\pi(1 - \pi)$。遗憾的是，我们同样也不知道 π。然而，根据伯努利大数定律，当样本量比较大的时候，样本频率会趋于总体频率。因此，抽样分布可以变为

$$\frac{p - \pi}{\sqrt{\dfrac{p(1 - p)}{n}}} \sim N(0, 1) \qquad (7\text{-}10)$$

考虑到伯努利大数定律仅仅适用于样本量较大的情况，对于小样本情况，则无法满足上述公式。针对这一点，图 7.2 已经给出了很好的说明。

三、三大抽样分布

前面的章节已经明确，大样本下均值与频率的抽样分布都是基于标准正

态分布。以标准正态分布为基础，可以构造出三个著名的抽样分布。这三个抽样分布适用于讨论除大样本下样本均值之外的其他场景，因此也被称为统计学中的"三大抽样分布"。下面分别进行介绍：

1. χ^2 分布（卡方分布）–样本方差的抽样分布

假设 X_1，X_2，$\cdots$，X_n 相互独立且都来自标准正态分布 $N(0, 1)$ 。那么 $\chi^2 = X_1^2 + X_2^2 + \cdots + X_n^2$ 的分布被称为自由度为 n 的 χ^2 分布（卡方分布）[1]，记作 $\chi^2 \sim \chi^2(n)$ 。卡方分布的概率密度函数为

$$P(y) = \frac{(1/2)^{\frac{n}{2}}}{\Gamma(n/2)} y^{\frac{n}{2}-1} e^{-\frac{y}{2}}, \quad y > 0 \qquad (7-11)$$

上述公式中，$\Gamma(n/2)$ 为以 $n/2$ 为参数的伽马分布。而且可以证明，$E(\chi^2) = n$，$Var(\chi^2) = 2n$ 。图 7.4 展示了不同自由度下卡方分布的概率密度函数图像。可以发现，随着 n 的增加，卡方分布从一个高度右偏的分布逐渐变为对称的钟形分布。根据中心极限定律可以得知，大样本均值的分布趋近于正态分布，因此也可以知道当 n 越来越大的时候，卡方分布趋于正态分布。

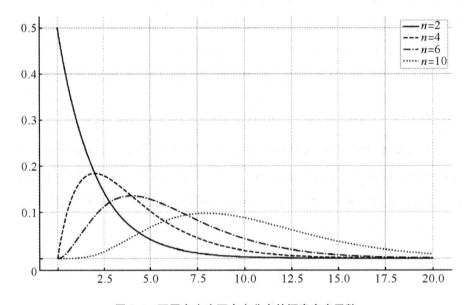

图 7.4　不同自由度下卡方分布的概率密度函数

从卡方分布的构造可以发现，卡方分布其实是一系列随机变量的平方和。善于联想的读者可能会发现，这种构造其实与方差的构造非常接近。这

---

① 请注意，此处 χ^2 并不是 X^2，χ 是希腊字母 Chi，读作 kai。

其实也是卡方分布的一个非常重要的运用[①]。可以证明[②]，如果总体服从正态分布 $N(\mu, \sigma^2)$ ，那么样本方差的抽样分布满足：

$$\frac{(n-1)s^2}{\sigma^2} \sim \chi^2(n-1) \tag{7-12}$$

根据前面介绍的卡方分布的期望和方差可以得到

$$E\left(\frac{(n-1)s^2}{\sigma^2}\right) = n-1 \tag{7-13}$$

$$Var\left(\frac{(n-1)s^2}{\sigma^2}\right) = 2(n-1) \tag{7-14}$$

因此，根据期望和方程的性质可以求得，样本方差的抽样分布的期望和方差分别为

$$E(s^2) = \sigma^2 \tag{7-15}$$

$$Var(s^2) = \frac{2}{n-1}\sigma^4 \tag{7-16}$$

考虑到卡方分布的概率密度函数形式较为复杂，为了方便找到特定概率分布下对应的卡方值，附表 3 列出了卡方分布的分位数表。该表和附表 2 的构造很相似，都是根据已知概率反求对应的值。简单地说，表中单元格的数字满足下式的 χ_α^2 。

$$P(\chi^2 \geqslant \chi_\alpha^2) = \int_{\chi_\alpha^2}^{+\infty} f(y)\mathrm{d}y = \alpha \tag{7-17}$$

为了求得 χ_α^2 ，一方面需要明确 α ，另一方面还需要明确自由度。假设 $Y \sim \chi^2(10)$ ，在 $\alpha = 0.05$ 的情况下，可以查附表 3 得到 $\chi_{(0.05)}^2(10) = 18.307$ 。

由于卡方检验的定义为 n 个标准正态分布的平方和。因此卡方检验具有可加性。假设 $X \sim \chi^2(n_1)$ ，而 $Y \sim \chi^2(n_2)$ 。那么 $X + Y \sim \chi^2(n_1 + n_2)$ 。

2. t 分布-小样本均值的抽样分布

假设随机变量 $Y \sim (0, 1)$ ，而随机变量 $X \sim \chi^2(n)$ ，那么随机变量

$$t = \frac{Y}{\sqrt{X/n}} \tag{7-18}$$

[①] 卡方分布的另一个应用将在卡方检验章节中进一步介绍。

[②] 证明过程非常繁琐，而且涉及联合密度函数和线性代数的知识，因此本书不再展示证明过程。感兴趣的读者可以参考：茆诗松、程依明、濮晓龙. 概率论与数理统计教程（第三版）[M]. 北京：高等教育出版社，2019：251-252.

服从自由度为 n 的 t 分布，记作 $t \sim t(n)$。t 分布的概率密度函数为

$$P(t) = \frac{\Gamma\left(\dfrac{n+1}{2}\right)}{\sqrt{n\pi}\,\Gamma\left(\dfrac{n}{2}\right)} \left(1 + \frac{t^2}{n}\right)^{-\frac{n+1}{2}} \tag{7-19}$$

而且可以证明，$E(t) = 0 (n > 1)$，$Var(t) = n/(n-2)(n > 2)$。

从 t 分布的期望和方差可以看出，t 分布与标准正态分布具有某种程度的关联。t 分布的期望等于标准正态分布的期望，而 t 分布的方差也渐进等于 1：

$$\lim_{n \to +\infty} \frac{n}{n-2} = 1$$

为了进一步证明这种关系，图 7.5 展示了不同自由度下的 t 分布与标准正态分布的概率密度图对比。可以发现，整体而言，t 分布和标准正态分布的对称轴完全重合。但是，t 分布的离散程度比标准正态分布稍大，而且随着自由度的增加，t 分布逐渐趋近于标准正态分布。尤其是当自由度接近 30 时，t 分布已经相当贴近标准正态分布。

因此，当样本量大于 30 时，可以直接使用标准正态分布代替 t 分布。这一性质实际上也为我们以 30 为界区分大小样本提供了重要依据。

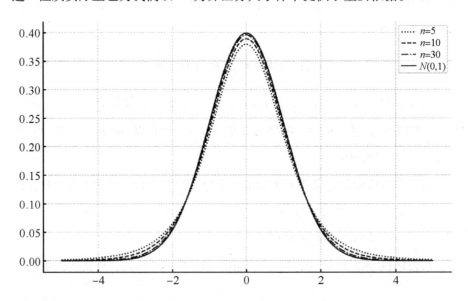

图 7.5　不同自由度下 t 分布与标准正态分布的概率密度函数

t 分布的一个重要运用是可以计算当总体方差未知的情况下，小样本样本均值的抽样分布。事实上，t 分布的历史与酿酒业有着一段有趣的渊源。在 19 世纪末，一位名叫威廉·戈塞特（William Gosset）的化学家在都柏林

的吉尼斯啤酒厂工作。他面临着一个问题：如何在总体方差未知且样本量较小的情况下，准确地估计酿酒过程中样本的均值。为了解决这个问题，他进行了一系列的研究，并最终发现了一种新的分布，即我们现在所称的 t 分布。由于戈塞特所在的公司不希望其研究成果被竞争对手知道，因此他以"Student"的笔名发表了这篇论文。这就是"Student"分布名称的由来。实际上，这个分布后来被称为"Student's t-distribution"，以纪念戈塞特在统计学领域的这一重要贡献。

为何 t 分布可以用于讨论总体方差未知且样本量较小的情况下样本均值的抽样分布呢？换言之，我们现在的问题变为究竟 $\frac{\bar{X}-\mu}{s/\sqrt{n}}$ 服从什么样的分布？可以经过简单的化简，得到

$$\frac{\bar{X}-\mu}{s/\sqrt{n}}=\frac{\frac{\bar{X}-\mu}{\sigma/\sqrt{n}}}{\sqrt{s^2/\sigma^2}} \qquad (7-20)$$

根据中心极限定律可知，上式的分子部分恰好服从标准正态分布，即

$$\frac{\bar{X}-\mu}{\sigma/\sqrt{n}} \sim N(0,1) \qquad (7-21)$$

根据公式（7-12），假设总体服从正态分布，那么公式（7-20）的分母根号内部恰好是自由度 n-1 的卡方分布除以 n-1，即

$$\sqrt{\frac{s^2}{\sigma^2}} \sim \sqrt{\frac{\chi^2(n-1)}{n-1}} \qquad (7-22)$$

结合 t 分布的定义，即公式（7-18），可以得到

$$\frac{\bar{X}-\mu}{s/\sqrt{n}} \sim \frac{N(0,1)}{\sqrt{\frac{\chi^2(n-1)}{n-1}}}=t(n-1) \qquad (7-23)$$

换言之，在总体方差未知且样本量较小的情况下，样本均值的抽样分布服从自由度为 n-1 的 t 分布。这一重要结论直接给出了小样本下样本均值的抽样分布形态。但需要注意的是，公式（7-12）的适用条件需要以总体分布是正态分布为前提，因此 t 分布的适用也需要以总体分布是正态分布为前提。

此处对于自由度概念需要稍微介绍。在统计学中，自由度（degrees of freedom, df）指的是在计算某个统计量时，数据中能够自由变动的独立信息

的数量。具体来说，自由度的计算方法是：用于估计某个参数的独立数据点的数量减去估计过程中所用到的约束条件的数量。举个例子，假设我们有 n 个数据点，并且我们已经计算了它们的均值。因为均值是已知的，所以 n 个数据点中只有 $n-1$ 个数据点是自由的。这也就是为什么我们使用的 t 分布的自由度为 $n-1$ 的原因。

同样，为了方便计算，附表 4 给出了 t 分布的分位数表。该表依然和附表 2 的构造类似，都是根据已知概率反求对应的值。简单地说，表中单元格的数字是满足下式的 t_α。

$$P(t \geq t_\alpha) = \int_{t_\alpha}^{+\infty} f(x)\,dx = \alpha \qquad (7-24)$$

为了求得 t_α，同样一方面需要明确 α，另一方面还需要明确自由度。假设 $Y \sim t(15)$，在 $\alpha = 0.05$ 的情况下，可以查附表 4 得到 $t_{0.05}(15) = 1.753$。类似的，可以查附表 4，得到 $t_{0.05}(30) = 1.697$。而根据附表 2，在 $\alpha = 0.05$ 下，$z = 1.645$。这一结果再一次说明 t 分布比标准正态分布离散程度高，随着自由度的增加，t 分布逐渐趋于正态分布，而且当自由度达到 30 之后 t 分布与标准正态分布之间已经相当接近。

3. F 分布-方差比的抽样分布

假设随机变量 $X_1 \sim \chi^2(n_1)$，而随机变量 $X_2 \sim \chi^2(n_2)$，那么随机变量

$$F = \frac{X_1/n_1}{X_2/n_2} \qquad (7-25)$$

服从自由度分别为 n_1 和 n_2 的 F 分布，记作 $F \sim F(n_1, n_2)$。F 分布的概率密度函数为

$$P(y) = \frac{\Gamma\left(\frac{n_1+n_2}{2}\right)\left(\frac{n_1}{n_2}\right)^{\frac{n1}{2}}}{\Gamma\left(\frac{n_1}{2}\right)\Gamma\left(\frac{n_2}{2}\right)} y^{\frac{n_1}{2}-1}\left(1+\frac{n_1}{n_2}y\right)^{-\frac{n_1+n_2}{2}}, \quad y > 0 \qquad (7-26)$$

而且可以证明，$E(F) = \frac{n_2}{n_2-2}(n_2 > 2)$，$Var(F) = \frac{2n_2^2(n_1+n_2-2)}{n_1(n_2-2)^2(n_2-4)}(n_2 > 4)$。

图 7.6 展示了不同自由度下 F 分布的概率密度函数图，可以发现该分布是一个只能取非负数的正偏态分布，而且随着 n_2 的增加该分布的偏态程度逐渐降低。

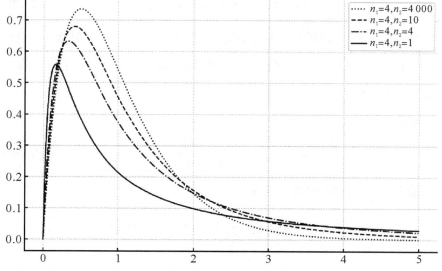

图 7.6 不同自由度下 F 分布的概率密度函数

考虑到卡方分布可以用于计算样本方差的抽样分布，因此 F 分布的一个重要作用是用于计算方差比的抽样分布。假设 x_1，x_2，$\cdots$，x_{n_1} 是来自 $N \sim (\mu_1,\ \sigma_1^2)$ 的样本，而 y_1，y_2，$\cdots$，y_{n_2} 是来自 $N \sim (\mu_2,\ \sigma_2^2)$，且两个样本独立。那么两个样本方差分别为 s_x^2 和 s_y^2。根据式（7-12）可以证明：

$$\frac{s_x^2 / \sigma_1^2}{s_y^2 / \sigma_2^2} \sim \frac{\dfrac{\chi^2 (n_1 - 1)}{(n_1 - 1)}}{\dfrac{\chi^2 (n_2 - 1)}{(n_2 - 1)}} \tag{7-27}$$

根据 F 分布的定义，即式（7-25），可以得出

$$F = \frac{s_x^2 / \sigma_1^2}{s_y^2 / \sigma_2^2} \sim F(n_1 - 1,\ n_2 - 1) \tag{7-28}$$

特别的，如果 $\sigma_1^2 = \sigma_2^2$，换言之，如果两个样本来自的两个总体具有等方差性，那么样本方差比 s_x^2 / s_y^2 依然服从自由度为 $(n_1 - 1,\ n_2 - 1)$ 的 F 分布，即 $s_x^2 / s_y^2 \sim F(n_1 - 1,\ n_2 - 1)$。因此，在假设总体等方差情况下，$F$ 分布可以用于计算样本方差比的抽样分布。

附表 5 给出了 F 分布的分位数表。虽然该表和前面的表类似，可以根据 α 求出临界值。但是由于 F 分布由两个自由度决定，因此附表仅给出了 α 分别等于 0.1，0.05，0.025，0.01 和 0.005 的情况。表中行和列分别对应两个自由度。表中单元格的数字是满足下式的 F_α：

$$P(F \geqslant F_\alpha) = \int_{F_\alpha}^{+\infty} f(x)\,\mathrm{d}x = \alpha \tag{7-29}$$

为了求得 F_α，同样一方面需要明确 α，另一方面还需要明确两个自由度。假设 $F \sim F(9, 8)$，在 $\alpha = 0.05$ 的情况下，可以查附表 5 得到 $F_{0.05}(9, 8) = 3.39$。

此外，根据 F 分布的定义，可以推出

$$F_\alpha(n_1, n_2) = \frac{1}{F_{1-\alpha}(n_2, n_1)} \tag{7-30}$$

那么 $F_{0.95}(9, 8)$ 可以计算为

$$F_{0.95}(9, 8) = \frac{1}{F_{1-\alpha}(8, 9)} = \frac{1}{3.23} = 0.31$$

本章小结

第一节和第二节主要内容

大数定律：样本量变大之后，样本均值趋于总体均值。

中心极限定律：足量样本，样本均值 $\bar{X} \sim N(\mu, \frac{\sigma^2}{n})$。

第三节主要内容

总体、样本和抽样分布：（1）总体分布：总体参数的分布，均值 μ，标准差 σ。（2）样本统计量的分布：均值 $\bar{X}$，样本标准差 s。（3）抽样分布：通常指样本均值的理论分布，均值 $E(\bar{X}) = \mu$，标准误 $\sigma_{\bar{X}}$。

大样本均值和频率的抽样分布：（1）均值：$\frac{\bar{X} - \mu}{s/\sqrt{n}} \sim N(0, 1)$。（2）频率：$\frac{p - \pi}{\sqrt{\frac{p(1-p)}{n}}} \sim N(0, 1)$。

三大抽样分布：（1）卡方分布：用于估计总体正态分布下样本方差的抽样分布，$\frac{(n-1)s^2}{\sigma^2} \sim \chi^2(n-1)$。（2）$t$ 分布：小样本均值的抽样分布，

$\dfrac{\overline{X}-\mu}{s/\sqrt{n}}\sim t(n-1)$。（3）$F$ 分布：方差比的抽样分布，$\dfrac{s_x^2/\sigma_1^2}{s_y^2/\sigma_2^2}\sim F\,(n_1-1,\ n_2-1)$。

思考题

1. 某市某区人民法院在过去 4 年中，刑事案件的平均审结时间为 150 天，标准差为 40 天，且审结时间服从右偏分布。为了进行进一步的分析，现从中随机抽取 36 件刑事案件，问：（1）这个样本均值的标准差为多少？（2）这个样本均值大于 160 天的概率为多少？

2. 为了解某市法院女法官的比例，在该法院中随机抽取容量为 300 人的样本进行调查，发现女法官有 167 人，则该随机样本中女法官所占比例的标准差为多少？

3. 已知某监狱故意伤害罪罪犯的年龄基本服从正态分布 $X\sim N(40，2^2)$，现随机抽取 100 名该监狱故意伤害罪的罪犯组成样本，问：样本方差的均值与标准差分别为多少？

下篇
推论性统计

在介绍完概率论的知识之后，接下来将介绍推论性统计的知识。推论性统计是指通过样本的统计量对总体参数进行推断的过程，可谓是从样本到总体的"惊险一跃"。虽然这一步骤充满挑战，但前面介绍的大数定律、中心极限定理和抽样分布理论，都可以为这种推论提供坚实的保障。尤其是上篇介绍的各种抽样分布理论，将起到连接总体分布和样本分布的桥梁作用。

具体而言，推论性统计的任务主要包含两个：一个是参数估计，另一个是假设检验。参数估计是使用样本的统计量对总体参数进行估计的过程，而假设检验则是通过样本判断总体分布是否符合某种假设的过程。在介绍完假设检验后，我们还将对比假设检验的框架与参数估计的框架。

一旦完成对参数估计和假设检验的介绍，我们将回到上篇的章节划分结构，分别对单变量、两个类别变量、一个类别变量与一个尺度变量，以及两个尺度变量的推论性统计进行介绍。相信阅读完本篇的读者将能够对任意两种类型的变量关系找到合适的推论性统计方法。

第八章　参数估计

参数估计（parameter estimation）是指使用样本统计量对总体特征进行估计的过程。考虑到总体特征通常被称为参数，因此这种方法也被称为参数估计。参数估计通常有两种方法：点估计和区间估计。

如果要用打靶射击作为比喻的话。点估计就像使用射击步枪进行一次射击，是否能击中红心可能是个未知数，而且大概率无法击中红心。但是评价一名枪手并不是看一次打靶的成绩，而是看他的综合表现。因此，对于点估计而言，主要任务是使用样本特征对总体参数值进行直接估计，虽然无法明确一次估计的结果是否正确，但可以使用一系列指标对其进行评价。

而区间估计则可以比喻为将射击步枪变为霰弹枪。很显然，这种情况下击中红心的概率大大增加，但损失了威力（精度）。在区间估计中，通常使用一个区间范围而不是一个值来对总体参数进行估计，这样可以大大提高估计正确的可能性。然而，在区间估计中区间范围和估计精度之间可能存在矛盾关系，需要仔细权衡。

第一节　总体特征值的点估计

一、总体均值、方差和频率的点估计

假设 x_1，x_2，$\cdots$，x_n 是来自总体的一个样本，那么用于估计未知参数 θ 的统计量 $\hat{\theta} = \hat{\theta}(x_1, x_2, \cdots, x_n)$ 称为 θ 的点估计。此处 $\hat{\theta}$ 并没有给出具体的构造方法。事实上，存在相当多的估计方法可以对未知参数进行估计，包括

矩估计（method of moments，MOM）① 和极大似然估计（maximum likelihood estimation，MLE）② 等。对于总体均值、方差和频率而言，不同方法估计出的结果几乎相同。

具体而言，总体均值 μ 的点估计为

$$\bar{x} = \frac{\sum_{i=1}^{n} x_i}{n} \tag{8-1}$$

换言之，样本均值就是总体均值的点估计。考虑到频率也是一种特殊的均值。因此样本频率也是总体频率的点估计。值得一提的是，无论使用 MOM 还是 MLE，都可以证明样本均值就是总体均值的点估计。

而总体方差 σ^2 的点估计为

$$s^2 = \frac{\sum_{i=1}^{n} (x_i - \bar{x})^2}{n-1} \tag{8-2}$$

即样本方差也是总体方差的点估计。需要注意的是，样本方差的计算公式与之前的章节介绍的方差公式略有差异③，主要体现在分母上。样本方差的分母是 $n-1$ 而非 n，这称为贝塞尔校正（Bessel's correction）④，使用这种矫正可以获得对总体方差无偏估计（下一部分即将介绍）。

二、评价点估计的指标： 无偏性、 有效性和一致性

为什么样本均值和方差可以分别代表总体对应参数的点估计？为了回答这个问题，我们需要介绍评估某个点估计方法的指标。回到打靶射击的比

---

① 矩估计是一种通过匹配样本矩和总体矩来估计参数的方法。例如，可以使用样本的一阶原点矩（即样本均值）来估计总体的一阶原点矩（即总体均值），因此样本均值就是总体均值的点估计。同样，可以使用样本的二阶中心矩（即样本方差）来估计总体的二阶中心矩（即总体方差），因此样本方差就是总体方差的点估计。

② 极大似然法通过最大化似然函数来估计参数。例如，假设总体服从正态分布 $N(\mu, \sigma^2)$，其概率密度函数为：$f(x_i; \mu, \sigma^2) = \frac{1}{\sqrt{2\pi\sigma^2}} e^{\frac{-(x-\mu)^2}{2\sigma^2}}$。那么可以构造一个似然函数：$L = \prod_{i=1}^{n} f(x_i; \mu, \sigma^2)$。通过最大化这个似然函数，求得 μ, σ^2 即为这两个参数的点估计。可以证明，对 μ 的极大似然估计就是样本均值。

③ 事实上，假设总体服从正态分布，那么使用 MLE 估计出来的方差依然是分母为 n 的方差。此时，也需要贝塞尔矫正。

④ 贝塞尔校正最初提出的文献详见：Bessel, F. W.. Über die Berechnung der Beobachtungsfehler und über den Unterschied der wahren und gezeigten Größe der Sterne. Astronomische Nachrichten, 1818, 6: 145-155.

喻，评价点估计就像评价一名射手的实力，需要从几个维度综合考虑。

1. 无偏性（unbiases）

从数学上讲，如果 $E(\hat{\theta}) = \theta$，那么满足无偏性要求。换句话说，如果估计量的期望等于被估计的参数，那么它就是无偏的。用之前打靶射击的例子来说，虽然单次射击无法保证击中红心，但如果射手的成绩大多集中在红心周围，并且"平均而言"都在红心上，那么可以说射手在瞄准时没有系统性偏差，满足无偏性要求。

样本均值和方差都是总体均值和方差的无偏估计。具体来说，我们需要证明 $E(\bar{x}) = \mu$ 以及 $E(s^2) = \sigma^2$。

首先来看样本均值：

$$E(\bar{x}) = E\left(\frac{\sum_{i=1}^{n} x_i}{n}\right) = \frac{1}{n}\left[\sum_{i=1}^{n} E(x_i)\right]$$

由于每一个样本值都是从同一个总体中抽取的，因此 $E(x_i) = \mu$ 对所有的 i 都成立，因此

$$E(\bar{x}) = \frac{1}{n}\sum_{i=1}^{n} \mu = \mu$$

对于样本方差，我们需要进一步说明为什么贝塞尔校正之前的方差并不是无偏估计：

$$E\left(\frac{\sum_{i=1}^{n} (x_i - \bar{x})^2}{n}\right) = E\left(\frac{\sum_{i=1}^{n} (x_i - \mu + \mu - \bar{x})^2}{n}\right) = E\left(\frac{\sum_{i=1}^{n} (x_i - \mu)^2}{n}\right) +$$

$$E\left(\frac{\sum_{i=1}^{n} (\bar{x} - \mu)^2 - 2\sum_{i=1}^{n} (x_i - \mu)(\mu - \bar{x})}{n}\right) = E\left(\frac{\sum_{i=1}^{n} (x_i - \mu)^2}{n}\right) -$$

$$E\left(\frac{\sum_{i=1}^{n} (\bar{x} - \mu)^2}{n}\right) = \sigma^2 - \frac{\sigma^2}{n} = \frac{n-1}{n}\sigma^2$$

上述证明过程利用了利用中心极限定律的结论，即 $Var(\bar{x}) = \sigma^2/n$。

因此，贝塞尔校正之前的方差并不是总体方差的无偏估计。为了修正这一点，我们使用贝塞尔校正，将原来的方差乘以 $n/(n-1)$，这样就可以得到总体方差的无偏估计，即

$$E\left(\frac{\sum_{i=1}^{n}(x_i - \bar{x})^2}{n-1}\right) = E(s^2) = \sigma^2$$

2. 有效性（efficiency）

无偏性仅能说明平均而言估计量是准确的。就像在第二章讨论离散趋势时提到的那样，不能仅依靠集中趋势一个指标，否则就会出现"把头放在火炉里，脚放在冰桶里，然后说平均而言我还不错"的情况。因此，还需要评估估计量离散程度的指标。有效性就是其中的典型代表。

有效性是指在所有无偏估计量中，具有最小方差的估计量。也就是说，如果我们有两个或多个无偏估计量，那个具有最小方差的估计量是最有效的。有效性可以通过比较估计量的方差来评估。

在打靶射击的比喻中，有效性就像是射手的精准度。如果射手每一枪都很接近红心，那么这个射手就是高效的；如果射手每一枪分布范围很大，即使平均落在红心上，那么这个射手的效率就较低。数学上，如果估计量 $\hat{\theta}_1$ 和 $\hat{\theta}_2$ 都是参数 θ 的无偏估计量，并且满足 $Var(\hat{\theta}_1) < Var(\hat{\theta}_2)$，那么就可以说 $\hat{\theta}_1$ 比 $\hat{\theta}_2$ 更有效。

对于样本均值 $\bar{x}$ 来说，它不仅是总体均值 μ 的无偏估计量，而且在所有线性无偏估计量中，它的方差最小。根据中心极限定理，样本均值的方差为 $Var(\bar{x}) = \sigma^2/n$。这表明随着样本量 n 的增加，方差会减小。因此，虽然所有样本均值都是总体均值的无偏估计，但大样本的样本均值的有效性高于小样本的样本均值。

类似地，对于样本方差 s^2 而言，其不仅是总体方差 σ^2 的无偏估计量，而且在有限样本中也是一个相对有效的估计量。式（7-16）表明，当总体为正态分布时，$Var(s^2) = \frac{2}{n-1}\sigma^4$。这表明随着样本量 n 的增加，$Var(s^2)$ 会减小，因此大样本的样本方差的有效性高于小样本的样本方差。

对于有效性的论述表明了为什么在成本资源充裕的情况下，统计学家总是希望追求大样本。这与另一个经典笑话相呼应："一天，一位化学家、一位物理学家和一位统计学家被校长叫到办公室。在等候期间，他们发现废纸篓着火了。化学家建议通过隔绝氧气来灭火，物理学家则提议通过降温来解决问题。当两人正争论不休时，突然发现统计学家把其他废纸篓也点着了。

两人困惑地问他为什么这么做，统计学家镇定地回答：'这是为了增加样本量。'"

3. 一致性（consistency）

一致性是指当样本量 n 趋向于无穷大时，估计量趋近于被估计的参数。换句话说，随着样本量的增加，估计量的值越来越接近总体参数的真实值。评估估计量的一致性就像评价一名射手在反复练习中的表现。如果射手的成绩随着练习次数的增加越来越接近红心，那么这个射手的瞄准方法就是一致的。

从数学上讲，如果估计量 $\widehat{\theta}_n$ 对于参数 θ 是一致的，那么它满足以下条件：

$$\lim_{n \to \infty} P(|\widehat{\theta}_n - \theta| < \epsilon) = 1 \text{ 对于任何 } \epsilon > 0$$

这表示随着样本量 n 的增加，估计量 $\widehat{\theta}_n$ 和参数 θ 之间的误差趋近于零。样本均值和方差都满足一致性要求。就样本均值而言，根据大数定律，随着样本量的增加，样本均值趋近于总体均值，因此其一致性得到保障。同样地，随着样本量的增加，样本方差也趋近于总体方差。

第二节　总体特征值的区间估计

点估计虽然为总体参数提供了一个准确的数值，但无法回答其精度问题。点估计的诸多指标，例如无偏性、有效性和一致性，仅在大量重复的点估计下讨论，而对单次点估计，则无法讨论其精度。因此，我们需要对点估计进行改造，使其能够提供估计值区间的可靠性信息。这就是区间估计的作用。

一、置信区间的含义

沿用之前的符号约定，假设 θ 是总体的参数。对于某个给定的 $\alpha(0 < \alpha < 1)$，假设存在两个统计量 $\widehat{\theta}_L$ 和 $\widehat{\theta}_U$，如果存在：

$$P(\widehat{\theta}_L \leq \widehat{\theta} \leq \widehat{\theta}_U) \geq 1 - \alpha \tag{8-3}$$

则称随机区间 $\left[\hat{\theta_L},\ \hat{\theta_U}\right]$ 是 θ 的置信水平为 $1-\alpha$ 的置信区间（confidence interval，CI），简称 $\left[\hat{\theta_L},\ \hat{\theta_U}\right]$ 是 θ 的 $1-\alpha$ 置信度下的置信区间。而 $\hat{\theta_L}$ 和 $\hat{\theta_U}$ 则分别称为 θ 的置信区间的下限和上限。

对于置信水平 $1-\alpha$ 的置信区间，存在频率学派的一种解释：假设进行重复抽样，每次都可以获得不同的样本观测值，那么每个样本也可以构建不同的置信区间。对于一次观察而言，θ 是否在 $\left[\hat{\theta_L},\ \hat{\theta_U}\right]$ 内部可能完全未知。但是我们可以知道在所有的置信区间当中，平均而言至少有 $100(1-\alpha)\%$ 的可能性包含 θ。

图 8.1 展示了重复抽样并计算置信区间的过程，再次使用【例 7.1】中的数据，假设研究者希望估计总体中自由刑的平均长度。为了实现这一目标，研究者可以从总体中随机抽取一个样本，并根据这个样本计算出 95% 的置信区间。

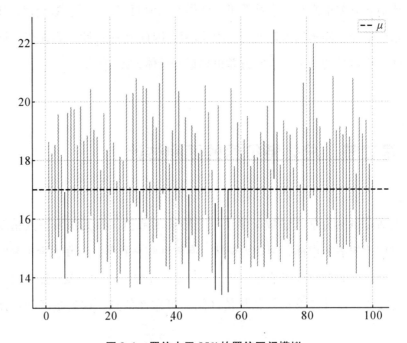

图 8.1　置信水平 95% 的置信区间模拟

在这个例子中，我们将这一过程重复执行了 100 次。每次抽取一个样本，并计算其均值的 95% 置信区间。图 8.1 上的每一条水平线代表一个样本的置信区间。图中展示了这些置信区间相对于总体均值的分布情况。图中黑色虚线表示总体均值 μ。灰色线表示包含总体均值的置信区间，而黑色线表示不包含总体均值的置信区间。

从图 8.1 可以观察到，大多数置信区间包含总体均值 μ，也有少数（7个）置信区间（黑色线）没有包含总体均值，这也是预期之中的。由于置信水平为 95%，意味着在 100 次抽样中，约有 5 次的置信区间可能不包含总体均值。当然，可以想象，当我们增加抽样次数，直至无穷大，最终应当有95%的置信区间能够包含总体，这便是 95% 置信区间的含义。

所以，置信区间的本质是一个随机变量，而这个随机变量有100$(1 - \alpha)$% 的可能性包含总体参数。对于置信区间，有相当多的误解，下面针对此给出一些初步回应①。

假设我们对【例 7.1】的总体进行了一次抽样，计算得出刑期的 95% 置信区间为 [16，18]。有人认为，这一结果表明，有 95% 的可能性总体刑期在 16~18。这种说法之所以错误，主要原因在于置信区间的解释依据的是无穷多个置信区间包含总体参数的可能性。对于某个具体的区间是否包含总体参数，我们并不能确定。

另一种说法可能更具有迷惑性。假设研究者进行了无穷多次随机抽样，那么是否在 95% 的情形下，真实的总体均值在 16~18？这个说法虽然明确了置信区间的产生过程，即大量重复抽样，但由于其指定了具体的区间，因此也是有问题的。置信区间的产生过程中 $[\hat{\theta}_L, \hat{\theta}_U]$ 是随着样本变化的，因此指出总体参数在某个明确的区间的解释都是有问题的。

那么是否有方法可以求得总体均值在特定可能性下存在于某个特定范围呢？其实这一问题也是频率学派和贝叶斯学派的主要论证焦点。频率学派认为参数是一个固定但未知的值，因此需要使用本书介绍的重复抽样方法来计算这些置信区间包含这个固定总体参数的概率。然而，贝叶斯学派认为参数应该是一个随机变量。数据的意义在于更新我们对参数分布的真实情况（后验）。基于这种框架，可以计算出可信区间（credible interval），其可以被解释为在特定置信水平下，给定先验信息后，总体参数落在某个具体区间内的概率。考虑到本书仅是一本统计学入门教材，因此不会介绍贝叶斯学派的统计方法。感兴趣的读者可以在学习完本书之后参阅贝叶斯统计的教材，以了解相关技术。

---

① 针对置信区间的常见误解详见：LYU X K, XU Y, ZHAO X F, et al. Beyond psychology：prevalence of p value and confidence interval misinterpretation across different fields ［J］. Journal of Pacific Rim Psychology, 2020, 14：e6.

最后值得一提的是，式（8-3）仅计算的是双侧置信区间。如果研究者有明确的方向性假设或只对某一侧的误差感兴趣时，可以构建单侧置信区间，包括左侧置信区间和右侧置信区间。

右侧置信区间用于估计参数大于某个值的概率。设定置信水平为 $1-\alpha$，假设存在 $\widehat{\theta}_U$，满足：

$$P(\widehat{\theta} \geqslant \widehat{\theta}_U) \geqslant 1 - \alpha \qquad (8-4)$$

则称随机区间 $[\widehat{\theta}_U, +\infty]$ 是 θ 的置信水平为 $1-\alpha$ 的右单侧置信区间。

左侧置信区间用于估计参数小于某个值的概率。设定置信水平为 $1-\alpha$，假设存在 $\widehat{\theta}_L$，满足：

$$P(\widehat{\theta}_L \leqslant \widehat{\theta}) \geqslant 1 - \alpha \qquad (8-5)$$

则称随机区间 $[-\infty, \widehat{\theta}_L]$ 是 θ 的置信水平为 $1-\alpha$ 的左单侧置信区间。考虑到双侧置信区间较为常见，本书后续的置信区间公式仅介绍双侧置信区间。

二、单个总体参数的置信区间

1. 总体均值的置信区间

（1）总体方差已知

上一部分我们介绍了置信区间的定义，下面即将介绍实际求得单个总体特征值的置信区间的方法。针对大样本总体均值而言，根据公式（7-7）可以知道，当总体方差已知的情况下：

$$\frac{\bar{X} - \mu}{\sigma / \sqrt{n}} \sim N(0, 1)$$

可以进一步推导

$$P\left(-z_{\alpha/2} \leqslant \frac{\bar{X} - \mu}{\sigma / \sqrt{n}} \leqslant z_{\alpha/2}\right) = 1 - \alpha \qquad (8-6)$$

对上式进行整理，可以得到

$$P\left(\bar{X} - z_{\alpha/2} \frac{\sigma}{\sqrt{n}} \leqslant \mu \leqslant \bar{X} + z_{\alpha/2} \frac{\sigma}{\sqrt{n}}\right) = 1 - \alpha \qquad (8-7)$$

因此 $[\bar{X} - z_{\alpha/2} \frac{\sigma}{\sqrt{n}}, \bar{X} + z_{\alpha/2} \frac{\sigma}{\sqrt{n}}]$ 是置信度 $1-\alpha$ 下总体均值的置信区间。

（2）总体方差未知

假设总体方差未知且总体服从正态分布 $N(\mu, \sigma^2)$。根据式（7-23）可以得知

$$\frac{\bar{X} - \mu}{s / \sqrt{n}} \sim t(n - 1)$$

那么可进一步推出

$$P\left(- t_{\alpha/2}(n - 1) \leqslant \frac{\bar{X} - \mu}{s / \sqrt{n}} \leqslant t_{\alpha/2}(n - 1)\right) = 1 - \alpha \qquad (8-8)$$

整理可以得到

$$P\left(\bar{X} - t_{\alpha/2}(n - 1) \frac{s}{\sqrt{n}} \leqslant \mu \leqslant \bar{X} + t_{\alpha/2}(n - 1) \frac{s}{\sqrt{n}}\right) = 1 - \alpha \qquad (8-9)$$

因此 $\left[\bar{X} - t_{\alpha/2}(n - 1) \dfrac{s}{\sqrt{n}}, \ \bar{X} + t_{\alpha/2}(n - 1) \dfrac{s}{\sqrt{n}}\right]$ 是置信度 $1 - \alpha$ 下总体均值的置信区间。考虑到大样本下 t 分布近似于标准正态分布。因此在大样本下，可以认为 $\left[\bar{X} - z_{\alpha/2} \dfrac{s}{\sqrt{n}}, \ \bar{X} + z_{\alpha/2} \dfrac{s}{\sqrt{n}}\right]$ 是置信度 $1 - \alpha$ 下总体均值的置信区间。

【例8.1】假设从【例7.1】的总体中抽出 100 名被告人，发现样本平均刑期为 19 个月，样本标准差为 20 个月。（1）假设已知总体刑期标准差为 21.93，求总体刑期 95% 的置信区间。（2）计算（1）条件下 90% 的置信区间。（3）假设总体刑期未知但总体大致服从正态分布，求总体刑期 95% 的置信区间。（4）与（3）的假设相同，但是样本量降低为 25，求总体刑期 95% 的置信区间。

解：（1）根据题设 $\bar{X} = 19$，$\sigma = 21.93$，$s = 20$，$1 - \alpha = 0.95$。当总体方差已知的情况下，置信区间公式为

$$\left[\bar{X} - z_{\alpha/2} \frac{\sigma}{\sqrt{n}}, \ \bar{X} + z_{\alpha/2} \frac{\sigma}{\sqrt{n}}\right]$$

查表得 $z_{0.05/2} = z_{0.025} = 1.96$。那么 95% 的置信区间为

$$\left[\bar{X} - z_{\alpha/2} \frac{\sigma}{\sqrt{n}}, \ \bar{X} + z_{\alpha/2} \frac{\sigma}{\sqrt{n}}\right]$$

$$= \left[19 - 1.96 \frac{21.93}{\sqrt{100}}, \ 19 + 1.96 \frac{21.93}{\sqrt{100}}\right]$$

$$= [14.703, 23.297]$$

（2）此时与（1）的置信区间公式一样，但是查表得 $z_{0.10/2} = z_{0.05} = 1.645$。那么 95% 的置信区间为

$$\left[\bar{X} - z_{\alpha/2}\frac{\sigma}{\sqrt{n}}, \ \bar{X} + z_{\alpha/2}\frac{\sigma}{\sqrt{n}}\right]$$

$$= \left[19 - 1.645\frac{21.93}{\sqrt{100}}, \ 19 + 1.645\frac{21.93}{\sqrt{100}}\right] = [15.394, 22.606]$$

（3）当总体方差未知且总体服从正态分布，置信区间公式为

$$\left[\bar{X} - t_{\alpha/2}(n-1)\frac{s}{\sqrt{n}}, \ \bar{X} + t_{\alpha/2}(n-1)\frac{s}{\sqrt{n}}\right]$$

查表得 $t_{0.05/2}(199) = t_{0.025}(199) \approx 1.984$。那么 95% 的置信区间为

$$\left[\bar{X} - t_{\alpha/2}(n-1)\frac{s}{\sqrt{n}}, \ \bar{X} + t_{\alpha/2}(n-1)\frac{s}{\sqrt{n}}\right]$$

$$= \left[19 - 1.984\frac{20}{\sqrt{100}}, \ 19 + 1.984\frac{20}{\sqrt{100}}\right] = [15.032, 22.968]$$

因此，总体刑期 95% 的置信区间为 $[15.032, 22.968]$。

当然，考虑到样本量为 100，已经远大于 30，因此可以直接使用标准正态分布代替 t 分布，因此置信区间也可以计算为

$$\left[\bar{X} - z_{\alpha/2}\frac{s}{\sqrt{n}}, \ \bar{X} + z_{\alpha/2}\frac{s}{\sqrt{n}}\right]$$

$$= \left[19 - 1.96\frac{20}{\sqrt{100}}, \ 19 + 1.96\frac{20}{\sqrt{100}}\right] = [15.08, 22.92]$$

可以看到，使用标准正态分布和 t 分布差别非常小。

（4）当总体方差未知且总体服从正态分布，置信区间公式与（2）类似。但是此时，查表得 $t_{0.05/2}(24) = t_{0.025}(24) \approx 2.064$，此时置信区间为

$$\left[\bar{X} - t_{\alpha/2}(n-1)\frac{s}{\sqrt{n}}, \ \bar{X} + t_{\alpha/2}(n-1)\frac{s}{\sqrt{n}}\right]$$

$$= \left[19 - 2.064\frac{20}{\sqrt{100}}, \ 19 + 2.064\frac{20}{\sqrt{100}}\right] = [10.744, 27.256]$$

对比【例 8.1】前两个问题的结果可以发现，置信度和置信区间存在反向关系。样本量一定时，置信度要求越高（估计的可靠性越大），置信区间就越大（估计就越不精确），反之亦然。为了更好地理解这两个统计量的关系，可以再次使用之前打靶的例子。假设使用更大口径的霰弹枪，虽然打中

红心的概率变高，但显然精度随之下降。

2. 总体频率的置信区间

对于总体频率而言，考虑到它是一种特殊的均值，因此可以直接使用前面的公式。由于总体频率通常未知（否则也没必要使用推论性统计），只能利用样本频率来代替总体频率。根据式（7-10）可知：

$$\frac{p - \pi}{\sqrt{\dfrac{p(1 - p)}{n}}} \sim N(0, 1)$$

那么可以得到：

$$P\left(- z_{\alpha/2} \leqslant \frac{p - \pi}{\sqrt{\dfrac{p(1 - p)}{n}}} \leqslant z_{\alpha/2} \right) = 1 - \alpha \qquad (8-10)$$

经过整理可以得到 $\left[p - z_{\alpha/2}\sqrt{\dfrac{p(1 - p)}{n}}, \ p + z_{\alpha/2}\sqrt{\dfrac{p(1 - p)}{n}} \right]$ 是置信度 $1 - \alpha$ 下总体频率的置信区间。

【例 8.2】假设研究者希望知道某戒毒所吸毒人员曾经吸食过新型毒品的可能性，于是从戒毒所抽取 100 名吸毒者，通过问卷调查发现 20% 的吸毒者曾经吸食过新型毒品。请问新型毒品吸食率 95% 的置信区间是多少？

解：根据题设，样本频率 $P = 0.2$，样本量 $n = 100$。由于置信水平是 95%，查表得 $z_{0.05/2} = z_{0.025} = 1.96$。因此新型毒品吸食率 95% 的置信区间是：

$$\left[p - z_{\alpha/2}\sqrt{\frac{p(1 - p)}{n}}, \ P + z_{\alpha/2}\sqrt{\frac{p(1 - p)}{n}} \right]$$

$$= \left[0.2 - 1.96\sqrt{\frac{0.2(1 - 0.2)}{100}}, \ 0.2 + 1.96\sqrt{\frac{0.2(1 - 0.2)}{100}} \right]$$

$$= [0.121\ 6, \ 0.278\ 4]$$

3. 总体方差的置信区间

最后，也可以给出总体方差的置信区间的估计。考虑到总体服从正态分布情况下，样本方差有如下规律：

$$\frac{(n - 1) s^2}{\sigma^2} \sim \chi^2(n - 1)$$

可以得知

$$P\left(\chi^2_{\alpha/2}(n - 1) \leqslant \frac{(n - 1) s^2}{\sigma^2} \leqslant \chi^2_{1-\alpha/2}(n - 1) \right) = 1 - \alpha \qquad (8-11)$$

对上式进行整理，可以得到

$$P\left(\frac{(n-1)\,s^2}{\chi^2_{1-\alpha/2}(n-1)} \leqslant \sigma^2 \leqslant \frac{(n-1)\,s^2}{\chi^2_{\alpha/2}(n-1)}\right) = 1 - \alpha \qquad (8\text{-}12)$$

因此 $\left[\dfrac{(n-1)\,s^2}{\chi^2_{1-\alpha/2}(n-1)}, \dfrac{(n-1)\,s^2}{\chi^2_{\alpha/2}(n-1)}\right]$ 是置信度 $1-\alpha$ 下总体方差的置信区间。

三、置信区间与必要抽样数目

置信区间的公式实际上也为我们确定必要样本量打下了基础。以已知总体方差的情况下总体均值的置信区间［公式（8-6）］估计为例，可以将其改写为

$$P\left(|\bar{X} - \mu| \leqslant z_{\alpha/2}\,\frac{\sigma}{\sqrt{n}}\right) = 1 - \alpha \qquad (8\text{-}13)$$

其中 $|\bar{X} - \mu|$ 可与被视为是允许的误差大小，可使用 Δ 表示，即 $\Delta = |\bar{X} - \mu|$。$z_{\alpha/2}$ 称为概率度。那么 Δ，σ 和 α 已知的情况下，可以根据公式（8-13）反推出必要样本量。下面给出采用放回抽样和不放回抽样下必要抽样数目的确定方法。

对于有放回的抽样，必要抽样数目的公式为

$$n = \frac{z_{\alpha/2}^2\,\sigma^2}{\Delta^2} \qquad (8\text{-}14)$$

对于不放回的抽样，必要抽样数目的公式为[①]

$$n = \frac{N\,z_{\alpha/2}^2\,\sigma^2}{N\,\Delta^2 + z_{\alpha/2}^2\,\sigma^2} \qquad (8\text{-}15)$$

当然，在抽样之前我们也无法知道 σ^2。对此，可以使用样本方差 s^2 代替，但是考虑到在抽样之前样本方差可能也是未知的。因此可以查找相关文献或者类似调查来大致估计 σ^2。但如果任何参考数据都没有的情况下，还可以结合 3σ 原则，使用全距除以 6 来大致确定总体标准差，即 $\sigma \approx R/6$。

【例 8.3】假设研究者希望知道某罪的平均刑期。根据刑法知识，一般情况下，有期徒刑最短为 6 个月，最长为 15 年。已知某罪在裁判文书网上

---

① 之所以不放回抽样的公式有所变化，主要是因为在不放回抽样的情况下每次抽样的概率都会发生变化，因此样本方差变为 $\dfrac{\sigma}{\sqrt{n}}\sqrt{\dfrac{N-n}{N-1}}$。而 $\sqrt{\dfrac{N-n}{N-1}}$ 通常称为有限总体矫正系数（我们在超几何分布部分已经介绍过有限总体矫正系数）。

一共有100 000份裁判文书。要做到样本均值与总体均值的允许误差不大于2个月，推论把握度为95%，此时需要必要抽样数目为多少？

解：根据题设条件已知 $N = 100\ 000$，$1 - \alpha = 0.95$，$\Delta = 1$，$R = 180 - 6 = 174$

因此可以猜测总体刑期方差 $\sigma \approx R/6 = 29$。查表可知 $Z_{\alpha/2} = 1.96$

如果采用放回抽样，抽样数目为

$$n = \frac{z_{\alpha/2}^2 \sigma^2}{\Delta^2} = \frac{1.96^2 \times 29^2}{2^2} \approx 807$$

而采用不放回抽样，抽样数目为

$$n = \frac{100\ 000 \times 1.96^2 \times 29^2}{100\ 000 \times 2^2 + 1.96^2 \times 29^2} \approx 799$$

可以看出，只需要不足1 000的样本，已经可以实现平均抽样误差不大于2个月。当然，考虑到我们对总体刑期方差估计很可能高估，可以参考之前研究的文献和调查报告对刑期的方差，进行更为精确的估计。此外，如果研究的罪名总量 N 不大，考虑现实抽样都是采用不放回的抽样，必要样本量可能进一步减少。

如果我们感兴趣的目标是估计总体频率，那么可以对必要抽样数目公式进行适当调整即可。例如，只需要将其方差调整为频率的方差即可得到

对于有放回的抽样，必要抽样数目的公式为

$$n = \frac{z_{\alpha/2}^2 \pi(1 - \pi)}{\Delta^2} \tag{8-16}$$

对于不放回的抽样，必要抽样数目的公式为

$$n = \frac{N z_{\alpha/2}^2 \pi(1 - \pi)}{N \Delta^2 + z_{\alpha/2}^2 \pi(1 - \pi)} \tag{8-17}$$

对于其中的未知量，即总体频率 π，一方面可以寻找文献，另一方面为了保证样本充足，可以使用 $\pi(1 - \pi)$ 的理论最大值，即 0.25（此时 $\pi = 0.5$）作为替代。

【例8.4】假设研究者希望估计某罪的缓刑率。已知某罪在裁判文书网上一共有100 000份裁判文书。要做到样本缓刑率与总体缓刑率的允许误差不超过0.05（即5%），推论把握度为95%，此时需要的必要抽样数目为多少？

解：根据题设条件已知 $N = 100\ 000$，$1 - \alpha = 0.95$，$\Delta = 0.05$，

可以猜测总体缓刑率方差 $\pi(1 - \pi) = 0.25$。查表可知 $Z_{\alpha/2} = 1.96$

如果采用放回抽样，抽样数目为

$$n = \frac{z_{\alpha/2}^2 \pi(1-\pi)}{\Delta^2} = \frac{1.96^2 \times 0.25}{0.05^2} \approx 384$$

而采用不放回抽样，抽样数目为

$$n = \frac{100\,000 \times 1.96^2 \times 0.25}{100\,000 \times 0.05^2 + 1.96^2 \times 0.25} \approx 383$$

样本量估计最后需要提醒的一点是，必要抽样数目仅仅是最小抽样数目。实际研究中可能出现各种问题，导致无效问卷或者无效裁判文书的出现。因此，可以将必要抽样数目除以一个估计的有效率（或回收率）以确定最终抽样数目。当然，大数定律告诉我们，样本量总是多多益善的，在成本允许的情况下，可以适当增加样本量。

四、两个总体参数的置信区间

除了可以计算单个总体参数的置信区间，还可以计算两个总体参数的置信区间，本部分主要介绍两个均值差的置信区间计算。我们首先进行一些符号约定，假设存在两个独立总体，其均值分别为 μ_1，μ_2，方差分别为 σ_1^2，σ_2^2。现在从第一个总体中随机抽出样本量为 n_1 的样本，样本均值和方差分别为 $\bar{x}_1$，s_1^2。类似的，从第二个总体随机抽出样本量为 n_2 的样本，样本均值和方差分别为 $\bar{x}_2$，s_2^2。

1. 两个总体均值差的置信区间

（1）大样本（$n > 30$）两个总体方差已知

如果总体方差已知，根据中心极限定律

$$\bar{x}_1 \sim N\left(\mu_1, \frac{\sigma_1^2}{n_1}\right), \quad \bar{x}_2 \sim N\left(\mu_2, \frac{\sigma_2^2}{n_2}\right)$$

那么两个样本差 $\bar{x}_1 - \bar{x}_2$ 也应该为正态分布，且根据期望和方差的性质为

$$\bar{x}_1 - \bar{x}_2 \sim N\left(\mu_1 - \mu_2, \frac{\sigma_1^2}{n_1} + \frac{\sigma_2^2}{n_2}\right) \tag{8-18}$$

对其标准化，可知

$$\frac{(\bar{x}_1 - \bar{x}_2) - (\mu_1 - \mu_2)}{\sqrt{\frac{\sigma_1^2}{n_1} + \frac{\sigma_2^2}{n_2}}} \sim N(0, 1) \tag{8-19}$$

使用类似的方法可以求出置信度 $1 - \alpha$ 下两个总体均值差的置信区间为

$$\left[\ (\bar{x}_1 - \bar{x}_2) - z_{\alpha/2}\sqrt{\frac{\sigma_1^2}{n_1} + \frac{\sigma_2^2}{n_2}},\ (\bar{x}_1 - \bar{x}_2) + z_{\alpha/2}\sqrt{\frac{\sigma_1^2}{n_1} + \frac{\sigma_2^2}{n_2}}\ \right]$$

（2）大样本（$n > 30$）两个总体方差未知

在 n_1 和 n_2 很大的情况下，根据中心极限定律

$$\frac{(\bar{x}_1 - \bar{x}_2) - (\mu_1 - \mu_2)}{\sqrt{\frac{s_1^2}{n_1} + \frac{s_2^2}{n_2}}} \sim N(0,\ 1) \tag{8-20}$$

可以求出置信度 $1 - \alpha$ 下两个总体均值差的置信区间为

$$\left[\ (\bar{x}_1 - \bar{x}_2) - z_{\alpha/2}\sqrt{\frac{s_1^2}{n_1} + \frac{s_2^2}{n_2}},\ (\bar{x}_1 - \bar{x}_2) + z_{\alpha/2}\sqrt{\frac{s_1^2}{n_1} + \frac{s_2^2}{n_2}}\ \right]$$

（3）小样本（$n \leqslant 30$）两个总体方差未知，但总体方差相等 $\sigma_1^2 = \sigma_2^2 = \sigma^2$

此时，依然可以根据中心极限定律

$$\frac{(\bar{x}_1 - \bar{x}_2) - (\mu_1 - \mu_2)}{\sqrt{\frac{\sigma^2}{n_1} + \frac{\sigma^2}{n_2}}} \sim N(0,\ 1)$$

但考虑到总体为正态分布的时候，方差服从卡方分布，故：

$$\frac{(n_1 - 1)s_1^2 + (n_2 - 1)s_2^2}{\sigma^2} \sim \chi^2(n_1 + n_2 - 2) \tag{8-21}$$

根据 t 分布的定义构建出如下自由度[①]为 $n_1 + n_2 - 2$ 的 t 分布：

$$\frac{(\bar{x}_1 - \bar{x}_2) - (\mu_1 - \mu_2)}{\sqrt{\frac{(n_1 - 1)s_1^2 + (n_2 - 1)s_2^2}{n_1 + n_2 - 2}}\sqrt{\frac{n_1 + n_2}{n_1 n_2}}} \sim t(n_1 + n_2 - 2) \tag{8-22}$$

如果令 $s_w^2 = \dfrac{(n_1 - 1)s_1^2 + (n_2 - 1)s_2^2}{n_1 + n_2 - 2}$，那么可以求出置信度 $1 - \alpha$ 下两

个总体均值差的置信区间为

$$\left[\ (\bar{x}_1 - \bar{x}_2) - t_{\alpha/2}\sqrt{\frac{s_w^2}{n_1} + \frac{s_w^2}{n_2}},\ (\bar{x}_1 - \bar{x}_2) + t_{\alpha/2}\sqrt{\frac{s_w^2}{n_1} + \frac{s_w^2}{n_2}}\ \right]$$

如果总体方差未知且也不能保证总体方差相等，此时求出两个总体均值

---

① 回忆自由度的计算方法：某个参数的独立数据点的数量减去估计过程中所用到的约束条件的数量。此处独立的数据点是 $n_1 + n_2$，而我们在计算过程中用到了两个均值，因此约束条件为 2。因此，最终的自由度为 $n_1 + n_2 - 2$。

差的置信区间依然是一个尚处于研究中的问题，这个问题也被称为贝伦斯-费希尔（Behrens-Fisher）问题。对于此有很多近似的方法求解，考虑到司法统计学领域很少遇到这种情况，多数情况样本量都是足够的，因此本书不详细介绍，有兴趣的读者可以参考其他数理统计教材。

【例8.5】研究者希望研究认罪认罚对刑期的影响；因此，随机抽取了某罪裁判文书中签署了具结书和没有签署具结书的判决书各100份。该研究者发现签署了具结书平均刑期20个月，标准差10个月；没有签署具结书的案件平均刑期22个月，标准差15个月。（1）请问两种类型案件总体均值差95%的置信区间？（2）假设样本量均变为25份，结论是否有变化？

解：（1）根据题意，$n_1 = n_2 = 100$，$\bar{x}_1 = 20$，$\bar{x}_2 = 22$，$s_1 = 10$，$s_2 = 15$。查表得 $z_{0.05/2} = z_{0.025} = 1.96$。根据大样本下两个均值差的区间估计公式，可以得知两种类型案件总体均值差95%的置信区间为

$$\left[(20 - 22) - 1.96\sqrt{\frac{10^2}{100} + \frac{15^2}{100}}, \ (20 - 22) + 1.96\sqrt{\frac{10^2}{100} + \frac{15^2}{100}} \right]$$

$$= [-5.53, \ 1.53]$$

因此，两种类型案件总体均值差的95%置信区间为 $[-5.53, 1.53]$。因为区间包含零，所以没有证据表明两种类型案件的总体均值存在显著差异。

（2）根据题意，样本量变为 $n_1 = n_2 = 25$，此时需要使用小样本情况下两个均值差的区间估计公式。首先需要计算组合样本方差：

$$s_w^2 = \frac{(n_1 - 1)s_1^2 + (n_2 - 1)s_2^2}{n_1 + n_2 - 2} = \frac{(25 - 1)10^2 + (25 - 1)15^2}{25 + 25 - 2} = 162.5$$

查表得 $t_{0.05/2}(25 + 25 - 2) = z_{0.025}(48) = 2.01$。根据小样本下两个均值差的区间估计公式，可以得知两种类型案件总体均值差95%的置信区间为

$$\left[(20 - 22) - 2.01\sqrt{\frac{162.5}{25} + \frac{162.5}{25}}, \ (20 - 22) + 2.01\sqrt{\frac{162.5}{25} + \frac{162.5}{25}} \right]$$

$$= [-9.24, \ 5.24]$$

因此，两种类型案件总体均值差的95%置信区间为 $[-9.24, 5.24]$。因为区间包含零，所以同样没有证据表明两种类型案件的总体均值存在显著差异。

2. 两个总体频率差的置信区间

考虑到频率是一种特殊的均值，而且通常而言都是不知道总体频率的。可以直接使用大样本下两个总体方差未知时总体均值差的置信区间公式。假

设两个样本频率分别为 p_1 和 p_2。可以求出置信度 $1 - \alpha$ 下两个总体频率差的置信区间为

$$\left[(p_1 - p_2) - z_{\alpha/2} \sqrt{\frac{p_1(1 - p_1)}{n_1} + \frac{p_2(1 - p_2)}{n_2}} , \right.$$

$$\left. (p_1 - p_2) + z_{\alpha/2} \sqrt{\frac{p_1(1 - p_1)}{n_1} + \frac{p_2(1 - p_2)}{n_2}} \right]$$

【例 8.6】研究者希望研究认罪认罚对缓刑的影响，因此，随机抽取了某罪裁判文书中签署了具结书和没有签署具结书的判决书各 100 份。该研究者发现签署了具结书的案件中 20% 判了缓刑，没有签署具结书案件 15% 了判缓刑。请问两种类型案件缓刑率差 95% 的置信区间？

解：（1）根据题意，$n_1 = n_2 = 100$，$p_1 = 0.2$，$p_2 = 0.15$。查表得 $z_{0.05/2} = z_{0.025} = 1.96$。两种类型案件缓刑率差 95% 的置信区间为：

$$\left[\begin{array}{c} (0.2 - 0.15) - 1.96 \sqrt{\dfrac{0.2 \times 0.8}{100} + \dfrac{0.15 \times 0.85}{100}} , \\[4mm] (0.2 - 0.15) + 1.96 \sqrt{\dfrac{0.2 \times 0.8}{100} + \dfrac{0.15 \times 0.85}{100}} \end{array} \right]$$

$$= [-0.055\ 1,\ 0.155\ 1]$$

两种类型案件缓刑率差的 95% 置信区间为 $[-0.055, 0.155]$。因为区间包含零，所以没有证据表明签署具结书和没有签署具结书的案件缓刑率存在显著差异。

本章小结

第一节主要内容

点估计：（1）均值的点估计：$\bar{x} = \dfrac{\sum\limits_{i=1}^{n} x_i}{n}$。（2）方差的点估计：$s^2 = \dfrac{\sum\limits_{i=1}^{n} (x_i - \bar{x})^2}{n - 1}$。

评价点估计的指标：（1）无偏性：样本估计值的数学期望等于待估的总体特征值。

（2）有效性：点估计值分布的离散性。

（3）一致性：样本量增大，样本估计值无限接近总体参数。

第二节主要内容

区间估计原理：（1）置信度 $1 - \alpha$ 下，置信区间为 $\left[\widehat{\theta_L}, \widehat{\theta_U}\right]$。（2）置信区间的频率学派理解。

单个总体参数的置信区间：

均值	总体方差已知：$\left[\bar{X} - z_{\alpha/2}\dfrac{\sigma}{\sqrt{n}}, \ \bar{X} + z_{\alpha/2}\dfrac{\sigma}{\sqrt{n}}\right]$ 总体方差未知：$\left[\bar{X} - z_{\alpha/2}\dfrac{s}{\sqrt{n}}, \ \bar{X} + z_{\alpha/2}\dfrac{s}{\sqrt{n}}\right]$
频率	$\left[p - z_{\alpha/2}\sqrt{\dfrac{p(1-p)}{n}}, \ p + z_{\alpha/2}\sqrt{\dfrac{p(1-p)}{n}}\right]$
方差	$\left[\dfrac{(n-1)s^2}{\chi^2_{1-\frac{\alpha}{2}}(n-1)}, \ \dfrac{(n-1)s^2}{\chi^2_{\frac{\alpha}{2}}(n-1)}\right]$

置信区间与样本量：

（1）根据均值：有放回 $\dfrac{z^2_{\alpha/2}\sigma^2}{\Delta^2}$，不放回 $\dfrac{N z^2_{\alpha/2}\sigma^2}{N\Delta^2 + z^2_{\alpha/2}\sigma^2}$。

（2）根据频率：有放回 $\dfrac{z^2_{\alpha/2}\pi(1-\pi)}{\Delta^2}$，不放回 $\dfrac{N z^2_{\alpha/2}\pi(1-\pi)}{N\Delta^2 + z^2_{\alpha/2}\pi(1-\pi)}$。

两个总体参数的置信区间：

	大样本
均值	大样本方差已知： $\left[(\bar{x_1} - \bar{x_2}) - z_{\alpha/2}\sqrt{\dfrac{\sigma_1^2}{n_1} + \dfrac{\sigma_2^2}{n_2}}, \ (\bar{x_1} - \bar{x_2}) + z_{\alpha/2}\sqrt{\dfrac{\sigma_1^2}{n_1} + \dfrac{\sigma_2^2}{n_2}}\right]$ 大样本方差未知： $\left[(\bar{x_1} - \bar{x_2}) - z_{\alpha/2}\sqrt{\dfrac{s_1^2}{n_1} + \dfrac{s_2^2}{n_2}}, \ (\bar{x_1} - \bar{x_2}) + z_{\alpha/2}\sqrt{\dfrac{s_1^2}{n_1} + \dfrac{s_2^2}{n_2}}\right]$ 小样本方差未知： $\left[(\bar{x_1} - \bar{x_2}) - t_{\alpha/2}\sqrt{\dfrac{s_w^2}{n_1} + \dfrac{s_w^2}{n_2}}, \ (\bar{x_1} - \bar{x_2}) + t_{\alpha/2}\sqrt{\dfrac{s_w^2}{n_1} + \dfrac{s_w^2}{n_2}}\right]$

表(续)

大样本	
频率	大样本： $\left[(p_1 - p_2) - z_{\alpha/2} \sqrt{\dfrac{p_1(1-p_1)}{n_1} + \dfrac{p_2(1-p_2)}{n_2}} ,\ (p_1 - p_2) + \right.$ $\left. z_{\alpha/2} \sqrt{\dfrac{p_1(1-p_1)}{n_1} + \dfrac{p_2(1-p_2)}{n_2}} \right]$

思考题

1. 为了解某区强奸罪罪犯的平均被判决有期徒刑的刑期长度（不包括死刑与无期徒刑），随机抽取了 16 名强奸罪罪犯进行调查，得到样本均值为 5 年，样本标准差为 4 年。假定刑期长度近似服从正态分布，求该区强奸罪罪犯平均刑期的 95% 置信区间。

2. 某监狱对财产犯罪罪犯的犯罪原因进行问卷调查，从监狱中随机抽取了 200 名财产犯罪罪犯组成样本，调查结果显示有 80 名罪犯认为他们的犯罪原因是贫困。请根据样本结果，计算贫困导致财产犯罪的罪犯比例的 95% 置信区间。

3. 为调查两个地区非法集资罪被害人的受害金额，分别从两个地区抽取 81 名被害人组成的随机样本，样本均值分别为 45 万元和 35 万元，标准差分别为 9 万元和 8 万元。试求这两个地区非法集资罪被害人平均受害金额之差的 95% 置信区间。

第九章　假设检验

　　本章将介绍推论性统计中最为重要的一种方法，即假设检验。一旦掌握了假设检验的知识，我们就可以对本书上篇描述的任何一种情况进行假设检验。因此，本章的内容将会涵盖第十章到第十三章的所有知识点，本章的知识需要学生重点掌握。

第一节　假设检验基本原理

　　在统计学中，假设检验（hypothesis testing）是用于判断样本数据是否提供了足够的证据来支持或反驳关于总体的某个假设的一种方法。为了更好地理解这一概念，我们先来看一个经典的实验——女士品茶实验。

　　女士品茶实验由英国统计学家罗纳德·费舍尔（Ronald Fisher）在 20 世纪 20 年代设计。这个实验的背景是这样的：费舍尔与几位同事和朋友在一起享受下午茶。席间，一位女士声称她能通过品尝分辨出一杯茶是先倒茶还是先倒奶。费舍尔对此产生了兴趣，并决定设计一个实验来验证她是否真的具有这种能力。

　　为此，费舍尔准备了 8 杯茶，其中 4 杯是先倒茶后倒奶（简记为 tea-milk），另外 4 杯是先倒奶后倒茶（简记为 milk-tea）。女士需要品尝这 8 杯茶，并判断每一杯的倒茶顺序。她能否真的分辨出来呢？

　　在进行实验之前，我们首先做出两个假设：

　　H_0：女士没有辨别能力，她的判断是随机的，就像扔硬币猜正反面一样。

　　H_1：女士确实有辨别能力，她的判断不是随机的。

　　在进一步分析之前，我们还需要进行一个约定，即假设某个事件出现的概率低于5%，我们就认为其是小概率事件。在一次实验中，考虑到其出现的概率很低，我们就可以认为该事件不会发生。

现在，我们首先假设H_0是真的，也即女士其实并没有这种能力，她的判断完全是随机的。那么，如果这名女士成功地从这8杯茶中识别出4杯milk-tea和4杯tea-milk，在H_0成立的条件下，这种情况出现的概率是$1/C_8^4 = 1/70 \approx 0.0143$。可以发现，如果女士只是随机猜测的话，仅有1.43%的可能性成功识别。根据我们做出的小概率事件约定，我们不得不怀疑H_0的正确性，转而认为H_1可能具有合理性，即女士确实有辨别能力。

这就是假设检验的基本原理：我们首先提出两个矛盾的假设，明确感兴趣的统计量，约定小概率标准，然后计算某个假设成立的情况下出现当前结果的概率，并最后给出判断。

第二节　假设检验基本步骤

接下来将使用一个实例来介绍假设检验的基本步骤。

【例9.1】根据最高人民检察院、最高人民法院的统计，判处3年以下有期徒刑或更为轻微刑罚的案件占比持续上升。现在假设研究者希望对这一现象的真实性进行检验，因此随机抽取了100个案件，发现其中81个案件都是轻罪案件。假设五年前，轻罪案件占比为70%，这一证据是否可以表明当前轻罪案件占比较之于五年前发生了显著变化？为了解决这个问题，我们将逐一介绍假设检验的四个步骤。

一、步骤1：　建立假设

假设检验的第一步是建立两个假设，包括原假设（null hypothesis）也叫作虚无假设或者零假设，通常记作H_0，以及备择假设（alternative hypothesis），也叫研究假设，记作H_1。在本例中，原假设H_0为当前轻罪案件的占比与五年前相同。备择假设H_1为当前轻罪案件的占比与五年前不同。进一步假设当前轻罪案件占比为π，而五年前轻罪占比为π_0，原假设和备择假设分别为

$$H_0: \pi = \pi_0$$

$$H_1: \pi \neq \pi_0$$

考虑到我们已知 $\pi_0 = 0.7$，那么两个假设可以进一步写为：

$$H_0: \pi = 0.7$$

$$H_1: \pi \neq 0.7$$

此处需要尤其注意原假设与备择假设的内容，两个假设不可相互置换。通常而言，原假设之所以被称为原假设或者虚无假设，是因为其通常代表了某种关系不存在的假设。在本例中，这种关系不存在即表明当前轻罪占比与五年前相比并没有发生任何变化。在后面章节中，我们将会介绍两个变量相关关系的假设检验，对于这些章节而言，原假设也都表明两个变量不相关。

为什么使用这种原假设呢？首先，我们可能永远无法验证备择假设成立。为了说明这一点，考虑著名的大卫·休谟（David Hume）"白天鹅悖论"。科学的论断都来自经验的归纳。如果我们希望证明"所有天鹅都是白的"这个命题，我们通常需要观察大量的数据。事实上，在 17 世纪的欧洲，人们普遍认为所有的天鹅都是白色的，因为他们见过的天鹅都是白的。这个结论看似有大量观测数据支持，但当 1697 年在澳大利亚发现了黑天鹅后，这一结论立即被推翻。这个例子说明，无论观察了多少只白天鹅，都无法证明"所有天鹅都是白的"，但只需要发现一只黑天鹅，就能证伪这一命题。因此，我们将原假设定义为不存在关系的假设，是因为其论证成本更低。

其次，科学理论需要具备可证伪性（falsifiability）。科学哲学家卡尔·波普尔（Karl Popper）通过研究休谟的"白天鹅悖论"，指出科学理论不可能被完全验证，但可以被证伪。科学的发展依赖于提出可以被经验数据证伪的假设。如果我们直接假设两个变量存在关系，并且试图验证这个假设，我们可能永远无法收集到足够的证据来证明它成立。相反，通过假设两个变量之间不存在关系，我们可以通过实验或观察，寻找能够推翻这一假设的证据。如果我们找到了足够的证据来拒绝原假设，那么我们就可以支持备择假设。这种方法保证了科学研究的严谨性和客观性，因为一个理论只有能够被证伪，才能通过反复的检验和反驳，逐步接近真理。

二、步骤 2：选择统计量

在假设检验中，我们需要选择一个合适的统计量来检验原假设。根据大数定律和点估计的知识，我们知道样本频率是总体频率的良好估计量。因

此，我们可以使用样本频率 p 作为统计量来检验总体频率 π。在本例中，样本频率为

$$p = \frac{81}{100} = 0.81$$

三、步骤 3： 选择显著性水平并根据其确定临界值、 接受域 和拒绝域

显著性水平即我们前面定义的小概率标准。通常选择的显著性水平有 0.05、0.01 等。在本例中，我们选择显著性水平为 0.05。换言之，原假设成立的情况下如果出现当前的样本特征值小于 α 的概率很小，就可以认为这是一个小概率事件。

现在我们就可以根据显著性水平划定接受域与拒绝域。接受域和拒绝域是两个区间，一旦我们选择的统计量落入接受域，我们就无法拒绝原假设；如果我们的统计量落入拒绝域，那么就拒绝原假设。而区分接受域和拒绝域的值，称为临界值。

这里需要进一步说明一下，为什么不直接计算统计量出现的概率，而要使用一个区间来代表其接受或者拒绝呢？因为对于连续变量而言，单个点的概率无法计算，也没有意义。对于类别变量而言，由于我们将其转化为频率，其也可能有多个取值，从而变成一个尺度变量。

现在，我们就来计算接受域、拒绝域和临界值。既然我们已经认为原假设成立，换言之 $\pi = \pi_0$。此时，根据中心极限定律可知

$$p \sim N\left(\pi_0, \frac{\pi_0(1 - \pi_0)}{n}\right)$$

尤其注意上述公式的分母。既然我们已经认为原假设成立，因此总体的频率其实是已知的，不需要使用样本频率代替。但是如果我们此时进行的总体均值的假设检验，可能不得不使用样本的方差代替总体方差。

现在，我们的任务就是希望找到两个临界值 p_1 和 p_2，使得样本均值落在其中的概率为 $1 - \alpha$。此时，$[p_1, p_2]$ 则称为接受域；$[-\infty, p_1]$ 和 $[p_2, +\infty]$ 则称为拒绝域。图 9.1 展示接受域、拒绝域和临界值的关系。

在这里，我们可以构造下列函数

$$P\left(-z_{\alpha/2} < \frac{p - \pi_0}{\sqrt{\dfrac{\pi_0(1 - \pi_0)}{n}}} < z_{\alpha/2}\right) = 1 - \alpha \tag{9-1}$$

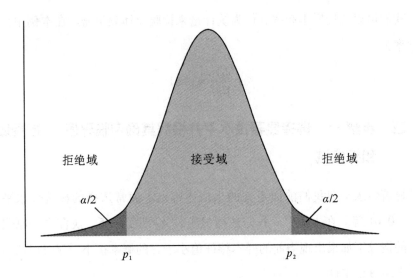

图 9.1　双侧检验的接受域、拒绝域和临界值

也即

$$P\left(\pi_0 - z_{\alpha/2}\sqrt{\frac{\pi_0(1-\pi_0)}{n}} < p < \pi_0 + z_{\alpha/2}\sqrt{\frac{\pi_0(1-\pi_0)}{n}}\right) = 1 - \alpha$$

$$(9-2)$$

可以求解得到两个临界值为

$$p_1 = \pi_0 - z_{\alpha/2}\sqrt{\frac{\pi_0(1-\pi_0)}{n}} \tag{9-3}$$

$$p_2 = \pi_0 + z_{\alpha/2}\sqrt{\frac{\pi_0(1-\pi_0)}{n}} \tag{9-4}$$

查表得 $z_{0.025} = 1.96$，将本例其他数值带入可以求得

$$p_1 = 0.7 - 1.96\sqrt{\frac{0.7(1-0.7)}{100}} = 0.610\ 2$$

$$p_2 = 0.7 + 1.96\sqrt{\frac{0.7(1-0.7)}{100}} = 0.789\ 8$$

四、步骤 4：　决定是否拒绝原假设

根据计算出的临界值、接受域和拒绝域可以发现，我们的样本频率 p 在接受域之外，即 $p \notin [p_1, p_2]$，或者说样本频率 p 在拒绝域范围内。因此得出结论，拒绝原假设 H_0，转而认为 H_1 具有合理性。

还需要提醒的是，即使我们发现 $p \in [p_1, p_2]$，也即 p 在接受域范围之内，我们也不能说"接受原假设"，我们只能说"无法拒绝原假设"。之所以使用这种双重否定的陈述，是因为我们做出的统计推论都是基于原假设。回忆我们之前讨论的卡尔·波普尔有关可证伪性的论述，我们无法验证某个结论，但是可以证伪某个结论，这一观点也进一步说明为什么我们要使用这种双重否定式的陈述。

根据式（9-3）和式（9-4）可以发现，假设检验的两个临界值与区间估计的范围非常近似。回顾总体频率的区间估计，置信度 $1 - \alpha$ 下总体频率的置信区间为

$$\left[p - z_{\alpha/2} \sqrt{\frac{p(1 - p)}{n}}, \ p + z_{\alpha/2} \sqrt{\frac{p(1 - p)}{n}} \right]$$

可以发现，只要把置信区间中的 p 全部换成 π_0 即可得到与假设检验接受域完全一样的区间。

这两者的差别其实反映了两种推论性统计方法的核心区别。区间估计是使用样本统计量估计总体参数的过程，因此其公式中只能带有样本统计量。而假设检验已经假设了总体的参数，然后观察在这种假设成立下出现样本统计量的概率是大还是小。因此，在假设检验的公式中，总体的某些参数将会被假设已知，然后以此为根据推出抽样分布。

第三节 使用不同的统计量进行假设检验

上一节介绍了使用样本频率进行假设检验的基本步骤。其实，还可以使用其他的统计量来进行假设检验，例如使用 Z 分数和 P 值。

1. 使用 Z 分数进行假设检验

考虑到直接使用样本频率需要计算两个临界值，比较麻烦。根据正态分布的知识，可以将任何一个正态分布转化为标准正态分布。这样我们就可以使用 Z 分数来进行假设检验了。

（1）建立假设

此时我们依然建立与【例 9.1】相同的两个假设，即

$$H_0: \pi = 0.7$$

$$H_1: \pi \neq 0.7$$

（2）选择统计量

现在，我们不再选择样本频率，而是将其转化为 Z 分数。

$$Z = \frac{0.81 - 0.7}{\sqrt{\dfrac{0.7(1 - 0.7)}{100}}} \approx 2.40$$

（3）选择显著性水平并根据其确定临界值、接受域和拒绝域

我们依然将显著性水平选择为 $\alpha = 0.05$。此时可以直接查表得到 Z 分数的临界值 $-z_{\alpha/2}$ 和 $z_{\alpha/2}$。在本例中，临界值 $z_{\alpha/2} = 1.96$。因此可以进一步得出：接受域为 $[-1.96, 1.96]$；拒绝域为 $[-\infty, -1.96]$ 和 $[1.96, +\infty]$。

（4）决定是否拒绝原假设

由于 z 不在接受域之内，或者说 $|Z| > z_{\alpha/2}$，因此，依然可以得出拒绝原假设 H_0 的结论。

需要说明的是，选择使用 Z 分数进行检验和使用样本频率进行检验结论完全等价。但是考虑到使用 Z 分数极大地简化了计算过程，因此本书后续的介绍都是使用类似的方法进行检验。有时，这种方法也直接简称为 Z 检验。

2. 使用 p 值进行假设检验

假设检验的核心其实就是看原假设成立的情况下出现样本统计量是否为小概率事件。那么是否可以直接计算出这个概率呢？这个概率通常被称为 p 值。此时，可以直接将 p 值与显著性水平 α 比较，这样可以进一步简化假设检验的步骤。具体而言，其步骤如下：

（1）建立假设

$$H_0: \pi = 0.7$$
$$H_1: \pi \neq 0.7$$

（2）选择统计量

计算 Z 分数

$$Z = \frac{p - \pi_0}{\sqrt{\dfrac{\pi_0(1 - \pi_0)}{n}}} = \frac{0.81 - 0.7}{\sqrt{\dfrac{0.7(1 - 0.7)}{100}}} \approx 2.40$$

（3）计算 p 值

p 值讨论的是原假设成立的情况下出现样本统计量的可能性。但是很显然，样本统计量本身的概率计算没有意义。因此，p 值其实计算的是，原假设成立的情况下，出现当前样本统计量以及更加极端样本统计量的概率。因

此如果 Z 为正数的情况下，其计算方法为

$$p = P(Z \geqslant z) + P(Z \leqslant -z)$$

代入本例，

$$p = P(Z \geqslant 2.40) + P(Z \leqslant -2.40) \approx 0.0082 + 0.0082 = 0.0164$$

（4）决定是否拒绝原假设

很显然，$p < 0.05$，因此依然可以得出拒绝原假设的结论。

可以看出，无论使用哪种统计量，其得出的结论实际上是完全等价的。因此，可以根据具体场景自由选择。如果想要直接理解假设检验，那么使用样本频率这一原始的统计量可能比较容易上手。但是，如果要进行人工计算，选择 Z 分数通常是最容易计算的。而如果使用统计软件进行计算，统计软件通常会直接给出 p 值（有的统计软件也称为 sig. 值），这样一来就非常便于解读。

（5）对 p 值的进一步讨论

首先，p 值是一个解读起来非常方便的统计指标，现代统计软件几乎都会提供 p 值，因此它是量化研究报告中的主要指标之一。需要注意的是，根据期刊和领域的不同，对 p 值的汇报形式可能有所差异。有的研究会单独列出一列（或者一行）直接指明 p 值，这种方法直观但占用版面较多。为了简便，有的研究可能会在某些统计量后面加上星号（ * ）来汇报 p 值，并在表格下方予以说明，例如："*，$p < 0.05$；* *，$p < 0.01$；* * *，$p < 0.001$"。这种方法可以更简单地表明在不同显著性水平下，当前结果是否可以拒绝原假设。因此，假设看到"* *"，可以解读为在 $\alpha = 0.01$ 的水平下，当前结果可以拒绝原假设。此时，这一结果被认为是在 $\alpha = 0.01$ 的水平下具有统计学显著性（statistical significance）。

其次，正确理解 p 值的含义非常重要。前面我们给出 p 值的定义是：在原假设成立的情况下，出现当前样本统计量以及更加极端样本统计量的概率。这里的"更加极端"需要结合备择假设来讨论。考虑到本例中备择假设为 $H_1: \pi \neq 0.7$，那么无论是出现远远高于 0.7 或者远远低于 0.7 的情况，都可以视为拒绝原假设。这也是为什么在计算 p 值的时候，需要计算两个方向概率和，即 $P(Z \geqslant z) + P(Z \leqslant -z)$，而不是一个方向。当然，后续介绍单侧检验之后，$p$ 值的计算也会随之改变。

在正确理解 p 值的基础上，下面列出一些常见的误读。以我们前面计算

出的 $p = 0.016\ 4$ 为例，可能出现以下几种误读：

误读一：我们已经证实原假设是错误的。这种误读方法误解了假设检验的基本原理。在假设检验框架下，我们只能给出概率信息，并不能直接断定原假设是正确还是错误。我们只是人为设定了一个小概率标准，然后将结果与这个标准比较，从而得出接受或拒绝原假设的结论而已。事实上，完全可能存在拒绝原假设但原假设确为真的情况，这个问题将在后续章节进一步解释。

误读二：我们发现了原假设为真的概率。这种解读也非常具有迷惑性。p 值表现为是一个概率区间，但尤其要注意 p 值后面的"更加极端样本统计量"的描述。因此，p 值并不是原假设为真的概率，而是原假设成立时观测到当前样本结果或更极端结果的概率。

第四节　单侧检验与双侧检验

假设检验可以分为双侧检验和单侧检验，有时也称为双尾检验和单尾检验。所谓的双侧检验，是指拒绝域分布在统计量的两侧。我们在【例 9.1】中介绍的假设检验就是一种双侧检验，因为其备择假设 $H_1: \pi \neq \pi_0$，并没有指明方向。因此，无论是大于 π_0 还是小于 π_0，都可以视为拒绝原假设的理由，所以拒绝域会分布在两端。

类似地，我们可以提出单侧检验。单侧检验用于检验总体参数是否大于或小于某个特定值。由于在备择假设中给出了方向，因此拒绝域只会分布在一侧。具体而言，单侧检验可以分为左单侧检验和右单侧检验。

左单侧检验的备择假设形式是 $H_1: \pi < \pi_0$。因此，此时只有一个临界值，拒绝域分布在左侧。右单侧检验的原理类似，只是备择假设变为 $H_1: \pi > \pi_0$，拒绝域分布在右侧。需要注意的是，对于单侧检验而言，由于拒绝域在某一侧，因此我们不需要将显著性水平一分为二，只需要查找与 α 对应的临界值即可。因此，单侧检验的临界值通常比双侧检验的临界值更小，这意味着单侧检验通常比双侧检验更容易拒绝原假设。

下面分别使用实例介绍左单侧与右单侧检验。

一、左单侧检验

【例9.2】使用【例9.1】的数据，但对最终的研究问题做一个微调。原始问题是"当前轻罪案件占比较之于五年前是否发生了显著变化?"，这种设问方式并没有暗示任何方向，因此适合用双侧检验。现在我们将问题变为"当前轻罪案件占比是否低于五年前?"根据设问方式，此时需要使用左单侧检验。

我们依然遵循假设检验的四个步骤，为了计算方便，我们选择 Z 分数作为统计量。

1. 建立假设

考虑到现在为左单侧检验，两个假设变为如下：

$$H_0: \pi = 0.7$$

$$H_1: \pi < 0.7$$

请注意，左单侧检验的原假设形式与双侧检验相同，只不过备择假设变为有方向的假设。有的教材将此时的原假设改写为 $H_0: \pi \geqslant 0.7$，这样原假设与备择假设才构成完全意义上的对立关系。然而，考虑到如果将原假设写为 $H_0: \pi \geqslant 0.7$，则理论上无法根据原假设构建出具体的接受域和拒绝域，因为原假设并未给出具体数值。因此，本书还是保持单侧检验与双侧检验完全相同的方式介绍。但在最终解释结果时 $H_0: \pi \geqslant 0.7$ 更适合解释。

2. 选择统计量

我们依然选择 Z 分数作为统计量如下：

$$Z = \frac{p - \pi_0}{\sqrt{\dfrac{\pi_0(1 - \pi_0)}{n}}} = \frac{0.81 - 0.7}{\sqrt{\dfrac{0.7(1 - 0.7)}{100}}} \approx 2.40$$

3. 选择显著性水平并根据其确定临界值、接受域和拒绝域

依然将显著性水平选择为 $\alpha = 0.05$。但是此时接受域、拒绝域和临界值发生了变化。左单侧检验将拒绝域仅置于左侧，因此我们的临界值是 $-z_\alpha = -1.645$。此时，接受域为 $[-1.645, +\infty]$，而拒绝域变为 $[-\infty, -1.645]$，如图9.2所示。

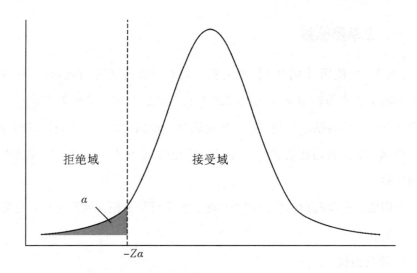

图 9.2　左单侧检验的接受域、拒绝域和临界值

4. 决定是否拒绝原假设

由于 Z 分数在接受域范围内，因此我们无法拒绝原假设，只能得出当前轻罪占比不低于五年前轻罪占比的结论。

值得一提的是，如果要使用 p 值进行检验，则需要计算：

$$p = P(Z < z) = P(Z < 2.40) \approx 0.991\,8$$

由于 $p > 0.05$，得出无法拒绝原假设的结论。

二、右单侧检验

【例 9.3】现在我们将【例 9.1】问题变为"当前轻罪案件占比是否高于五年前？"根据设问方式，此时需要使用右单侧检验。下面介绍假设检验的四个步骤：

1. 建立假设

考虑到现在为右单侧检验，两个假设变为如下：

$$H_0: \pi = 0.7$$

$$H_1: \pi > 0.7$$

2. 选择统计量

我们依然选择 z 分数作为统计量如下：

$$z = \frac{p - \pi_0}{\sqrt{\dfrac{\pi_0(1 - \pi_0)}{n}}} = \frac{0.81 - 0.7}{\sqrt{\dfrac{0.7(1 - 0.7)}{100}}} \approx 2.40$$

3. 选择显著性水平并根据其确定临界值、接受域和拒绝域

依然将显著性水平选择为 $\alpha = 0.05$。右单侧将拒绝域置于右侧，因此我们的临界值是 $z_\alpha = 1.645$。此时，拒绝域为 $[1.645，+\infty]$，而接受域变为 $[-\infty，1.645]$，如图 9.3 所示。

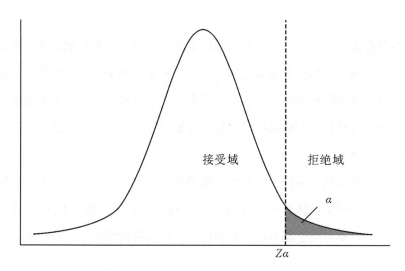

图9.3 右检验的接受域、拒绝域和临界值

4. 决定是否拒绝原假设

Z 分数在拒绝域范围内，因此我们拒绝原假设并得出当前轻罪案件占比高于五年前这一结论。

如果要使用 p 值进行检验，则需要计算：

$$p = P(Z > z) = P(Z > 2.40) \approx 0.008\ 2$$

由于 $p < 0.05$，依然可以得出拒绝原假设的结论。

和本节预测的一样，如果双侧检验拒绝了原假设，那么相应方向的单侧检验也必然拒绝原假设。其原因在于，单侧检验的拒绝域仅位于分布的一侧，导致其临界值比双侧检验的临界值小，从而增加了拒绝原假设的可能性。

然而，使用单侧检验时，需警惕一个关键问题：它可能会增加第一类错误（错误地拒绝一个真实的原假设，下一节将会进一步介绍）的风险。这是因为单侧检验的拒绝域更大，使得在给定的显著性水平下，更容易观察到统计显著性结果。鉴于这一考虑，许多学术期刊已经开始要求研究者不要单独报告单侧检验的结果，而是统一报告双侧检验的结果，以保持研究的严谨性。

第五节 假设检验的两类错误

根据前面的介绍，可以发现假设检验是一个基于样本数据对某一假设进行验证的过程。正如所有决策过程一样，它并非完美无缺。在本节中，我们将深入探讨假设检验中的两种主要错误类型。这两种错误不仅是推论统计的核心概念，而且它们背后的统计思想具有更广泛的适用性，可以用于指导类似的决策过程。

为了更深入地理解假设检验中可能出现的两类错误，表9.1为我们提供了一个清晰的框架。该表分为三列，第二列对应于原假设（H_0）为真的情况，而第三列则对应于原假设为假的情况。在这两种情况下，我们都有可能犯错误。

首先，如果原假设实际上是真的，但我们错误地拒绝了它，这就构成了第一类错误（type I error, α）。其次，如果原假设实际上是假的，我们却错误地接受了它，这就构成了第二类错误（type II error, β）。

表 9.1 假设检验的两类错误

检验决策	H_0 为真	H_0 为假
拒绝 H_0	第一类错误（α）	正确拒绝原假设（$1-\alpha$）
接受 H_0	正确地拒绝原假设（$1-\beta$）	第二类错误（β）

一、两种错误在不同领域的表现

在统计学的不同应用领域中，第一类和第二类错误虽然有着不同的术语，但它们的核心概念是相通的。在社会统计学领域，第一类错误通常被称为"弃真错误"，其直观地描述了在原假设实际上为真的情况下，我们却错误地拒绝了它的情形。而第二类错误则被称为"纳伪错误"，指的是在原假设实际上为假的情况下，我们却错误地接受了它。

在医学和生物统计学中，第一类和第二类错误分别被称为"假阳性（false positive）"和"假阴性（false negative）"。这些术语的来源与这些领域中阴性和阳性的常规使用有关。阴性通常表示某种症状或效果的缺失，而阳性则表示其存在。通常，原假设假设阴性结果。此时，如果原假设为真，即本来没有某种症状或效果，但检验结果错误地显示为阳性，这就构成了假阳性结果，也即第一类错误。相反，如果原假设为假，即实际上存在某种症状或效果，但检验结果错误地显示为阴性，这就构成了假阴性结果，也即第二类错误。

在自然科学研究领域，第一类和第二类错误还有另外一些更为形象的称谓。第一类错误有时被称为"过于激进"的错误，而第二类错误则被称为"过于保守"的错误。以新药开发为例，原假设通常是这种新药没有疗效。研究的目标是通过实验来确定是否拒绝这个原假设。研究者自然希望能够拒绝原假设，从而实现科学上的突破。如果原假设实际上为真，即药物确实没有效果，但研究错误地拒绝了原假设，这可能导致将无效药物推向市场，带来严重的后果，这便是"过于激进"的错误。如果药物实际上有疗效，但由于检验过程过于严格而未能拒绝原假设，这可能导致错失发现有效药物的机会，从而浪费了大量的人力物力，这便是第二类错误的典型例子，也即"过于保守"的错误。

最后，两类错误的思想在法学领域，尤其是刑事司法领域，具有极其重要的意义。在刑事司法领域，确定犯罪嫌疑人是否有罪是其核心的决策过程。统计学原理告诉我们，任何决策过程都可能面临出现错误的风险。通常，我们将犯罪嫌疑人无罪设定为原假设，而将有罪设定为备择假设。那么，第一类错误描述的是犯罪嫌疑人本来无罪（即原假设为真），但错误地认为其有罪（即错误地拒绝了原假设）这样一种情况。简而言之，"错判"就是第一类错误的体现。类似地，可以论证，"错放"则属于第二类错误。

那么，究竟为什么会出现两类误差？两类误差的关系是什么？如何降低两类误差？下面将会逐一介绍。

二、第一类错误

在假设检验的框架中，整个检验过程始于一个基本的前提：我们假设 H_0 是成立的。我们的目标是评估在原假设为真的条件下，观察到当前样本结果及其更极端结果的概率。如果这个概率小于我们设定的某个标准（显著性水平 α），那么我们就有理由拒绝原假设。

第一类错误的出现，正是由于我们设定的显著性水平 α。例如，原假设实际上为真，但在一次特定的抽样中，恰好观察到一个极端的结果。如果我们因此而拒绝原假设，就会犯第一类错误。

第一类错误的产生与我们事先设定的显著性水平具有直接的联系。实际上，在开始假设检验之前，我们已经确定了第一类错误发生的概率，即显著性水平 α。这意味着，如果我们设定了 $\alpha = 0.05$，那么我们在拒绝原假设时，犯第一类错误的风险就被限制在 5% 以内。

降低第一类错误的发生概率，一个直观且有效的方法就是减小显著性水平 α 的值。例如，如果我们将显著性水平从 0.05 降低到 0.01，理论上，犯第一类错误的风险也会相应地从 5% 降至 1%。在自然科学领域，普遍使用非常严格的显著性水平，以降低第一类错误的可能性。例如，在粒子物理学中，只有当统计显著性达到 5σ（也即 $\alpha = 3 \times 10^{-7}$）时，才会正式宣布发现新的粒子或现象。显著性水平通常设定为 5σ，也即 $\alpha = 3 \times 10^{-7}$。希格斯玻色子的发现就通过了这个设定。这种严格的做法源于"非凡的主张需要非凡的证据"的理念，因为这些实验中的第一类错误可能对物理学领域产生重大影响。

在法学领域，刑事诉讼法程序之所以设置得如此复杂，刑事案件的证明标准之所以如此严格，其核心目的之一就是降低 α 值，即减少错判的风险。法律格言中充满了对这一理念的强调，例如，"一次犯罪仅污染了水流，而一次不公正的判决却污染了整个水源"，这句话凸显了错判（第一类错误）对社会正义的深远影响。法律实践中的"宁可错放，不可错判"原则，以及"疑罪从无"的法律准则，都是这一理念的具体体现。

三、 第二类错误

1. 第二类错误的概念和计算过程

第二类错误用 β 表示，发生在原假设（H_0）实际上是错误的，我们却错误地接受了它的情况下。第二类错误意味着我们未能检测到实际存在的效果或差异。

值得注意的是，β 的确切值往往难以计算，因为我们通常无法确切知晓真实的抽样分布情况。然而，在假设检验中，理解第二类错误的概念及其潜在影响至关重要。

为了更深入地阐释第二类错误，让我们回顾【例9.3】中的右单侧检验。在这个例子中，原假设 H_0：$\pi = \pi_0$ 被提出。假设检验的第三步是基于这个原假设，确定接受域和拒绝域。样本均值若落在拒绝域内，我们将拒绝原假设。如图9.4所示，两个正态分布中的实线部分代表了假定的抽样分布（hypothesized sampling distribution）。临界值 z_α 左侧的区域 $[-\infty, z_\alpha]$ 是接受域，而右侧的深灰色阴影部分 $[z_\alpha, +\infty]$ 则是拒绝域，对应于第一类错误的大小 α。

现在，假设我们已知总体的真实轻罪占比为 π_1，而且 π_1 并不等于 π_0，即 $\pi_1 \neq \pi_0$。这表明原假设是错误的。在这种情况下，我们可以绘制出真实的抽样分布（true sampling distribution），如图9.4所示的虚线部分。在这个真实的分布中，如果样本结果落在 $[-\infty, z_\alpha]$ 区间内，我们将无法拒绝原假设。因此，我们可以计算在这个真实的抽样分布中，结果落在 $[-\infty, z_\alpha]$ 区间的概率，这个概率即第二类错误的概率 β（浅灰色部分）。

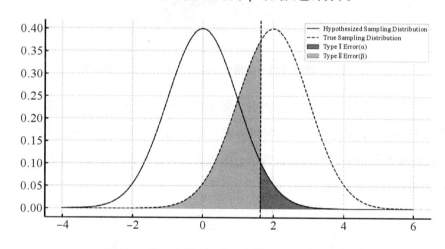

图9.4　第一类错误和第二类错误的关系示意图

2. 第二类错误大小的影响因素

从上述推导中我们可以观察到，第二类错误的概率 β 与多个因素相关联，这些因素共同决定了我们在假设检验中犯第二类错误的可能性。

首先，β 与 α 呈现负相关关系。在其他条件不变的情况下，α 增大会导致 β 的减少，反之亦然。为了更形象地表达这一关系，我们将图9.4中的 α 从 0.05 提高到 0.15，其结果展示在图9.5中。可以明显看出，随着 α 的增加，β 相应减少。借用我们先前刑事司法的例子，如果我们降低定罪的标准，虽然增加了"错判"（第一类错误）的风险，但同时"错放"（第二类错误）

的可能性却降低了。相反，如果采用非常严格的定罪标准，虽然减少了"错判"的风险，但"错放"的风险却随之增加。因此，不同时期的刑事政策可能都是在第一类错误和第二类错误之间寻求平衡①。

此处还需要注意一点，β 与 α 呈现负相关关系并不代表 $\beta + \alpha = 1$。无论根据图 9.4 还是表 9.1 都可以发现，β 与 α 都是在不同的分布下计算的结果，而非在同一个分布下计算的结果。

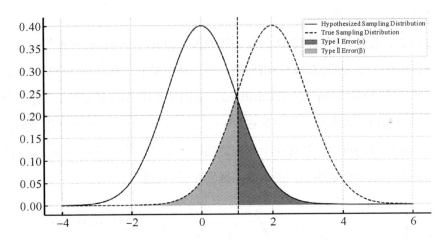

图 9.5　α 增大后第一类错误和第二类错误的关系示意图

其次，β 的大小和 $\pi_1 - \pi_0$ 相关。如果真实的均值与原假设差距很大，导致两个分布重叠部分变少，会导致 β 减少，如图 9.6（a）。如果真实的均值与原假设差距很小，这会导致两个分布重叠部分很大，会导致 β 增加，如图 9.6（b）。

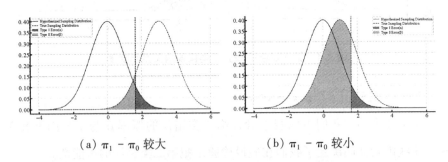

（a）$\pi_1 - \pi_0$ 较大　　　　　　　（b）$\pi_1 - \pi_0$ 较小

图 9.6　$\pi_1 - \pi_0$ 在不同取值下第一类错误和第二类错误的关系示意图

最后，β 的大小与样本量相关。如果增加样本量，可能导致两个分布交叉的部分变少，这样也会导致 β 减少。如图 9.7 所示，当样本量变大时，浅

① 熊谋林. 两种刑事司法错误的危害相当性基于中国综合社会调查的考察［J］. 中外法学，2016，28（01）：224-262.

灰色部分的面积较之于图 9.4 变小。

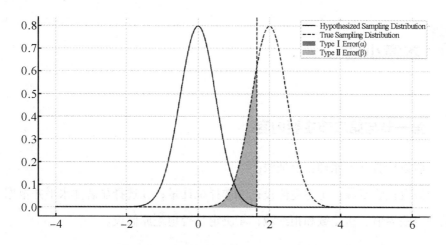

图 9.7　样本量增大后第一类错误和第二类错误的关系示意图

3. 第二类错误与统计功效

第二类错误与统计功效（statistical power）的概念密切相关。统计功效是衡量一个假设检验在效应真实存在时能够正确检测出该效应的能力。它定义为 $1-\beta$，即在备择假设（H_1）为真的情况下，检验拒绝原假设（H_0）的概率。简言之，统计功效是检验避免犯第二类错误的能力。

高统计功效意味着检验具有较高的敏感性，能够在效应真实存在时以较高的概率检测到它。相反，低统计功效的检验可能经常错过真实存在的效应，从而增加犯第二类错误的风险。

在实际应用中，研究者通常会在设计阶段进行功效分析（power analysis），以确定所需的样本量和评估在特定条件下检验的统计功效。这有助于确保研究设计能够有效地检测到实际存在的效应，从而减少第二类错误的发生。功效分析可以被视为确定样本量的一种手段。如果研究的目的是进行假设检验而非参数估计，那么可以使用功效分析的方法来计算所需的样本量。通常而言，一个良好的研究的统计功效应当至少达到 0.8，即第二类错误的概率应小于 0.2。

本章小结

第一节与第二节主要内容

假设检验基本原理：反证法。

假设检验步骤：①建立假设；②选择统计量；③选择显著性水平并根据其确定临界值、接受域和拒绝域；④决定是否拒绝原假设。

第三节主要内容

统计量选择：可以使用不同统计量，结果一致。

Z 统计量：容易计算，人工计算采用。

p 值：容易解读，通常软件自动输出。含义：原假设成立的情况下，出现当前样本统计量以及更加极端样本统计量的概率。

第四节与第五节主要内容

假设检验类型：双侧检验和单侧检验。

左单侧检验：拒绝域分布在左侧。

右单侧检验：拒绝域分布在右侧。

假设检验的两类错误：第一类错误和第二类错误。

第一类错误：①α；②通常减低显著性水平可降低第一类错误概率。

第二类错误：①β。②三个影响因素：与第一类错误负相关，与原假设和真实值的差异相关，与样本量相关。③统计功效：$1-\beta$。

思考题

1. 为检验某种法律技能培训课程是否有效，随机选取了某大学大一年级的 100 名法学生参加培训。培训之前，这些学生在模拟法律案件分析考试中的平均成绩为 80 分。培训一个月后，样本的平均成绩为 85 分，标准差为 3 分。通过假设检验，请判断这种法律技能培训课程是否显著提高了学生的成绩？（$\alpha = 0.05$）

2. 研究者希望探讨某城市的平均盗窃金额是否与以往数据一致。已知以往数据显示该城市的平均盗窃金额为 5 万元，研究者从该城市中随机抽取了 81 个盗窃案件的数据，发现这些案件的平均盗窃金额为 4.5 万元，且标准差为 9 万元。请分别使用 $\bar{X}$ 统计量与 Z 统计量，检验该城市的盗窃案件平均金额是否仍为 5 万元。（$\alpha = 0.05$）

3. 若第 2 题中该城市真实的平均盗窃金额为 4.2 万元，请计算纳伪概率 β 的大小。

第十章　单个总体均值与方差的假设检验

在前两章的学习中，我们已经深入探讨了推论性统计学中两个基础而核心的方法：参数估计和假设检验。继第八章讨论了单个总体均值与方差的置信区间之后，本章我们将介绍单个总体均值与方差的假设检验。本章内容是第二章单变量描述性统计部分的推论性统计延伸。

在第二章，我们了解到均值和方差作为尺度变量描述性统计的关键指标，它们为我们提供了对数据集中趋势和离散程度的直观理解。而利用虚拟变量技术，可以将类别变量转换为可以用频率数据代表的虚拟变量，从而将均值和方差的适用范围扩展到类别变量。因此，本章介绍的均值与方差的假设检验知识可以适用于任何测量水平的变量。

第一节　单个总体均值的假设检验

单个总体均值的假设检验的基本思想在前一章已经比较全面地介绍过。此类假设检验完全遵循假设检验的四个步骤：①根据先前经验、文献或者理论提出假设；②选择统计量；③选择显著性水平并根据其确定拒绝域、接受域和临界值；④决定是否拒绝原假设。根据样本大小的不同，假设检验每个步骤的具体内容有所区别。

一、大样本单个总体均值的假设检验

步骤一：建立假设

对总体均值提出的原假设为 $H_0: \mu = \mu_0$。备择假设则根据是双侧还是单侧有所不同。

①双侧检验：

$H_1: \mu \neq \mu_0$

②左单侧检验：

$H_1: \mu < \mu_0$

③右单侧检验：

$H_1: \mu > \mu_0$

步骤二：选择统计量

对于大样本（$n > 30$）而言，可以直接选择 Z 统计量，因为

$$Z = \frac{\bar{X} - \mu_0}{s/\sqrt{n}} \sim N(0, 1) \qquad (10-1)$$

步骤三：选择显著性水平并根据其确定临界值、接受域和拒绝域

当显著性水平为 α 时：

双侧检验的接受域为 $[-z_{\alpha/2}, z_{\alpha/2}]$，拒绝域为 $[-\infty, -z_{\alpha/2}]$ 和 $[z_{\alpha/2}, +\infty]$。

左单侧检验的接受域为 $[-z_\alpha, +\infty]$，拒绝域为 $[-\infty, -z_\alpha]$。

右单侧检验的接受域为 $[-\infty, z_\alpha]$，拒绝域为 $[z_\alpha, +\infty]$。

步骤四：决定是否拒绝原假设

将计算出的 Z 值与临界值比较，如果在拒绝域内，则拒绝原假设；如果在接受域内，则无法拒绝原假设。

二、小样本单个总体均值的假设检验

步骤一：建立假设

与大样本单个总体均值的假设检验完全一样。原假设为 $H_0: \mu = \mu_0$。备择假设根据检验类型不同有所区别：

①双侧检验：

$H_1: \mu \neq \mu_0$

②左单侧检验：

$H_1: \mu < \mu_0$

③右单侧检验：

$H_1: \mu > \mu_0$

步骤二：选择统计量

对于小样本（$n \leqslant 30$），当总体服从正态分布时，检验统计量为

$$t = \frac{\bar{X} - \mu_0}{s / \sqrt{n}} \sim t(n-1) \qquad (10-2)$$

步骤三：选择显著性水平并根据其确定临界值、接受域和拒绝域

当显著性水平为 α 时：

双侧检验的接受域为 $[-t_{\alpha/2}(n-1), t_{\alpha/2}(n-1)]$，拒绝域为 $[-\infty, -t_{\alpha/2}(n-1)]$ 和 $[t_{\alpha/2}(n-1), +\infty]$。

左单侧检验的接受域为 $[-t_{\alpha}(n-1), +\infty]$，拒绝域为 $[-\infty, -t_{\alpha}(n-1)]$。

右单侧检验的接受域为 $[-\infty, t_{\alpha}(n-1)]$，拒绝域为 $[t_{\alpha}(n-1), +\infty]$。

步骤四：决定是否拒绝原假设

将计算出的 t 值与临界值比较：如果在拒绝域内，则拒绝原假设；如果在接受域内，则无法拒绝原假设。需要提醒的是，t 分布的适用条件是总体服从正态分布，如果不满足这一个条件，可能检验效能降低。

【例 10.1】现在稍微改造一下【例 9.1】的例子。我们依然感兴趣的是检验轻罪的变化状况，只不过我们现在使用的是刑期长短而非轻罪占比来检验。假设研究者随机抽取 100 份刑事判决书，发现平均刑期 38 个月，标准差 20 个月。假设五年前平均刑期 42 个月。请问：（1）当前平均刑期与五年前相比是否发生了变化？（2）是否比五年前更轻了？（3）如果将样本量变为 25（且进一步加上总体服从正态分布），前两问的结论是否发生变化？（$\alpha = 0.05$）

解：（1）根据题意已知 $n = 100$，$\bar{x} = 38$，$s = 20$，$\mu_0 = 38$。

由于样本量大（$n = 100$）且并没有明确方向，因此需要使用大样本总体均值的双侧假设检验。首先提出假设：

$$H_0: \mu = \mu_0; \ H_1: \mu \neq \mu_0$$

计算 Z 统计量：

$$Z = \frac{38 - 42}{20 / \sqrt{100}} = -2$$

根据显著性水平，查找到临界值为 $\pm z_{\alpha/2} = \pm z_{0.025} = \pm 1.96$。接受域为 $[-1.96, 1.96]$，拒绝域为两者之外。

由于 $Z < -1.96$，在拒绝域内，因此可以拒绝原假设，说明平均刑期较之五年前发生了变化。

（2）依然是大样本，但是由于已经指明了方向，因此是左单侧检验。首先提出假设：

$$H_0: \mu = \mu_0; \ H_1: \mu < \mu_0$$

计算 Z 统计量：

$$Z = \frac{38 - 42}{20 / \sqrt{100}} = -2$$

根据显著性水平，查找到临界值为 $z_\alpha = 1.645$。接受域为 $[-1.645, +\infty]$，拒绝域为 $[-\infty, -1.645]$。

由于 $Z < -1.645$，在拒绝域内，因此依然拒绝原假设，说明当前平均刑期较之五年前降低了。对比（1）的结论，我们再次观察到，如果双侧检验拒绝了原假设，单侧检验一定也能拒绝原假设。

（3）考虑到样本量现在变为 25，属于小样本情况，因此只能使用小样本单个总体的假设检验。首先进行双侧检验，假设的提出与（1）完全一样：

$$H_0: \mu = \mu_0; \ H_1: \mu \neq \mu_0$$

由于小样本情况，使用 t 统计量。但可以观察到与 Z 统计量计算的结果一样。

$$t = \frac{\bar{X} - \mu_0}{s / \sqrt{n}} = \frac{38 - 42}{20 / \sqrt{100}} = -2$$

根据显著性水平，查找到临界值为 $\pm t_{\alpha/2}(n - 1) = \pm t_{0.025}(24) = \pm 2.064$。接受域为 $[-2.064, 2.064]$。

由于 $t > -2.064$，此时我们无法拒绝原假设。

而使用单侧检验，假设的提出与（2）类似：

$$H_0: \mu = \mu_0; \ H_1: \mu < \mu_0$$

同样使用 t 统计量

$$t = \frac{\bar{X} - \mu_0}{s / \sqrt{n}} = \frac{38 - 42}{20 / \sqrt{100}} = -2$$

根据显著性水平，查找到临界值为 $-t_\alpha(n - 1) = -t_{0.05}(24) = -1.711$。接受域为 $[-1.711, +\infty]$，拒绝域为 $[-\infty, -1.711]$。

由于 $t < -1.711$，此时我们可以拒绝原假设。

可以发现，当样本量降低，更有可能出现无法拒绝原假设的结果。可以说，在小样本下，第二类错误增加。

第二节　单个总体频率的假设检验

考虑到单个总体频率的假设检验其实与大样本下单个总体均值的假设检验非常接近，因此可以仿照其四个步骤：

步骤一：建立假设

原假设为 H_0：$\pi = \pi_0$。备择假设根据检验类型的不同有所区别：

①双侧检验：

H_1：$\pi \neq \pi_0$

②左单侧检验：

H_1：$\pi < \pi_0$

③右单侧检验：

H_1：$\pi > \pi_0$

步骤二：选择统计量

总体频率只能适用于大样本情况，可以直接选择 Z 统计量：

$$Z = \frac{p - \pi_0}{\sqrt{\dfrac{\pi_0(1 - \pi_0)}{n}}} \sim N(0,\ 1) \tag{10-3}$$

步骤三：选择显著性水平并根据其确定临界值、接受域和拒绝域

当显著性水平为 α 时：

双侧检验的接受域为 $[-z_{\alpha/2},\ z_{\alpha/2}]$，拒绝域为 $[-\infty,\ -z_{\alpha/2}]$ 和 $[z_{\alpha/2},\ +\infty]$。

左单侧检验的接受域为 $[-z_\alpha,\ +\infty]$，拒绝域为 $[-\infty,\ -z_\alpha]$。

右单侧检验的接受域为 $[-\infty,\ z_\alpha]$，拒绝域为 $[z_\alpha,\ +\infty]$。

步骤四：决定是否拒绝原假设

将计算出的 Z 值与临界值比较，如果在拒绝域内，则拒绝原假设；如果在接受域内，则无法拒绝原假设。

对于单个总体频率的双侧检验和单侧检验的实例已经在第九章中详细介绍，因此本节将不再赘述。

第三节　单个总体方差的假设检验

有时候，也需要对单个总体方差进行假设检验。在中篇部分，我们介绍了当总体服从正态分布的时候，样本方差服从卡方分布。因此，我们可以使用这一性质对单个总体方差进行假设检验。

步骤一：建立假设

原假设为 H_0：$\sigma^2 = \sigma_0^2$。备择假设根据检验类型不同有所区别：

①双侧检验：

H_1：$\sigma^2 \neq \sigma_0^2$

②左单侧检验：

H_1：$\sigma^2 < \sigma_0^2$

③右单侧检验：

H_1：$\sigma^2 > \sigma_0^2$

步骤二：选择统计量

此时我们选择 χ^2 统计量，因为

$$\chi^2 = \frac{s^2(n-1)}{\sigma^2} \sim \chi^2(n-1) \qquad (10\text{-}4)$$

由于我们已经假设 $\sigma^2 = \sigma_0^2$，将样本方差 s^2 代入上式可得

$$\chi^2 = \frac{s^2(n-1)}{\sigma_0^2}$$

步骤三：选择显著性水平并根据其确定临界值、接受域和拒绝域。

当显著性水平为 α 时，双侧检验的拒绝域分布于两侧。由于卡方分布并非对称分布，因此两侧的临界值分别为 $\chi_{\alpha/2}^2(n-1)$ 和 $\chi_{1-\alpha/2}^2(n-1)$。因此接受域为两个临界值之内，拒绝域为两个临界值之外，如图 10.1 所示。

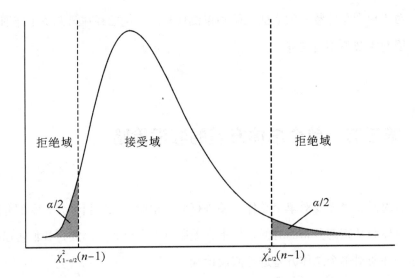

图 10.1　单个总体方差双侧检验临界值、接受域和拒绝域

如果是左单侧检验，那么拒绝域在左侧，此时临界值为 $\chi^2_{1-\alpha}(n-1)$，接受域为 $[\chi^2_{1-\alpha}(n-1),\ +\infty]$，拒绝域为 $[0,\ \chi^2_{1-\alpha}(n-1)]$，如图 10.2 所示。

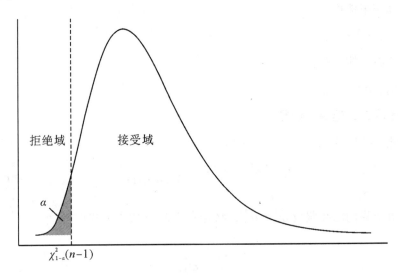

图 10.2　单个总体方差左单侧检验临界值、接受域和拒绝域

如果是右单侧检验，那么拒绝域在右侧，此时临界值为 $\chi^2_{\alpha}(n-1)$，接受域为 $[0,\ \chi^2_{\alpha}(n-1)]$，拒绝域为 $[\chi^2_{\alpha}(n-1),\ +\infty]$，如图 10.3 所示。

步骤四：决定是否拒绝原假设

将计算出的 χ^2 值与临界值比较，如果在拒绝域内，则拒绝原假设；如果在接受域内，则无法拒绝原假设。

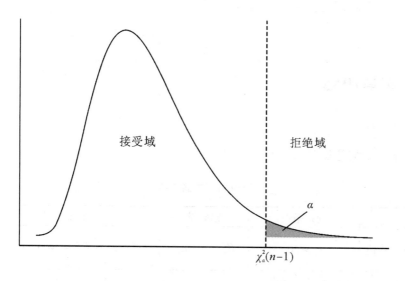

图 10.3　单个总体方差右单侧检验临界值、接受域和拒绝域

【例 10.2】宽严相济政策是我国的基本刑事政策。近年来，有关"认罪认罚从宽""少捕慎诉慎押"以及"企业合规不起诉"等政策的出台让部分学者认为对"宽"强调过多，而对"严"强调不够。其实，这一问题可以转化为统计学问题，如果宽严相济的刑事政策得到良好的贯彻，那么应当观察到刑期的离散趋势变大，也即方差变大。为了验证这一点，研究者抽取了某罪 49 份裁判文书，观察到刑期的方差为 20。假设 5 年前的刑期方差为 18，结论是否能说明当前刑期的离散程度高于五年前（$\alpha = 0.05$）？

解：根据题意已知 $n = 49$，$s^2 = 20$，$\sigma_0^2 = 18$

此问题其实本质上是一个单个总体方差的右单侧检验，首先提出假设：

$$H_0: \ \sigma^2 = \sigma_0^2; \ H_1: \ \sigma^2 > \sigma_0^2$$

计算 χ^2 统计量：

$$\chi^2 = \frac{s^2(n-1)}{\sigma_0^2} = \frac{20(49-1)}{18} \approx 53.33$$

根据显著性水平，查找到临界值为 $\chi_\alpha^2(n-1) = \chi_{0.05}^2(48) \approx 66.34$，接受域为 $[0, 66.34]$，拒绝域为 $[66.34, +\infty]$。

由于 $\chi^2 < 66.34$，此时我们无法拒绝原假设。因此，不能说明当前刑期的离散程度显著高于五年前。

本章小结

本章小结见表 10.1。

表 10.1　本章小结

	前提条件	原假设	核心统计量
大样本均值	$n > 30$	$H_0: \mu = \mu_0$	$Z = \dfrac{\bar{X} - \mu_0}{s/\sqrt{n}} \sim N(0, 1)$
小样本均值	小样本（$n \leqslant 30$），总体正态分布	$H_0: \mu = \mu_0$	$t = \dfrac{\bar{X} - \mu_0}{s/\sqrt{n}} \sim t(n - 1)$
总体频率	大样本	$H_0: \pi = \pi_0$	$Z = \dfrac{p - \pi_0}{\sqrt{\dfrac{\pi_0(1 - \pi_0)}{n}}} \sim N(0, 1)$
总体方差	总体正态分布	$H_0: \sigma^2 = \sigma_0^2$	$\chi^2 = \dfrac{s^2(n - 1)}{\sigma^2} \sim \chi^2(n - 1)$

思考题

1. 某市法院审理的受贿罪案件平均判决刑期为 58 个月。现随机抽取该市法院 36 份受贿罪案件的判决书，测得平均判决刑期为 80 个月，标准差为 20 个月。请进行假设检验，判断该市受贿罪平均判决刑期是否发生了显著变化？（$\alpha = 0.05$）

2. 表 10.2 是随机抽取的某大学法学专业 10 名毕业 3 年的本科学生的年薪情况。

表 10.2　某大学法学专业毕业 5 年的本科学生的年薪情况

单位：万元

编号	1	2	3	4	5	6	7	8	9	10
年薪	9.5	30	10.3	9.8	7.4	12.8	9.6	10.3	13.6	15.2

要求：

请使用单样本 t 检验，检验该数据是否支持这个大学法学专业毕业 3 年的本科生平均年薪显著高于 10 万元的观点（假设年薪服从正态分布，$\alpha = 0.05$）。

3. 一项针对律师调查取证方式的调查显示，72% 的律师选择"申请法院、检察院代为调取辩护证据"。为检验该项调查结果是否支持这一比例，随机抽选了 300 名律师，发现其中 221 名律师选择"申请法院、检察院代为调取"。请进行假设检验，判断调查结果是否支持这一比例为 72%？（$\alpha = 0.05$）

4. 某法院受理的民事案件标的额方差为 30。现随机抽取了 20 份案例样本，测得样本方差为 15。请使用卡方检验，判断该法院受理的民事案件标的额方差是否已发生显著变化？（$\alpha = 0.05$）

第十一章 两个类别变量关系的假设检验

在第三章中，我们讨论了列联相关系数和等级相关系数，这两种统计工具分别用于评估不同测量水平的两个类别变量之间的相关性。本章我们将更进一步介绍如何运用假设检验的原理，将这些相关系数的检验扩展到推论性统计领域。

通过假设检验，我们能够判断总体中两个变量是否具有相关性。而且，这种检验方法还能近似地作为评价两个变量是否存在相关关系的指标。这种近似理解的原因在于，假设检验提供了一种量化的方法来评估观察到的相关性是否可能仅仅是由随机变异引起的。如果仅是随机变异引起的，那么无法拒绝两个变量不存在相关关系的原假设，如果两个变量的确存在相关关系，那么就可以拒绝原假设。

第一节 列联相关系数的假设检验：卡方检验

一、卡方值的计算

在第三章我们介绍过，列联相关系数构建的方法有两种，一种是基于消减误差比例的方法，另一种则是基于卡方值的方法。本节将重点介绍卡方值。首先回顾列联表的知识，我们知道，可以使用频次分布列联表的方法来展现两个变量的关系，如表 11.1 所示。其中 n_{ij}，即每个单元格的频次，对应的是变量 X 取 x_i 和变量 Y 取 y_j 时的频次。为了与第三章描述性统计相区分，样本总量为 n，即 $\sum\limits_{i=1}^{r}\sum\limits_{j=1}^{c} n_{ij} = n$。

表 11.1 观察频次分布列联表

X	Y						总计
	y_1	y_2	$\cdots$	y_j	$\cdots$	y_c	
x_1	n_{11}	n_{12}	$\cdots$	n_{1j}	$\cdots$	n_{1c}	$n_{1\cdot}$
x_2	n_{21}	n_{22}	$\cdots$	n_{2j}	$\cdots$	n_{2c}	$n_{2\cdot}$
$\vdots$	$\vdots$	$\vdots$	$\vdots$	$\vdots$	$\vdots$	$\vdots$	$\vdots$
x_i	n_{i1}	n_{i2}	$\cdots$	n_{ij}	$\cdots$	n_{ic}	$n_{i\cdot}$
$\vdots$	$\vdots$	$\vdots$	$\vdots$	$\vdots$	$\vdots$	$\vdots$	$\vdots$
x_r	n_{r1}	n_{r2}	$\cdots$	n_{rj}	$\cdots$	n_{rc}	$n_{r\cdot}$
总计	$n_{\cdot1}$	$n_{\cdot2}$	$\cdots$	$n_{\cdot j}$	$\cdots$	$n_{\cdot c}$	n

根据第三章的知识，两个类别变量相互独立的表现形式是：条件分布相等，且等于边际分布。根据这一性质，我们进一步推导出了两个变量相互独立的情况下单元格的频次，见公式（3-3）。为了和表 11.1 中的符号相区分，假设两个变量相互独立的情况下，单元格内的频次 E_{ij}，并称其为期望频次，根据公式（3-3）可知：

$$E_{ij} = \frac{n_{i\cdot} \times n_{\cdot j}}{n} \tag{11-1}$$

此时，我们可以根据上式计算出期望频次分布的列联表，见表 11.2。

表 11.2 期望频次分布列联表

X	Y						总计
	y_1	y_2	$\cdots$	y_j	$\cdots$	y_c	
x_1	E_{11}	E_{12}	$\cdots$	E_{1j}	$\cdots$	E_{1c}	$n_{1\cdot}$
x_2	E_{21}	E_{22}	$\cdots$	E_{2j}	$\cdots$	E_{2c}	$n_{2\cdot}$
$\vdots$	$\vdots$	$\vdots$	$\vdots$	$\vdots$	$\vdots$	$\vdots$	$\vdots$
x_i	E_{i1}	E_{i2}	$\cdots$	E_{ij}	$\cdots$	E_{ic}	$n_{i\cdot}$
$\vdots$	$\vdots$	$\vdots$	$\vdots$	$\vdots$	$\vdots$	$\vdots$	$\vdots$
x_r	E_{r1}	E_{r2}	$\cdots$	E_{rj}	$\cdots$	E_{rc}	$n_{r\cdot}$
总计	$n_{\cdot1}$	$n_{\cdot2}$	$\cdots$	$n_{\cdot j}$	$\cdots$	$n_{\cdot c}$	n

试想，如果实际观察到的频次 n_{ij} 与期望频次 E_{ij} 之间相差不多，那么可以认为两个变量的相关程度不高。反之，如果两者差异巨大，那么就可以说

明两个变量的相关程度很高。卡方值就是基于这种想法构建的。具体而言，卡方值的计算方法如下：

$$\chi^2 = \sum_{i=1}^{r} \sum_{j=1}^{c} \frac{(n_{ij} - E_{ij})^2}{E_{ij}} \tag{11-2}$$

从公式（11-2）可以看出，分子部分是实际观察的频次与期望频次之差的平方，而分母部分则是为了将其规范化而做的调整。因此卡方值 χ^2 可以反映两个无序类别变量相关关系的强度。

二、卡方值的标准化

第三章介绍的列联相关系数都是基于消减误差比例而构建。消减误差比例构建的系数都有一个显著的特点，即其取值范围总是 0~1，这样就可以比较不同变量相关关系的强度。

很显然，卡方值并不符合这一特点。如果 n 较大，可能导致最终计算的卡方值也较大。为了将卡方值调整到合适区间，需要进一步介绍两个系数，φ 系数和 Cramér's V 系数。

首先，如果将卡方值除以样本量 n，并开方：

$$\varphi^2 = \frac{\chi^2}{n} \tag{11-3}$$

$$\varphi = \sqrt{\frac{\chi^2}{n}} \tag{11-4}$$

φ 系数可以视为衡量观察到的频率 p_{ij} 与期望频率 e_{ij}（根据两个变量独立的定义，$e_{ij} = p_{i.} \, p_{.j}$）之间差异的系数：

$$\varphi^2 = \frac{\chi^2}{n} = \sum_{i=1}^{r} \sum_{j=1}^{c} \frac{\left(\frac{n_{ij}}{n} - \frac{E_{ij}}{n}\right)^2}{\frac{E_{ij}}{n}} = \sum_{i=1}^{r} \sum_{j=1}^{c} \frac{(p_{ij} - e_{ij})^2}{e_{ij}} \tag{11-5}$$

φ 系数虽然实现了一定程度上的均一化，但是如果表格行列数量很多，也会导致 φ 系数的增加，最终使 φ 系数没有上限。因此，可以利用下式对 φ 系数进一步修正，即可得到克莱默 V 系数（Cramér's V）[1]：

$$V = \sqrt{\frac{\varphi^2}{\min(r-1, \; c-1)}} \tag{11-6}$$

---

[1] CRAMÉR H. Mathematical methods of statistics [M]. Princeton, NJ, US: Princeton University Press, 1946: 591.

上式分母部分是行减一和列减一中较小的一个。可以证明，Cramér's V 的取值范围为 0~1，这样就可以将利用卡方值计算的列联相关系数与利用消减误差比例计算出的列联相关系数相对比。

三、卡方检验基本步骤

那么，如何对卡方值进行假设检验？为此需要了解卡方值的服从分布。根据卡方值的构造，可以发现其本质上是一系列平方和，因此其很可能服从卡方分布。下面将简单说明：

在原假设成立下，列联表内的每个单元格频次 n_{ij} 服从多项分布。而在大样本情况下，多项分布近似服从正态分布[1]。具体而言：

Cramer's V 的取值范围证明过程需要首先从化简 φ 系数入手：

$$\varphi^2 = \frac{\chi^2}{n} = \sum_i \sum_j \frac{(p_{ij} - e_{ij})^2}{e_{ij}}$$

$$= \sum_i \sum_j \frac{(p_{ij}^2 + e_{ij}^2 - 2 * p_{ij} * e_{ij})}{e_{ij}}$$

$$= \sum_i \sum_j \frac{p_{ij}^2}{e_{ij}} + \sum_i \sum_j e_{ij} - 2 * \sum_i \sum_j p_{ij}$$

$$= \sum_i \sum_j \frac{p_{ij}^2}{e_{ij}} + 1 - 2 = \sum_i \sum_j \frac{p_{ij}^2}{e_{ij}} - 1$$

假设 $r < c$，那么

$$\varphi^2 + 1 = \sum_i \sum_j \frac{p_{ij}^2}{e_{ij}} = \sum_i \sum_j \frac{p_{ij}^2}{p_{i.} p_{.j}} = \sum_i \sum_j \left(\frac{p_{ij}}{p_{i.}} \frac{p_{ij}}{p_{.j}}\right) \leq \sum_i \sum_j \left(\frac{p_{ij}}{p_{i.}}\right)$$

---

[1] 多项分布是二项分布的一个延伸。假设一个实验包含 k 个结果，每个结果出现的概率分别为 p_1, p_2, $\cdots$, p_k，而每个结果的频率为 n_1, n_2, $\cdots$, n_k。所有的概率之和为 1，而每个结果的频次之和为 n。多项分布的概率密度函数为

$$P(n_1, n_2, \cdots, n_k) = \frac{n!}{n_1! n_2! \cdots n_k!} p_1^{n_1} p_2^{n_2} \cdots p_k^{n_k}$$

多项分布的期望和方差与二项分布很接近。对每个 i 而言，其期望和方差为：$E(n_i) = n p_i$，$Var(n_i) = n p_i(1 - p_i)$。根据中心极限定理，当 n 足够大，多项分布服从正态分布。也即对每个 i 而言：

$$n_i \sim N(n p_i, n p_i(1 - p_i))$$

现在，我们将上述结论运用于一个 r×c 的列联表中。如果原假设成立，那么 $E_{ij} = \frac{n_{i.} \times n_{.j}}{n} = n p_{ij}$。此时，可以将上式改写为 $n_{ij} \sim N(E_{ij}, E_{ij}(1 - \frac{E_{ij}}{n}))$，而当 N 很大的时候，$\lim_{N \to +\infty} \frac{E_{ij}}{N} = 0$，因此我们得到 $n_{ij} \sim N(E_{ij}, E_{ij})$。

$$= \sum_i \left(\frac{1}{p_{i\cdot}} \sum_j p_{ij} \right) = \sum_i \left(\frac{1}{p_{i\cdot}} p_{i\cdot} \right) = \sum_i (1) = r$$

整理可得 $\varphi^2 + 1 \leqslant r$，也即 $\dfrac{\varphi^2}{r-1} \leqslant 1$。同理可证，$r > c$ 时，$\dfrac{\varphi^2}{c-1} \leqslant 1$。

在上述证明过程中，最关键的是对 $\dfrac{p_{ij}}{p_{\cdot j}} \leqslant 1$ 的利用，这表示在每列中每个单元格的概率不会超过该列的边际概率。这个等号成立的情况是当某列仅有一个单元格内有观测值，即只有一个单元格的频次等于该列的边际频次。为了更好地理解这一点，可以用一个 3×3 的表格举例，此时可能的频率分布表如表 11.3 所示：

表 11.3　可能的频率分布

X	Y			总计
	y_1	y_2	y_3	
x_1	0	0	p_{13}	$n_1.$
x_2	0	p_{22}	0	$n_2.$
x_3	p_{31}	0	0	$n_3.$
总计	$n._1$	$n._2$	$n._3$	N

通过以上证明，我们可以看出 Cramer's V 的取值范围为 0 到 1。

$$n_{ij} \sim N(E_{ij}, E_{ij}) \tag{11-7}$$

因此，可以进一步计算

$$Z_{ij} = \frac{n_{ij} - E_{ij}}{\sqrt{E_{ij}}} = \sim N(0, 1) \tag{11-8}$$

此时，可以将上式带入卡方值的计算公式（11-2），可以得到

$$\chi^2 = \sum_{i=1}^r \sum_{j=1}^c Z_{ij}^2 \tag{11-9}$$

根据卡方分布的构造，可以得出上述卡方值服从于自由度为 $(r-1)(c-1)$ 的卡方分布。故得证。

$$\chi^2 = \sum_{i=1}^r \sum_{j=1}^c \frac{(n_{ij} - E_{ij})^2}{E_{ij}} \sim \chi^2[(r-1)(c-1)] \tag{11-10}$$

此处需要说明的是，为什么上述卡方分布的自由度为 $(r-1)(c-1)$ 而不是 rc 呢？这是因为我们在计算期望频次时使用了边缘和的信息，见公式（11-1），而边缘和数量为 $r + c - 1$。因此，剩下的自由

度为 $rc - (r + c - 1) = (r - 1)(c - 1)$ 。另一个更好理解的方法是,当我们约束了边际和之后,只需要知道 $(r - 1)(c - 1)$ 个单元格的信息,剩下的单元格信息就不需要知道了。

在推导出式（11-10）之后,就可以按照假设检验的步骤进行卡方检验:

步骤一:建立假设

考虑到原假设定义为两个变量不存在相关关系,即两个变量相互独立。那么原假设为 $H_0: p_{ij} = p_{i\cdot} \times p_{\cdot j}$。考虑到卡方检验检验的是两个定类变量的相关关系,而定类变量并没有顺序之分,因此备择假设只能为 $H_1: p_{ij} \neq p_{i\cdot} \times p_{\cdot j}$。

步骤二:选择统计量

根据公式（11-10）,选择 χ^2 为统计量

$$\chi^2 = \sum_{i=1}^{r} \sum_{j=1}^{c} \frac{(n_{ij} - E_{ij})^2}{E_{ij}} \tag{11-11}$$

上式中 E_{ij} 的计算方法已经由公式（11-1）给出,即

$$E_{ij} = \frac{n_{i\cdot} \times n_{\cdot j}}{n} \tag{11-12}$$

步骤三:选择显著性水平并根据其确定临界值、接受域和拒绝域

因为定类变量的取值无法排序,因此卡方检验的计算过程其实是一个右单侧过程（如图 11.1 所示）。当显著性水平为 α 时,临界值为 $\chi^2_\alpha((r - 1)(c - 1))$,接受域为 $[0, \chi^2_\alpha((r - 1)(c - 1))]$,拒绝域为 $[\chi^2_\alpha((r - 1)(c - 1)), +\infty]$。

步骤四:决定是否拒绝原假设

将计算出的 χ^2 值与临界值比较,如果在拒绝域内,则拒绝原假设。如果在接受域内,则无法拒绝原假设。

最后,值得一提的是,对于其他列联相关系数,也可以使用卡方检验来对其进行假设检验。

【例 11.1】现在,让我们回到【例 3.3】中某边境地区戒毒所不同类型吸毒者的调查数据。依然考察不同类型的吸毒人员与主要使用的毒品类型（传统毒品或新型毒品）之间的关系（见表 11.4）。请问（1）卡方值、φ 系数和 Cramér's V 分别为多少?（2）如果检验吸毒人员类型与使用毒品类型之间是否存在相关关系,将会得出什么结论?（$\alpha = 0.05$）

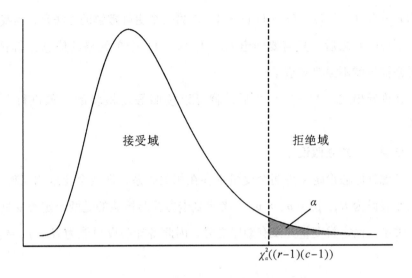

图 11.1　卡方检验临界值、接受域和拒绝域

表 11.4　不同类型吸毒者主要使用毒品类型分布

类型	毒品类型		总计
	传统毒品	新型毒品	
本地吸毒者	1 799	936	2 735
外地吸毒者	523	1 012	1 535
总计	2 322	1 948	4 270

解：（1）首先求出期望频次

$$E_{11} = \frac{2\ 735 \times 2\ 322}{4\ 270} = 1\ 486.49; \quad E_{12} = \frac{2\ 735 \times 1\ 948}{4\ 270} = 1\ 248.51$$

$$E_{21} = \frac{1\ 535 \times 2\ 322}{4\ 270} = 835.51; \quad E_{22} = \frac{1\ 535 \times 1\ 948}{4\ 270} = 699.49$$

那么卡方值为

$$\chi^2 = \frac{(1\ 799 - 1\ 486.49)^2}{1\ 486.49} + \frac{(936 - 1\ 248.51)^2}{1\ 248.51}$$

$$+ \frac{(523 - 835.51)^2}{835.51} + \frac{(1\ 012 - 699.49)^2}{699.49} = 400.70$$

φ 系数为

$$\varphi^2 = \frac{\chi^2}{n} = \frac{400.70}{4\ 270} \approx 0.093\ 8; \quad \varphi = \sqrt{\frac{\chi^2}{n}} \approx 0.306$$

Cramer's V 为

$$V = \sqrt{\frac{\varphi^2}{\min(r-1,\ c-1)}} = \sqrt{\frac{0.093\ 8}{1}} \approx 0.306$$

可以发现，Cramer's V 的结果比第三章计算出的 λ 系数和 τ 系数都要大，这可能意味着卡方值对数据的利用更为充分。

（2）提出假设

$H_0: p_{ij} = p_{i.} \times p_{.j}$（吸毒人员类型与使用毒品类型之间无关）

$H_1: p_{ij} \neq p_{i.} \times p_{.j}$（吸毒人员类型与使用毒品类型之间相关）

选择 χ^2 作为统计量，由（1）已经得出 $\chi^2 = 400.70$。

当显著性水平为 0.05 时，临界值为 $\chi^2_\alpha((r-1)(c-1)) = \chi^2_{0.05}(1) = 3.841$，那么接受域为 $[0, 3.841]$，拒绝域为 $[3.841,\ +\infty]$。

可以看出 $\chi^2 > 3.841$，因此可以拒绝原假设，认为吸毒人员类型与使用毒品类型之间存在较为显著的相关关系。

四、卡方检验的注意事项

在进行卡方检验时，尤其需要注意的一点是每个单元格内的期望频次不能过小。原因有二：一方面是因为多项分布近似服从正态分布仅在大样本下成立，因此小样本下无法使用正态分布替代；另一方面是因为卡方值在计算过程中包含一个平方项，如果期望频次过小，最终计算出的卡方值畸高。

因此，通常建议，每个单元格的期望频次 $E_{ij} > 5$。即使存在一些单元格的期望频次小于 5，其占比也不应该超过 20%，否则卡方值会显著扩大，从而增加第一类错误的概率。

如果上述条件均不满足，可以采用以下两种方法补救：①将期望频次偏小的单元格合并；②使用其他的替代检验。例如，可以使用 Fisher 确切检验（Fisher's exact test）进行矫正[1]。Fisher 确切检验基于精确的超几何分布计算出 p 值，从而无须依赖大样本假设。此外，还可以使用 Yates 连续性修正（Yates' continuity correction）进行矫正[2]。其方法是在计算每个单元格的贡献时，调整实际频次与期望频次之差的绝对值减去 0.5，再平方后除以期望频次，即

---

① FISHER R A. On the Interpretation of $\chi2$ from Contingency Tables, and the Calculation of P [J]. Journal of the Royal Statistical Society, 1922, 85 (1): 87-94.

② YATES F. Contingency Tables Involving Small Numbers and the $\chi2$ Test [J]. Supplement to the Journal of the Royal Statistical Society, 1934, 1 (2): 217-235.

$$\chi^2 = \sum_{i=1}^{r} \sum_{j=1}^{c} \frac{(\mid n_{ij} - E_{ij} \mid - 0.5)^2}{E_{ij}} \qquad (11-13)$$

第二节　等级相关系数的假设检验

一、斯皮尔曼等级相关的假设检验

步骤一：建立假设

斯皮尔曼等级相关讨论的是两个定序变量之间的相关关系。因此，原假设为两个定序变量不存在任何相关关系，即 H_0：$\rho = 0$。考虑到两个定序变量之间可以有正相关和负相关，因此如果是双侧检验，备择假设为 H_1：$\rho \neq 0$。如果是左单侧检验，备择假设为 H_1：$\rho < 0$，如果是右单侧检验，备择假设为 H_1：$\rho > 0$。

步骤二：选择统计量

菲勒（Fieller）等人推导出在原假设成立的情况下，大样本（ $n > 30$ ）下，下列统计量服从标准正态分布。在要求不是特别严格的情况下，$n \geqslant 10$ 的情况也可以使用如下统计量[①]。

$$Z = \rho \sqrt{n-1} \sim N(0, 1) \qquad (11-14)$$

步骤三：选择显著性水平并根据其确定临界值、接受域和拒绝域

当显著性水平为 α 时：

双侧检验的接受域为 $[-z_{\alpha/2}, z_{\alpha/2}]$，拒绝域为 $[-\infty, -z_{\alpha/2}]$ 和 $[z_{\alpha/2}, +\infty]$。

左单侧检验的接受域为 $[-z_\alpha, +\infty]$，拒绝域为 $[-\infty, -z_\alpha]$，

右单侧检验的接受域为 $[-\infty, z_\alpha]$，拒绝域为 $[z_\alpha, +\infty]$。

步骤四：决定是否拒绝原假设

将计算出的 Z 值与临界值比较，如果在拒绝域内，则拒绝原假设。如果在接受域内，则无法拒绝原假设。

【例 11.2】继续使用【例 3.4】的例子，计算得到 $\rho = 0.928\ 6$，假设样

---

① FIELLER E C, HARTLEY H O, PEARSON E S. Tests for Rank Correlation Coefficients. I [J]. Biometrika, 1957, 44 (3-4)：470-481.

本量为 10，请问这一结果在总体中是否显著？（$\alpha = 0.05$）

解：已知 $n = 10$，$\rho = 0.928\ 6$

由于没有明确方向，因此是双侧检验，那么原假设与备择假设为

$$H_0: \rho = 0$$
$$H_1: \rho \neq 0$$

检验统计量为

$$Z = \rho\sqrt{n-1} = 0.928\ 6\sqrt{10-1} = 2.785\ 8$$

根据显著性水平，查找到临界值为 $\pm z_{\alpha/2} = \pm z_{0.025} = \pm 1.96$。接受域为 $[-1.96,\ 1.96]$，拒绝域为两者之外。

由于 $Z > 1.96$，统计量在拒绝域，因此可以拒绝原假设。结论认为年龄与毒龄之间存在显著正相关关系。

二、γ 等级相关的假设检验

考虑到 γ 等级相关系数的核心是检验同序对 n_s 和异序对 n_d 的差异，因此对其进行的假设检验也主要讨论这种差异是否能达到统计学显著。

1. γ 等级相关的假设检验

步骤一：建立假设

γ 等级相关讨论的是两个定序变量之间的相关关系。因此，原假设为两个定序变量不存在任何相关关系，即 $H_0: \gamma = 0$。考虑到两个定序变量之间可以有正相关和负相关，因此如果是双侧检验，备择假设为 $H_1: \gamma \neq 0$。如果是左单侧检验，备择假设为 $H_1: \gamma < 0$，如果是右单侧检验，备择假设为 $H_1: \gamma > 0$。

步骤二：选择统计量

γ 等级相关系数的假设检验统计量分布在文献中已经有相当多的讨论。目前比较常用的方法是构建以下统计量，在原假设成立的条件下其服从标准正态分布：

$$Z = \gamma\sqrt{\frac{n_s + n_d}{n(1-\gamma^2)}} \sim N(0,\ 1) \qquad (11\text{-}15)$$

其中，n_s 为同序对，n_d 为异序对，n 为样本量。

司法统计学

步骤三：选择显著性水平并根据其确定临界值、接受域和拒绝域

当显著性水平为 α 时：

双侧检验的接受域为 $[-z_{\alpha/2}, z_{\alpha/2}]$，拒绝域为 $[-\infty, -z_{\alpha/2}]$ 和 $[z_{\alpha/2}, +\infty]$。

左单侧检验的接受域为 $[-z_{\alpha}, +\infty]$，拒绝域为 $[-\infty, -z_{\alpha}]$。

右单侧检验的接受域为 $[-\infty, z_{\alpha}]$，拒绝域为 $[z_{\alpha}, +\infty]$。

步骤四：决定是否拒绝原假设

将计算出的 Z 值与临界值比较，如果在拒绝域内，则拒绝原假设。如果在接受域内，则无法拒绝原假设。

【例 11.3】在【例 3.5】讨论文化程度对死刑态度的例子中，计算得到 $\gamma = -0.05$，请问这一结果在总体中是否显著？（$\alpha = 0.05$）

解：已知 $n = 1\,000$，$n_s = 189\,463$，$n_d = 208\,444$，$\gamma = -0.05$

由于没有明确方向，因此是双侧检验，那么原假设与备择假设为

$$H_0: \gamma = 0$$
$$H_1: \gamma \neq 0$$

检验统计量为

$$Z = \gamma \sqrt{\frac{n_s + n_d}{n(1 - \gamma^2)}} = -0.05 \sqrt{\frac{189\,463 + 208\,444}{1\,000(1 - (-0.05)^2)}} \approx -1.00$$

根据显著性水平，查找到临界值为 $\pm z_{\alpha/2} = \pm z_{0.025} = \pm 1.96$。接受域为 $[-1.96, 1.96]$，拒绝域为两者之外。

由于 $Z > -1.96$，统计量在接受域之内，因此无法拒绝原假设。这意味着文化程度与死刑态度之间的关系在统计上不显著。

2. 其他等级相关的假设检验

其他等级相关系数的假设检验的核心依然是将该系数转换为标准正态分布，并使用 Z 统计量进行假设检验。考虑到假设检验过程非常类似，本书将不做赘述，仅列举如何将其转换为 Z 统计量的公式。

对于肯德尔 τ 系数而言，原假设（$\tau = 0$）成立的条件下，下列方程服从标准正态分布[1]：

$$Z = \frac{n_s - n_d}{\sqrt{\frac{1}{18}n(n-1)(2n+5)}} \sim N(0, 1) \qquad (11\text{-}16)$$

① 卢淑华. 社会统计学 [M]. 第4版, 北京：北京大学出版社, 2015: 335.

— 218 —

对于 Somers' d 而言，原假设 ($d = 0$) 成立的条件下，下列方程服从标准正态分布[1]：

$$Z = \frac{|n_s - n_d| - \dfrac{n}{2(r-1)(c-1)}}{\sqrt{\dfrac{A_2 B_2}{n-1} - \dfrac{A_2 B_3 + A_3 B_2}{n(n-1)} + \dfrac{A_3 B_3}{n(n-1)(n-2)}}} \sim N(0, 1)$$

$$(11-17)$$

其中 A_2 为 x 的边缘分布中，每 2 个频次乘积之和；A_3 为 x 的边缘分布中，每 3 个频次乘积之和；B_2 为 y 的边缘分布中，每 2 个频次乘积之和；B_3 为 y 的边缘分布中，每 3 个频次乘积之和。

考虑到对肯德尔 τ 系数和 Somers' d 的假设检验都比较复杂，通常需要依赖统计软件来计算，本书将不介绍示例。

本章小节

卡方值系列：（1）卡方值：$\displaystyle\sum_{i=1}^{r} \sum_{j=1}^{c} \frac{(n_{ij} - E_{ij})^2}{E_{ij}}$。（2）$\varphi = \sqrt{\dfrac{\chi^2}{n}}$。

（3）$V = \sqrt{\dfrac{\varphi^2}{\min(r-1, c-1)}}$

表 11.5　卡方值

	前提条件	原假设	核心统计量
卡方检验	每个单元格内的期望频次不能过小	$H_0: p_{ij} = p_{i\cdot} \times p_{\cdot j}$	$\chi^2 = \displaystyle\sum_{i=1}^{r} \sum_{j=1}^{c} \frac{(n_{ij} - E_{ij})^2}{E_{ij}} \sim \chi^2[(r-1)(c-1)]$
斯皮尔曼等级相关	大样本 ($n > 30$)	$H_0: \rho = 0$	$Z = \rho \sqrt{n-1} \sim N(0, 1)$
γ 等级相关	—	$H_0: \gamma = 0$	$Z = \gamma \sqrt{\dfrac{n_s + n_d}{n(1 - \gamma^2)}} \sim N(0, 1)$

---

[1]　卢淑华. 社会统计学 [M]. 第 4 版，北京：北京大学出版社，2015：336.

思考题

1. 研究者从裁判文书网上下载了特定时间段内 200 份民事案件的二审判决书，记录了案件复杂程度与是否开庭审理的情况，数据如表 11.6 所示：

表 11.6　案件复杂程度与是否开庭审理的交叉表

案件复杂程度	是否开庭审理	
	开庭审理	不开庭审理
复杂案件/个	105	28
简单案件/个	35	32

要求：

（1）检验案件复杂性与是否开庭审理之间是否存在显著相关关系（α = 0.05）。

（2）若有显著相关关系，分别计算 ϕ 系数与 Cramér's V 系数。

2. 为了研究案件复杂性与审理时间之间的关系，研究者随机抽取了 300 个案件，记录了每个案件的复杂性等级和案件的审理时间，数据如表 11.7：

表 11.7　案件复杂性与审理时间的交叉表

案件复杂性	审理时间		
	短	中	长
低	152	21	7
中	59	12	9
高	5	7	28

要求：

（1）计算 γ 值，并解释得到的结果。

（2）请问（1）中得到的结果在总体中是否显著？（α = 0.05）

第十二章 类别变量与尺度 变量关系的假设检验

本章是第四章"类别变量与尺度变量的描述性统计"对应的推论性统计部分。在第四章中，我们介绍了评价类别变量与尺度变量相关关系的主要指标是计算均值差异。本章的假设检验部分也将使用这一核心指标进行检验。

需要尤其注意的是，随着类别变量取值数量的不同，假设检验的数量也会有所不同。当类别变量仅有两个分类时，只需计算两组均值差异即可，这将在第一节中详细介绍。然而，当类别变量有超过两个分类时，计算所有两两之间的均值差异不仅繁琐，而且可能增加第一类错误的风险。因此，我们将介绍一种新的方法——方差分析——来衡量多个分类的均值差异，这将在第二节中详细介绍。

第一节 当类别数等于二：两个总体的假设检验

一、两个总体均值差的检验：两个独立样本 T 检验

前面提到，当类别变量仅有两个分类时，对两组均值差进行假设检验即可。为了与第八章的术语保持一致，我们依然假设存在两个独立总体，其均值分别为 μ_1，μ_2，方差分别为 σ_1^2，σ_2^2。现在，假设从第一个总体中随机抽出样本量为 n_1 的样本，样本均值和方差分别为 $\bar{x}_1$，s_1^2。类似的，从第二个总体随机抽出样本量为 n_2 的样本，样本均值和方差分别为 $\bar{x}_2$，s_2^2。

1. 大样本两个总体均值差的假设检验

步骤一：建立假设

考虑到原假设是两个变量关系不存在的假设，而均值差异是衡量两个变量相关关系的核心指标，因此原假设其实就是两个总体均值相同的假设。即 $H_0: \mu_1 - \mu_2 = 0$，或者 $H_0: \mu_1 = \mu_2$。备择假设则根据是双侧还是单侧有所不同。

双侧检验：

$H_1: \mu_1 - \mu_2 \neq 0$ 或者 $H_1: \mu_1 \neq \mu_2$

左单侧检验：

$H_1: \mu_1 - \mu_2 < 0$ 或者 $H_1: \mu_1 < \mu_2$

右单侧检验：

$H_1: \mu_1 - \mu_2 > 0$ 或者 $H_1: \mu_1 > \mu_2$

步骤二：选择统计量

根据公式（8-20）可以知道在大样本（n_1，$n_2 > 30$）下，下列指标服从标准正态分布，因此我们选择 Z 统计量

$$Z = \frac{(\bar{x}_1 - \bar{x}_2) - (\mu_1 - \mu_2)}{\sqrt{\dfrac{s_1^2}{n_1} + \dfrac{s_2^2}{n_2}}} \sim N(0, 1) \qquad (12\text{-}1)$$

考虑到原假设已经指出 $\mu_1 = \mu_2$，因此上式可以简化为

$$Z = \frac{\bar{x}_1 - \bar{x}_2}{\sqrt{\dfrac{s_1^2}{n_1} + \dfrac{s_2^2}{n_2}}} \sim N(0, 1) \qquad (12\text{-}2)$$

步骤三：选择显著性水平并根据其确定临界值、接受域和拒绝域

当显著性水平为 α 时：

双侧检验：接受域为 $[-z_{\alpha/2}, z_{\alpha/2}]$，拒绝域为 $[-\infty, -z_{\alpha/2}]$ 和 $[z_{\alpha/2}, +\infty]$。

左单侧检验：接受域为 $[-z_\alpha, +\infty]$，拒绝域为 $[-\infty, -z_\alpha]$。

右单侧检验：接受域为 $[-\infty, z_\alpha]$，拒绝域为 $[z_\alpha, +\infty]$。

步骤四：决定是否拒绝原假设

将计算出的 Z 值与临界值比较，如果在拒绝域内，则拒绝原假设。如果在接受域内，则无法拒绝原假设。

2. 小样本两个总体均值差的假设检验

步骤一：建立假设

在小样本下，原假设与备择假设与大样本下相同。原假设为 H_0: $\mu_1 - \mu_2 = 0$，或者 H_0: $\mu_1 = \mu_2$。备择假设则根据是双侧还是单侧有所差异。

双侧检验：

H_1: $\mu_1 - \mu_2 \neq 0$ 或者 H_1: $\mu_1 \neq \mu_2$

左单侧检验：

H_1: $\mu_1 - \mu_2 < 0$ 或者 H_1: $\mu_1 < \mu_2$

右单侧检验：

H_1: $\mu_1 - \mu_2 > 0$ 或者 H_1: $\mu_1 > \mu_2$

步骤二：选择统计量

在小样本（n_1，$n_2 \leqslant 30$）且总体方差相同的情况下，根据式（8-22），下列统计量服从自由度为 $n_1 + n_2 - 2$ 的 t 分布：

$$t = \frac{(\bar{x}_1 - \bar{x}_2) - (\mu_1 - \mu_2)}{\sqrt{\dfrac{(n_1 - 1) s_1^2 + (n_2 - 1) s_2^2}{n_1 + n_2 - 2}} \sqrt{\dfrac{n_1 + n_2}{n_1 n_2}}} \sim t(n_1 + n_2 - 2) \quad (12\text{-}3)$$

如果令 $s_w^2 = \dfrac{(n_1 - 1) s_1^2 + (n_2 - 1) s_2^2}{n_1 + n_2 - 2}$ 而且根据原假设 $\mu_1 = \mu_2$，上述公式可以简化为

$$t = \frac{\bar{x}_1 - \bar{x}_2}{\sqrt{\dfrac{s_w^2}{n_1} + \dfrac{s_w^2}{n_2}}} \sim t(n_1 + n_2 - 2) \quad (12\text{-}4)$$

步骤三：选择显著性水平并根据其确定临界值、接受域和拒绝域

当显著性水平为 α 时：

双侧检验：接受域为 $[-t_{\alpha/2}(n_1 + n_2 - 2)$，$t_{\alpha/2}(n_1 + n_2 - 2)]$，拒绝域为 $[-\infty$，$-t_{\alpha/2}(n_1 + n_2 - 2)]$ 和 $[t_{\alpha/2}(n_1 + n_2 - 2)$，$+\infty]$。

左单侧检验：接受域为 $[-t_\alpha(n_1 + n_2 - 2)$，$+\infty]$，拒绝域为 $[-\infty$，$-t_\alpha(n_1 + n_2 - 2)]$

右单侧检验：接受域为 $[-\infty$，$t_\alpha(n_1 + n_2 - 2)]$，拒绝域为 $[t_\alpha(n_1 + n_2 - 2)$，$+\infty]$。

步骤四：决定是否拒绝原假设

将计算出的 t 值与临界值比较，如果在拒绝域内，则拒绝原假设；如果

在接受域内，则无法拒绝原假设。除了总体需要满足正态分布之外，小样本两个均值差还需要满足总体方差相等这一假设。针对这一点，我们后面会介绍如何对等方差性进行检验，也称为方差齐性检验。

【例 12.1】研究者对男性和女性法官的判决是否存在系统性差异感兴趣[①]。为了验证这一点，研究者从裁判文书网获取了 3 902 份强奸罪一审裁判文书。其中，主审法官是男性法官的共 3 124 份，平均刑期 42.026 个月，标准差 20.101 个月；主审法官是女性的共 778 份，平均刑期 40.063 个月，标准差 19.769 个月。请问：（1）不同性别的法官判决的刑期长短是否存在显著差异？（2）如果样本量降低为各 25 份，结论是否有差异（假设总体刑期方差相等且服从正态分布）？（$\alpha = 0.05$）

解：（1）根据题意，$n_1 = 3\,124$，$n_2 = 778$，$\bar{x}_1 = 42.026$，$\bar{x}_2 = 40.063$，$s_1 = 20.101$，$s_2 = 19.769$。

考虑到并没有指明方向，需要使用双侧检验。因此，提出下列原假设和备择假设：

$$H_0: \mu_1 - \mu_2 = 0$$
$$H_1: \mu_1 - \mu_2 \neq 0$$

选择统计量：

$$Z = \frac{\bar{x}_1 - \bar{x}_2}{\sqrt{\frac{s_1^2}{n_1} + \frac{s_2^2}{n_2}}} = \frac{42.026 - 40.063}{\sqrt{\frac{20.101^2}{3\,124} + \frac{19.769^2}{778}}} \approx 2.47$$

当显著性水平为 0.05 时，临界值为 $z_{0.05/2} = z_{0.025} = 1.96$，那么接受域为 $[-1.96, 1.96]$，拒绝域为 $[-\infty, -1.96]$ 和 $[1.96, +\infty]$。

由于 $Z > 1.96$。所以拒绝原假设，认为不同性别的法官判决结果存在显著差异。

（2）此时样本量均变为 25，即 $n_1 = n_2 = 25$，需要使用小样本两个总体均值差的假设检验。

提出原假设和备择假设

$$H_0: \mu_1 - \mu_2 = 0$$
$$H_1: \mu_1 - \mu_2 \neq 0$$

① XIA Y, CAI T, ZHONG H. Effect of Judges' Gender on Rape Sentencing: A Data Mining Approach to Analyze Judgment Documents [J]. China Review, 2019, 19 (2): 125-149.

选择统计量

$$t = \frac{\bar{x}_1 - \bar{x}_2}{\sqrt{\dfrac{s_w^2}{n_1} + \dfrac{s_w^2}{n_2}}}$$

为了计算 t 值，首先需要即使计算合并方差 s_w^2：

$$s_w^2 = \frac{(n_1 - 1) s_1^2 + (n_2 - 1) s_2^2}{n_1 + n_2 - 2}$$

$$= \frac{(25 - 1) 20.101^2 + (25 - 1) 19.769^2}{25 + 25 - 2} \approx 202.020\,9$$

将合并方差代入 t 值的计算公式，可以得到：

$$t = \frac{\bar{x}_1 - \bar{x}_2}{\sqrt{\dfrac{s_w^2}{n_1} + \dfrac{s_w^2}{n_2}}} = \frac{42.026 - 40.063}{\sqrt{\dfrac{202.020\,9}{n_1} + \dfrac{202.020\,9}{n_2}}} \approx 0.488$$

当显著性水平为 0.05 时，临界值为 $t_{\alpha/2}(n_1 + n_2 - 2) = t_{0.025}(48) = 2.010$，那么接受域为 $[-2.010, 2.010]$，拒绝域为 $[-\infty, -2.010]$ 和 $[2.010, +\infty]$。

由于 $|t| < 2.010$。所以无法拒绝原假设，认为不同性别法官的判决结果不存在显著差异。之所以出现和（1）不一样的结果，很可能是样本量降低导致的统计功效降低。这再次提醒我们，无法拒绝原假设并不意味着接受原假设，因为很有可能只是由于统计功效较低无法检验出显著性差异而已。

3. 两个频率差的假设检验

两个频率差的假设检验与大样本两个总体均值差的假设检验基本相同。假设两个总体的频率分别为 π_1 和 π_2，两个样本频率分别为 p_1 和 p_2，样本量分别为 n_1 和 n_2，那么假设检验步骤如下：

步骤一：建立假设

原假设为 H_0：$\pi_1 - \pi_2 = 0$，或者 H_0：$\pi_1 = \pi_2$。备择假设则根据是双侧还是单侧有所不同。

双侧检验：

H_1：$\pi_1 - \pi_2 \neq 0$ 或者 H_1：$\pi_1 \neq \pi_2$

左单侧检验：

H_1：$\pi_1 - \pi_2 < 0$ 或者 H_1：$\mu_1 < \pi_2$

右单侧检验：

$H_1: \pi_1 - \pi_2 > 0$ 或者 $H_1: \pi_1 > \pi_2$

步骤二：选择统计量

将公式（12-1）的均值替换为频率，可以得到下列统计量服从标准正态分布

$$Z = \frac{(p_1 - p_2) - (\pi_1 - \pi_2)}{\sqrt{\frac{p_1(1-p_1)}{n_1} + \frac{p_2(1-p_2)}{n_2}}} \sim N(0, 1) \qquad (12\text{-}5)$$

同样可以根据原假设对上式化简，可以得到

$$Z = \frac{p_1 - p_2}{\sqrt{\frac{p_1(1-p_1)}{n_1} + \frac{p_2(1-p_2)}{n_2}}} \sim N(0, 1) \qquad (12\text{-}6)$$

因此可以选择上述 Z 分数作为假设检验的统计量。

步骤三：选择显著性水平并根据其确定临界值、接受域和拒绝域

当显著性水平为 α 时：

双侧检验：接受域为 $[-z_{\alpha/2}, z_{\alpha/2}]$，拒绝域为 $[-\infty, -z_{\alpha/2}]$ 和 $[z_{\alpha/2}, +\infty]$。

左单侧检验：接受域为 $[-z_\alpha, +\infty]$，拒绝域为 $[-\infty, -z_\alpha]$。

右单侧检验：接受域为 $[-\infty, z_\alpha]$，拒绝域为 $[z_\alpha, +\infty]$。

步骤四：决定是否拒绝原假设

将计算出的 Z 值与临界值比较，如果在拒绝域内，则拒绝原假设。如果在接受域内，则无法拒绝原假设。

【例 12.2】继续使用【例 11.1】的场景。现在研究者希望比较不同性别的主审法官判处案件的缓刑率是否存在显著差别。已知，主审法官是男性法官的案件共 3 124 份，缓刑率 8.1%；主审法官是女性的案件共 778 份，缓刑率 8.7%。请问是否存在显著差异？（$\alpha = 0.05$）

解：（1）根据题意，$n_1 = 3\,124$，$n_2 = 778$，$p_1 = 8.1\%$，$p_2 = 8.7\%$。

考虑到问题依然并没有指明方向，需要使用双侧检验，因此提出原假设和备择假设：

$$H_0: \pi_1 - \pi_2 = 0$$
$$H_1: \pi_1 - \pi_2 \neq 0$$

选择统计量

$$Z = \frac{p_1 - p_2}{\sqrt{\dfrac{p_1(1 - p_1)}{n_1} + \dfrac{p_2(1 - p_2)}{n_2}}}$$

$$= \frac{8.1\% - 8.7\%}{\sqrt{\dfrac{8.1\%(1 - 8.1\%)}{3\,124} + \dfrac{8.7\%(1 - 8.7\%)}{778}}} \approx -0.535$$

当显著性水平为 0.05 时，临界值为 $z_{0.05/2} = z_{0.025} = 1.96$，那么接受域为 $[-1.96, 1.96]$，拒绝域为 $[-\infty, -1.96]$ 和 $[1.96, +\infty]$。

由于 $|Z| < 1.96$，在接受域内。所以我们无法拒绝原假设，不同性别法官的缓刑率没有显著差异。

二、两个总体等方差的假设检验

在小样本下，无论是假设检验还是区间估计，都强调需要满足总体方差相等。下面将介绍如何对两个总体方差是否相等进行假设检验。依然保持与上一节相同的符号约定，两个独立总体的方差分别为 σ_1^2，σ_2^2。两个样本的方差分别为 s_1^2，s_2^2。样本量分别为 n_1，n_2。

步骤一：建立假设

此时原假设为两个总体方差相同：$H_0 : \sigma_1^2 - \sigma_2^2 = 0$，或者 $H_0 : \sigma_1^2 = \sigma_2^2$。备择假设依然根据是双侧还是单侧有所不同：

双侧检验：

$H_1 : \sigma_1^2 - \sigma_2^2 \neq 0$ 或者 $H_1 : \sigma_1^2 \neq \sigma_2^2$

左单侧检验：

$H_1 : \sigma_1^2 - \sigma_2^2 < 0$ 或者 $H_1 : \sigma_1^2 < \sigma_2^2$

右单侧检验：

$H_1 : \sigma_1^2 - \sigma_2^2 > 0$ 或者 $H_1 : \sigma_1^2 > \sigma_2^2$

步骤二：选择统计量

根据公式（7-12）可知，如果两个总体服从正态分布，那么下列两式服从卡方分布

$$\frac{(n_1 - 1)\, s_1^2}{\sigma_1^2} \sim \chi^2(n_1 - 1) \tag{12-7}$$

$$\frac{(n_2 - 1)\, s_2^2}{\sigma_2^2} \sim \chi^2(n_2 - 1) \tag{12-8}$$

根据 F 分布的定义式（7-28）可知，下式服从 F 分布

$$F = \frac{s_1^2/\sigma_1^2}{s_2^2/\sigma_2^2} \sim F(n_1 - 1, n_2 - 1) \quad (12\text{-}9)$$

当原假设成立时，上式可以进一步化简为

$$F = \frac{s_1^2}{s_2^2} \sim F(n_1 - 1, n_2 - 1) \quad (12\text{-}10)$$

步骤三：选择显著性水平并根据其确定临界值、接受域和拒绝域

需要注意的是，由于 F 分布的性质，如果分子和分母交换位置，双侧检验的临界值可以互换。而无论是左单侧还是右单侧检验，都可以转换为右单侧检验。因此，通常约定在计算 F 值时，将较大的方差放在分子，而较小的方差放在分母。

因此，当显著性水平为 α 时：

双侧检验：接受域为 $[0, F_{\alpha/2}(n_1 - 1, n_2 - 1)]$，拒绝域为 $[F_{\alpha/2}(n_1 - 1, n_2 - 1), +\infty]$。如图 12.1 所示。

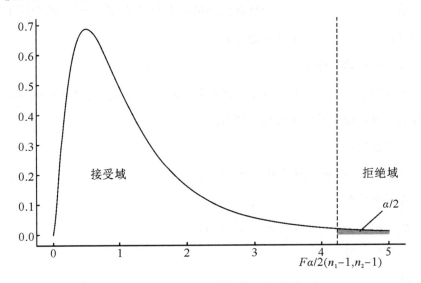

图 12.1　方差齐性双侧检验的临界值、接受域和拒绝域

左单侧检验和右单侧相同：接受域为 $[0, F_{\alpha}(n_1 - 1, n_2 - 1)]$，拒绝域为 $[F_{\alpha}(n_1 - 1, n_2 - 1), +\infty]$。如图 12.2 所示。

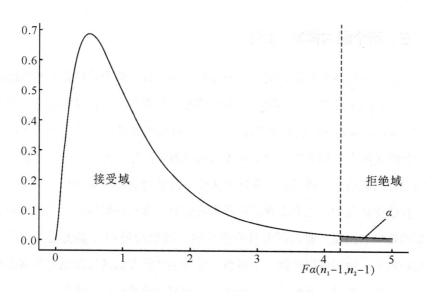

图 12.2　方差齐性单侧检验的临界值、接受域和拒绝域

步骤四：决定是否拒绝原假设

将计算出的 F 值与临界值比较，如果在拒绝域内，则拒绝原假设。如果在接受域内，则无法拒绝原假设。

【例 12.3】依然使用【例 12.1】的例子。研究者从裁判文书网获取了 3 902 份强奸罪一审裁判文书。其中，主审法官是男性法官的共 3 124 份，平均刑期 42.026 个月，标准差 20.101 个月；主审法官是女性的共 778 份，平均刑期 40.063 个月，标准差 19.769 个月。现在，请问两个总体方差是否有区别？

解：（1）根据题意，$n_1 = 3\ 124$，$n_2 = 778$，$\bar{x}_1 = 42.026$，$\bar{x}_2 = 40.063$，$s_1 = 20.101$，$s_2 = 19.769$。

考虑到并没有指明方向，因此提出双侧检验的原假设和备择假设：

$$H_0: \sigma_1^2 - \sigma_2^2 = 0$$
$$H_1: \sigma_1^2 - \sigma_2^2 \neq 0$$

选择统计量：

$$F = \frac{20.101^2}{19.769^2} \approx 1.033\ 8$$

当显著性水平为 0.05 时，临界值为 $F_{\alpha/2}(n_1 - 1, n_2 - 1) = F_{0.025}(3\ 123, 777) = 1.120$，那么接受域为 $[0, 1.120]$，拒绝域为 $[1.120, +\infty]$。

由于 $F < 1.120$。所以我们无法拒绝原假设，认为不同性别法官的判决结果的方差没有显著差异。

三、两个配对样本 t 检验

无论是进行两个总体均值差异的检验，还是进行两个总体方差相等的检验，其检验的都是基于两个独立样本的情况。与独立样本检验相对应，配对样本（paired sample）检验则关注的是两个相关或配对的总体。所谓配对总体，指的是两个总体中的观测值是成对出现的。例如，同一组受试者在不同时间点的测量结果，或者同一受试者接受不同处理后的测量结果。

在法学研究中，也会出现配对样本的情况，常见的场景是评估某项司法改革的效果。例如，假设研究者希望评估"离婚冷静期"制度是否可以降低离婚数量，他们可以选择 n 个城市，并分别计算在这些城市制度实施前和实施后的离婚数量。此时，每个城市在实施前后的数据就构成了一个配对样本，数据一一对应。

假设在上述例子中，每个城市在制度实施前后的离婚数量分别为 X_A 和 X_B，其差值记作：

$$D = X_A - X_B$$

那么只需要对 D 进行原假设为 $D = 0$ 的假设检验，就可以知道离婚数量是否出现了显著的变化。换言之，这种方法相当于将两个配对样本的检验转换为单个样本均值的假设检验。

接下来，我们进行一些符号约定。假设一共有 n 个个体，对于每个个体 i 而言，其后面一次观测值减去前面一次观测值为 d_i，进一步定义这个随机变量的均值和方差如下：

$$\bar{d} = \frac{\sum_{i=1}^{N} d_i}{n}$$

$$s_d^2 = \frac{\sum_{i=1}^{N} (d_i - \bar{d})}{n - 1}$$

1. 大样本两个配对样本 t 检验

步骤一：建立假设

原假设为

H_0：$D = 0$。备择假设则根据是双侧还是单侧有所不同。

双侧检验

H_1：$D \neq 0$

左单侧检验

H_1：$D < 0$

右单侧检验

H_1：$D > 0$

步骤二：选择统计量

对于大样本而言，可以直接选择 Z 统计量，因为

$$Z = \frac{\bar{d} - D}{s_d / \sqrt{n}} \sim N(0,\ 1) \tag{12-11}$$

由于原假设成立，Z 统计量可以化简为

$$Z = \frac{\bar{d}}{s_d / \sqrt{n}} \sim N(0,\ 1) \tag{12-12}$$

步骤三：选择显著性水平并根据其确定临界值、接受域和拒绝域

当显著性水平为 α 时：

双侧检验：接受域为 $[-z_{\alpha/2},\ z_{\alpha/2}]$，拒绝域为 $[-\infty,\ -z_{\alpha/2}]$ 和 $[z_{\alpha/2},$ $+\infty]$。

左单侧检验：接受域为 $[-z_\alpha,\ +\infty]$，拒绝域为 $[-\infty,\ -z_\alpha]$。

右单侧检验：接受域为 $[-\infty,\ z_\alpha]$，拒绝域为 $[z_\alpha,\ +\infty]$。

步骤四：决定是否拒绝原假设

将计算出的 Z 值与临界值比较，如果在拒绝域内，则拒绝原假设。如果在接受域内，则无法拒绝原假设。

2. 小样本单个总体均值的假设检验

步骤一：建立假设

与大样本一样。原假设为 H_0：$D = 0$。备择假设根据是双侧还是单侧有所不同。

双侧检验：

H_1：$D \neq 0$

左单侧检验：

H_1：$D < 0$

右单侧检验：

H_1：$D > 0$

步骤二：选择统计量

对于小样本，当总体服从正态分布时，检验统计量为

$$t = \frac{\bar{d} - D}{s_d / \sqrt{N}} \sim t(n-1) \qquad (12\text{-}13)$$

同样可以化简为

$$t = \frac{\bar{d}}{s_d / \sqrt{n}} \sim t(n-1) \qquad (12\text{-}14)$$

步骤三：选择显著性水平并根据其确定临界值、接受域和拒绝域

当显著性水平为 α 时：

双侧检验：接受域为 $[-t_{\alpha/2}(n-1), t_{\alpha/2}(n-1)]$，拒绝域为 $[-\infty, -t_{\alpha/2}(n-1)]$ 和 $[t_{\alpha/2}(n-1), +\infty]$。

左单侧检验：接受域为 $[-t_{\alpha}(n-1), +\infty]$，拒绝域为 $[-\infty, -t_{\alpha}(n-1)]$。

右单侧检验：接受域为 $[-\infty, t_{\alpha}(n-1)]$，拒绝域为 $[t_{\alpha}(n-1), +\infty]$。

步骤四：决定是否拒绝原假设

将计算出的 t 值与临界值比较，如果在拒绝域内，则拒绝原假设。如果在接受域内，则无法拒绝原假设。

【例 12.3】假设研究者希望评估"离婚冷静期"制度是否可以降低离婚数量，于是选择了 8 个城市，分别记录了制度实施前后的年离婚数量（见表 12.1）。请问离婚冷静期制度实施前后年离婚数量是否显著降低？（$\alpha = 0.05$）

表 12.1　制度实施前后的年离婚数量

城市	制度实施后 年离婚数（X_A）	制度实施前 年离婚数（X_B）	差值（$D = X_A - X_B$）
1	500	490	10
2	450	455	−5
3	520	515	5
4	480	475	5
5	470	465	5
6	460	470	−10
7	530	525	5
8	490	495	−5

解：根据题意可以计算

$$\bar{d} = \frac{\sum\limits_{i=1}^{N} d_i}{n} = 1.25$$

$$s_d^2 = \frac{\sum\limits_{i=1}^{N} (d_i - \bar{d})}{n-1} \approx 6.93$$

根据提问，应当使用左单侧检验，根据此建立原假设和备择假设：

$$H_0: D = 0$$

$$H_1: D < 0$$

计算 t 统计量：

$$t = \frac{\bar{d}}{s_d / \sqrt{n}} = \frac{1.25}{6.93 / \sqrt{8}} \approx 0.51$$

当显著性水平为 0.05 时，临界值 $-t_\alpha(n-1) = -t_{0.05}(7) = -2.365$。接受域为 $[-2.365, +\infty]$，拒绝域为 $[-\infty, -2.365]$。

由于 $t > -2.365$，在接受域内，因此无法拒绝原假设，即我们没有足够的证据表明"离婚冷静期"制度显著降低了离婚数量。

第二节　当类别数大于二：一元方差分析

前文提到，当类别数大于两类时，仅依靠两个总体的假设检验会遇到各种问题。现在我们进一步探讨可能遇到的问题。如果类别数为 k 类，那么进行两两比较时，需要进行 c_k^2 次比较（下文简称多重比较，multiple comparisons）。繁琐的计算只是多重比较中一个相对容易处理的问题。更为麻烦的是，多重比较会导致整体的第一类误差显著膨胀。

为了说明这一点，假设 $k = 3$，那么需要进行 $C_3^2 = 3$ 次两两比较（1VS2，1VS3，2VS3）。对于每一次假设检验而言，第一类误差的概率为 α。那么整体而言，如果需要正确拒绝原假设（三组的均值都相同），则需要这 3 次假设检验都没有犯第一类误差。因此，整体的第一类误差为 $1 - (1 - \alpha)^3$。以此类推，如果类别数为 k，那么需要进行 C_k^2 次多重比较，整体第一类误差

为 $1-(1-\alpha)^{C_k^2}$。假设 $\alpha=0.05$，图 12.3 展示了不同类别数下，如果采用多重比较的方法，整体的第一类误差。可以看到，当类别数为 3 时，第一类误差已经达到 0.14；当类别数为 4 时，第一类误差已经高达 0.26。而且随着类别数量的增加，第一类误差也随之上升。

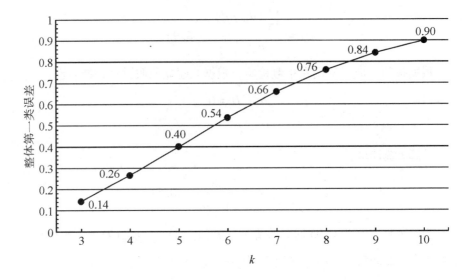

图 12.3 不同类别数下多重比较下整体第一类误差

很显然，仅依靠简单的多重比较会导致第一类误差的极大膨胀，因此需要使用一种新的检验方法来克服这个问题，这就是方差分析（analysis of variance，ANOVA）。本节将重点讨论一元方差分析（one-way ANOVA）及其应用。

一、一元方差分析基本原理

为了理解一元方差分析原理，我们依然使用和第四章类似的符号约定（见表 12.2），只不过将其运用于推论性统计的场景。假设有两个变量，X 和 Y。X 为类别变量，有 x_1，x_2，$\cdots$，x_m，共 m 个取值。现在从 $X=x_1$ 中随机抽取 n_1 个样本，从 $X=x_2$ 中随机抽取 n_2 个样本，以此类推一共抽取 n 个样本量，即 $\sum_{i=1}^{m} n_i = n$，并计算每个类别的均值 $\bar{y}_i$ 和方差 s_i^2。而整体均值为

$$\bar{y} = \frac{\sum_{i=1}^{m} n_i \bar{y}_i}{n}。$$

表 12.2　一元方差分析符号约定

x_1	x_2	$\cdots$	x_i	$\cdots$	x_m
y_{11}	y_{21}	$\cdots$	y_{i1}	$\cdots$	y_{m1}
y_{12}	y_{22}	$\cdots$	y_{i2}	$\cdots$	y_{m2}
$\vdots$	$\vdots$	$\vdots$	$\vdots$	$\vdots$	$\vdots$
y_{1j}	y_{2j}	$\cdots$	y_{ij}	$\cdots$	y_{mj}
$\vdots$	$\vdots$	$\vdots$	$\vdots$	$\vdots$	$\vdots$
y_{1n_1}	y_{2n_2}	$\cdots$	y_{in_i}	$\cdots$	y_{mn_m}
$\bar{y}_1$	$\bar{y}_2$	$\cdots$	$\bar{y}_i$	$\cdots$	$\bar{y}_m$
s_1^2	s_2^2	$\cdots$	s_i^2	$\cdots$	s_m^2

在第四章，我们介绍了相关比率（ η^2 ），相关比率是基于消减误差比例原理构建的指标［式（4-3）］，其定义为如下：

$$\eta^2 = \frac{E1 - E2}{E1} = \frac{\sum_{i=1}^{m} \sum_{j=1}^{n_i} (y_{ij} - \bar{y})^2 - \sum_{i=1}^{m} \sum_{j=1}^{n_i} (y_{ij} - \bar{y}_i)^2}{\sum_{i=1}^{m} \sum_{j=1}^{n_i} (y_{ij} - \bar{y})^2}$$

（12-14）

而且第四章已经证明［公式（4-4）］，经过化简相关比率可以进一步变为

$$\eta^2 = \frac{\sum_{i=1}^{m} \sum_{j=1}^{n_i} (\bar{y}_i - \bar{y})^2}{\sum_{i=1}^{m} \sum_{j=1}^{n_i} (y_{ij} - \bar{y})^2}$$

（12-15）

现在，我们进一步分析相关比率的各个组成。

首先，相关比率中 $E1 = \sum_{i=1}^{m} \sum_{j=1}^{n_i} (y_{ij} - \bar{y})^2$ 。其反映的是每个 y_{ij} 与整体均值差的平方和。其反映的是每个取值较之于整体均值的离散程度。在一元方差分析中，我们将其称为总离差平方和（total sum of square，TSS），即 $\text{TSS} = \sum_{i=1}^{m} \sum_{j=1}^{n_i} (y_{ij} - \bar{y})^2$ 。

其次，相关比率中 $E2 = \sum_{i=1}^{m} \sum_{j=1}^{n_i} (y_{ij} - \bar{y}_i)^2$ 。其反映的是每个 y_{ij} 与组均值差的平方和。其反映的是组内个体取值较之于组均值的离散程度。在一元方差分析中称为组内离差平方和（within sum of square，WSS），即 $\text{WSS} = \sum_{i=1}^{m} \sum_{j=1}^{n_i} (y_{ij} - \bar{y}_i)^2$ 。

最后，化简后的相关比率分母 $E1 - E2 = \sum_{i=1}^{m} \sum_{j=1}^{n_i} (\bar{y}_i - \bar{y})^2$，其反映的是每个组均值与整体均值的离散程度。在一元方差分析中称为组间离差平方和（between sum of square, BSS），即 $BSS = \sum_{i=1}^{m} \sum_{j=1}^{n_i} (\bar{y}_i - \bar{y})^2$。

很显然，TSS＝BSS+WSS，这一点在第四章已经得到了证明。而本节方差分析的核心就是比较 BSS 与 WSS 的大小，如果 BSS 显著大于 WSS，也可以说明两个变量存在显著相关。这种分析思路其实就是对 η^2 的检验，因为 η^2 可以写为 $\eta^2 = \dfrac{BSS}{TSS} = \dfrac{BSS}{BSS+WSS}$。

二、一元方差分析步骤

步骤一：建立假设

考虑到评价类别变量与尺度变量关系的核心指标都是均值差异。而原假设是两个变量没有相关关系。原假设其实是 m 个总体的均值全部相同的假设。即 $H_0: \mu_1 = \mu_2 = \cdots = \mu_m$。而备择假设 H_1：至少存在一个 $\mu_i \neq \mu_j$（其中 $i \neq j$），也即至少有一个组的均值与其他组不同。

此处需要格外注意两点：首先，一元方差分析的核心指标是两个方差的比，因此拒绝域只能在右侧，只能采用右单侧检验。当然，在寻找临界值的时候，如果想使用比较严格的标准，可以选择 $\alpha/2$ 对应的 F 值作为临界值。其次，一元方差分析的备择假设的提法并不是 $\mu_1 \neq \mu_2 \neq \cdots \neq \mu_m$。因为我们在第九章介绍假设检验的时候强调，备择假设是原假设的逻辑反的。因此所有组均值全部相等的反面是：至少有一组的均值与其他组不同。

步骤二：选择统计量

一元方差分析的核心是构建如下 F 统计量，可以证明，这个统计量服从 F 分布，即

$$F = \frac{BSS/(m-1)}{WSS/(n-m)} \sim F(m-1,\ n-m) \tag{12-16}$$

步骤三：选择显著性水平并根据其确定临界值、接受域和拒绝域

当显著性水平为 α 时：接受域为 $[0,\ F_\alpha(m-1,\ n-m)]$，拒绝域为 $[F_\alpha(m-1,\ n-m),\ +\infty]$。如果要使用较为严格的标准，可以将接受域设置为 $[0,\ F_{\alpha/2}(m-1,\ n-m)]$，拒绝域设置为 $[F_{\alpha/2}(m-1,\ n-m),\ +\infty]$。

步骤四：决定是否拒绝原假设

将计算出的 F 值与临界值比较，如果在拒绝域内，则拒绝原假设；如果在接受域内，则无法拒绝原假设。

需要特别提醒的是，F 统计量服从 F 分布的前提是 $y_{ij} \sim N(\mu_i, \sigma^2)$。因此一元方差分析通常需要以等方差性和正态性为前提。如果这两个条件不满足，同样可能影响一元方差分析的效能。

【例 12.3】假设研究者希望研究饮酒对反应速度的影响，于是随机选择了 90 名被试者，其中 30 名被要求饮用大量酒精饮料，30 名被要求饮用少量酒精饮料，剩下的 30 名被要求不饮酒。之后，要求 90 名实验参与者均参加反应测试，然后记录下其平均反应时间（秒）（见表 12.3）。请问饮酒是否与反应时间之间存在相关关系？（$\alpha = 0.05$）

表 12.3 饮酒与反应时间

类别	不饮酒	少量饮酒	大量饮酒
反应时间均值/秒	10.63	19.90	29.13
反应时间标准差/秒	4.67	5.57	5.31
样本量	30	30	30

假设每组数据都来自相互独立且方差相同的正态分布，即 $y_{ij} \sim N(\mu_i, \sigma^2)$。在这种情况下，我们可以验证 F 统计量服从 F 分布。证明的关键在于证明两个等式成立：（1）$\dfrac{\text{BSS}}{\sigma^2} \sim \chi^2(m-1)$；（2）$\dfrac{\text{WSS}}{\sigma^2} \sim \chi^2(n-m)$。一旦成立，那么根据 F 分布的构造，就可以得到 F 统计量服从 F 分布［公式（12-16）］。

首先从（2）入手，WSS 其实可以拆分为 m 组离差平方和的和：

$$\text{WSS} = \sum_{j=1}^{n_1}(y_{1j}-\bar{y}_1)^2 + \sum_{j=1}^{n_2}(y_{2j}-\bar{y}_2)^2 + \cdots + \sum_{j=1}^{n_m}(y_{mj}-\bar{y}_m)^2$$

根据公式（7-12）可以得出，对于每一组 i 而言，下列公式均服从卡方分布：

$$\frac{\sum_{j=1}^{n_i}(y_{ij}-\bar{y}_i)^2}{\sigma^2} = \frac{(n_i-1)s_i^2}{\sigma^2} \sim \chi^2(n_i-1)$$

由于卡方分布具有可加性，若干卡方分布相加等于自由度相加，那么

$$\frac{\text{WSS}}{\sigma^2} = \frac{\sum_{i=1}^{m}\sum_{j=1}^{n_i}(y_{ij}-\bar{y}_i)^2}{\sigma^2} \sim \chi^2\left[\sum_{i=1}^{m}(n_i-1)\right] = \chi^2(n-m)$$

因此（2）得证。

而对于（1）而言，BSS 可以写为 $BSS = \sum_{i=1}^{m} n_i(\bar{y}_i - \bar{y})^2$。由于 $y_{ij} \sim$

$N(\mu_i, \sigma^2)$，根据中心极限定律，组均值 $\bar{y}_i \sim N(\mu_i, \dfrac{\sigma^2}{n_i})$。标准化后可

以得到 $\dfrac{\bar{y}_i - \mu_i}{\sigma / \sqrt{n_i}} \sim N(0, 1)$。在原假设成立的情况下 $\mu_1 = \mu_2 = \cdots = \mu_m = \mu$。

那么可以进一步得出 $\dfrac{\bar{y}_i - \mu}{\sigma / \sqrt{n_i}} \sim N(0, 1)$。也可以类推得到 $\dfrac{\bar{y} - \mu}{\sigma / \sqrt{n}} \sim$

$N(0, 1)$。那么

$$\frac{BSS}{\sigma^2} = \frac{\sum_{i=1}^{m} n_i [(\bar{y}_i - \mu) - (\bar{y} - \mu)]^2}{\sigma^2}$$

$$= \frac{\sum_{i=1}^{m} n_i (\bar{y}_i - \mu)^2}{\sigma^2} + \frac{\sum_{i=1}^{m} n_i (\bar{y} - \mu)^2}{\sigma^2} -$$

$$2 \frac{\sum_{i=1}^{m} n_i (\bar{y}_i - \mu)(\bar{y} - \mu)}{\sigma^2}$$

$$= \frac{\sum_{i=1}^{m} n_i [(\bar{y}_i - \mu)]^2}{\sigma^2} + \frac{(\bar{y} - \mu)^2 n}{\sigma^2} - 2 \frac{(\bar{y} - \mu)(n\bar{y} - n\mu)}{\sigma^2}$$

$$= \sum_{i=1}^{m} \left[\frac{\bar{y}_i - \mu}{\sigma / \sqrt{n_i}} \right]^2 - \left[\frac{\bar{y} - \mu}{\sigma / \sqrt{n}} \right]^2$$

上式表明，$\dfrac{BSS}{\sigma^2}$ 是 m-1 个标准正态分布的平方和，根据卡方分布的定义：

$$\frac{BSS}{\sigma^2} \sim \chi^2(m - 1)$$

因此（1）得证。

解：根据题意，$n_1 = n_2 = n_3 = 30$。$\bar{x}_1 = 10.63$，$\bar{x}_2 = 19.90$，$\bar{x}_3 = 29.13$，$s_1 = 4.67$，$s_2 = 5.57$，$s_2 = 5.31$。

提出原假设与备择假设：

$$H_0: \mu_1 = \mu_2 = \mu_3$$

$$H_1: 至少存在一个 \mu_i \neq \mu_j（其中 i \neq j）$$

选择 F 统计量，其计算方法如下：

$$F = \frac{BSS/(m - 1)}{WSS/(n - m)}$$

此公式 BSS 和 WSS 的求出是重点。如果已知原始数据，则可以直接代

入 BSS 和 WSS 的公式求出。而表 12.3 给出的是描述性统计数据，则需要稍微利用样本方差的计算公式，首先对于 WSS 而言：

$$\text{WSS} = \sum_{i=1}^{m} \sum_{j=1}^{n_i} (y_{ij} - \bar{y}_i)^2 = \sum_{i=1}^{m} (n_i - 1) s_1^2$$

$$= (30 - 1) \, 4.67^2 + (30 - 1) \, 5.57^2 + (30 - 1) \, 5.31^2$$

$$= 2\,349.867\,1$$

对于 BSS，则需要首先计算出整体均值

$$\bar{y} = \frac{\sum_{i=1}^{m} n_i \bar{y}_i}{n} = \frac{30 \times 10.63 + 30 \times 19.90 + 30 \times 29.13}{90} = 19.897\,8$$

$$\text{BSS} = \sum_{i=1}^{m} n_i (\bar{y}_i - \bar{y})^2$$

$$= 30 \, (10.63 - 19.897\,8)^2 + 30 \, (19.90 - 19.897\,8)^2 +$$

$$30 \, (29.13 - 19.897\,8)^2$$

$$= 5\,136.336$$

最终，计算 F 统计量

$$F = \frac{\text{BSS}/(m - 1)}{\text{WSS}/(n - m)} = \frac{5\,136.336/(3 - 1)}{2\,349.867\,1/(90 - 3)} \approx 95.09$$

当显著性水平为 0.05 时，临界值为 $F_\alpha(m - 1, n - m) = F_{0.05}(2, 87) = 3.10$。接受域为 $[0, 3.10]$，拒绝域为 $[3.10, +\infty]$。

由于 $F > 3.10$。因此拒绝原假设，认为饮酒量与反应时间之间存在显著相关关系。

三、　事后检验多重比较

在一元方差分析得出显著结果之后，我们仅能说明存在至少一组的均值与其他组存在显著差异。然而，我们并不能确切知道是哪些组之间的均值出现了差异。因此，通常建议在一元方差分析得出显著结果之后，进一步进行事后检验（post hoc test）。事后多重比较可以近似理解为在调整了第一类误差之后进行的多重比较，针对这个领域存在相当多的多重比较方法。表 12.4 总结了主要的事后多重比较方法及其适用条件，这些方法在绝大多数统计软件中都有所涉及，读者可以根据实际需求选择对应的多重比较方法。

表 12.4 事后多重比较方法简介

多重比较方法	适用场景	其他说明
LSD（最小显著差异法）	使用最为广泛，检验效能高，对比组较少时使用	对差异最为敏感，不进行严格的多重比较校正，因此假阳性率可能较高
Scheffe	各组间的样本数量不相同时使用	相对较为保守，适用于所有可能的线性比较
Tukey	各组间的样本数量相同时使用	专门用于所有可能的成对均值比较，能很好地控制整体误差率
Bonferroni 校正	对比组数较多时使用	通过调整显著性水平来控制整体假阳性率，方法简单但较为保守
Tamhane T2	方差不齐时，适合更复杂的多重比较使用此方法	不假定组间方差相等，特别适用于方差不齐且样本量不同的情况

本章小结

当类别数等于二：

表 12.5 类别数等于二时的统计方法

	前提条件	原假设	核心统计量
大样本两个总体均值差	大样本（$n > 30$）	$H_0: \mu_1 - \mu_2 = 0$	$Z = \dfrac{(\bar{x}_1 - \bar{x}_2) - (\mu_1 - \mu_2)}{\sqrt{\dfrac{s_1^2}{n_1} + \dfrac{s_2^2}{n_2}}} \sim N(0, 1)$
小样本两个总体均值差	小样本，正态分布，等方差	$H_0: \mu_1 - \mu_2 = 0$	$t = \dfrac{(\bar{x}_1 - \bar{x}_2)}{\sqrt{\dfrac{(n_1 - 1)s_1^2 + (n_2 - 1)s_2^2}{n_1 + n_2 - 2}}\sqrt{\dfrac{n_1 + n_2}{n_1 n_2}}} \sim t(n_1 + n_2 - 2)$
两个频率差	大样本	$H_0: \pi_1 - \pi_2 = 0$	$Z = \dfrac{p_1 - p_2}{\sqrt{\dfrac{p_1(1 - p_1)}{n_1} + \dfrac{p_2(1 - p_2)}{n_2}}} \sim N(0, 1)$
两个总体等方差	正态分布	$H_0: \sigma_1^2 - \sigma_2^2 = 0$	$F = \dfrac{s_1^2}{s_2^2} \sim F(n_1 - 1, n_2 - 1)$
大样本两个配对样本	大样本（$n > 30$）	$H_0: D = 0$	$Z = \dfrac{\bar{d}}{s_d / \sqrt{n}} \sim N(0, 1)$
小样本两个配对样本	小样本，正态分布	$H_0: D = 0$	$t = \dfrac{\bar{d}}{s_d / \sqrt{n}} \sim t(n - 1)$

当类别数大于二：

表 12.6　类别数大于二时的统计方法

	前提条件	假设	核心统计量
一元方差分析	正态分布，等方差	$H_0: \mu_1 = \mu_2 = \cdots = \mu_m$。 $H_1:$ 至少存在一个 $\mu_i \neq \mu_j$（其中 $i \neq j$）	$F = \dfrac{\text{BSS}/(m-1)}{\text{WSS}/(n-m)} \sim$ $F(m-1, \ n-m)$

思考题

1. 为了研究开庭审理与不开庭审理对二审刑期改判幅度是否存在系统性差异，研究者从裁判文书网获取了某罪二审判决书。开庭审理的共 1 695 份，平均改判刑期幅度为 13.28 个月，标准差为 13.79 个月；不开庭审理的共 855 份，平均改判刑期幅度为 10.65 个月，标准差为 7.85 个月。

（1）使用独立样本 t 检验，判断是否开庭审理对二审刑期改判幅度存在显著差异？（$\alpha = 0.05$）

（2）如果样本量减少为各 25 份，请重新进行分析，并判断结论是否有变化？（假设总体二审刑期改判幅度方差相等且服从正态分布，$\alpha = 0.05$）

2. 结合上题题干信息，使用 F 检验判断两个总体方差是否存在显著差异？

3. 近年来，民事诉讼案件的数量有所增长。为了研究这一现象，研究者选择了 8 个地区，记录了相邻两年的民事诉讼案件数量，如表 12.7 所示。请使用配对样本 t 检验，判断民事诉讼案件数量是否显著增加？（$\alpha = 0.05$）

表 12.7　前一年与后一年的民事诉讼案件数量

城市	X 年民事诉讼案件数（X_A）/个	X+1 年民事诉讼案件数（X_B）/个	差值（$D = X_A - X_B$）/个
1	5 000	5 182	182
2	4 559	4 487	−72
3	5 280	5 321	41
4	4 766	4 792	26

表12.7(续)

城市	X 年民事诉讼案件数（X_A）/个	X+1 年民事诉讼案件数（X_B）/个	差值（$D = X_A - X_B$）/个
5	4 723	4 780	57
6	4 643	4 588	−55
7	5 382	5 560	178
8	4 963	4 920	−43

4. 为了研究居民被害类型与社区安全感评分之间的关系，研究者分别选取社区内有被偷、被抢、被打经历的 30 位居民对社区安全感进行评分（表 12.8）（满分为 10 分），统计结果如下。请检验居民被害类型是否与社区安全感评分之间存在显著差异？（$\alpha = 0.05$）

表 12.8　30 位居民对社区安全感

	被偷	被抢	被打
社区安全感评分均值	7.24	5.25	2.78
社区安全感评分标准差	3.27	4.07	4.25
样本量	30	30	30

第十三章　两个尺度变量关系的假设检验

本章是第五章中"两个尺度变量的相关关系"对应的假设检验。在第五章中，我们介绍了使用皮尔逊相关系数和线性回归的方法评价两个变量的相关关系。本章将首先介绍一元线性回归相关的假设检验，然后再介绍皮尔逊相关系数的假设检验。

第一节　一元线性回归方程的假设检验

一、一元线性回归成立的假设

在第五章我们介绍过，可以使用最小二乘法求出如下拟合方程

$$\hat{y}_i = b_0 + b_1 x_i \tag{13-1}$$

如果考虑残差 ε_i 的存在。那么完整的回归方程可以写为

$$y_i = b_0 + b_1 x_i + \varepsilon_i \tag{13-2}$$

为了能够使用样本的回归方程推论总体，通常要求总体满足一定的条件。这些条件构成了对总体的假定，有时候也称为经典线性回归假定（classic linear regression assumptions）。具体而言，经典线性回归假定包括模型设定假定和残差假定两个部分[①]。

首先，模型设定假定。这一假设指出，总体中 X 和 Y 之间的关系是线性关系。或者说

$$E(y_i) = b_0 + b_1 x_i \tag{13-3}$$

通常可以使用散点图来观察 X 和 Y 之间是否符合线性关系。如果能观察

---

① 向蓉美，王青华，马丹. 统计学 [M]. 第 3 版. 北京：机械工业出版社，2023：215-216.

到两者大致符合线性关系，那么可以认为这一假设得到满足，否则可能需要使用一系列其他非线性回归分析方法对其进行拟合。

其次，残差假定。对于残差而言，通常具有如下五个假定：

（1）零条件均值假定，即对于给定的 x_i，$E(\varepsilon_i) = 0$

（2）同方差假定，即对于给定的 x_i，$Var(\varepsilon_i) = \sigma^2$

（3）无自相关假定，即 $Cov(\varepsilon_i, \varepsilon_j) = 0$，$i \neq j$

（4）与自变量不相关假定，即 $Cov(x_i, \varepsilon_i) = 0$

（5）正态分布假定，即 ε_j 服从正态分布

如上五个假定可以进一步合并为如下假定：

$$\varepsilon_i \sim N(0, \sigma^2)，独立同分布(i.\ i.\ d) \tag{13-4}$$

图 13.1 展示了线性回归方程关于残差的经典假设。从图 13.1 中可以看出，无论自变量 X 取什么值，残差都假设服从均值为 0、方差为 σ^2 的正态分布。每个点上的正态曲线表明了在不同的 X 值下残差的分布情况。这意味着模型假定误差项的分布在整个回归线上是相同的（即具有相同的方差），且不依赖于 X 的具体取值。

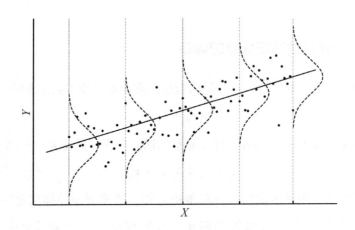

图 13.1　一元线性回归残差假设

如何检验上述假定是否满足以及违背假定时应该如何处理，是绝大多数计量经济学[1]和回归分析[2]课程的核心问题。我们将在番外篇做简要讨论。

---

① JEFFERY M. WOOLDBRIDGE. 计量经济学导论：现代方法 [M]. 北京：清华大学出版社，2020：40-52.

② 谢宇. 回归分析 [M]. 北京：社会科学文献出版社，2013：56-58.

二、一元线性回归的假设检验

1. 回归方程检验的基本原理

在第五章，我们介绍了可以使用拟合优度 R^2 来评价线性回归的拟合程度。R^2 的计算过程符合消减误差的原理。根据公式（5-16）和公式（5-17）可以得出[1]：

$$R^2 = \frac{E1 - E2}{E1} = \frac{\sum_{i=1}^{n}(y_i - \bar{y})^2 - \sum_{i=1}^{n}(y_i - \hat{y}_i)^2}{\sum_{i=1}^{n}(y_i - \bar{y})^2} = \frac{\sum_{i=1}^{n}(\hat{y}_i - \bar{y})^2}{\sum_{i=1}^{n}(y_i - \bar{y})^2}$$

$$(13-5)$$

现在，我们将使用和一元方差分析类似的方法对 R^2 进行拆解。

首先，R^2 的 $E1 = \sum_{i=1}^{n}(y_i - \bar{y})^2$。其反映的是每个 y_i 与 Y 的均值 $\bar{y}$ 差的平方和，因此其度量的是因变量的离散程度。现在我们采用和一元方差类似的方法，将其定义为总离差平方和（sum of square total, SST[2]），即 SST $= \sum_{i=1}^{n}(y_i - \bar{y})^2$。

其次，R^2 的 $E2 = \sum_{i=1}^{n}(y_i - \hat{y}_i)^2 = \sum_{i=1}^{n}(\varepsilon_i)^2$。其反映的是残差的平方和，度量的是模型无法解释的部分。现在我们将其定义为误差平方和（sum of square error, SSE），即 SSE $= \sum_{i=1}^{n}(y_i - \hat{y}_i)^2 = \sum_{i=1}^{n}(\varepsilon_i)^2$。

最后，R^2 中 $E1 - E2 = \sum_{i=1}^{n}(\hat{y}_i - \bar{y})^2$。其反映的是模型可以解释的部分。现在，我们将其定义为回归平方和（sum of square regression, SSR），即 SSR $= \sum_{i=1}^{n}(\hat{y}_i - \bar{y})^2$。

同样可以得到，SST=SSR+SSE，这一点在第五章已经得到了证明。而回归方程的整体检验其实就是比较 SSR 和 SSE 的大小。如果 SSR 明显大于 SSE，说明模型整体是显著的。我们可以使用 F 检验来对方程进行整体检验。F 检验其实就是对 R^2 的检验，因为 R^2 可以写为 $R^2 = \frac{\text{SSR}}{\text{SST}} = \frac{\text{SSR}}{\text{SSR+SSE}}$。

---

[1] 由于我们现在进入推论性统计，我们将第五章公式中的 N 替换为 n 以代表样本量。

[2] 为了和一元方差分析的术语稍加区别，此处使用的是 SST，而非 TSS。其实后续我们将介绍，一元方差分析就是线性回归的一种特殊情况，两者原理是一样的。

2. 回归方程检验的整体检验

步骤一：建立假设

回归模型是检验两个变量相关关系的方法。考虑到原假设是指两个变量不存在相关关系，因此原假设可以表达为斜率为零。即 $H_0: b_1 = 0$。而备择假设则是 $H_1: b_1 \neq 0$。

此处与一元方差分析非常类似，核心指标依然是两个平方和的比，因此拒绝域只能在右侧，只能采取右单侧检验。但是在寻找临界值的时候，依然可以使用 $\alpha/2$ 的严格标准。

步骤二：选择统计量

一元回归方程的核心是构建如下 F 统计量，可以证明，这个统计量服从 F 分布，即

$$F = \frac{SSR/1}{SSE/(n-2)} \sim F(1, n-2) \tag{13-6}$$

步骤三：选择显著性水平并根据其确定临界值、接受域和拒绝域

当显著性水平为 α 时：接受域为 $[0, F_\alpha(1, n-2)]$，拒绝域为 $[F_\alpha(1, n-2), +\infty]$。如果要使用较为严格的标准，可以将接受域设置为 $[0, F_{\alpha/2}(1, n-2)]$，拒绝域设置为 $[F_{\alpha/2}(1, n-2), +\infty]$。

步骤四：决定是否拒绝原假设

将计算出的 F 值与临界值比较，如果在拒绝域内，则拒绝原假设，如果在接受域内，则无法拒绝原假设。

假设经典线性回归假定满足，即 $\varepsilon_i \sim N(0, \sigma^2)$。只需要证明：(1) $\dfrac{SSR}{\sigma^2} \sim \chi^2(1)$；(2) $\dfrac{SSE}{\sigma^2} \sim \chi^2(n-2)$ 成立，那么根据 F 分布的构造，就可以得到 F 统计量服从 F 分布 [公式（13-6）]。

首先从（2）入手，根据经典线性回归假设，$\varepsilon_i \sim N(0, \sigma^2)$。将其标准化，即可得到 $\dfrac{\varepsilon_i}{\sigma} \sim N(0, 1)$，那么 $\dfrac{SSE}{\sigma^2} = \sum\limits_{i=1}^{n} \left(\dfrac{\varepsilon_i}{\sigma} \right)^2$，为一系列标准正态分布的平方和。根据卡方分布的定义 $\dfrac{SSE}{\sigma^2}$ 服从卡方分布。而考虑到经典线性回归假设提出需要约束 2 个参数（b_0 和 b_1），因此：

$$\frac{SSE}{\sigma^2} \sim \chi^2(n-2) \tag{13-7}$$

故（2）得证。对（1）而言

$$SSR = \sum_{i=1}^{N} (\hat{y}_i - \bar{y})^2 = \sum_{i=1}^{N} \left[(\hat{b}_0 + \hat{b}_1 x_i) - (\hat{b}_0 + \hat{b}_1 \bar{x}) \right]^2 = \hat{b}_1^2 \sum_{i=1}^{N} (x_i - \bar{x})^2$$

其中：

$$\hat{b}_1 = \frac{\sum_{i=1}^{N}(x_i - \bar{x})(y_i - \bar{y})}{\sum_{i=1}^{N}(x_i - \bar{x})^2}$$

$$= \frac{\sum_{i=1}^{N}(x_i - \bar{x})(b_0 + b_1 x_i + \varepsilon_i - \bar{y})}{\sum_{i=1}^{N}(x_i - \bar{x})^2}$$

$$= b_1 + \frac{\sum_{i=1}^{N}(x_i - \bar{x})\varepsilon_i}{\sum_{i=1}^{N}(x_i - \bar{x})^2} \qquad (13-8)$$

由于 $\varepsilon_i \sim N(0, \sigma^2)$，那么可以证明：

$$\hat{b}_1 \sim N\left(b_1, \frac{\sigma^2}{\sum_{i=1}^{N}(x_i - \bar{x})^2}\right) \qquad (13-9)$$

在原假设成立的情况下：$\hat{b}_1 \sim N(0, \dfrac{\sigma^2}{\sum_{i=1}^{N}(x_i - \bar{x})^2})$，那么

$$\frac{\hat{b}_1}{\sqrt{\dfrac{\sigma^2}{\sum_{i=1}^{N}(x_i - \bar{x})^2}}} \sim N(0, 1)，可得$$

$$\frac{SSR}{\sigma^2} = \hat{b}_1^2 \sum_{i=1}^{N}(x_i - \bar{x})^2 = \left[\frac{\hat{b}_1}{\sqrt{\dfrac{\sigma^2}{\sum_{i=1}^{N}(x_i - \bar{x})^2}}}\right]^2 \sim \chi^2(1)$$

故（1）得证。

3. 回归方程检验的系数检验

回归方程的整体检验讨论的是整个回归方程是否有效，而回归方程的系数检验讨论的是单个斜率或者截距是否等于零[①]。在一元线性回归的场景下，回归方程的整体检验和系数检验很可能在假设的提出上非常一致，但是进入多元线性回归之后，两者就会出现差别，后面的章节将进行介绍。

---

① 除了对斜率之外，也可以对截距进行系数检验。只不过此时需要推出截距的方差，即 $Var(\hat{b}_0)$。可以证明，$Var(\hat{b}_0) = Var(\bar{y} - \hat{b}_1 \bar{x}) = Var\left[\left(\dfrac{1}{n} - \dfrac{(x_i - \bar{x})\bar{x}}{\sum_{i=1}^{N}(x_i - \bar{x})^2}\right)y_i\right] = \sum_{i=1}^{N}\left(\dfrac{1}{n} - \dfrac{(x_i - \bar{x})\bar{x}}{\sum_{i=1}^{N}(x_i - \bar{x})^2}\right)Var(y_i) = \left(\dfrac{1}{n} + \dfrac{\bar{x}^2}{\sum_{i=1}^{N}(x_i - \bar{x})^2}\right)\sigma^2$。

步骤一：建立假设

回归方程的斜率检验讨论的是单个斜率是否显著，因此原假设可以表达为斜率为零。即 $H_0: b_1 = 0$。而备择假设根据检验类型不同有所区别：

双侧检验：

$H_1: b_1 \neq 0$

左单侧检验：

$H_1: b_1 < 0$

右单侧检验：

$H_1: b_1 > 0$

步骤二：选择统计量

系数检验的核心是构建如下统计量，可以证明，这个统计量服从 t 分布，即

$$t = \frac{\hat{b}_1 - b_1}{\sqrt{\dfrac{\sum_{i=1}^{N}(y_i - \hat{y}_i)^2}{(n-2)\sum_{i=1}^{N}(x_i - \bar{x})^2}}} \sim t(n-2) \tag{13-10}$$

在原假设成立的情况下，上式可以写成

$$t = \frac{\hat{b}_1}{\sqrt{\dfrac{\sum_{i=1}^{N}(y_i - \hat{y}_i)^2}{(n-2)\sum_{i=1}^{N}(x_i - \bar{x})^2}}} \sim t(n-2) \tag{13-11}$$

步骤三：选择显著性水平并根据其确定临界值、接受域和拒绝域

当显著性水平为 α 时：

双侧检验的接受域为 $[-t_{\alpha/2}(n-2), t_{\alpha/2}(n-2)]$，拒绝域为 $[-\infty, -t_{\alpha/2}(n-2)]$ 和 $[t_{\alpha/2}(n-2), +\infty]$。

左单侧检验的接受域为 $[-t_{\alpha}(n-2), +\infty]$，拒绝域为 $[-\infty, -t_{\alpha}(n-2)]$。

右单侧检验的接受域为 $[-\infty, t_{\alpha}(n-2)]$，拒绝域为 $[t_{\alpha}(n-2), +\infty]$。

步骤四：决定是否拒绝原假设

将计算出的 t 值与临界值比较，如果在拒绝域内，则拒绝原假设。如果在接受域内，则无法拒绝原假设。

根据公式（3-10）可以得知：

$$\frac{\hat{b}_1}{\sqrt{\dfrac{\sigma^2}{\sum_{i=1}^{N}(x_i-\bar{x})^2}}} \sim N(0,\ 1)$$

其中 σ^2 为残差的方差。一般而言，σ^2 是未知的，因此我们只能使用样本的数据来估计 σ^2。根据公式（13-6）可知：

$$\frac{\mathrm{SSE}}{\sigma^2} = \frac{\sum_{i=1}^{N}(y_i-\hat{y}_i)^2}{\sigma^2} = \chi^2(n-2)$$

那么根据 t 分布的定义〔公式（7-18）〕，可知

$$\frac{\hat{b}_1 \Big/ \sqrt{\dfrac{\sigma^2}{\sum_{i=1}^{N}(x_i-\bar{x})^2}}}{\sqrt{\dfrac{\sum_{i=1}^{N}(y_i-\hat{y}_i)^2}{\sigma^2}\Big/(n-2)}} = \frac{\hat{b}_1}{\sqrt{\dfrac{\sum_{i=1}^{N}(y_i-\hat{y}_i)^2}{(n-2)\sum_{i=1}^{N}(x_i-\bar{x})^2}}} \sim t(n-2)$$

故公式（13-11）得证。

进一步理解上述证明过程，可以相当于对未知 σ^2，我们使用如下方法来估计：

$$\widehat{\sigma^2} = \frac{\sum_{i=1}^{N}(y_i-\hat{y}_i)^2}{n-2} \tag{13-12}$$

【例 13.1】我们假设【例 5.1】的数据是来自一个总体的随机样本。我们希望对其拟合的回归直线分别进行整体检验和回归系数检验。（$\alpha = 0.05$）

解：（1）首先进行整体检验，提出原假设与备择假设：

$$H_0:\ b_1 = 0$$
$$H_1:\ b_1 \neq 0$$

选择 F 统计量，如下：

$$F = \frac{\mathrm{SSR}/1}{\mathrm{SSE}/(n-2)}$$

根据 $R^2 = \dfrac{\mathrm{SSR}}{\mathrm{SST}} = \dfrac{\mathrm{SSR}}{\mathrm{SSR+SSE}}$，$F$ 统计量可以进一步写为

$$F = \frac{R^2\mathrm{SST}/1}{(1-R^2)\mathrm{SST}/(n-2)} = \frac{R^2(n-2)}{1-R^2} \tag{13-13}$$

根据第五章的计算，我们知道 $R^2 = 0.996$，代入上式可得

$$F = \frac{R(n-2)}{1-R^2} = \frac{0.996(10-2)}{1-0.996} = 1\,992$$

显著性水平为 0.05，此时临界值为 $F_{0.05}(1, 10-2) = F_{0.05}(1, 8) = 5.32$，接受域为 $[0, 5.32]$，拒绝域为 $[5.32, +\infty]$。

考虑到 $F > 5.32$，此时拒绝原假设。

（2）现在系数检验，提出原假设与备择假设：

$$H_0: b_1 = 0$$

$$H_1: b_1 \neq 0$$

选择 t 统计量

$$t = \frac{\hat{b}_1}{\sqrt{\dfrac{\sum_{i=1}^{N}(y_i - \hat{y}_i)^2}{(n-2)\sum_{i=1}^{N}(x_i - \bar{x})^2}}}$$

$\hat{b}_1$ 已经在第五章的计算中已经求出 $\hat{b}_1 = 2.5$。根据表 5.1，也可以计算出 $\sum_{i=1}^{N}(x_i - \bar{x})^2 = 82.75$。比较麻烦的是计算 $\sum_{i=1}^{N}(y_i - \hat{y}_i)^2$。需要首先求出估计的 $\hat{y}_i$。最终，可以计算出 $\sum_{i=1}^{N}(y_i - \hat{y}_i)^2 \approx 1.224$。代入以上公式，可以得出

$$t = \frac{\hat{b}_1}{\sqrt{\dfrac{\sum_{i=1}^{N}(y_i - \hat{y}_i)^2}{(n-2)\sum_{i=1}^{N}(x_i - \bar{x})^2}}} = \frac{2.5}{\sqrt{\dfrac{1.224}{(10-2)\,82.75}}} \approx 58.14$$

（3）选择显著性水平并根据其确定临界值、接受域和拒绝域。

当显著性水平为 0.05 时，临界值 $t_{\alpha/2}(10-2) = t_{0.025}(8) = 2.306$。双侧检验的接受域为 $[-2.306, 2.306]$，拒绝域为 $[-\infty, -2.306]$ 和 $[2.306, +\infty]$。

由于 $t > 2.306$，在拒绝域内，因此拒绝原假设，可以得出和前面一样的结论。

4. 一元线性回归方程的估计和预测

当回归方程整体检验显著后，我们就可以利用其来进行估计和预测。估计和预测是两个略微不同的问题：

（1）当 $x = x_0$ 的时候，求均值 $E(y_0) = b_0 + b_1 x_0$ 的点估计和区间估计，此问题被视为估计问题。也可以理解为对 y_0 均值的估计。

（2）当 $x = x_0$ 的时候，希望求 y_0 的区间估计，此时问题变为预测问题。也可以理解为对 y_0 个体的估计。

对估计而言，点估计比较简单。直接将 x_0 的数值代入即可。例如，根据【例 5.1】的回归方程 $\hat{y}_i = 127.43 + 2.5 x_i$。假设侦查人员在现场发现凶手留下的一枚血手印，测量其长度为 20 厘米。那么便可以直接根据回归方程求出 $\hat{y}_i = 127.43 + 2.5 \times 20 = 177.43$。这说明凶手的身高平均值为 177.43 厘米。

而其对应的区间估计则需要使用如下的公式①，置信度为 $1 - \alpha$ 下，$E(y_0)$ 的置信区间为

$$
\left[\hat{y}_0 - t_{\alpha/2}(n-2) \sqrt{\sigma^2 \left(\frac{1}{n} + \frac{(x_i - \bar{x})^2}{\sum_{i=1}^{N}(x_i - \bar{x})^2} \right)}, \right.
$$
$$
\left. \hat{y}_0 + t_{\alpha/2}(n-2) \sqrt{\sigma^2 \left(\frac{1}{n} + \frac{(x_i - \bar{x})^2}{\sum_{i=1}^{N}(x_i - \bar{x})^2} \right)} \right] \quad (13\text{-}14)
$$

而如果要进行预测的话，可以使用如下公式②，在置信度为 $1 - \alpha$ 下，y_0 的置信区间为

$$
\left[\hat{y}_0 - t_{\alpha/2}(n-2) \sqrt{\sigma^2 \left(1 + \frac{1}{n} + \frac{(x_i - \bar{x})^2}{\sum_{i=1}^{N}(x_i - \bar{x})^2} \right)}, \right.
$$
$$
\left. \hat{y}_0 + t_{\alpha/2}(n-2) \sqrt{\sigma^2 \left(1 + \frac{1}{n} + \frac{(x_i - \bar{x})^2}{\sum_{i=1}^{N}(x_i - \bar{x})^2} \right)} \right] \quad (13\text{-}15)
$$

对比上两式可以发现，两者强调的区别仅在计算标准差的时候多了一个额外的 1。这是因为在进行预测（个体区间估计）时，不仅要考虑回归模型的估计误差，还应当考虑个体预测中的随机误差。根据公式（13-12），上两式中的 σ^2 通常估计为 $\widehat{\sigma^2} = \sum_{i=1}^{N}(y_i - \hat{y}_i)^2 / (n-2)$。

根据上述内容，可以计算得到在 95% 的置信水平下，当 $x_0 = 20$，凶手身高的估计为［$E(y_0)$ 的置信区间］为［177.13，177.78］，凶手身高的预测（y_0 置信区间）为［176.50，178.41］。由此可以进一步观察到，个体预

---

① 证明过程详见：茆诗松，程依明，濮晓龙. 概率论与数理统计教程［M］. 第三版. 北京：高等教育出版社，2019：406-407.

② 证明过程详见：茆诗松，程依明，濮晓龙. 概率论与数理统计教程［M］. 第三版. 北京：高等教育出版社，2019：407-408.

测比均值估计的区间要宽，因为其考虑了个体的随机误差。

图 13.2 展示了当 x_0 取不同数值时，估计和预测的区间。可以发现无论是预测还是估计都呈现喇叭状分布，而且在 X 的均值处取最小值。随着 x_0 逐渐偏离均值，估计和预测的误差越来越大。这种情况反映了一元线性回归预测在外推时的不确定性降低。当 x_0 距离均值越来越远时，估计和预测的不确定性就越大，需要格外小心。

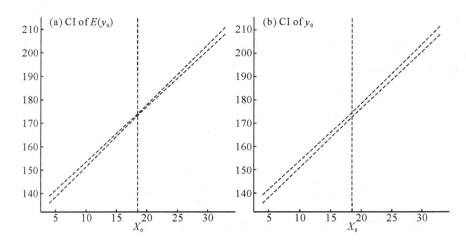

图 13.2　估计和预测区间

第二节　皮尔逊相关系数的假设检验

在介绍完一元线性回归的若干检验之后，皮尔逊相关系数则变得比较简单。尤其是考虑到拟合优度 R^2 与皮尔逊相关系数 r 的关系。事实上，公式 (13-13) 已经表明，方程整体检验的 F 统计量可以转化为相关系数平方的形式。下面具体介绍假设检验步骤：

步骤一：建立假设

原假设可以表达为相关系数为零。即 H_0：$r = 0$。备择假设根据检验类型不同有所区别：

双侧检验：

H_1：$r \neq 0$

左单侧检验：

$H_1: r < 0$

右单侧检验：

$H_1: r > 0$

步骤二：选择统计量

根据将式（5-9）代入式（13-11），可得

$$t = \frac{\hat{b}_1}{\sqrt{\frac{\sum_{i=1}^{N}(y_i - \hat{y}_i)^2}{(n-2)\sum_{i=1}^{N}(x_i - \bar{x})^2}}} = \frac{r\frac{\sigma_Y}{\sigma_X}}{\sqrt{\frac{\sum_{i=1}^{N}(y_i - \hat{y}_i)^2}{(n-2)\sum_{i=1}^{N}(x_i - \bar{x})^2}}} \sim t(n-2)$$

$$(13-16)$$

上式可以化简得到

$$t = \sqrt{\frac{r^2(n-2)}{1-r^2}} \sim t(n-2) \qquad (13-17)$$

以上可以得出，在一元线性方程下，$\sqrt{F} = t$。再次表明在此情况下，方程的整体检验与皮尔逊相关检验的统一性。

步骤三：选择显著性水平并根据其确定临界值、接受域和拒绝域

当显著性水平为 α 时：

双侧检验的接受域为 $[-t_{\alpha/2}(n-2), t_{\alpha/2}(n-2)]$，拒绝域为 $[-\infty, -t_{\alpha/2}(n-2)]$ 和 $[t_{\alpha/2}(n-2), +\infty]$。

左单侧检验的接受域为 $[-t_{\alpha}(n-2), +\infty]$，拒绝域为 $[-\infty, -t_{\alpha}(n-2)]$。

右单侧检验的接受域为 $[-\infty, t_{\alpha}(n-2)]$，拒绝域为 $[t_{\alpha}(n-2), +\infty]$。

步骤四：决定是否拒绝原假设

将计算出的 t 值与临界值比较，如果在拒绝域内，则拒绝原假设；如果在接受域内，则无法拒绝原假设。

【例 13.2】现在对【例 5.1】数据计算出的皮尔逊相关系数进行检验，已知 $r \approx 0.998$。（$\alpha = 0.05$）

解：已知 $r \approx 0.998$，$n = 10$，由于没有指明方向，依然采用双侧检验，提出原假设与备择假设：

$$H_0: r = 0$$

$$H_1: r \neq 0$$

选择 t 统计量，如下：

$$t = \sqrt{\frac{r^2(n-2)}{1-r^2}} = \sqrt{\frac{0.998(10-2)}{1-0.998}} = 44.65$$

显著性水平为 0.05，此时临界值为 $t_{0.025}(10-2) = t_{0.025}(8) = 2.31$。双侧检验的接受域为 $[-2.31, 2.31]$，拒绝域为 $[-\infty, -2.31]$ 和 $[2.31, +\infty]$。

考虑到 $t > 2.31$，此时拒绝原假设。这意味着变量之间存在显著线性相关，结果与方程的整体检验完全一致。

本章小结

一元回归方程的假设：$\varepsilon_i \sim N(0, \sigma^2)$，独立同分布 $(i.i.d)$

回归方程的估计和预测：

（1）均值估计：
$$\left[\hat{y}_0 - t_{\alpha/2}(n-2)\sqrt{\sigma^2\left(\frac{1}{n} + \frac{(x_i - \bar{x})^2}{\sum_{i=1}^N (x_i - \bar{x})^2}\right)}, \right.$$
$$\left. \hat{y}_0 + t_{\alpha/2}(n-2)\sqrt{\sigma^2\left(\frac{1}{n} + \frac{(x_i - \bar{x})^2}{\sum_{i=1}^N (x_i - \bar{x})^2}\right)} \right]$$

（2）个体预测：
$$\left[\hat{y}_0 - t_{\alpha/2}(n-2)\sqrt{\sigma^2\left(1 + \frac{1}{n} + \frac{(x_i - \bar{x})^2}{\sum_{i=1}^N (x_i - \bar{x})^2}\right)}, \right.$$
$$\left. \hat{y}_0 + t_{\alpha/2}(n-2)\sqrt{\sigma^2\left(1 + \frac{1}{n} + \frac{(x_i - \bar{x})^2}{\sum_{i=1}^N (x_i - \bar{x})^2}\right)} \right]$$

主要假设检验内容汇总如表 13.1 所示：

表 13.1　主要假设检验内容汇总

分类	前提条件	原假设	核心统计量
方程整体检验	满足经典假设	$H_0: b_1 = 0$	$F = \dfrac{\text{SSR}/1}{\text{SSE}/(n-2)} \sim F(1,\ n-2)$
方程系数检验	满足经典假设	$H_0: b_1 = 0$	$t = \dfrac{\hat{b}_1}{\sqrt{\dfrac{\sum_{i=1}^{N}(y_i - \hat{y}_i)^2}{(n-2)\sum_{i=1}^{N}(x_i - \bar{x})^2}}} \sim t(n-2)$
皮尔逊相关系数检验	满足经典假设	$H_0: r = 0$	$t = \sqrt{\dfrac{r^2(n-2)}{1-r^2}} \sim t(n-2)$

思考题

1. 研究者希望探究房价与犯罪率的关系，于是随机选取了 50 个中大型城市，构建了以该城市平均房价（万元）为自变量，犯罪率（每十万人）为因变量的一元线性回归方程，得到如下结果（$\alpha = 0.05$）：

表 13.2　方差分析

变差来源	自由度	离差平方和	平均平方和	F 值	p 值
回归	请补充	551.28	请补充	请补充	0.000
剩余	请补充	请补充	请补充	—	—
总计	请补充	783.92	—	—	—

表 13.3　回归系数表：因变量＝犯罪率

	系数	标准误
截距项	8.55	0.76
平均房价/万元	3.46	0.32

（1）补全上面的方差分析表。

（2）计算并解释犯罪率变化中有多少是由房价的差异引起的。

（3）计算房价和犯罪率的皮尔逊相关系数并检验其是否显著。

（4）写出估计的回归方程并解释平均房价的回归系数的实际意义。

（5）检验城市平均房价的回归系数的显著性。

2. 研究者希望探究家庭收入对诈骗受害损失的影响，于是从全国诈骗被害居民中随机选择了 50 名，构建了以家庭收入（千元）为自变量、诈骗损失（元）为因变量的一元线性回归方程，得到如下结果（ $\alpha = 0.05$ ）：

表 13.4　方差分析

来源	自由度	离差平方和	平均平方和	F 值	p 值
回归	请补充	8 384 110	请补充	请补充	0.000 0
剩余	请补充	请补充	请补充	—	—
总计	请补充	8 935 478	—	—	—

表 13.5　回归系数表：因变量＝诈骗损失（元）

	系数	标准误
截距项	925.54	44.08
家庭收入/千元	209.39	7.75

（1）补全上面的方差分析表。

（2）计算并解释诈骗损失中有多少是由家庭收入的变动引起的。

（3）计算诈骗损失与家庭收入的相关系数并检验其是否显著。

（4）写出估计的回归方程并解释家庭收入的回归系数的实际意义。

（5）检验家庭收入的回归系数的显著性。

至此，我们已经介绍完毕双变量统计的全部知识。现在将全部知识点总结如下表，相信读者可以根据此表找到任意两个对应变量的描述性统计和推论性统计方法。

表 13.6　双变量统计知识

X	Y	核心原理	描述统计	推论统计
定类	定类	条件分布与边缘分布差异	统计表：交叉表 统计图：分类图 统计指标：（1）PRE（λ，tau）；（2）卡方值（卡方，φ 系数，Cramér's V）	卡方检验
定序	定序	等级差异	统计表：分类均值表 统计图：分类均值图 统计指标：（1）取值多：斯皮尔曼等级相关；（2）取值少：γ 等级相关，Kendall's Tau，Somer's d	均可以转化为 Z 统计量进行假设检验
定类（2 类）	定距/定比	均值差异	统计表：分类均值表 统计图：分类均值图 统计指标：相关比率 η^2（基于 PRE）	独立样本：两个独立样本 t 检验，方差齐性检验 配对样本：两个配对样本 t 检验
定类（>2 类）	定距/定比	均值差异	统计表：分类均值表 统计图：分类均值图 统计指标：相关比率 η^2（基于 PRE）	一元方差分析（ANOVA）
定距/定比	定距/定比	散点的线性聚合程度	统计表：无 统计图：散点图 统计指标：皮尔逊相关系数（r），一元线性回归（截距，斜率，拟合优度 R^2）	相关系数：皮尔逊相关系数检验。 一元线性回归：整体检验（对 R^2 的检验），系数检验（对斜率的检验）
—	任意类型	—	统计表：简单表（类别变量），分组表（尺度变量） 统计图：类别变量（条形图、饼图和折线图等），尺度变量（直方图、折线图等） 集中趋势：众数（定类）、中位数（定序）与算数平均数（定距、定比） 离散趋势：异众比率（定类）、极差（定序）、四分位差（定序）、标准差和方差（定距、定比）	参数估计：点估计与区间估计 假设检验：单个总体均值、频率和方差假设检验

读者在阅读各章节时可能会留意到，当我们步入推论性统计的领域，众多的假设检验都预设了如等方差或正态性等特定的条件。一旦这些假设无法得到满足，检验的功效往往会受到削弱。鉴于总体特征值同时也是抽样分布的关键参数，这类检验被统一归类为参数检验。除此之外，在统计学中还存在另一类方法，其主要利用样本数据分布来推断总体分布，而不需要对总体

的分布进行假设。这种方法被称为非参数检验。由于篇幅限制，本书将不详细介绍非参数检验的内容，但会补充介绍不同的非参数检验与参数检验的对应关系。感兴趣的读者可以参考其他书籍[1]了解此内容。

表 13.7

X	Y	非参数检验
定类	定类	本书介绍的列联相关系数本身就是一种非参数检验
定序	定序	本书介绍的等级相关系数本身就是一种非参数检验
定类 （2类）	定距/定比	独立样本：秩和检验（U 检验）、游程检验、累计频率检验（Kolmogorov-Smirnov 两个样本检验） 配对样本：符号检验和符号秩检验
定类 （>2类）	定距/定比	独立样本：单向方差秩分析和中位数检验。 配对样本：双向方差秩分析（Friedman 检验，Kendall's W）
定距/定比	定距/定比	相关：斯皮尔曼等级相关 回归：非参数回归（如局部加权回归，核回归等）
—	任意类型	定类/定序：卡方检验 定距/定比：Kolmogorov-Smirnov 单个样本检验

---

[1]　如，卢淑华. 社会统计学 [M]. 第 4 版，北京：北京大学出版社，2015：422-448.

番外篇

回归分析拓展

经过前面章节的学习，读者应该已经掌握了双变量统计的知识。而且，在前面的知识介绍中，读者可能已经发现，回归分析法是一个非常便捷的工具。因此，在番外篇中，我们将对回归分析进行拓展，使其：（1）能够运用于任何测量水平的变量；（2）适用于多元线性回归的情况。但若要对这些知识进行与前面章节同等细致的介绍，一方面可能篇幅过长，另一方面还不可避免地需要高等数学的知识。因此，番外篇将会省略绝大多数数学推导和参数估计等，更加注重对使用条件和结果解读的讲解。

第十四章 线性回归拓展: 对类别变量的处理

第一节 当自变量为类别变量: 虚拟编码

一、虚拟编码的基本原理

经过第五章和第十二章的学习,我们已经对一元线性回归的描述性统计和推论性统计的知识有了非常详细的了解。具体而言,我们希望建立一个线性回归模型,如 $\hat{y} = b_0 + b_1 x$,从而对 X 和 Y 之间的关系进行建模。那么,如果 X 是类别变量,我们应该如何处理呢?答案是,我们可以使用虚拟编码(dummy coding)技术对 X 进行转换。

关于虚拟变量技术,我们在前面介绍频率相关统计量的时候已经有所涉及。简单地说,假设类别变量 X 一共有 k 个取值,分别为 x_1,x_2,$\cdots$,x_k,那么我们便可以生成 k 个虚拟变量。对每个虚拟变量 D_i 而言,可以做如下的定义:

$$\begin{cases} D_i = 1, & \text{当 } X = x_i \\ D_i = 0, & \text{当 } X \neq x_i \end{cases}$$

假设我们希望对"性别"这一变量进行虚拟变量处理。通常而言,"性别"有两个取值: $1 = $ 男性,$2 = $ 女性。那么便可以生成两个虚拟变量,如下:

$$\begin{cases} D_1 = 1, & \text{当 } X = 1 \\ D_1 = 0, & \text{当 } X \neq 1 \end{cases}$$

$$\begin{cases} D_2 = 1, & \text{当 } X = 2 \\ D_2 = 0, & \text{当 } X \neq 2 \end{cases}$$

类似的，如果希望对"案件类型"这一变量进行虚拟变量处理，假设"案件类型"有三个取值：1 = 刑事案件，2 = 民事案件，3 = 行政案件。那么便可以生成三个虚拟变量，如下：

$$\begin{cases} D_1 = 1, & \text{当 } X = 1 \\ D_1 = 0, & \text{当 } X \neq 1 \end{cases}$$

$$\begin{cases} D_2 = 1, & \text{当 } X = 2 \\ D_2 = 0, & \text{当 } X \neq 2 \end{cases}$$

$$\begin{cases} D_3 = 1, & \text{当 } X = 3 \\ D_3 = 0, & \text{当 } X \neq 3 \end{cases}$$

一旦将类别变量转换为虚拟变量，就可以把虚拟变量放入回归模型进行检验了。但是请注意，虽然对于一个有 k 个取值的类别变量 X，一共可以生成 k 个虚拟变量，但回归模型中仅能放入 $k-1$ 个虚拟变量。例如，研究者希望研究法官性别（X）与判决刑期（Y）之间的关系。此时，由于性别有 2 个取值，可以生成两个虚拟变量，D_1 和 D_2。但是只能将两个虚拟变量中的一个放入回归模型：

$$\hat{y} = b_0 + b_1 D_1 \text{ 或 } \hat{y} = b_0 + b_1 D_2$$

而不能构建如下回归模型：

$$\hat{y} = b_0 + b_1 D_1 + b_2 D_2$$

之所以不能构建上述模型，是因为 D_1 和 D_2 完全共线，违反了多元线性回归的假设。对完全共线更为直观的理解是，当我们知道 D_1 取值的时候，D_2 取值也是确定的，反之亦然。例如，当 $D_1 = 1$，这个个体为男性，那么自然 $D_2 = 0$。因此，两个变量同时放入回归模型，会让另一个变量的信息冗余。基于此，我们只能将其中一个变量放入回归模型。

类似地，如果希望研究"案件类型"（X）与文书上传率（Y），我们也只能形成下列模型：

$$\hat{y} = b_0 + b_1 D_1 + b_2 D_2 \text{ 或 } \hat{y} = b_0 + b_1 D_1 + b_2 D_3 \text{ 或 } \hat{y} = b_0 + b_1 D_2 + b_2 D_3$$

而不能构建如下回归模型：

$$\hat{y} = b_0 + b_1 D_1 + b_2 D_2 + b_3 D_3$$

其原因是，当我们知道任意两个虚拟变量的信息，另外一个就不需要知道了。

为了更加直观地了解虚拟变量处理的流程，假设我们有 5 个观测值，表 14.1 和表 14.2 分别展示如何使用虚拟变量对其进行处理的结果。

表 14.1　对"性别"的虚拟变量处理

性别	D_1	D_2
1	1	0
2	0	1
1	1	0
1	1	0
2	0	1

表 14.2　对"案件类型"的虚拟变量处理

案件类型	D_1	D_2	D_3
1	1	0	0
2	0	1	0
3	0	0	1
1	1	0	0
3	0	0	1

二、虚拟变量回归系数的解释

一旦我们将类别变量使用虚拟变量处理，并将 $k-1$ 个虚拟变量放入回归模型，此时回归系数就可以反映不同类别的均值差。依然以探究法官性别（X）与判决刑期（Y）之间的关系为例，假设我们将 D_1 放入回归模型，可以得到如下回归方程：

$$\hat{y} = b_0 + b_1 D_1$$

此时，回归方程会随着 X 取值的不同而不同：

$$\begin{cases} \hat{y} = b_0 + b_1，当 D_1 = 1，即男性法官 \\ \hat{y} = b_0，当 D_1 = 0，即女性法官 \end{cases}$$

可以发现，b_0 反映的是女性法官判决的平均刑期，而 b_1 反映的是男性法官与女性法官平均刑期的差值。可以看出，此时回归模型反映的是两个独立样本的均值差异。回顾第十二章第一节的知识，两个独立样本 t 检验的原假设是均值差等于零。而回归模型的系数检验的原假设是 $b_1 = 0$，也即不同性别法官刑期差异相等。因此，可以证明，在大样本下当 X 仅有两个取值的时候，带有虚拟变量的回归系数检验等价于两个独立样本 t 检验。

而当 X 有三个取值的时候，可以做类似处理。假设研究"案件类型"（X）与文书上传率（Y）之间的关系，可以将 D_1 和 D_2 放入回归模型。模型变为：

$$\hat{y} = b_0 + b_1 D_1 + b_2 D_2$$

回归方程依然会随着 X 取值的不同而不同：

$$\begin{cases} \hat{y} = b_0 + b_1，当 D_1 = 1 \text{ 且 } D_2 = 0，即刑事案件 \\ \hat{y} = b_0 + b_2，当 D_1 = 0 \text{ 且 } D_2 = 1，即民事案件 \\ \hat{y} = b_0，当 D_1 = 0 \text{ 且 } D_2 = 0，即行政案件 \end{cases}$$

此时，b_0 反映的是行政案件的上传率，b_1 反映的是刑事案件与行政案件上传率的差异，b_2 反映的是民事案件与行政案件上传率的差异。当然，对 b_1 和 b_2 的系数检验可以视为两个独立样本 t 检验。然而根据第十二章的知识，如果类别变量的分类大于二，使用两个独立样本 t 检验会增加第一类误差概率。因此，第十二章介绍了一元方差分析。一元方差分析本质上是组间方差和组内方差的比值的 F 检验。而在线性回归当中，方程的整体检验也是一个 F 检验。可以证明，带有虚拟变量的回归系数整体检验等价于一元方差分析。

综上，假设 X 有 k 个取值，可以将 $k-1$ 个虚拟变量放入回归模型。此时，回归模型的截距等于没有放入回归模型的组均值（简称参考组），而虚拟变量的系数等于对应组与参考组的均值差异。大样本下回归系数的假设检验等于两个独立样本 t 检验，回归模型的整体检验等于一元方差分析[①]。

> 为了证明当 X 仅有两个取值的时候，虚拟变量回归模型中的回归系数 b_1 的 t 检验与两个独立样本 t 检验等价，其实就是想证明公式（12-4）和公式（13-11）的等价性。由于 b_1 可以反映均值差异，因此只需要证明两个 t 检验分母部分相等即可，即
> $$Var(\hat{b_1}) = \frac{s_w^2}{n_0} + \frac{s_w^2}{n_1}$$

---

① 有兴趣的读者可以自行证明，当 $k=2$ 的时候，一元方差分析和两个独立样本 t 检验也具有等效性。

其中 $s_w^2 = \dfrac{(n_0 - 1)\,s_1^2 + (n_1 - 1)\,s_2^2}{n_0 + n_1 - 2} = \dfrac{(n_0 - 1)\,s_1^2 + (n_1 - 1)\,s_2^2}{n - 2}$，$n_1$ 和 n_0 分别为 $D_1 = 1$ 和 $D_1 = 0$ 时各自的样本量。而 s_1^2 和 s_0^2 分别代表 $D_1 = 1$ 和 $D_1 = 0$ 时 Y 的方差。

根据公式（13-11），回归系数的方差为

$$Var(\hat{b}_1) = \frac{\sum_{i=1}^{N}(y_i - \hat{y}_i)^2}{(n-2)\sum_{i=1}^{N}(D_{1i} - \bar{D}_1)^2}$$

计算分子部分：由于 X 是二元虚拟变量，假设对 $D_1 = 1$ 时所有 Y 的均值为 $\bar{y}_1$。$D_1 = 0$ 时所有 Y 的均值为 $\bar{y}_0$。此时，$\hat{y}_i = \bar{y}_0 + (\bar{y}_1 - \bar{y}_0)\,D_{1i}$。于是：

$$\sum_{i=1}^{N}(y_i - \hat{y}_i)^2 = \sum_{i=1}^{N}\left(y_i - (\bar{y}_0 + (\bar{y}_1 - \bar{y}_0)\,D_{1i})\right)^2$$

$$= \sum_{D_1 = 1}(y_i - \bar{y}_1)^2 + \sum_{D_1 = 0}(y_i - \bar{y}_0)^2$$

$$= n_1 s_1^2 + n_0 s_0^2$$

计算分母部分：又因为 X 是虚拟变量，只有两个取值（0 和 1），所以：

$$\sum_{i=1}^{N}(D_{1i} - \bar{D}_1)^2 = \sum_{D_1 = 1}\left(1 - \frac{n_1}{n}\right)^2 + \sum_{D_1 = 0}\left(0 - \frac{n_1}{n}\right)^2 = \frac{n_1 n_0}{n}$$

将以上结果代入 $Var(\hat{b}_1)$ 的公式，得到：

$$Var(\hat{b}_1) = \frac{\sum_{i=1}^{N}(y_i - \hat{y}_i)^2}{(n-2)\sum_{i=1}^{N}(D_1 - \bar{D}_1)^2} = \frac{n_1 s_1^2 + n_0 s_0^2}{(n-2)\dfrac{n_1 n_0}{n}} = \frac{n}{n_1 n_0}s_w^2$$

同时，独立样本 t 检验的分母部分也可以化简为：

$$\frac{s_w^2}{n_0} + \frac{s_w^2}{n_1} = \frac{n_1 + n_0}{n_1 n_0}s_w^2 = \frac{n}{n_1 n_0}s_w^2$$

由此，我们可以证明两个 t 检验的分母部分是相等的，得证。

要证明带虚拟变量的回归模型的整体检验和一元方差分析的等价性。首先定义回归方程。假设 X 有 k 个取值，可以将 $k - 1$ 个虚拟变量放入回归模型，如下：

$$\hat{y} = b_0 + b_1 D_1 + b_2 D_2 + \cdots + b_{k-1} D_{k-1}$$

此时，回归方程的整体检验为（此处需要利用多元线性回归的整体检验，我们下一章将会介绍，现在先直接使用结论）：

$$F = \frac{\mathrm{SSR}/(k-1)}{\mathrm{SSE}/(n-k)} \sim F(k-1,\ n-k)$$

而此时根据公式（12-16），一元方差分析变为

$$F = \frac{\text{BSS}/(k-1)}{\text{WSS}/(n-k)} \sim F(k-1,\ n-k)$$

可以看到，两个公式非常接近，只需要证明（1）SSR=BSS，而（2）SSE=WSS即可证明两者的等价性。

首先，对（1）而言：$\text{SSR} = \sum_{i=1}^{n}(\hat{y}_i - \bar{y})^2$，对于第 i 组而言，$\hat{y}_i = \bar{y}_i$。因此：

$$\text{SSR} = \sum_{j=1}^{k}\sum_{i=1}^{n_j}(\bar{y}_j - \bar{y})^2 = \sum_{j=1}^{k} n_j(\bar{y}_j - \bar{y})^2 = \text{BSS}$$

其次，对（2）而言：$\text{SSE} = \sum_{i=1}^{n}(y_i - \hat{y}_i)^2$。同样因为 $\hat{y}_i = \bar{y}_i$，此时：

$$\text{SSE} = \sum_{i=1}^{n}(y_i - \bar{y}_i)^2 = \sum_{j=1}^{k}\sum_{i=1}^{n_j}(y_{ij} - \bar{y}_j)^2 = \text{WSS}$$

三、其他类别变量编码方式

通过前面的推导，我们已经可以处理自变量为类别变量的情况，从而将回归分析的适用范围从两个尺度变量，变为可以处理类别变量与尺度变量的相关关系。需要指出的是本节介绍的虚拟变量编码（dummy codding）仅仅是诸多编码方法的一种。实际上，还存在多种编码方式，本部分将简要介绍。

1. 效果编码（effect coding）

效果编码是将类别变量转化为一组对比变量，其中每个类别的编码值通常为-1、0 或 1。效果编码的回归系数表示的是每个类别相对于总体均值的差异，而不是相对于某个基线类别的差异。依然以"案件类型"（X）与文书上传率（Y）之间的关系为例。针对 X 依然可以使用 2 个虚拟变量，只不过编码方法如表 14.3 所示。

表 14.3 对"案件类型"的效果编码

案件类型	D_1	D_2
1=刑事案件	1	0
2=民事案件	0	1
3=行政案件	-1	-1

可以依然构建如下回归模型：

$$\hat{y} = b_0 + b_1 D_1 + b_2 D_2$$

此时：

$$
\begin{cases}
\hat{y} = b_0 + b_1, & \text{当} D_1 = 1 \text{且} D_2 = 0\text{，即刑事案件} \\
\hat{y} = b_0 + b_2, & \text{当} D_1 = 0 \text{且} D_2 = 1\text{，即民事案件} \\
\hat{y} = b_0 - b_1 - b_2, & \text{当} D_1 = -1 \text{且} D_2 = -1\text{，即行政案件}
\end{cases}
$$

因此，b_0 变为三类案件上传率均值，b_1 表示刑事案件上传率较之于平均上传率的差异。b_2 表示民事案件上传率较之于平均上传率的差异。而行政案件较之于平均上传率的差异可以表述为 $-b_1 - b_2$。

2. 对比编码（contrast coding）

对比编码是一种将分类变量转化为一组对比变量的编码方式。不同于虚拟编码和效果编码，对比编码通过定义特定的对比变量来比较不同类别之间的关系。对比编码的回归系数表示的是特定类别或类别组合之间的差异，通常用于探索数据中的特定模式或趋势。依然使用上例，现在编码方法如表 14.4 所示：

表 14.4 对"案件类型"的对比编码

案件类型	D_1	D_2
1 = 刑事案件	1	0
2 = 民事案件	-1	1
3 = 行政案件	0	-1

可以依然构建如下回归模型：

$$\hat{y} = b_0 + b_1 D_1 + b_2 D_2$$

此时：

$$
\begin{cases}
\hat{y} = b_0 + b_1, & \text{当} D_1 = 1 \text{且} D_2 = 0\text{，即刑事案件} \\
\hat{y} = b_0 - b_1 + b_2, & \text{当} D_1 = -1 \text{且} D_2 = 1\text{，即民事案件} \\
\hat{y} = b_0 - b_2, & \text{当} D_1 = 0 \text{且} D_2 = -1\text{，即行政案件}
\end{cases}
$$

因此，b_0 依然表示三类案件上传率的总体均值。b_1 表示刑事案件上传率与民事案件上传率之间的差异。b_2 表示民事案件上传率与行政案件上传率之间的差异。

需要注意的是，对比变量非常适合处理定序变量。假设"案件类型"是一个定序变量。那么 b_1 其实表示的是"2 vs 1"的均值差异，b_2 其实表示的是"3 vs 2"的均值差异。

除了上述的虚拟编码、效果编码和对比编码之外，还存在几种其他常见的编码方式：①正交编码（orthogonal coding）：这种编码方式用于创建一组互相独立且不相关的对比变量，特别适合处理有序分类变量。通过捕捉线性和非线性趋势，正交编码能够揭示类别之间的复杂关系。②简约编码（simple coding）：简约编码类似于虚拟编码，但它将基线类别的系数固定为零，通常用于广义线性模型（GLM）中，以便于处理复杂的层次结构数据。③目标编码（target coding）：目标编码根据每个类别在目标变量中的平均值进行编码，常用于机器学习中的分类和回归任务，适合处理高基数分类变量。④频率编码（frequency coding）：这种编码方式根据每个类别在数据集中出现的频率进行编码，适用于减少高基数分类变量在模型中的稀疏性。这些编码方式均适用于特定场景，感兴趣的读者可以根据自己的需求进行学习。

第二节 当因变量为类别变量：广义线性回归

第一节介绍的虚拟编码技术，能够帮助我们将自变量 X 的类型扩展到类别变量。然而，这种方法并不能直接应用于因变量 Y。根据线性回归的核心假设——线性假设，如果因变量 Y 不再是连续变量（即尺度变量），线性回归模型的线性假设将不再成立。为了解决这个问题，本节将介绍广义线性模型（generalized linear model，GLM）的相关知识。

GLM 是对线性回归模型的扩展，它能够处理因变量为不同类型的数据，包括二分变量（类别为 2 的定类变量）、多分类变量（类别>2 的定类变量）、定序变量、计数变量等。GLM 的核心思想是在标准线性回归的基础上，通过引入链接函数（link function）将线性预测子与期望因变量的函数值联系起来，同时允许因变量遵循不同的概率分布（如正态分布、二项分布、泊松分布等）。因此，GLM 在处理非线性关系、分类数据和计数数据时具有广泛的应用，并能够适应不同类型的数据分析需求。

由于 GLM 原理非常复杂，本节只介绍核心部分，对其他内容感兴趣的读者可以参考其他教材[①]。

一、二元逻辑回归（binary logistics regression）：当 Y 为二分定类变量

1. 模型构建

当因变量 Y 为二分定类变量时，我们通常选择二元逻辑回归来处理。首先，我们对因变量进行虚拟变量处理，使其可能的取值为 1 和 0。此时，我们关注的不是 0 和 1 本身，而是 $P(y_i = 1)$。虽然可以直接构建回归模型[②]，但由于因变量的取值范围仅为 0~1，很可能出现预测结果越界的问题。为了解决这个问题，我们可以将概率转化为优势（odds）：

$$\frac{P(y_i = 1)}{1 - P(y_i = 1)} \tag{14-1}$$

这样一来，取值范围变为 $[0, +\infty]$，能够解决我们的部分问题。但是，仍然可能出现估计结果为负数的情况，因此我们可以对优势取自然对数，变为对数优势（logged odds）：

$$\ln\left(\frac{P(y_i = 1)}{1 - P(y_i = 1)}\right) \tag{14-2}$$

这样一来，值域范围就变为 $[-\infty, +\infty]$，因此我们就可以利用对数优势作为链接函数建立回归模型：

$$g(y) = \text{logit}(y) = \ln\left(\frac{P(y_i = 1)}{1 - P(y_i = 1)}\right) = b_0 + b_1 x \tag{14-3}$$

由于这个链接函数 $g(y) = \ln\left(\frac{P(y_i = 1)}{1 - P(y_i = 1)}\right)$ 也被称为 Logit 链接函数，因此该模型也被称为 Logistic 回归模型。如果将上述还原为 $P(y_i = 1)$ 的函数，可以写成如下函数：

---

① 例如，乔治·H.，邓特曼，何满镐. 广义线性模型导论 [M]. 林毓玲，译. 北京：格致出版社，2012.

② 这种模型确实存在，即直接将因变量转换为 0 和 1，然后估计以下模型：$\hat{y} = b_0 + b_1 x_1 + b_2 x_2 + \cdots$。此模型被称为线性概率模型（linear probability model, LPM）。尽管 LPM 简单直接，但可能存在预测结果超出 0~1 界限的问题。

$$P(y_i = 1) = \frac{1}{1 + e^{-(b_0 + b_1 x)}} \qquad (14-4)$$

很显然，上述模型不再是线性模型。为了理解 X 的取值与 $P(y_i = 1)$ 的关系，图 14.1 展示了 X 取不同值时 $P(y_i = 1)$ 的值。可以观察到，逻辑回归函数的图像呈现典型的 S 形曲线（也称 sigmoid 曲线）。当 X 取值较大时，$P(y_i = 1)$ 无线趋近于 1，而当 X 取值较小时，$P(y_i = 1)$ 无线趋近于 0。

考虑到逻辑回归模型是非线性的，因此无法使用最小二乘法进行参数估计，通常使用极大似然法进行估计。此外，除了使用 Logit 作为链接函数之外，还可以使用标准正态分布的累计概率密度分布（$\Phi(\cdot)$）作为链接函数，这种模型被称为 probit 模型。在第六章中我们已经知道 $\Phi(\cdot)$ 的函数图像也为 S 型曲线，因此 probit 模型和逻辑回归模型的结果非常相似。

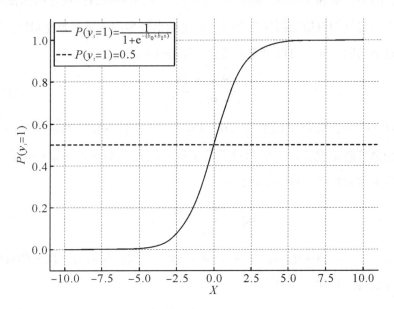

图 14.1 X 不同取值下 $P(y_i = 1)$ 的值

2. 系数解释

逻辑回归并非传统的线性回归，因此其系数的解释不能参照线性回归模型。为了阐述其系数解释，以下将主要讨论自变量 X 为类别变量和尺度变量的情况。

当 X 为类别变量时，可以像上一节所述，将其转换为虚拟变量再放入逻辑回归模型。假设 X 是第一个二分变量（取值为 1 和 2），我们可以将其转化为一个虚拟变量 D_1（$X = 1$ 时，$D_1 = 1$；$X = 2$ 时，$D_1 = 0$），并将其放入逻辑回归模型，得

$$g(y) = \ln\left(\frac{P(y_i = 1)}{1 - P(y_i = 1)}\right) = b_0 + b_1 D_1$$

此时，

$$\begin{cases} \ln\left(\dfrac{P(y_i = 1)}{1 - P(y_i = 1)}\right) = \ln(\text{Odds}_1) = b_0 + b_1, \ \text{当} D_1 = 1 \\[4mm] \ln\left(\dfrac{P(y_i = 1)}{1 - P(y_i = 1)}\right) = \ln(\text{Odds}_0) = b_0, \ \text{当} D_1 = 0 \end{cases}$$

其中，Odds_1和Odds_0分别为$D_1 = 1$和$D_1 = 0$时的优势。当然，我们可以直接将b_1解释为：$D_1 = 1$时的对数优势$\ln(\text{Odds}_1)$与$D_1 = 0$时的对数优势$\ln(\text{Odds}_0)$相差b_1。但是对数优势这个概念并不直观，因此解释起来也会比较麻烦。为此，我们可以计算两个优势的比值，$\text{Odds}_1/\text{Odds}_1$，也被称为优势比（Odds ratio），从而直接对其解释。例如：

$$\ln(\text{Odds}_1) - \ln(\text{Odds}_0) = \ln\left(\frac{\text{Odds}_1}{\text{Odds}_0}\right) = b_1$$

换言之：

$$\frac{\text{Odds}_1}{\text{Odds}_0} = e^{b_1}$$

这样一来，我们就可以直接将结果解释为：$D_1 = 1$的结果与$D_1 = 0$的结果的优势比为e^{b_1}。或者说，Odds_1是Odds_0的e^{b_1}倍。由于指数函数的性质，如果$b_1 > 0$，那么$e^{b_1} > 1$，说明Odds_1比Odds_0高。反之，如果$b_1 < 0$，那么$e^{b_1} < 1$，说明Odds_1比Odds_0低。

以此类推，当X有k个取值，便可以将$k - 1$个虚拟变量放入回归模型。此时，回归模型的系数b_i可以解释为：①与参考组相比，特定组的对数优势相差b_1；②参考组与特定组的优势比为e^{b_1}；③特定组的优势是参考组优势的e^{b_i}倍。

对于尺度变量而言，当$X = c$的时候，回归模型变为$\ln(\text{OR}_c) = b_0 + b_1 c$，而当$X = c + 1$的时候，回归模型变为$\ln(\text{OR}_{c+1}) = b_0 + b_1(c + 1)$。因此可以使用类似的解释方法：①自变量每增加一个单位，对数优势变化了b_1；②自变量每增加一个单位，两个结果的优势比为e^{b_1}；③自变量每增加一个单位，结果的优势变为之前的e^{b_i}倍。

可以发现，无论是尺度变量还是类别变量，最终解释都是讨论X每增加一个单位（类别变量，0到1；尺度变量，c到$c+1$）对应的对数优势、优势比和优势的变化。因此，其解释原理完全相同。

3. 模型检验

考虑到没有残差项，线性回归的整体检验和系数检验对逻辑回归而言都不适用。因此针对逻辑回归，有自己的检验的方法。

模型的整体检验的本质就是评估模型的表现。对于逻辑回归而言，主要采用似然比检验、正确分类百分比和伪 R^2 值来评估。

首先，似然比检验是最常用的检验方法。其主要原理在于比较两个模型的效果：一个是只包含截距项的空模型，另一个是包含所有自变量的全模型。通过极大似然估计，计算得到的似然函数值（likelihood）取对数并乘以 -2，结果为 $-2LL$，用于模型参数的检验。空模型与全模型的 $-2LL$ 值之差即为 LR 检验统计量，

$$LR = (-2LL_{空模型}) - (-2LL_{全模型})$$

其分布服从自由度为模型自变量数量（当前为 1）的卡方分布。LR 检验类似于线性回归中的 F 检验。

其次，正确分类百分比通过比较逻辑回归预测值与实际观测值来评估模型的准确性。如果 $P(y_i = 1) > 0.5$，则预测为类别 "1"；否则预测为类别 "0"。正确分类百分比是正确估计的观测数除以总观测数，再乘以 100%。

$$正确分类百分比 = \frac{n_{正确估计的观测数}}{n} \times 100\%$$

然而，这种方法依赖于原始数据的分布，如果一个类别占多数，分类准确率可能会高得不合理。

最后，伪 R^2 通过比较空模型与全模型的 $-2LL$ 值来衡量模型的解释力。常用的方法包括 Cox 和 Snell 的 R^2，Nagelkerke 的 R^2，以及 McFadden 的 R^2。各自的公式如下：

$$R^2_{Cox和Snell} = 1 - e^{\left(\frac{(-2LL_{空模型}) - (-2LL_{全模型})}{n}\right)}$$

$$R^2_{Nagelkerke} = \frac{R^2_{Cox\&Snell}}{1 - e^{\left(\frac{-2ll_{空模型}}{n}\right)}}$$

$$R^2_{McFadden} = 1 - \frac{ll_{全模型}}{ll_{空模型}}$$

伪 R^2 值可以粗略地理解为因变量变化中能够被全模型解释的比例。然而，需要注意的是，所有伪 R^2 的测量都假设因变量是连续分布的，进而解

释其能够被解释的方差，进而此种模型评估的结果只具备参考性，不能作为结论使用。

逻辑回归的单个系数检验，可以使用自由度为一的似然比卡方检验（只有一个自变量的模型 vs. 空模型）、z 统计量或 Wald 统计量（W）。z 统计量是逻辑回归系数与其标准误的比率，而 Wald 统计量则是 z 统计量的平方：

$$z = \frac{b}{Var(b)}$$

$$W = \left(\frac{b_1}{Var(b)}\right)^2 = z^2$$

在大多数情况下，z 统计量、Wald 统计量和似然比检验在评估单个系数的显著性方面会得出相似的结果。尤其在大样本量情况下，这几种检验方法的结果几乎一致。然而，由于 z 和 Wald 统计量对小样本数据较为敏感，样本量较小时，这两种统计量的结果可能与似然比检验有所不同。

4. 应用举例

【例 14.1】研究者希望探究法官性别（X）与缓刑判决（Y）之间的关系。为此，构建了逻辑回归模型（如表 14.5 所示）。请问如何解读这一结果？

表 14.5 法官性别与是否缓刑的 Logistics 回归模型

回归系数	系数	标准误	Wald 检验 p 值
性别=女性	0.09	0.15	$p > 0.05$
截距	-3.37	0.12	$p < 0.05$

答：根据上表，建立的回归模型为

$$\ln\left(\frac{P(y_i = 1)}{1 - P(y_i = 1)}\right) = -3.37 + 0.09 D_1$$

其中 $D_1 = 1$ 为女性，$D_1 = 0$ 为男性。此时，根据逻辑回归的系数的解读方法，可以得出：①女性法官判处缓刑的对数优势与男性法官之间相差 0.09；②女性法官判处缓刑与男性法官判处缓刑的优势比为 $e^{0.09} \approx 1.09$；（3）女性法官判处缓刑的优势是男性法官的 109%，或者说女性法官判处缓刑的优势比男性法官高 9%。上述三种解释都是等价的，取决于研究希望怎么表述结果。

还需注意的是，尽管优势增加了 9%，由于 Wald 检验 $p > 0.05$，无法拒绝原假设，这意味着该结果在统计上并不显著，不能排除这种差异是由于随机因素引起的可能性。

二、多项式逻辑回归（multinomial logistics regression）：当 Y 为多分类变量

（1）模型构建与系数解释

前面介绍的二元逻辑回归模型可以帮助我们处理因变量为二分类别变量的情况。当因变量 Y 为多分类变量（即 Y 有三个或更多类别的定类变量），我们通常选择多项式逻辑回归模型来处理。多项式逻辑回归模型是二元逻辑回归的扩展，它可以预测因变量属于多个类别中的某一个的概率。

为了构建模型，假设因变量 Y 有 k 个取值，我们可以选择其中一个类别 c 作为基准类别（reference category），然后对其他类别分别构建与基准类别的对数优势模型。对于每个类别 j，多项式逻辑回归模型可以写为

$$\ln\left(\frac{P(y_i = j)}{P(y_i = c)}\right) = b_{0j} + b_{1j}x, \ j \neq c \tag{14-5}$$

此时，$P(y_i = j)$ 为某个观察值属于类别 j 的概率，而 $P(y_i = c)$ 为某个观察值属于基准类别 c 的概率。很显然，由于因变量 Y 有 k 个取值，因此具有 $k-1$ 个逻辑回归方程，也具有 $k-1$ 组独立的斜率和截距。

有读者可能会好奇，既然多项式回归可以写成 $k-1$ 个逻辑回归方程，那么是否可以直接估计 $k-1$ 个独立的逻辑方程即可？事实上，这样做的话，可能导致每次估计的样本量都发生变化。例如在估计 $\ln\left(\frac{P(y_i = 1)}{P(y_i = c)}\right)$ 时，样本量只能限定在 $n_1 + n_c$。而由于多项式逻辑回归模型是将这 $k-1$ 个逻辑回归方程放在一个回归方程估计，从而避免可能的样本量不均等问题。

与二元逻辑回归相似，多项式逻辑回归也可以写为概率函数，对类别 j 而言，$P(y_i = j)$ 为：

$$P(y_i = j) = \frac{e^{b_{0j}+b_{1j}x}}{\sum_{m=1}^{k} e^{b_{0m}+b_{1m}x}} \tag{14-6}$$

多项式逻辑回归也可以写作优势比方程，来比较任意两组结果 m 和 n 的概率：

$$\text{OR}_{m|n} = \frac{P(y_i = m)}{P(y_i = n)} = \frac{\dfrac{e^{b_{0m}+b_{1m}x}}{\sum\limits_{m=1}^{k} e^{b_{0m}+b_{1m}x}}}{\dfrac{e^{b_{0n}+b_{1n}x}}{\sum\limits_{m=1}^{k} e^{b_{0m}+b_{1m}x}}} = \frac{e^{b_{0m}+b_{1m}x}}{e^{b_{0n}+b_{1n}x}} \qquad (14\text{-}7)$$

特别地，如果 n 为基准类别，那么优势比可以表示为

$$\text{OR}_{m|n} = \frac{P(y_i = m)}{P(y_i = c)} = \frac{e^{b_{0m}+b_{1m}x}}{1} = e^{b_{0m}+b_{1m}x} \qquad (14\text{-}8)$$

上述结果说明了如何解释多项式逻辑回归模型的系数。由于参考类别的系数已被固定为 0，所以其余每个结果类别的系数表示该类别相对于参考类别的相对优势。

2. 模型检验

多项式逻辑回归与二元逻辑回归的整体检验在原理上是相似的，都是使用似然比检验来评估模型的整体拟合优度，因此这里不再赘述。然而，对于单个系数的检验，可能会遇到一些特殊的问题，因为多项式逻辑回归中有 $k-1$ 个逻辑回归方程，因此针对同一个自变量可能会产生 $k-1$ 个系数。

对于单个系数的显著性检验，我们可以使用与二元逻辑回归中相同的 Wald 检验或 Z 统计量来进行。每个系数都可以单独进行检验，以确定该自变量在特定类别与基准类别之间的对数优势比中的作用。

然而，如果希望对同一自变量在 $k-1$ 个方程中的 $k-1$ 个系数进行整体检验，则可以使用似然比检验或扩展版的 Wald 检验。在这种情况下，Wald 检验的自由度需要扩展为 $k-1$，以反映多项式逻辑回归中涉及的多个方程。

3. 应用举例

【例 14.2】假设研究者希望探究盗窃金额（X）与刑罚类型（Y）之间的关系。刑罚类型包括管制、拘役、有期徒刑和无期徒刑四类。因此，研究者使用多项式逻辑回归进行分析，并将系数记录于表 14.6 之中。请问如何解读此结果？

表 14.6　盗窃金额与刑罚类型的多项式逻辑回归模型

类别	变量名	系数	标准误	z 检验 p 值
拘役 vs. 管制	盗窃金额	0.30	0.10	$p<0.01$
	截距	−2.00	0.25	$p<0.001$

表14.6(续)

类别	变量名	系数	标准误	z检验 p值
有期徒刑 vs. 管制	盗窃金额	0.80	0.15	$p<0.001$
	截距	−3.50	0.30	$p<0.001$
无期徒刑 vs. 管制	盗窃金额	1.50	0.20	$p<0.001$
	截距	−5.00	0.40	$p<0.001$

注：基准类别为管制。

答：由于Y有四组，因此存在三个逻辑回归方程。表14.6展示了这三个方程的回归系数与截距，其中基准类别为管制。

首先，对于拘役而言，盗窃金额的回归系数为0.30。这意味着盗窃金额每增加一万元：①判处拘役相对于判处管制的对数优势增加了0.30；②判处拘役的优势是判处管制优势的$e^{0.3} \approx 1.35$倍，或者说优势增加了35%。

其次，对于有期徒刑而言，盗窃金额的回归系数为0.80。这意味着盗窃金额每增加一万元：①判处有期徒刑相对于判处管制的对数优势增加了0.80；②判处有期徒刑的优势是判处管制优势的$e^{0.80} \approx 2.23$倍，或者说优势增加了123%。

最后，对于无期徒刑而言，盗窃金额的回归系数为1.50。这意味着盗窃金额每增加一万元，（1）判处无期徒刑相对于判处管制的对数优势增加了1.50；（2）判处无期徒刑的优势是判处管制优势的$e^{1.50} \approx 4.48$倍，或者说优势增加了348%。

所有方程的盗窃金额系数的p值都小于0.05，表明盗窃金额对这些刑罚类型相对于管制的影响在统计上是显著的。

三、定序逻辑回归（ordinal logistic regression）：当Y为有定序变量

1. 模型构建与系数解释

当因变量Y为定序变量时，虽然依然可以使用多项式逻辑回归来处理，但这种方法并不完全适合定序变量的特征。多项式逻辑回归只能解释特定组与基准类别组之间的比较，而不能充分利用定序变量的顺序信息。此外，随着Y的取值增加，自变量的数量也会倍增，这样的模型会消耗大量自由度，

导致模型缺乏简约性（parsimony）。

对于定序变量，由于其取值具有内在的顺序，我们通常希望比较特定组与排序更低或更高组之间的差异。在这种情况下，定序逻辑回归模型是一种更适合的选择。

最常见的定序逻辑回归模型是比例（或累积）优势模型。这种模型的最大优势在于，它需要估计多个截距项，但只需估计一个斜率项，因此相比多项式逻辑回归，解释起来更为简洁。假设因变量 Y 有 k 个取值，对于每个类别 j，定序逻辑回归模型可以写为

$$\ln\left(\frac{P(y_i \leq j)}{1 - P(y_i \leq j)}\right) = \ln\left(\frac{P(y_i \leq j)}{P(y_i > j)}\right) = \theta_j + b_1 x \qquad (14\text{-}9)$$

其中，θ_j 是每个类别的截距项，$P(y_i \leq j)$ 表示观察值属于类别 j 或更低类别的概率，而 $P(y_i > j)$ 表示其属于更高类别的概率。自变量的系数 b_1 假设对所有类别是相同的。

因此，对于定序逻辑回归的回归系数 b_1 的解释方法与二元逻辑回归一致，但不需要解释特定组与参考组的变化。相反，b_1 表示的是自变量每增加一单位时，小于或等于类别 j 的结果相对于大于 j 的类别的对数优势变化。

2. 模型检验

在定序逻辑回归模型中，平行斜率假设要求自变量的效应在因变量的所有类别上保持恒定。为了检验这一假设，通常使用两种方法：计分检验（score test）和 Brant 检验（Brant test）。

计分检验通过估计一系列二元逻辑回归模型来检验自变量效应是否随着因变量类别的变化而改变，是一种较为常用的平行斜率检验方法。检验的结果通常服从卡方分布，自由度为 $m(k-2)$，其中 m 是自变量的个数，k 是因变量的类别数。如果计分检验的结果不显著，表示模型满足平行斜率假设。

Brant 检验是一种基于 Wald 检验的方法，专门用于检测定序逻辑回归模型中的系数是否符合平行斜率假设。该检验可以针对整个模型或单个自变量进行，从而提供更细致的分析。

在实际应用中，平行斜率假设通常很难成立。如果计分检验结果表明模型不满足平行斜率假设，通常面临两种选择：要么继续使用不完全符合假设的比例优势模型，要么放弃定序特征，转而使用多项式逻辑回归模型，尽管这样会导致更复杂的系数解释。

近年来，偏比例优势模型（或广义定序逻辑回归模型）逐渐受到关注。该模型允许某些或全部自变量的系数随因变量级别变化，部分放宽了平行斜率假设，同时保留了比例优势模型的结构。

在偏比例优势模型中，自变量的系数可以随因变量类型 j 变化，如下公式所示：

$$\ln\left(\frac{P(y_i \leq j)}{P(y_i > j)}\right) = \theta_j + b_{1j}x \qquad (14\text{-}10)$$

虽然偏比例优势模型可能产生与多项式逻辑回归相同数量的系数，但两者系数的含义不同：前者系数指的是某一层级及以下类别与更高类别的比较，而后者系数则是某一类别与参考类别的比较。

为了减少模型复杂性，研究者通常会限制那些产生非常数效应的自变量。Brant 检验可以帮助确定哪些自变量在不同类别中有不同效应，从而指导是否需要放宽平行斜率假设。

3. 应用举例

【例 14.3】与【例 14.2】相同假设研究者希望探究盗窃金额（X）与刑罚类型（Y）之间的关系。刑罚类型包括管制、拘役、有期徒刑和无期徒刑四类。观察到刑罚类型具有明显的顺序，是个定序变量，因此更加适合使用定序逻辑回归进行分析。结果记录于表 14.7 中。

表 14.7 盗窃金额与刑罚类型的定序逻辑回归模型

变量名	系数	标准误	z 检验 p 值
盗窃金额	0.80	0.10	$p<0.001$
截距 1	−2.00	0.25	$p<0.001$
截距 2	−3.50	0.30	$p<0.001$
截距 3	−5.00	0.40	$p<0.001$

注：基准类别为管制。

答：盗窃金额的系数为 0.80，这意味着盗窃金额每增加 1 万元：①判处更严厉刑罚的对数优势增加了 0.80；②判处更严厉刑罚的优势比为 $e^{0.80} \approx 2.23$ 倍，或者说优势增加了 123%。由于定序逻辑回归假设自变量对所有类别的效应是恒定的，因此这个 0.80 的系数适用于所有类别的比较。换句话说，盗窃金额的增加始终会提高判处更重刑罚的可能性。$p<0.05$，说明盗窃金额对刑罚类型的影响具有统计学显著性。此外，三个截距分别表示了

当盗窃金额为 0 时，不同刑罚类别的基础对数优势。

四、泊松回归（Poisson regression）和负二项回归（negative binomial regression）：当 Y 为计数变量

前面部分我们介绍了逻辑回归及其相关的拓展，这些方法可以帮助我们处理因变量为类别变量的情况。然而，因变量还可能是计数变量（count variable），如某个地区发生犯罪的次数或者有期徒刑的长度。虽然计数变量可以使用线性回归进行拟合，但是由于计数变量的取值均为非负整数，线性回归的预测结果很可能不符合变量的真实形态。例如，线性回归可能会预测负值或非整数的结果，这在计数变量的情景中是不合适的。因此，当因变量为计数变量时，通常使用泊松回归和负二项回归来进行估计。

1. 模型构建与解释

泊松回归假设因变量 Y 的每个观测值 y_i 都服从一个泊松分布：

$$P(Y = y_i) = \frac{\lambda^{y_i} e^{-\lambda}}{y_i!} \tag{14-11}$$

其中 λ 为事件发生的均值和方差。在泊松回归中，假设因变量 Y 服从泊松分布，其均值 λ_i 由下列函数指定：

$$\ln(\lambda_i) = b_0 + b_1 x_i \tag{14-12}$$

以上模型就是泊松回归模型。泊松回归的一个关键假设是均值等于方差（即等方差性假设）。如果这个假设不成立，模型的拟合效果可能会受到影响。尤其是存在过度离散（overdispersion）的情况下，泊松回归模型可能会低估标准误，导致显著性检验的错误解释。

负二项回归是校正过离散最常用的方法。负二项回归假设因变量 Y 的观测值不仅服从泊松分布，还同时受伽玛分布的影响。具体而言，泊松分布用于描述事件发生的频率，而伽玛分布用于描述潜在的随机效应或未观测到的异质性。通过混合这两种分布，负二项分布可以更好地处理数据中的过度离散现象。负二项分布的概率质量函数比较复杂，本节不做介绍，但其期望和方差分别满足：

$$E(Y) = \lambda;\ Var(Y) = \lambda + \alpha \lambda^2 \tag{14-13}$$

当 $\alpha = 0$ 时，由于期望的均值和方差相等，回到了原始的泊松公式。当 α 离 0 越远时，过离散的程度越大。当 $\alpha < 0$ 时，则期望的方差小于均值，所以呈欠离散状态。负二项回归模型与泊松回归在形式上相似，即式（14-12），

但通过引入参数 $\ln(\alpha)$ 来调整方差，以适应数据中的过度离散现象。

2. 模型的解释

虽然构造略有不同，但是泊松回归和负二项回归的解释是完全相同的。当 X 从 c 变为 $c+1$ 时：

$$\ln(\lambda_{c+1}) - \ln(\lambda_c) = (b_0 + b_1(c+1)) - (b_0 + b_1 c) = b_1$$

因此：

$$\ln\left(\frac{\lambda_{c+1}}{\lambda_c}\right) = b_1 \; ; \; \frac{\lambda_{c+1}}{\lambda_c} = e^{b_1}$$

回归系数 b_1 通常解释为：当 X 增加一个单位，因变量 Y 的期望值是之前的 e^{b_1} 倍。

3. 模型的选择

在实践中，泊松回归和负二项回归之间的选择通常取决于数据的离散情况。为了判断哪种模型更合适，可以使用似然比检验（likelihood ratio test, LRT）或比较两种模型的赤池信息准则（AIC, Akaike information criterion）。如果发现数据存在过度离散，通常负二项回归是更好的选择。当然，$\ln(\alpha)$ 的大小也是一个判断数据是否过度离散的依据。

4. 应用举例

【例 14.4】假设研究者希望探究某个城市不同区域的犯罪次数（Y）与人口规模（X）之间的关系。由于犯罪次数为计数变量，可以考虑使用泊松回归模型和负二项回归模型进行分析。分析结果记录于表 14.8 中。

表 14.8　犯罪次数与人口规模的泊松回归模型

分类	泊松回归	负二项回归
变量名	系数 （标准误）	系数 （标准误）
人口规模（X）	0.051（0.010）***	0.037（0.017）*
α	—	2.00
截距	-2.015（0.543）***	-1.244（0.888）***

注：*，$p<0.05$；**，$p<0.01$；***，$p<0.001$。

答：对泊松回归而言，人口规模的系数为 0.051，这意味着人口规模每增加一个单位，犯罪次数的期望是之前的 $e^{0.051} \approx 1.05$ 倍，即增加了 5%。对于负二项回归而言，人口规模的系数为 0.037，这意味着人口规模每增加一个单位，犯罪次数的期望是之前的 $e^{0.037} \approx 1.038$ 倍，即增加了 3.8%。两个系数的 p 值均小于 0.05，意味着在统计上都能拒绝原假设，表明人口规模对犯罪次数的影响是显著的。离散参数 $\alpha = 2.0$ 表明数据中存在显著的过度离散现象，因此负二项回归可能比泊松回归更适合用于分析这组数据。

本章小结

表 14.9　本章知识小结

	类型	方法	解释	备注
自变量 X 为类别变量	任意类别变量	虚拟编码（常用）	与参考组的均值差异	只能放 $k-1$ 组虚拟变量 系数检验 = 两个独立样本 t 检验 整体检验 = 一元方差分析分析
因变量 Y 为类别变量	二分变量	二元逻辑回归	系数为对数优势变化（1 vs. 0）	整体检验：似然比检验、正确分类百分比和伪 R^2 值 系数检验：似然比卡方检验、z 统计量或 Wald 统计量（W）
	多分类变量	多项式逻辑回归	同上（特定组 vs 基准组）	整体检验：同上 系数检验：系数在一个方程的检验 vs 在多个方程的检验
	定序变量	定序逻辑回归	同上（" $\leq j$ " vs " $>j$ "）	需要额外进行平行斜率趋势检验
	计数变量	泊松回归和负二项回归	系数通过指数函数进行解释	泊松回归：均值 = 方差 负二项回归：均值 ≠ 方差

思考题

1. 研究者希望探究法官年龄（X）与是否判处死刑（Y）之间的关系。为此，构建了逻辑回归模型（如表 14.10 所示）。请问如何解读这一结果？

法官年龄与是否死刑的 Logistic 回归模型

回归系数	系数	标准误	Wald 检验 p 值
年龄（每增加一年）	−0.07	0.02	$p>0.05$
截距	2.85	0.30	$p<0.05$

2. 假设研究者希望探究诈骗金额（X）与刑罚类型（Y）之间的关系。刑罚类型包括管制、拘役、有期徒刑和无期徒刑四类。因此，研究者使用多项式逻辑回归进行分析，并将系数记录于表 14.11 之中。请问如何解读此结果？

表 14.11　盗窃金额与刑罚类型的多项式逻辑回归模型

类别	变量名	系数	标准误	z 检验 p 值
拘役 vs. 管制	盗窃金额	0.25	0.08	$p<0.01$
	截距	−1.80	0.20	$p<0.001$
有期徒刑 vs. 管制	盗窃金额	0.70	0.12	$p<0.001$
	截距	−3.20	0.25	$p<0.001$
无期徒刑 vs. 管制	盗窃金额	1.20	0.18	$p<0.001$
	截距	−4.80	0.35	$p<0.001$

注：基准类别为管制。

3. 研究者希望探究诈骗金额（X）与刑罚类型（Y）之间的关系。刑罚类型包括管制、拘役、有期徒刑和无期徒刑四类。观察到刑罚类型具有明显的顺序，是个定序变量，因此更加适合使用定序逻辑回归进行分析。结果记录于表 14.12 中。请问如何解读此结果？

表 14.12　诈骗金额与刑罚类型的定序逻辑回归模型

变量名	系数	标准误	z 检验 p 值
诈骗金额	0.75	0.12	$p<0.001$
截距 1	−1.80	0.30	$p<0.001$
截距 2	−3.00	0.35	$p<0.001$
截距 3	−4.50	0.40	$p<0.001$

注：基准类别为管制。

4. 研究者希望探究某城市的互联网普及率（X）和诈骗案件数量（Y）之间的关系。由于犯罪次数为计数变量，研究者分别使用泊松回归模型和负二项回归模型进行分析。结果记录于表 14.13 中。请解释泊松回归和负二项回归模型的结果，并比较两者的适用性。

表 14.13 诈骗案件数量与互联网普及率的泊松回归与负二项回归模型

变量名	泊松回归 系数 （标准误）	负二项回归 系数 （标准误）
互联网普及率（X）	0.045 （0.009）***	0.032 （0.014）*
α	—	1.75
截距	−1.850 （0.500）***	−1.20 （0.760）***

注： *，$p<0.05$；**，$p<0.01$；***，$p<0.001$。

第十五章　线性回归拓展：多元线性回归

上一章，我们将回归分析的范畴扩展到了类别变量。这样一来，针对任何测量水平的相关变量，双变量统计都可以借助回归分析来进行分析。因此，回归分析已经成为探索变量之间关系的非常有力的工具。而本章将进一步拓展回归的应用范围，将其引入多变量领域。具体而言，本章将介绍如何处理涉及多个自变量 X 和一个因变量 Y 的情况，这种方法也被称为多元线性回归（multiple linear regression）。当然，这种方法同样可以推广应用于我们前面所介绍的广义线性回归领域，从而能够处理不同类型的变量。

第一节　线性回归假设再讨论

一、一元线性回归假定

在深入讨论多元线性回归之前，我们有必要再次回顾一元线性回归的几个基本假定。在第十二章中，我们详细阐述了经典线性回归的假定，这些假定包括模型设定假定和残差假定。本节将简要探讨这些假定被违反时可能带来的影响，并讨论应对这些影响的方法。为了更深入地分析，我们将这些影响分为对系数估计的影响和对标准误估计的影响，并分别进行探讨。这种划分与我们之前讨论的无偏性、有效性和一致性的标准密切相关。

首先，我们来看模型设定的线性假定。如果这一假定被违反，通常而言，无论是系数估计还是标准误的估计都会受到影响，因为模型的设定存在根本性的问题。解决的方法相对直接，即根据数据的特征选择适合的非线性模型进行拟合。例如，上一章中介绍的广义线性回归模型就可以视为线性模型的一种替代。如果数据，尤其是因变量，符合特定广义线性模型的特征，那么使用对应的模型进行建模更加合适。

比较复杂的是对残差的相关假定的讨论。一般而言，针对残差相关的假定一共有五项，下面逐一分析。为了和之前的符号一致，我们依然使用如下方法表述线性回归模型：

$$y_i = b_0 + b_1 x_i + \varepsilon_i$$

1. 零条件均值假定

此假定为 $E(\varepsilon_i \mid x) = 0$。这一假定确保残差的期望值在给定自变量的情况下为零，是保证模型无偏性的关键。然而，诸多因素可能导致这一假定被违反，从而引发内生性问题（endogeneity problem）。

首先，测量误差可能导致出现内生性问题。测量误差既可以是自变量的测量误差，也可以是因变量的测量误差。

（1）对自变量的测量误差而言，假设我们实际观察到的变量 x_i 是真实的自变量 x_i^* 加上一个测量误差 u_i。因此：

$$x_i = x_i^* + u_i$$

如果我们将 x_i 视为 x_i^* 放入回归模型，则

$$y_i = b_0 + b_1 x_i^* + \varepsilon_i = b_0 + b_1(x_i - u_i) + \varepsilon_i = b_0 + b_1 x_i - b_1 u_i + \varepsilon_i$$

可以发现，实际的残差项为 $\varepsilon_i' = -b_1 u_i + \varepsilon_i$。此时 $E(\varepsilon_i' \mid x_i) = E(-b_1 u_i + \varepsilon_i \mid x_i^* + u_i)$。此时由于都含有 u_i，因此 $E(\varepsilon_i' \mid x_i) \neq 0$，从而违反零条件均值假定。

（2）对因变量的测量误差而言。假设我们实际观察到的变量 y_i 是真实的自变量 y_i^* 加上一个测量误差 u_i，即

$$y_i = y_i^* + u_i$$

将其带入回归模型，可得

$$y_i = b_0 + b_1 x_i + u_i + \varepsilon_i$$

此时，实际的残差项为 $\varepsilon_i' = u_i + \varepsilon_i$。$E(\varepsilon_i' \mid x_i) = E(u_i + \varepsilon_i \mid x_i)$。如果 u_i 和 x_i 无关，那么不会出现内生性问题，但可能估计效率降低。如果 u_i 和 x_i 相关，$E(\varepsilon_i' \mid x_i) \neq 0$，则会出现内生性问题。

针对测量误差模型，一方面可以通过改善测量的方法消除误差，另一方面也可以使用工具变量法降低测量误差的问题。

其次，反向因果关系也可能导致出现内生性问题假设。反向因果指的是，因变量 Y 反而会影响 X，即

$$x_i = \gamma_0 + \gamma_1 y_i + \nu_i$$

将其带入回归模型，可得

$$y_i = b_0 + b_1(\gamma_0 + \gamma_1 y_i + \nu_i) + \varepsilon_i$$

化简可得

$$y_i = \frac{b_0 + b_1 \gamma_0}{1 - b_1 \gamma_1} + \frac{b_1 \nu_i + \varepsilon_i}{(1 - b_1 \gamma_1)}$$

此时实际的残差项为

$$\varepsilon_i^{'} = \frac{b_1 \nu_i + \varepsilon_i}{(1 - b_1 \gamma_1)}$$

由于 ν_i 与 x_i 相关，因此 $E(\varepsilon_i^{'} \mid x_i) \neq 0$，从而违背零均值假设。

针对反向因果关系，通常可以使用工具变量法、双重差分法和滞后变量法等方法来降低其影响。

最后，最为常见的内生性来源是遗漏变量。假设真实的回归模型为

$$y_i = b_0 + b_1 x_i + \gamma z_i + \varepsilon_i, \ E(\varepsilon_i \mid x_i, \ z_i) = 0$$

换言之，存在一个遗漏的变量 Z 同时与 X 和 Y 相关。但是我们在模型中忽略了 Z，从而简化为

$$y_i = b_0 + b_1 x_i + \varepsilon_i^{'}$$

此时新的误差项为 $\varepsilon_i^{'} = \gamma z_i + \varepsilon_i$。如果 Z 与 X 相关，那么会导致 $\varepsilon_i^{'}$ 与 X 相关。因此 $E(\varepsilon_i^{'} \mid x_i) = E(\gamma z_i + \varepsilon_i \mid x_i) = \gamma E(z_i \mid x_i) \neq 0$，从而违背零均值假设。如果 Z 与 X 正相关，那么会导致 b_1 高估；如果 Z 与 X 负相关，那么会导致 b_1 低估。

针对遗漏变量，如果遗漏的变量在数据库中，那么需要将其加入回归模型作为控制变量。但如果遗漏的变量是不可观察的或者不在数据库中，可以使用工具变量、固定（随机）效应模型、双重差分、断点回归和倾向值匹配法等方法对其进行处理。

2. 同方差假定

此假定数学表达式为 $Var(\varepsilon_i \mid x_i) = \sigma^2$，要求在回归模型中，误差项的方差在所有自变量值下都是恒定的。回顾我们在进行回归系数估计时，σ^2 是回归系数标准误的重要组成部分，而我们通常用残差的平方除以 $n-2$ 进行估计，即

$$\widehat{\sigma^2} = \frac{\sum_{i=1}^{N} (y_i - \hat{y}_i)^2}{n - 2}$$

如果 σ^2 并不是一个固定值，那么无偏性并不会受到影响，但有效性可能会受到影响。

通常而言，可以通过作图的方法观察残差的散点图，从而判断是否满足同方差假定。此外，一些检验方法也可以帮助辅助判断，包括 Breusch-Pagan 检验、White 检验和 Goldfeld-Quandt 检验等。

如果同方差性无法得到满足，可以对变量进行对数变换以减少异方差性的影响。文献中还经常使用稳健标准误（robust standard errors）和加权最小二乘法（weighted least squares，WLS）来调整标准误的估计，从而减少异方差性带来的问题。

3. 无自相关假定

无自相关假定要求在回归模型中，误差项之间不应存在系统性的相关性，即对于任意的 i 和 j（$i \neq j$），$Cov(\varepsilon_i, \varepsilon_j) = 0$。这一假定确保了每个观测值的误差项是独立的，且彼此之间没有系统性的关联。如果这一假定被违反，就会出现自相关（autocorrelation）现象。自相关的存在虽然并不影响估计的无偏性，但可能会影响估计的有效性，通常可能导致标准误被低估，进而增加第一类误差的风险。

自相关问题在研究中可能有两个主要的来源。首先，时间序列。假设研究希望探究上一年的犯罪率（X）对本年犯罪率（Y）的影响，这种场景通常被称为时间序列分析。由于某些影响犯罪率的因素可能未被控制而被纳入残差项，而这些因素在相邻的年份间可能具有高度相关性，这可能导致相邻年份的残差项之间产生相关性，从而出现自相关。其次，集群效应。例如在研究量刑时，同一地区的法院由于相似的地区司法习惯或文件，可能导致同一地区的判决结果相似性较高，而不同地区的判决结果相似性较低。换言之，这可能导致同一地区的残差项之间出现高相关性。

通常而言，可以通过绘制残差的自相关图（ACF 图）或残差与时间的散点图来直观判断是否存在自相关性。此外，还可以借助一些检验方法来进行辅助判断，包括 Durbin-Watson 检验、Breusch-Godfrey 检验和 Ljung-Box Q 检验等。

一旦出现自相关，可以采用时间序列分析中常用的方法，如引入不同形式的滞后项来处理。此外，前面介绍的稳健标准误和广义最小二乘方法也能在一定程度上降低自相关带来的影响。而对于集群效应的存在，可以使用集群稳健标准误（clustered robust standard errors）来调整标准误的估计。另外，也可以使用多层线性模型（hierarchical linear model）来对不同层次的自变量对因变量的影响进行建模和分析。

4. 与自变量不相关假定

此假定要求自变量与残差项不相关，即 $Cov(x_i, \varepsilon_i) = 0$。这一假定和前面的零条件均值假定具有非常重要的关联。如果 $E(\varepsilon_i \mid x_i) = 0$，那么通常 $Cov(x_i, \varepsilon_i) = 0$。但是 $Cov(x_i, \varepsilon_i) = 0$ 不一定导致 $E(\varepsilon_i \mid x_i) = 0$，因为协方差为零不一定表示完全没有关系。

总之，零条件均值假定是一个更严格的条件，它确保回归模型的无偏性，专注于误差项的条件期望为零。而与自变量不相关假定则是一个更广泛的条件，它确保自变量和误差项之间没有线性相关性。因此，违反与自变量不相关假定可能造成的影响和应对方法与违反零条件均值假定相同，这里不再赘述。

为了说明 $E(\varepsilon_i \mid x) = 0$ 可以推导出 $Cov(x_i, \varepsilon_i) = 0$。可以考虑如下展开：

$$Cov(x_i, \varepsilon_i) = E[(x_i - E(x_i))(\varepsilon_i - E(\varepsilon_i))]$$
$$= E[x_i \varepsilon_i - x_i E(\varepsilon_i) - \varepsilon_i E(x_i) + E(x_i)E(\varepsilon_i)]$$
$$= E(x_i \varepsilon_i) - E(\varepsilon_i)E(x_i) - E(\varepsilon_i)E(x_i) + E(\varepsilon_i)E(x_i)$$
$$= E(x_i \varepsilon_i) - E(\varepsilon_i)E(x_i)$$

如果 $E(\varepsilon_i \mid x) = 0$ 成立，那么根据期望的性质：

$$E(x_i \varepsilon_i) = E(x_i E(\varepsilon_i \mid x_i)) = 0$$

此外，由于残差定义可知 $E(\varepsilon_i) = 0$。因此：

$$Cov(x_i, \varepsilon_i) = 0 - 0E(x_i) = 0$$

由此可见，一旦 $E(\varepsilon_i \mid x) = 0$，那么 $Cov(x_i, \varepsilon_i) = 0$

---

5. 正态分布假定

正态分布假定要求残差项 ε_i 在每个自变量 x_i 的条件下，必须服从正态分布。正态分布假定是执行假设检验（如 t 检验、F 检验）和构建置信区间的重要前提。我们在第十三章推导假设检验统计量分布时多次假设了残差的分布形态。

正态分布假定并不是一个太大的问题，因为当样本量足够大时，中央极限定理通常可以弥补正态分布假定的缺失，即使误差项不严格服从正态分布，估计量的分布也会趋于正态。仅在样本量较小时，正态分布假定才显得尤为重要，因为它允许我们利用小样本理论进行准确的推断。

对于正态性假定，一方面，我们可以通过 Q-Q 图和 Shapiro-Wilk 检验等方法来检查正态性；另一方面，如果发现正态分布假定被违反，可以考虑对变量进行对数变换或平方根变换来改善数据的正态性。此外，还可以使用稳健回归和 Bootstrap 方法来降低正态分布假定被违反可能造成的影响。

至此，我们已经介绍了经典线性回归假定在什么情况下可能被违反，被违反后可能带来怎样的影响，如何检验其是否被违反，以及有哪些方法可以降低其造成的影响。

二、多元线性回归假定

为了进一步介绍多元线性回归，我们现在将一元线性回归的方程进行扩展。假设我们现在有 m 个自变量，那么回归方程可以写成：

$$y = b_0 + b_1 x_1 + b_2 x_2 + \cdots + b_m x_m + u$$

此时，这个方程表示为多个 X 可能同时对 Y 产生影响。对于多元线性回归而言，线性回归的基本假定依然适用，但是部分假定需要扩展到多变量情况。首先，针对模型整体设定的线性假定与一元线性回归相同，但是需要扩展为多变量情况，即：

$$E(y) = b_0 + b_1 x_1 + b_2 x_2 + \cdots + b_m x_m$$

而针对残差的假定，则可能部分需要适当调整。

（1）零条件均值假定：现在变为 $E(u \mid x_1, x_2, \cdots, x_m) = 0$。这意味着在给定所有自变量 $x_1, x_2, \cdots, x_m$ 的情况下，误差项的期望为零。

（2）同方差假定：$Var(u \mid x_1, x_2, \cdots, x_m) = \sigma^2$，这与一元线性回归的情况并没有区别，即要求在给定所有自变量的情况下，误差项的方差是恒定的。

（3）无自相关假定：$Cov(u_i, u_j) = 0$，$i \neq j$，这也与一元线性回归的情况保持一致。要求误差项之间没有系统性的相关性。

（4）自变量不相关假定：与零条件均值假定类似，需要拓展到多变量的情况。即要求每个自变量与误差项之间没有相关性，$Cov(x_k, u) = 0$ 对所有 k 成立。

（5）正态分布假定：这与一元线性回归的情况相同，要求误差项在给定所有自变量的条件下服从正态分布。

多元线性回归与一元线性回归相比还增加了一个新的假定。

（6）无完全多重共线性假定（no perfect multicollinearity）：这一假定要求自变量之间不能存在完全的线性关系。换言之，模型中的任何一个自变量都不能被其他自变量的线性组合完全解释。

关于这一点，我们在虚拟编码章节已经有所解释。如果将所有的虚拟变量全部放入回归模型进行估计，此时会有一个虚拟变量完全冗余，因为它可以被其他变量的线性组合完全覆盖，这是完全多重共线性的一个可能原因。此外，如果将同一个变量的两种形式引入回归模型，例如同时将被告人的出生年和年龄引入回归模型，也会导致完全多重共线性。

虽然这一假定要求没有"完全共线性"，但如果变量之间的共线性非常高，也会导致系数不稳定和标准误膨胀的问题。高共线性可能使得模型的估计系数变得不可靠，难以解释，并可能导致模型对数据中微小变化的敏感性增加。

最为广泛使用的检测方法是方差膨胀因子（variance inflation factor，VIF）。VIF 定义为

$$\text{VIF}_i = \frac{1}{1 - R_i^2}$$

其中 R_i^2 是除了待评价的自变量之外，所有其他自变量回归的决定系数。不同的文献对 VIF 的评价标准有不同的推荐，通常认为 VIF>10 时可能出现比较严重的共线性问题。常见的处理方法是删除某个冗余变量、对变量进行合并（例如使用主成分方法）或者使用正则化方法（如岭回归和 Lasso 回归）进行估计。不过，也有文献对这些 VIF 临界值和常见处理方法的准确性和有效性提出了质疑[1]。

第二节　从一元线性回归到多元线性回归

在介绍完多元线性回归的若干解释之后，我们便可以进一步将第五章和第十三章的知识扩展到多元线性回归。

① O'BRIEN R M. A Caution Regarding Rules of Thumb for Variance Inflation Factors [J]. Quality & Quantity, 2007, 41 (5): 673-690.

一、系数估计

第五章介绍,可以使用最小二乘法,求解 $\operatorname{argmin} \sum_{i=1}^{N}(y-\hat{y})^2$ 即可以得到回归系数。这一方法完全也可以扩展到多元线性回归。在一元回归分析中我们介绍到,可以对 b_0 和 b_1 求偏导,并令方程等于零,求解方程即可得到 $\hat{b}_0$ 和 $\hat{b}_1$ 两个估计值。对于多元线性回归而言,我们需要构建 $m+1$ 个方程,因为此时有 $m+1$ 个参数需要求解。

$$\begin{cases} \dfrac{\mathrm{d}\left[\sum_{i=1}^{N}(y-\hat{y})^2\right]}{\mathrm{d} b_0} = \dfrac{\mathrm{d}\left[\sum_{i=1}^{N}(y-b_0-b_1 x_1-b_2 x_2-\cdots-b_m x_m)^2\right]}{\mathrm{d} b_0} = 0 \\[3mm] \dfrac{\mathrm{d}\left[\sum_{i=1}^{N}(y-\hat{y})^2\right]}{\mathrm{d} b_1} = \dfrac{\mathrm{d}\left[\sum_{i=1}^{N}(y-b_0-b_1 x_1-b_2 x_2-\cdots-b_m x_m)^2\right]}{\mathrm{d} b_1} = 0 \\[3mm] \qquad\qquad\qquad\vdots \\[3mm] \dfrac{\mathrm{d}\left[\sum_{i=1}^{N}(y-\hat{y})^2\right]}{\mathrm{d} b_m} = \dfrac{\mathrm{d}\left[\sum_{i=1}^{N}(y-b_0-b_1 x_1-b_2 x_2-\cdots-b_m x_m)^2\right]}{\mathrm{d} b_m} = 0 \end{cases}$$

当然,上述方程可以化简为

$$\begin{cases} \sum_{i=1}^{N}2(y-b_0-b_1 x_1-b_2 x_2-\cdots-b_m x_m)(-1)=0 \\[2mm] \sum_{i=1}^{N}2(y-b_0-b_1 x_1-b_2 x_2-\cdots-b_m x_m)(-x_1)=0 \\[2mm] \qquad\qquad\qquad\vdots \\[2mm] \sum_{i=1}^{N}2(y-b_0-b_1 x_1-b_2 x_2-\cdots-b_m x_m)(-x_m)=0 \end{cases}$$

只需要求解上述方程即可得到斜率和截距的估计。此时,最小二乘法估计出的方程可以写为

$$\hat{y}=\hat{b}_0+\hat{b}_1 x_1+\hat{b}_2 x_2+\cdots+\hat{b}_m x_m$$

估计的过程过于繁琐因此不再介绍[①],但是最终系数的结果与一元回归方程具有相似的地方。

首先,截距 $\hat{b}_0$ 可以写为和公式(5-6)类似的公式:

$$\hat{b}_0=\bar{y}-\hat{b}_1 \bar{x}_1-\hat{b}_2 \bar{x}_2-\cdots-\hat{b}_m \bar{x}_m \tag{15-1}$$

---

① 估计这些系数不得不使用矩阵代数的方法。可以求得 $\hat{b}=(X^T X)^{-1}X^T Y$。其中 $\hat{b}$ 为一个 $(m+1)\times 1$ 的向量,包含了所有回归系数的估计值。X 是一个 $(m+1)\times n$ 的矩阵,矩阵的第一列全为 1,其余 m 列是每个自变量的观测值。X^T 是矩阵 X 的转置,$(X^T X)^{-1}$ 是矩阵 $X^T X$ 的逆矩阵。

其次，第 i 个自变量的斜率 $\hat{b}_i$ 公式也可以写为与公式（5-9）类似的形式。不过此时需要进行两个步骤[①]，第一步，将 x_i 作为因变量，其他不包括 x_i 的解释变量作为自变量，可以用最小二乘法得到其残差项 $\tilde{x}_i = \hat{v}_i$，也即得到下列辅助方程的残差项：

$$x_i = \hat{\gamma}_0 + \hat{\gamma}_1 x_1 + \hat{\gamma}_2 x_2 + \cdots + \hat{\gamma}_{i-1} x_{i-1} + \hat{\gamma}_{i+1} x_{i+1} + \cdots + \hat{\gamma}_m x_m + \hat{v}_i$$

第二步，将 Y 作为因变量，$\tilde{x}_i$ 作为自变量构建下列一元回归方程：

$$y = \hat{\beta}_0 + \hat{\beta}_i \tilde{x}_i + \hat{e}$$

此时 $\tilde{x}_i$ 的回归系数，可以直接根据公式（5-8）得出：

$$\hat{\beta}_i = \frac{Cov(y, \tilde{x}_i)}{Var(\tilde{x}_i)} \tag{15-2}$$

可以证明 $\hat{b}_i = \hat{\beta}_i$。因此，可以看出 $\hat{b}_i$ 可以解释为在控制了其他自变量之后，X_i 对 Y 的影响。

二、方程解释

针对下列多元线性回归方程而言，可以使用和一元线性回归方程类似的解释方法。假设回归方程如下：

$$y = b_0 + b_1 x_1 + b_2 x_2 + \cdots + b_m x_m + u$$

b_0 依然是截距，可以表示为当所有的自变量都为 0 的时候，Y 的取值。而自变量的回归系数 b_j，根据我们上一节的讨论，可以解释在控制了其他自变量之后，X_j 每增加一个单位对应 Y 的单位的增加。

虽然前面部分从数学上解释了"控制其他自变量"的含义，但是似乎并不直观。为了更加直观地解释控制了其他变量的含义，我们将使用散点图和韦恩图的方法来分别表述。

首先假设仅有两个自变量，那么回归模型为：$y = b_0 + b_1 x_1 + b_2 x_2$。我们将根据 X_2 分别为类别变量还是尺度变量来解释"控制"的含义。

1. X_2 为类别变量

假设 X_2 只有两个分类，分别取值为 1 和 2，两个分类的样本量分别为

---

① 参见邱嘉平. 因果推断实用计量方法［M］. 上海：上海财经大学出版社，2020：29-30.

n_1 和 n_2。我们可以限定 X_2 为 1 和 2 时，分别构建回归模型，如下：

$$\begin{cases} y = b_{01} + b_{11}\, x_1 + u_1, & \text{当} X_2 = 1 \\ y = b_{02} + b_{12}\, x_1 + u_2, & \text{当} X_2 = 2 \end{cases}$$

此时，可以证明，b_1 的斜率可以被理解为上述两个方程回归斜率的加权平均值。这表明，当 X_2 为类别变量，"控制"意味着将数据按照这个类别变量分组，分别做回归，然后再将系数取加权平均值，从而部分消除 X_2 对结果的影响。

$$b_1 = \frac{b_{11}\, n_1 + b_{12}\, n_2}{n_1 + n_2}$$

为了证明 b_1 的斜率可以被理解为分组方程回归斜率的加权平均值，我们首先将 x_2 变为虚拟变量 D_1。

$$\begin{cases} D_1 = 1, & \text{当} X_2 = 1 \\ D_1 = 0, & \text{当} X_2 = 2 \end{cases}$$

因此，我们可以将两个分组回归方程合并为一个回归方程，如下：

$$\begin{aligned} y &= D_1(b_{01} + b_{11}\, x_1 + u_1) + (1 - D_1)(b_{02} + b_{12}\, x_1 + u_2) \\ &= [D_1\, b_{01} + (1 - D_1)\, b_{02}] + [D_1\, b_{11} + (1 - D_1)\, b_{12}]\, x_1 + \\ &\quad\ [D_1\, u_1 + (1 - D_1)\, u_2] \end{aligned}$$

上式与整体回归方程的每一项都应该相等。重点考虑 x_1 的系数，可以得到：

$$b_1 = [D_1\, b_{11} + (1 - D_1)\, b_{12}]$$

假设数据中有 n_1 个个体满足 $D_1 = 1$，n_2 个个体满足 $D_1 = 0$。那么 D_1 的估计值可以表示为样本比率：$\widehat{D_1} = \dfrac{n_1}{n_1 + n_2}$。将其代入上式，可得

$$b_1 = \left[\frac{n_1}{n_1 + n_2}\, b_{11} + \left(1 - \frac{n_1}{n_1 + n_2}\right) b_{12}\right] = \frac{b_{11}\, n_1 + b_{12}\, n_2}{n_1 + n_2}$$

为了更好地展示"控制"变量的含义，假设我们感兴趣的是研究居民喜欢吃辣椒的程度（X_1）和城市地区生产总值（Y）之间的关系。我们观察了若干个城市，记录了每个城市的 X_1 和 Y 的数值，并将其绘制于图 15.1。此外，对于不同的城市类型（X_2）而言，我们使用不同的散点形状来表示：沿海城市（$X_2 = 1$）使用圆形散点表示；内陆城市（$X_2 = 2$）使用"×"形散点表示。

如果我们忽略 X_2，只构建 X_1 和 Y 的回归模型，结果显示为一条从左上

角到右下角的直线，这意味着我们会得出居民对辣椒的偏好与城市地区生产总值负相关的结论。这种解释甚至可能导致一些人认为，辣味食物是"穷人的食物"。

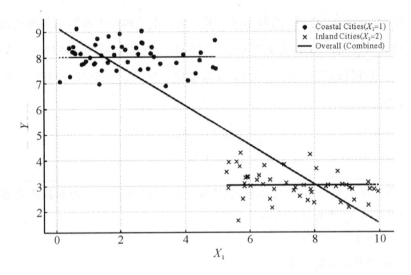

图 15.1 居民辣椒偏好与城市 GDP

然而，如果我们分别对沿海城市和内陆城市进行回归分析，可以发现两条回归线的斜率几乎等于 0。这说明在控制了城市类型（X_2）之后，居民对辣椒的偏好与城市地区生产总值之间的负相关关系实际上消失了。这一结果表明，X_2 很可能既影响了 X_1，也影响了 Y。沿海城市因航运贸易的优势而地区生产总值较高，同时因气候燥热不适宜吃辣椒，导致沿海城市的 X_1 较低。由此可见，当我们"控制"了 X_2 的影响后，X_1 和 Y 之间的关系不再显著。

这一分析强调了控制变量的重要性：通过控制城市类型（X_2），我们能够剔除可能混淆因果关系的外部因素，从而揭示出更准确的关系。

2. X_2 为尺度变量

当 X_2 是一个尺度变量，此时再使用分组回归的方法理解"控制"似乎不太合适，因为尺度变量的取值通常非常多。为了更好地理解这个概念，我们可以使用韦恩图。图 15.2 展示了三个变量 X_1，X_2 和 Y 之间的关系。

假设我们只进行一元线性回归，可以分别估计 X_1 与 Y 的回归模型，以及 X_1 与 Y 的回归模型。在 X_1 与 Y 的回归模型中，X_1 的系数其实是由②+③的信息决定的。此时，模型的 $R^2 = \dfrac{② + ③}{① + ② + ③ + ④}$，残差则为区域①+④。

类似地，在 X_2 与 Y 的回归模型中，X_2 的系数其实是③+④的信息决定的，因此 $R^2 = \dfrac{③+④}{①+②+③+④}$，残差则为区域①+②。

现在，我们进行多元线性回归，将 X_1 和 X_2 同时设为自变量，回归模型变为 $y = b_0 + b_1 x_1 + b_2 x_2$。此时 b_1 是区域②的信息估计的，而 b_2 的信息是区域④估计的，而区域③由于不确定是由 X_1 还是 X_2 导致的，因此在多元线性回归中被舍去。这便是"控制"的含义：当我们从一元线性回归到多元线性回归，X_1 的系数由②+③减少到②。因此，③其实可以理解为 X_2 的影响，将其"控制"之后，X_1 和 Y 之间的关系仅为②。

值得一提的是，韦恩图也可以帮助理解［公式（15-2）］的 $\tilde{x}_i$（本例中为 $\tilde{x}_1 = \hat{v}_1$）。$\tilde{x}_1$ 为辅助方程的残差项，即 $x_1 = \hat{\gamma}_0 + \hat{\gamma}_2 x_2 + \hat{v}_1$。根据韦恩图，$\tilde{x}_1$ 由②+⑤的信息决定。而将 $\tilde{x}_1$ 与 Y 再次进行回归，即 $y = \hat{\beta}_0 + \hat{\beta}_1 \tilde{x}_1 + \hat{e}$。此时 $\tilde{x}_i$ 系数 $\hat{\beta}_1$ 由区域②决定，这与多元线性回归中 b_1 的含义完全相同。

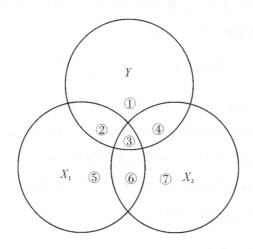

图 15.2　多元线性关系韦恩图

上述韦恩图还可以帮助理解当 X_1 和 X_2 高度共线的时候可能出现的问题。如果 X_1 和 X_2 高度相关，那么③+⑥将变得极其巨大，②和④则会被极度压缩。此时多元线性回归模型的 $R^2 = \dfrac{②+③+④}{①+②+③+④}$。尽管区域③虽然没有用于估计 b_1 和 b_2，但在计算 R^2 时需要予以考虑。因此，当 X_1 和 X_2 高度共线时（或者相关较高），R^2 通常很大，但是 b_1（由②决定）和 b_2（由④决定）系数很小，甚至不显著。在极端情况，当 X_1 和 X_2 完全重合，那么

②和④被压缩到消失，导致方程无法估计出 b_1 和 b_2。

三、方程拟合优度

与一元线性回归类似，多元线性回归也可以计算判定系数 R^2，其依然具有消减误差性质，因此解释的方法和一元线性回归非常类似。根据公式（5-16）和公式（5-17），依然可以得出多元线性回归的判定系数 R^2 为

$$R^2 = \frac{E1 - E2}{E1} = \frac{\sum_{i=1}^{N} (\hat{y}_i - \bar{y})^2}{\sum_{i=1}^{N} (y_i - \bar{y})^2} \tag{15-3}$$

考虑到多元线性回归有不止一个自变量，因此 R^2 依然可以解释为利用回归方程猜测 Y（利用所有的 X 猜测 Y）所减少误差的百分比，或者所有自变量可以解释因变量变异的百分比。

根据上一部分的韦恩图可以猜想，只要增加更多的自变量，R^2 总是会上升（至少相等）。因此，如果过于追求 R^2 会导致回归模型中放入大量变量，模型并不简约，而且也不一定能改进模型的预测和解释能力。因此，通常引入校正后的 R^2（Adjusted R^2），如下：

$$\text{Adjusted } R^2 = 1 - \frac{(1 - R^2)(n - 1)}{n - m - 1}$$

其中，n 为样本量，m 为模型中自变量的个数。

当增加一个新的自变量时，尽管 R^2 总是会增加或保持不变，但校正后的 R^2 只有在这个新自变量显著提高模型的解释力时才会上升。因此，校正后的 R^2 是一个更加可靠的指标，它能够更好地反映模型的实际预测能力，而不仅仅是增加变量数量的结果。

四、方程整体检验

多元线性回归的整体检验与一元线性回归具有类似的思路。以下是详细步骤：

（1）步骤一：建立假设。

多元线性回归模型的假设涵盖所有的自变量。原假设是整个回归方程无效，即所有的回归系数都为，$H_0: b_1 = b_2 = \cdots = b_m = 0$。而备择假设是，至少有一个斜率不为 0 即可，即 H_1：至少有一个 $b_i = 0$，其中 $i \in \{1, 2, \cdots, m\}$。

（2）步骤二：选择统计量。

与一元线性回归整体检验一样，多元回归方程整体检验的核心依然是构建如下 F 统计量，其服从 F 分布，即

$$F = \frac{\text{SSR}/m - 1}{\text{SSE}/(n - m)} \sim F(m - 1, n - m) \qquad (15\text{-}4)$$

（3）步骤三：选择显著性水平并根据其确定临界值、接受域和拒绝域

当显著性水平为 α 时：接受域为 $[0, F_\alpha(m - 1, n - m)]$，拒绝域为 $[F_\alpha(m - 1, n - m), +\infty]$。如果要使用较为严格的标准，可以将接受域设置为 $[0, F_{\alpha/2}(m - 1, n - m)]$，拒绝域设置为 $[F_{\alpha/2}(m - 1, n - m), +\infty]$。

（4）步骤四：决定是否拒绝原假设。

将计算出的 F 值与临界值比较，如果在拒绝域内，则拒绝原假设；如果在接受域内，则无法拒绝原假设。

五、方程系数解释

系数假设检验的基本构造与一元回归分析类似，旨在检验每个回归系数是否显著不同于零。以下是详细步骤：

（1）步骤一：建立假设。

在多元回归方程中，斜率检验讨论的是单个斜率是否显著，原假设表示斜率为零，即 $H_0: b_i = 0$。而备择假设根据检验类型不同有所区别：

双侧检验：

$H_1: b_i \neq 0$

左单侧检验：

$H_1: b_i < 0$

右单侧检验：

$H_1: b_i > 0$

（2）步骤二：选择统计量。

系数检验的核心是构建如下 t 统计量，其服从 t 分布，即

$$t = \frac{\hat{b}_i}{\text{SE}(\hat{b}_i)} \sim t(n - m) \qquad (15\text{-}5)$$

其中 $\text{SE}(\hat{b}_i)$ 为 $\hat{b}_i$ 的标准误。通常使用如下公式估计：

$$\mathrm{SE}(\hat{b}_i) = \sqrt{\frac{\hat{\sigma}^2}{\sum\limits_{j=1}^{n}(x_{ij}-\bar{x}_i)^2(1-R_i^2)}}$$

其中，$\hat{\sigma}^2$ 是残差的标准误，计算方法为 $\hat{\sigma}^2 = \dfrac{\mathrm{SSE}}{n-m}$ 估计。而 R_i^2 是以 X_i 为因变量，其他所有自变量 X_1，X_2，$\cdots X_{i-1}$，X_{i+1}，$\cdots$，X_m 为自变量的回归模型的判定系数。

（3）步骤三：选择显著性水平并根据其确定临界值、接受域和拒绝域。

当显著性水平为 α 时：

双侧检验的接受域为 $[-t_{\alpha/2}(n-m)，t_{\alpha/2}(n-m)]$，拒绝域为 $[-\infty，-t_{\alpha/2}(n-m)]$ 和 $[t_{\alpha/2}(n-m)，+\infty]$。

左单侧检验的接受域为 $[-t_{\alpha}(n-m)，+\infty]$，拒绝域为 $[-\infty，-t_{\alpha}(n-m)]$。

右单侧检验的接受域为 $[-\infty，t_{\alpha}(n-m)]$，拒绝域为 $[t_{\alpha}(n-m)，+\infty]$。

（4）步骤四：决定是否拒绝原假设。

将计算出的 t 值与临界值比较，如果在拒绝域内，则拒绝原假设；如果在接受域内，则无法拒绝原假设。

【例 15.1】研究者希望探究网络霸凌受害（X）与网络霸凌加害行为（Y）之间的关系。于是，他们随机抽取了 520 名大学生，通过发放问卷了解网络霸凌等相关信息，并构建了如表 15.1 的回归模型。如何解读这一回归结果？

表 15.1　网络霸凌加害多元线性回归表

变量名	系数	标准误	p
性别＝女	−0.08	0.06	$p>0.05$
年龄	0.01	0.04	$p>0.05$
民族＝汉族	−0.04	0.06	$p>0.05$
年级＝大一	参考组	—	—
年级＝大二	0.03	0.07	$p>0.05$
年级＝大三	0.09	0.09	$p>0.05$
年级＝大四	0.03	0.07	$p>0.05$
霸凌被害	0.74	0.06	$p<0.001$

表15.1（续）

变量名	系数	标准误	p
截距	-0.11	0.66	$p>0.05$
R^2	0.74		
调整后 R^2	0.731		
$F(7, 512)$	22.08		
样本量	520		

答：分析上表可以发现，网络霸凌受害（X）与网络霸凌加害行为（Y）呈现显著的正相关关系（$b=0.74$，$p<0.001$），这表示在控制其他变量的情况下，网络霸凌受害（X）每增加 1 个单位，网络霸凌加害行为（Y）平均增加 0.74 个单位。模型整体的 $R^2 = 0.74$，调整后 $R^2 = 0.73$。这意味着网络霸凌加害行为（Y）的方差中有超过 73% 可以被这些自变量所解释。方程的整体检验 F 值（7，512）= 22.08，对应的 p 值小于 0.001，因此可以拒绝原假设，得出方程系数中至少有一个不为零的结论。

第三节　自变量之间的关系

在第二节中，我们将一元线性回归的估计、系数解释、拟合优度、方程整体检验和系数检验扩展到了多元线性回归的领域。实际上，这些系数解释和检验的思路同样适用于广义线性模型领域，解释系数时同样可以将系数解释为控制了其他变量的影响特定自变量所产生的效应，只不过在广义线性模型中，解释系数时需要结合特定的链接函数。

然而，前面部分我们介绍的都是若干自变量（X）平行地作用于因变量（Y）的情况，而没有讨论自变量之间可能存在的复杂关系。本节将进一步探讨自变量之间可能出现的关系。

为了直观展现变量间关系，我们首先介绍变量关系图，也称为有向无环图（directed acyclic graph，DAG）或者路径图。尽管 DAG 的主要目的是帮助厘清变量之间的因果路径[①]，但这一工具也可以用来直观呈现变量之间的关系。例如，图 15.3 展示了一个包含 4 个变量的路径图，图中每一个圆圈代表一个变量，而每一个箭头代表变量之间的因果关系，因此图是"有向"的。图中不会出现双箭头，也不会出现循环，因此也是"无环"的。我们将利用此工具描述若干变量之间的情况，并讨论哪些方法可以应对特定情况。考虑到一项研究通常关注某个特定自变量（X）和因变量（Y）的关系，其他的变量我们将使用其他字母表示。

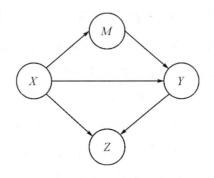

图 15.3　变量路径

一、　混淆变量

假设存在一个变量 Z 同时影响自变量 X 和因变量 Y（"$X \leftarrow Z \rightarrow Y$"），此时 Z 被称为混淆变量（confounding variable），如图 15.4 所示。如果不考虑混淆变量的存在，可能会打开 $X \rightarrow Y$ 的通路，让原本不相关的两个变量变得相关。例如，本章第二节讨论的居民喜欢吃辣椒的程度（X）和城市地区生产总值（Y）之间的关系中，城市类型（Z）可能同时影响 X 和 Y，因此 Z 就是一个混淆变量。类似的，有研究发现冰淇淋销量（X）与性犯罪率（Y）之间也存在正相关关系。此时，气温（Z）很有可能就是一个潜在的混淆变量，因为气温越高，冰淇淋销量越好；同时，气温越高，性犯罪率也可能越高。在司法领域，有学者希望研究被告人是否有律师（X）与案件结果（Y）的关系。有研究发现 X 和 Y 之间居然是负相关或者无相关，这意味着聘请律师似乎反而让判决结果变得更加糟糕了（至少也是无效的）。很显然，此时可能的混淆变量是案件复杂性（Z），因为比较复杂的案件当事人

① 朱迪亚·珀尔，达纳·麦肯齐，为什么：关于因果关系的新科学［M］. 江生、于华，译. 北京：中信出版集团，2019.

更倾向于聘请律师协助，而比较复杂的案件本身可能结果就不理想。此时 Z 就成为一个可能的混淆变量。

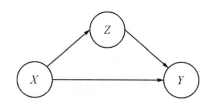

图 15.4　混淆变量路径

混淆变量的存在违反了我们在第一节讨论的线性回归假设中的零条件均值假定。在零条件均值假定中，我们讨论了遗漏变量可能导致的内生性问题。如果遗漏变量与 X 相关，那么会导致残差的条件均值不等于零。因此，混淆变量其实就是一种遗漏变量。

应对混淆变量的最简单直接的方法就是将其纳入回归模型作为自变量，此时我们也将 Z 视为控制变量（control variable）。此处需要注意的是控制变量和自变量在回归模型中的地位完全一样（都是 X），或者说两者在数学上完全等同。之所以我们将其区分为自变量和控制变量，仅仅是因为研究目的通常是 X 和 Y 之间的关系，因此将其他的变量视为可能干扰 X 和 Y 之间关系的混淆变量，从而将其控制。

在上一节，我们已经通过分组回归和韦恩图解释过"控制"的含义。总之，一旦控制了 Z，就相当于关闭了 Z 到 X 与 Y 之间的通路，这一方法也被称为后门准则（backdoor criteria）。但如果 Z 是一些无法被观察或没有被测量的变量，那么似乎无法将其纳入回归模型，此时可能不得不借助其他的统计工具。此时可以使用我们在遗漏变量问题中提及的工具变量、固定（随机）效应模型、双重差分、断点回归和倾向值匹配法等方法进行处理。

二、对撞变量

假设存在一个变量 C 同时受到自变量 X 和因变量 Y 的影响（"$X \rightarrow C \leftarrow Y$"），此时 C 被称为对撞变量（colliding variable）或对撞子（collider），如图 15.5 所示。尤其要注意对撞变量和混淆变量的区别。虽然两者在路径图上看起来非常相似，但是需要特别注意箭头的方向。混淆变量（Z）是指向 X 和 Y 的，而对撞变量则是"被" X 和 Y 指向，因此"撞"在一起。

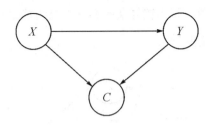

图 15.5　对撞变量路径

对撞变量的存在也会干扰 X 和 Y 之间的关系，但与混淆变量相反。X 和 Y 本来没有关系，但是如果控制了对撞变量，反而可能打开一条通路，使两个变量变得相关。

为了更加形象地介绍对撞变量之间的关系，我们可以考虑日常生活中的一些现象。例如，在日常生活中，我们可能会观察到演艺圈人士的长相（X）和才华（Y）之间似乎存在某种负相关关系。之所以可能出现这种"虚假"的负相关，是因为我们仅观察了演艺圈（C），这相当于在统计上控制了变量"C"（对于类别变量而言，分组回归即控制）。假设 X 和 Y 之间本来不存在任何相关关系。如图 15.6 所示，忽略散点的形状，两个变量之间的关系实际上并不存在。但是，我们知道，如果要进入演艺圈，那么长相和才华至少得占一项。换言之，只有 $X+Y$ 大于一定数值的个体才有可能进入演艺圈。假设右上角的散点（形状为×的散点）代表实际进入演艺圈的个体，如果对这些点进行回归拟合，很可能会拟合出一条负相关的回归线。这就是为什么控制了 C（分组回归）之后，反而会在 X 和 Y 之间引入虚假的相关性的原因。

实证法学领域也经常面临对撞变量的挑战[①]。例如，实证法学当中一个重要议题是探讨诉讼当事人的资源和地位（X）与案件结果（Y）之间的关系。在研究时，通常将是否聘请律师（Z）作为控制变量来使用。一般而言，案件特征（U）可能同时影响 Z 和 Y，而是否能聘请律师（Z）也可能由当事人的资源和地位（X）决定。因此，这四个变量之间可能形成"$X\rightarrow Z\leftarrow U\leftarrow Y$"这样的关系。如果在估计 X 和 Y 之间关系时控制了 Z，反而可能打开 X 和 Y 之间的通路，使得原本不相关的两者出现关联。

---

① 实证法学领域的对撞变量问题，可参考：CHEN B M, YIN X. Data Still Needs Theory: Collider Bias in Empirical Legal Research [J]. Hong Kong Law Journal, 2023 (53)：1243-1260.

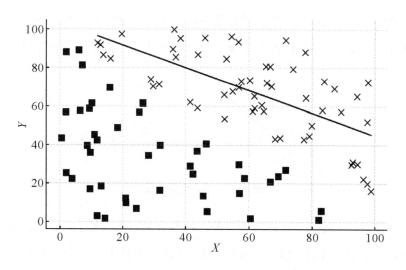

图 15.6　对撞变量影响散点图

由于对撞变量天然隔开了 X 和 Y 的关系，那么应对对撞变量的方法是，不将其纳入回归模型作为控制变量。这一处理方法与混淆变量形成鲜明对比，但是逻辑上是很容易接受的，只要不将其作为控制变量，那么 X 和 Y 的关系就不会通过对撞变量形成额外的通路。

综上，混淆变量和对撞变量为我们选择哪些变量作为控制变量提供了重要依据。简言之，混淆变量必须控制，对撞变量则不能控制。那么对于那些还不构成混淆变量和对撞变量的变量呢？通常而言，无论控制还是不控制，都不影响 $X \rightarrow Y$ 关系估计的无偏性，但是可能在某些特定情况下影响到估计的效率（可能影响标准误）①。

三、中介变量

1. 中介变量与中介效应原理

假设存在一个变量 M，它同时受到自变量 X 的影响，并且会影响 Y。换言之，自变量 X 和因变量 Y 的关系需要通过 M 来实现，即 "$X \rightarrow M \rightarrow Y$"（如图 15.7）。此时，$M$ 也被称为中介变量（mediator）。在中介效应存在的情况下，X 对 Y 的效应既可能是直接效应（direction effect）（$X \rightarrow Y \mid M$），也可能是通过 M 的间接效应（indirect effect）（$X \rightarrow M \rightarrow Y$）。而如果在分析时不考虑中介效应的存在，那么观察到的效应便是直接和间接效应的叠加，称

---

① 不同类型的控制变量对估计产生怎样的影响，可参考：CINELLI C, FORNEY A, PEARL J. A Crash Course in Good and Bad Controls［J］. Sociological Methods & Research, 2024, 53（3）: 1071-1104.

为总效应（total effect）。从某种程度上说，中介效应检验本质上是讨论 X 通过何种方式作用于 Y，因此可以被视为对 X 作用于 Y 机制的一种探讨。

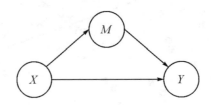

图 15.7　中介变量路径

假设研究关注的是社区贫困（X）对青少年犯罪（Y）的影响，那么可能存在一个中介效应，即就业机会（M），它在 X 和 Y 之间起中介作用。很可能出现的情况是，社区贫困（X）导致就业机会（M）减少，而就业机会（M）的减少可能引发青少年犯罪（Y），尤其是财产类犯罪。因此，在考虑了 M 存在的情况下，X 和 Y 之间是否还存在直接效应？这便是研究者和政策设计者需要讨论的问题。如果完全不存在直接效应，那么只需要提供合适的就业机会，即使不消除贫困问题，依然可以实现降低青少年犯罪的目的。但如果考虑了 M 之后直接效应依然存在，那么单纯提供就业机会可能并不能消除社区贫困可能带来的影响。

类似的思路也可以用于讨论一些法学问题。认罪认罚从宽制度实施以来，很多学者希望讨论认罪认罚究竟是一个独立的情节还是必须依附于其他情节而不具有独立性。为此，研究可以以签署认罪认罚具结书（X）为自变量，量刑结果（Y）为因变量。此时，可能存在中介变量（M），例如在刑事诉讼不同阶段的认罪。如果发现在考虑了 M 之后，X 和 Y 之间的直接效应不存在了，那么可能表明认罪认罚是完全依附于其他认罪情节的。反之，如果直接效应依然存在，那么或许认罪认罚已经被法官视为一个独立的量刑情节。

2. 中介效应检验

为了分解直接效应和间接效应，通常需要进行中介效应检验。一般而言，为了进行中介效应检验，通常需要构建如下三个模型[①]：

① 中介效应模型的系数设计和介绍思路主要参考了下列文献，包括：温忠麟，叶宝娟. 中介效应分析：方法和模型发展［J］. 心理科学进展, 2014, 22（05）: 731-745. 温忠麟, 侯杰泰, 张雷. 调节效应与中介效应的比较和应用［J］. 心理学报, 2005（02）: 268-274. 温忠麟, 张雷, 侯杰泰, 等. 中介效应检验程序及其应用［J］. 心理学报, 2004（05）: 614-620.

模型（1）：$Y = cX + e_1$

模型（2）：$M = aX + e_2(2)$

模型（3）：$Y = c'X + bM + e_3(3)$

为了表示简单，三个模型都没有设定截距项，可以视为是 X 和 M 都中心化之后的回归模型。模型（1）将 Y 视为因变量，X 视为自变量，此时 X 系数为 c；模型（2）将 M 视为因变量，X 视为自变量，此时 X 的系数为 a；模型（3）和模型（1）一样，依然以 Y 为因变量，只不过添加了 M 作为另一个自变量，此时 X 和 M 的系数分别为 c' 和 b。为了更加直观地展示，可以将上述回归中的系数标注在路径图里面，见图 15.8。

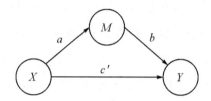

图 15.8　带系数的中介变量路径

如果我们将模型（2）带入模型（3），便可得到

$$Y = c'X + bM + e_3 = c'X + b(aX + e_2) + e_3 = (c' + ab) X + (b\,e_2 + e_3)$$

对比上式与模型（1），可以得到一个重要结论，即：

$$c = c' + ab \tag{15-6}$$

通常，我们将 c 定义为总效应，c' 定义为直接效应，ab 定义为间接效应。因此，总效应可以被分解为直接效应和间接效应。间接效应，即我们感兴趣的中介效应，遵循"$X \to M \to Y$"的路径。为了检验中介效应的存在，我们可以直接检验两个系数的乘积 ab，或者检验总效应与直接效应的差值，即 $c - c'$[①]。需要稍微提醒的是，对于乘积项 ab 的检验，虽然可以使用 t 检验的方法。然而，标准误的计算可能会面临一些挑战。虽然中心极限定律可以保证系数 a 和系数 b 在大样本下服从正态分布，但两个正态分布的乘积 ab 并不一定服从正态分布。因此，对 ab 的估计要么使用近似的方法来计算其标准误（如 Sobel 检验），要么使用一些非参数的方法，例如 bootstrapping，来计算标准误。

检验中介效应的一种常用方法是逐步检验回归系数（简称 Baron & Kenny

---

① 针对两种类方法的简介，可参考：温忠麟，叶宝娟. 中介效应分析：方法和模型发展 [J]. 心理科学进展，2014，22（5）：731–745.

逐步法，或逐步法)①。逐步法通常包含如下三个步骤：①首先对系数 c 进行假设检验（$H_0: c = 0$）；②分别对系数 a（$H_0: a = 0$）和系数 b（$H_0: b = 0$）进行假设检验；③对系数 c'（$H_0: c' = 0$）进行假设检验。这三个步骤应逐步进行，如果前置步骤不成立，则无需进行后续步骤。其中，如果（1）和（2）都成立，可以表明存在中介效应。而步骤（3）的成立与否，则是为了区分部分中介效应和完全中介效应。如果系数 c' 不显著，那么可能说明 X 到 Y 的效应完全通过 M 作用，因此为完全中介效应。如果系数 c' 显著，那么说明 X 到 Y 的效应至少有一部分是通过 M 作用，因此称为部分中介效应。

虽然逐步法简单直接，但是近年来逐渐受到质疑。海耶斯（Hayes）对逐步法的三个步骤都提出了批评②。首先，系数 c 的检验不应当作为中介效应的起点。事实上，完全可能存在系数 c 不显著，但直接和间接效应却显著的情况。例如，如果 c' 和 ab 的方向相反且数值接近，那么总效应 $c = c' + ab$ 很可能趋近于零。其次，a 和 b 分别不显著不代表 ab 不显著。中介效应的核心是检验 ab 或者 $c - c'$，而非单独检验 a 和 b。最后，c' 的显著性不应当作为完全中介和部分中介的指标。假设在不放入 M 之前，模型（1）中系数 c 的 $p = 0.049$，在放入 M 变量后，模型（3）系数 c' 的 $p = 0.051$。按照逐步法，虽然 c' 确实不显著了（$\alpha = 0.05$），但将这一结果用来区分完全中介和部分中介显得非常荒谬。事实上，海耶斯甚至质疑完全中介和部分中介这两个术语的必要性。笔者赞同海耶斯的观点，认为只需要对 ab 进行检验即可表明中介效应的存在，无需进行其他步骤。

当然，中介效应还可以进一步扩展到多重中介（multiple mediator）和链式中介（chained mediator）的情况。多重中介意味着可能存在多个中介变量，它们平行地作用于 X 和 Y 之间，如图 15.9（a）所示。在这种情况下，可以推导出 $c = c' + a_1 b_1 + a_2 b_2$。也就是说，中介效应由两部分组成：" $X \to M_1 \to Y$ " 和 " $X \to M_2 \to Y$ "。

链式中介则认为两个中介变量之间存在顺序联系，即整体上还存在一条 " $X \to M_1 \to M_2 \to Y$ " 的路径，如图 15.9（b）所示。在这种情况下，可以

① BARON R M, KENNY D A. The moderator-mediator variable distinction in social psychological research: Conceptual, strategic, and statistical considerations [J]. Journal of personality and social psychology, 1986, 51 (6): 1173.

② 安德鲁·海耶斯. 中介作用、调节作用和条件过程分析入门：基于回归的方法（第二版）[M]. 段文杰、唐小晴、程新峰译，社科文献出版社，2021：103-110.

推导出 $c = c' + a_1 b_1 + a_2 b_2 + a_1 d b_2$。可以看出，链式中介比多重中介多了一项 $a_1 d b_2$，即"$X \rightarrow M_1 \rightarrow M_2 \rightarrow Y$"的系数。

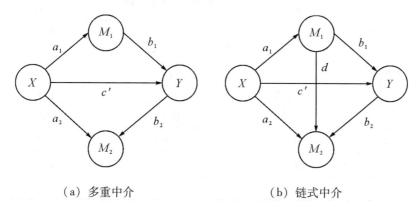

（a）多重中介　　　　　　　　（b）链式中介

图 15.9　多重中介和链式中介

最后，还需要指出的是，中介效应检验框架也完全可以运用于广义线性回归。虽然针对广义线性模式的中介效应检验方法有很多，目前比较流行的方法是 KHB 检验[①]。

3. 应用举例

【例 15.2】在犯罪学理论中，一般紧张理论（general strain theory）认为，各种不同的生活事件带来的压力是导致越轨行为的主要原因，而负面情绪可能在其中扮演中介角色。有研究认为这一理论也可以用于解释我国青少年前往网吧或游戏厅的行为，于是选取了 7 324 名中学生发放问卷，并根据中介检验的三个模型，制作了表 15.2。在这项研究中，主要探讨的是学业压力（X）是否会增加学生前往网吧或游戏厅行为的频次（Y），以及负面情绪（M）是否对 X 和 Y 之间的关系有中介效应。此外，为了进一步展现中介效应的结果，研究者还将中介效应的直接效应、间接效应和总效应的结果汇总于表 15.3。

表 15.2　学业压力、负面情绪与去网吧/游戏厅中介效应

项目	模型 1 因变量＝去网吧/ 游戏厅	模型 2 因变量＝负面情绪	模型 3 因变量＝去网吧/ 游戏厅
学业压力	0.03 ***	0.12 ***	0.02 **
	(0.01)	(0.01)	(0.01)

---

① KOHLER U, KARLSON K B, HOLM A. Comparing Coefficients of Nested Nonlinear Probability Models [J]. The Stata Journal, 2011, 11 (3)：420-438.

表15.2(续)

项目	模型 1 因变量=去网吧/ 游戏厅	模型 2 因变量=负面情绪	模型 3 因变量=去网吧/ 游戏厅
负面情绪			0.08^{***} (0.01)
截距	1.10^{***} (0.02)	1.63^{***} (0.03)	0.97^{***} (0.03)
R^2	0.00	0.03	0.01
adj. R^2	0.003	0.028	0.013
F	20.09	215.57	48.67
N	7 324	7 324	7 324

注：括号内为标准误，$^*p<0.05$；$^{**}p<0.01$；$^{***}p<0.001$。

表 15.3 中介效应检验

类别	系数	标准误	p 值	占比/%
直接效应：$X{\to}Y\mid M$	0.020	0.007	0.000	66.64
间接效应：$X{\to}M{\to}Y$	0.009	0.001	0.003	33.36
总效应：$X{\to}Y$	0.029	0.006	0.000	100

注：p 值来自 1 000 次 bootstrapping 估计的近似标准误计算。

根据表15.2的模型1，可以观察到总效应 $c=0.029$。在模型2中，观察到 $a=0.12$；模型3中可以观察到 $b=0.08$，$c'=0.02$。如果使用逐步法，可以发现所有步骤（1），（2）和（3）都满足，因此可以判断存在部分中介效应。

根据海耶斯的观点，可以直接通过表15.3观察间接效应的显著性。发现其 $p<0.01$，因此在显著性水平0.01的水平下可以拒绝原假设，依然确认存在中介效应。这一中介效应路径为"$X{\to}M{\to}Y$"，其大小可以根据表15.2的系数计算。无论是通过计算 $c-c'$ 还是通过计算 ab，得出的结果完全一致。

此外，表15.3还计算了间接效应占比，其计算的方法为 ab/c。可以看到，学业压力（X）对去网吧/游戏厅行为（Y）的总效应中，有33.36%来自负面情绪（Y）的中介作用，而直接效应占比为66.64%。因此，如果一定要使用完全中介和部分中介的概念，依然可以得出部分中介的结论。换句话说，一般紧张理论的预测是成立的，但需要注意的是，负面情绪的中介作用仅占总效应的33.36%。

四、调节变量

1. 调节变量与调节效应

如果自变量 X 对因变量 Y 的效应（强度）的大小受到第三个变量 W 的影响，此时我们通常将 W 称为调节变量（moderating variable），如图 15.10 所示。严格意义上说，图 15.10 并不是一个有向无环图，因为 W 并未指向任何一个 X 和 Y，而是指向 X 与 Y 的系数。

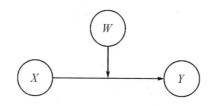

图 15.10　调节作用路径

调节效应实际上探讨的是"真理的情景效应"。例如，假设研究者想要探讨组织赌博罪中的涉案赌资（X）对刑期（Y）的影响。那么这一关系，或者说斜率，是否在不同时期和不同地区存在差异呢？此时，就可以使用调节效应检验来查看 X 和 Y 的斜率是否在某个司法解释出台或典型案例发生之后出现显著变化。在这种情况下，时间节点可以成为一个潜在的调节变量（W）。此外，X 和 Y 的斜率是否也可能存在地区差异？例如，对于一线城市而言，这个斜率是否更高或更低？此时，地区也可以作为调节变量（W）。不仅如此，X 和 Y 的斜率是否还受到被告人特征、律师是否参与、法官特征等因素的影响？这些变量也可以被视为调节变量（W）。总之，调节效应可以帮助研究者探讨 X 和 Y 关系在不同情景下的差异（contextual difference），这些情景既可以是时间情景、空间情景，还可能是某些社会或个体情景等。

2. 调节效应检验

调节效应的检验相对简单，只需构建调节变量与自变量的乘积项（也称为交互项，interaction term），并将其纳入回归模型。对乘积项进行假设检验，其结果可作为判断调节效应是否存在的指标。因此，调节效应检验也被称为交互效应（interaction effect）检验。部分文献指出，调节效应和交互效应在概念上存在细微差别。调节效应关注的是调节变量 W 对 $X{\to}Y$ 关系的影响，而非 X 对 $W{\to}Y$ 的影响。相比之下，交互效应并不区分调节变量和被调节变量。然而，这种划分仅具有理论意义，在数学上，调节效应和交互效应是完全等同的。

为了简单表示，首先假设下列模型：

$$y = b_0 + b_1 x + b_2 w + u \tag{15-7}$$

上述模型中，我们仅将 X 和 W 两个变量放入回归模型，其中 b_1 和 b_2 分别为 X 和 W 对应的回归系数。现在，我们将 X 和 W 的乘积项 XW[①] 放入回归模型，模型变为

$$y = b_0 + b_1 x + b_2 w + b_3 xw + u \tag{15-8}$$

此时，交互项 XW 的系数 b_3 就代表了调节效应。为了更好地理解，我们可以对上式稍微变形：

$$y = b_0 + b_1 x + b_2 w + b_3 xw + u = b_0 + b_2 w + (b_1 + b_3 w)\, x + u$$

可以发现自变量 X 的斜率并不固定，而是会随着 W 取值的变化而变化。当 $w = 0$。回归模型变为 $y = b_0 + b_2 w + b_1 x + u$。当 $w = 1$。回归模型变为 $y = b_0 + b_2 w + (b_1 + b_3)\, x + u$。因此，$b_3$ 可以表示为，W 每增加一个单位，X 的斜率变化 b_3 个单位。

之所以说调节效应和交互效应等同，是因为我们可以对公式（15-8）再次变形，可得：

$$y = b_0 + b_1 x + b_2 w + b_3 xw + u = b_0 + b_1 x + (b_2 + b_3 x)\, w + u$$

可以发现 W 的斜率也不是固定值，而是会随着 X 的变化而变化。因此，b_3 也可以解释为，X 每增加一个单位，W 的斜率变化 b_3 个单位。

调节效应还存在一种特殊的情况，即调节变量是 X 本身。此时，我们的回归模型变成了一个包含二次项的模型，即

$$y = b_0 + b_1 x + b_2 x^2 + u \tag{15-9}$$

回忆高中数学学过的一元二次方程，当加入二次项后，模型拟合的将不再是直线，而是一个抛物线。在这个模型中，系数 b_2 代表了抛物线开口的方向，$b_2 > 0$ 代表开口朝上，$b_2 < 0$ 代表开口朝下。抛物线的极值点（即拐点）为 $-\dfrac{b_1}{2b_2}$。

最后，对于调节效应检验，有两个可能的注意事项：①通常而言，对于广义线性模型，不能直接使用交互性的系数检验作为调节效应存在的证据。这是因为对于广义线性模型而言，斜率随着 X 的取值而不同，因此无法计

---

① 假设在数据库中，某个观测值的 $X = 2$，$W = 3$，那么新生成的乘积项 $XW = 2 \times 3 = 6$。

算。②当乘积项引入回归模型之后，可能导致共线性的出现。针对此，有文献建议可以将变量全部中心化以降低共线性的问题，也有文献认为并不需要格外留意共线性问题。

3. 应用举例

虽然调节效应的计算相对简单，但解释起来可能略微复杂。为了更好地解释不同类型的调节效应，我们将讨论当 X 和 W 分别为类别变量和连续变量的场景。

【例 15.3】继续使用【例 15.2】的场景。我们依然感兴趣青少年去网吧/游戏厅行为的频次（Y）。本例中，自变量和调节变量分别为性别（X）与户口状态（W）两个类别变量。因此本例希望讨论对 W 对 $X{\rightarrow}Y$ 关系的调节作用。

表 15.4　户籍类型的调节效应回归模型

项目	模型 1 因变量=去网吧/游戏厅	模型 2 因变量=去网吧/游戏厅
男性	0.30 ***	0.20 ***
	(0.01)	(0.02)
农村户口	0.10 ***	0.01
	(0.01)	(0.02)
男性×农村户口	—	0.18 ***
	—	(0.03)
截距	1.00 ***	1.05 ***
	(0.01)	(0.01)
R^2	0.06	0.06
adj. R^2	0.060	0.064
F	276.14	200.54
N	8 693	8 693

注：括号内为标准误，$^*p<0.05$；$^{**}p<0.01$；$^{***}p<0.001$。

考虑到性别和户口状态都是类别变量，因此我们对其进行了虚拟变量处理。对于性别，模型中仅加入了"男性"这一虚拟变量（1 = 男，0 = 女）；对于户口状态，模型中仅加入了"农村户籍"这一虚拟变量（1 = 农村户籍，0 = 非农户籍）。模型 1 中仅包含两个虚拟变量，而模型 2 则额外加入了这两个变量的交互项。

模型 2 中交互项的假设检验表明，性别与去网吧/游戏厅的关系显著受到户口状态的调节。虽然我们可以使用之前的解释方法，将交互项解释为当 W 增加一个单位时，X 的斜率变化量，但这种解释并不直观。更好的方法是直接计算不同类别的均值。我们可以将模型 2 的结果写为回归模型的形式：

$$y = 1.05 + 0.20\text{男性} + 0.10\text{农村户口} + 0.18\text{男性} \times \text{农村户口} + u$$

(15-1)

然后，将每组的具体情况代入回归模型，可以得到如下的表格（表 15.5）。通过这个表格，可以更为直观地观察到两个变量的交互效应，或者说农村户籍的调节效应。

表 15.5　调节效应解释

分类	户籍类型＝非农户口	户籍类型＝农村户口
性别＝女性	1.05	1.05＋0.10＝1.15
性别＝男性	1.05＋0.20＝1.25	1.05＋0.20＋0.10＋0.18＝1.53

更为直观的方法是根据表 15.5 的内容绘制一张图表。图 15.11 直接展示了户籍类型如何调节性别与因变量之间的关系。如果调节作用不存在，那么两条直线应该相互平行。然而，在图中的两条直线斜率存在差异，这个斜率差异正是调节效应存在的体现。

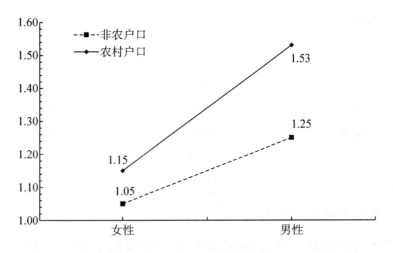

图 15.11　两个类别变量交互效应

【例15.4】我们现在将自变量和调节变量分别设定为学业压力（X）和家庭经济状况（W）。其中，X是一个连续变量，取值范围1~5，数值越高代表学业压力越大。W是一个类别变量，当$W=1$时，代表家庭富裕；当$W=0$时，代表家庭不富裕。

表15.6　家庭经济状况对学业压力与去网吧/游戏厅关系的调节作用

项目	模型1 因变量=去网吧/游戏厅	模型2 因变量=去网吧/游戏厅
家庭富裕	0.03 (0.03)	−0.21** (0.08)
学业压力	0.03*** (0.01)	0.02*** (0.01)
家庭富裕×学业压力		0.08** (0.03)
截距	1.12*** (0.02)	1.14*** (0.02)
R^2	0.00	0.00
adj. R^2	0.002	0.003
F	10.65	10.66
N	9 347	9 347

注：括号内为标准误，* $p<0.05$；** $p<0.01$；*** $p<0.001$。

通过表15.6的模型2，我们依然可以观察到调节效应在统计学上显著。为了解释这一回归模型，我们也可以构建回归方程。对于富裕家庭的青少年而言，回归方程变为

$$y = 1.14 - 0.21 + (0.02 + 0.08) \text{ 学业压力} = 0.89 + 0.10 \times \text{学业压力}$$

对于不富裕家庭的青少年，回归方程变为

$$y = 1.14 + 0.02 \times \text{学业压力}$$

可以明显看出，对于富裕家庭的中学生而言，学业压力越大，越有可能促使其频繁出入网吧和游戏厅。

为了更加直观地展现家庭经济状况的调节效应，图15.12将两个回归模型的结果进行了直接展示。可以发现，虽然当学业压力较小的时候，富裕家庭的学生更不容易出入网吧和游戏厅，但是当学业压力变大时，其增长的速率远高于非富裕家庭的学生。图像法可以提供更为直观且丰富的信息，有助

于我们更好地理解调节效应。

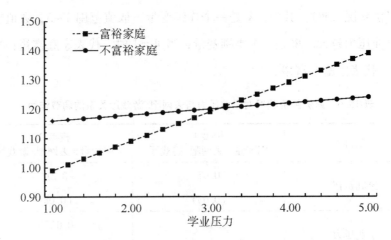

图 15. 12　类别与连续变量交互效应

【例 15.5】我们现在将自变量和调节变量分别设定为学业压力（X）和被访者与父母关系（W）。其中，X 是一个连续变量，取值范围 1~5，数值越高代表学业压力越大。W 也是一个连续变量，取值范围 1~3，数值越高代表与父母关系越好。具体如表 15. 7 所示：

表 15. 7　父母关系对学业压力与去网吧/游戏厅关系的调节作用

项目	模型 1 因变量=去网吧/游戏厅	模型 2 因变量=去网吧/游戏厅
与父母关系	-0. 17 *** (0. 01)	-0. 24 *** (0. 03)
学业压力	0. 04 *** (0. 00)	-0. 02 (0. 02)
与父母关系×学业压力		0. 02 * (0. 01)
截距	1. 70 *** (0. 03)	1. 87 *** (0. 08)
R^2	0. 03	0. 03
adj. R^2	0. 028	0. 029
F	137. 89	93. 76
N	9 335	9 335

注：括号内为标准误，$^*p<0.05$；$^{**}p<0.01$；$^{***}p<0.001$。

表 15. 7 的模型 2 依然显示调节效应显著。由于两个变量都是连续变量，此时回归模型无法分组列出，只能写出回归模型为

$$y = 1.87 - 0.24\ 与父母关系 - 0.02\ 学业压力 + 0.02\ 与父母关系×学业压力$$

=1.87-0.24 与父母关系+（-0.02+0.02 与父母关系）学业压力

那么，交互项可以解释为：与父母关系每增加一个单位，学业压力与去网吧/游戏厅频率之间的斜率增加 0.02 个单位。虽然对于连续型变量而言，不太好直接作图，但是可以将 W 取不同值，然后代入回归模型，从而近似地展现 W 的调节效应。考虑到 W 的取值范围为 1~3，我们分别将 $W=1$ 定义为"与父母关系差"，$W=2$ 定义为"与父母关系一般"，将 $W=3$ 定义为"与父母关系好"；然后将这些数值代入回归模型，并根据结果绘制于图 15.13。

根据图 15.13 可以观察到，当青少年与父母关系较好的时候，虽然不容易有越轨行为（例如本例中的去网吧/游戏厅），但是青少年更容易受到学业压力的影响，这可能源于父母对其学业的期待过高，导致其更容易有越轨行为。

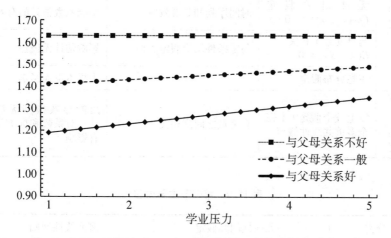

图 15.13　两个连续变量交互效应

本章小结

本章三节主要内容如以下三个表所示。

表 15.8 第一节主要内容

分类	假定名称	可能的原因	影响
一元线性回归假定	零条件均值假定 $E(\varepsilon_i \mid x) = 0$	内生性问题：可能来源于测量误差，互为因果，遗漏变量。	影响估计的无偏性
	同方差假定 $Var(\varepsilon_i \mid x) = \sigma^2$	—	影响系数估计的有效性
	无自相关假定 $Cov(\varepsilon_i, \varepsilon_j) = 0$	时间序列和集群效应	影响系数估计的有效性
	与自变量不相关 $E(\varepsilon_i \mid x) = 0$	与零条件均值假定类似	影响估计无偏性
	正态分布假定	—	大样本下无影响
多元线性回归假定	以上五个假定+无完全多重共线性假定	自变量之间高相关	可能导致模型无法估计，对系数和标准误都有影响

表 15.9 第二节主要内容

分类	一元线性回归假定	多元线性回归
系数估计	最小二乘法	最小二乘法
方程解释	斜率	控制其他变量之后的斜率
拟合优度	R^2	R^2 和调整后 R^2
整体检验	F 检验，自由度（1，$n-2$）	F 检验，自由度（$m-1$，$n-m$）
系数检验	t 检验，自由度（$n-2$）	t 检验，自由度（$n-m$）

表 15.10 第三节主要内容

分类	含义	造成影响	应对方法
混淆变量	$X \leftarrow Z \rightarrow Y$	如果不控制，导致 X 和 Y 虚假相关	控制
对撞变量	$X \rightarrow C \leftarrow Y$	如果控制，导致 X 和 Y 虚假相关	不控制

表15. 10(续)

分类	含义	造成影响	应对方法
中介变量	X→M→Y	X 到 Y 的效应分解为直接效应和间接效应	使用中介效应模型，检验 ab 或者 $c - c'$
调节效应	X→Y 受到 W 影响	X→Y 的斜率随着 W 的取值而不同	将乘积项（交互性）放入回归模型

思考题

1. 研究者希望探究刑事诉讼中被告人对法官裁决满意度（Y）与案件复杂度（X）之间的关系。研究者对某法院的 300 个刑事案件进行了调查，探讨了被告人对法官裁决的满意度与案件复杂度等因素的关系。使用多元线性回归模型进行分析，结果如表 15.11 所示。请根据回归系数和显著性水平，讨论哪些因素对被告人对法官裁决的满意度有显著影响并解释其系数的含义。结合 R^2 值和调整后 R^2 值，讨论模型的拟合优度。

表 15.11　被告人对法官裁决满意度多元线性回归

项目	系数	标准误	p
性别 = 男	0.05	0.04	$p > 0.05$
年龄	−0.01	0.03	$p > 0.05$
案件复杂度	−0.65	0.08	$p < 0.001$
辩护律师有无 = 有	0.10	0.06	$p > 0.05$
被告人有无认罪 = 有	0.20	0.05	$p < 0.01$
案件持续时间	−0.03	0.04	$p > 0.05$
截距	4.50	0.50	$p < 0.001$
R^2	0.62	—	—
调整后 R^2	0.60	—	—
F（6, 293）	14.75	—	—
样本量	300	—	—

2. 研究者希望探讨法律教育水平（X）和心理健康状态（W）对犯罪行为倾向（Y）的影响。X 为一个连续变量，取值范围为 1~5，数值越高代表

法律教育水平越高。W 也是一个连续变量，取值范围为 $1 \sim 3$，数值越高代表心理健康状态越好。此外，研究者还想探讨法律教育水平和心理健康状态之间的交互作用。使用多元线性回归模型进行分析，结果如下表所示。请根据下表解读模型中各个变量及交互项的含义。

表 15.12　父母关系对学业压力与去网吧/游戏厅关系的调节作用

项目	模型 1 因变量=犯罪行为倾向
心理健康状态（W）	$-0.22\ (0.02)^{***}$
法律教育水平（X）	$-0.06\ (0.01)^{***}$
法律教育水平×心理健康状态	$-0.10\ (0.03)^{**}$
截距	$1.65^{***}\ (0.03)$
R^2	0.05
调整后 R^2	0.041
F	158.45
N	9 200

注：括号内为标准误，$^{*}p<0.05$；$^{**}p<0.01$；$^{***}p<0.001$。

3. 法学实证研究中，可能出现混淆变量、对撞变量、中介变量和调节变量的情况。请结合已有文献，每种变量类型至少提供一个具体的例子，并简要说明该变量的含义以及其如何影响研究结果。

后　记

　　本书所介绍的统计方法固然无法囊括现有的量化分析技术，但本书的介绍结构或许能为读者提供一个有益的参考框架，以便其了解近年来涌现的新技术。对于每一种研究方法，我们可以遵循"何时用、如何用、如何解读"的思路来深入了解。而在判断"何时用"时，除了需要深入理解特定量化研究方法的假设之外，还可以借助本书所强调的"变量"视角来审视和评估新的研究方法。以下仅举几例加以说明：

　　（1）多个自变量或因变量的情况：当研究面临多个自变量（X）但缺乏因变量（Y），或有多个因变量（Y）但缺乏自变量（X）时，其核心目标往往是从众多的变量中提炼出一个或几个关键变量。这种情境在指标构建或数据降维过程中尤为常见。例如，若研究者的目标是生成一个包含多个维度和子指标的法治量化指标，那么就需要借助主成分分析（principal component analysis，PCA）、因子分析（factor analysis）、聚类分析（cluster analysis）等统计方法。这些技术的核心并非探讨 X 与 Y 之间的关系，而是致力于从现有的变量中提炼出一个更为精简且具代表性的维度。

　　（2）多个因变量之间的关系：当研究涉及多个因变量（Y）且这些因变量之间存在某种关系时，研究者可能需要使用路径分析（path analysis）等方法。本书所介绍的中介效应模型的本质也是一种路径分析。如果路径分析中的路径变量并不是直接观察到的变量，而是通过因子分析生成的潜变量，那么该方法即转变为结构方程模型（structural equation modeling，SEM）。结构方程模型不仅可以处理复杂的变量关系，还能够有效地评估模型的拟合度。

　　（3）自变量为时间滞后：当研究中的自变量（X）实际上是因变量（Y）的时间滞后数据时，研究便转向了时间序列分析（time series analysis）。这种方法能够捕捉数据中的时间依赖性和趋势，常见的技术包括自回归（autoregressive，AR）、移动平均（moving average，MA）、自回归滑动平均（autoregressive moving average，ARMA）以及自回归条件异方差模型（autoregressive conditional heteroskedasticity，ARCH/GARCH），这些技术在预测法律事件或分析动态模式方面具有重要的应用价值。

（4）自变量为空间滞后：当研究中的自变量（X）是因变量（Y）的空间滞后项时，研究便涉及空间分析方法（spatial analysis methods）。空间自回归模型（spatial autoregressive model，SAR）和空间杜宾模型（spatial durbin model，SDM）等方法能够捕捉数据中的空间依赖性。例如，在犯罪热点分析中，研究者可以通过邻近区域的犯罪率来预测特定区域的犯罪率，从而为犯罪预防和法律干预提供科学依据。

（5）自变量层级存在差异：当研究的自变量（X）包含多层次的数据时，研究者可能需要使用分层线性模型（hierarchical linear modeling，HLM）。这种模型能够处理具有多层次结构的数据，例如个体层面数据和重复测量数据。HLM允许在不同层次上进行分析，从而更好地理解变量之间的关系，尤其是在考虑个体内变化和群体间差异时。

（6）因果关系的推断：当研究的核心目标是理解自变量（X）对因变量（Y）的因果效应，而不仅仅是探讨它们之间的相关性时，研究者可能需要使用因果推断方法（causal inference methods）。这些方法旨在通过设计和统计技术，帮助研究者尽可能准确地识别因果关系，并排除潜在的混淆因素。例如：断点回归设计（regression discontinuity design，RDD），双重差分法（difference-in-differences，DID），工具变量法（instrumental variables，IV）和倾向值匹配法（propensity score matching，PSM）等。

（7）对因变量的预测而非解释：以上所有统计方法其实更加强调模型的解释，即我们希望明确X和Y之间的具体关系路径。然而，如果研究者并不关注X与Y的关系，仅仅希望最大程度上预测Y，那么可以使用机器学习（machine learning）方法，如随机森林（random forest）、支持向量机（support vector machine，SVM）以及神经网络（neural networks）等。这些方法弱化了对每个X的解释，而是以预测为导向。

总之，希望本书能打开读者探索量化研究的大门。本书在前言中提到，特定的研究方法需要与特定的研究问题适配。这一点固然没错，但是如果连有哪些方法都不知道，那么遇到研究问题也无法找到最合适的方法。因此，希望读者对研究方法保持一种博览众长的态度，积极探索不同的分析技术，拓宽研究视野，为自己的研究提供更多可能性。

附　表

附表1　标准正态分布表[①]

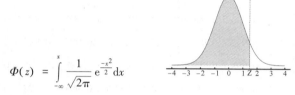

$$\Phi(z) = \int_{-\infty}^{x} \frac{1}{\sqrt{2\pi}} e^{\frac{-x^2}{2}} dx$$

z	0.00	0.01	0.02	0.03	0.04	0.05	0.06	0.07	0.08	0.09
0.0	0.500 0	0.504 0	0.508 0	0.512 0	0.516 0	0.519 9	0.523 9	0.527 9	0.531 9	0.535 9
0.1	0.539 8	0.543 8	0.547 8	0.551 7	0.555 7	0.559 6	0.563 6	0.567 5	0.571 4	0.575 3
0.2	0.579 3	0.583 2	0.587 1	0.591 0	0.594 8	0.598 7	0.602 6	0.606 4	0.610 3	0.614 1
0.3	0.617 9	0.621 7	0.625 5	0.629 3	0.633 1	0.636 8	0.640 6	0.644 3	0.648 0	0.651 7
0.4	0.655 4	0.659 1	0.662 8	0.666 4	0.670 0	0.673 6	0.677 2	0.680 8	0.684 4	0.687 9
0.5	0.691 5	0.695 0	0.698 5	0.701 9	0.705 4	0.708 8	0.712 3	0.715 7	0.719 0	0.722 4
0.6	0.725 7	0.729 1	0.732 4	0.735 7	0.738 9	0.742 2	0.745 4	0.748 6	0.751 7	0.754 9
0.7	0.758 0	0.761 1	0.764 2	0.767 3	0.770 4	0.773 4	0.776 4	0.779 4	0.782 3	0.785 2
0.8	0.788 1	0.791 0	0.793 9	0.796 7	0.799 5	0.802 3	0.805 1	0.807 8	0.810 6	0.813 3
0.9	0.815 9	0.818 6	0.821 2	0.823 8	0.826 4	0.828 9	0.831 5	0.834 0	0.836 5	0.838 9
1.0	0.841 3	0.843 8	0.846 1	0.848 5	0.850 8	0.853 1	0.855 4	0.857 7	0.859 9	0.862 1
1.1	0.864 3	0.866 5	0.868 6	0.870 8	0.872 9	0.874 9	0.877 0	0.879 0	0.881 0	0.883 0
1.2	0.884 9	0.886 9	0.888 8	0.890 7	0.892 5	0.894 4	0.896 2	0.898 0	0.899 7	0.901 5
1.3	0.903 2	0.904 9	0.906 6	0.908 2	0.909 9	0.911 5	0.913 1	0.914 7	0.916 2	0.917 7
1.4	0.919 2	0.920 7	0.922 2	0.923 6	0.925 1	0.926 5	0.927 9	0.929 2	0.930 6	0.931 9
1.5	0.933 2	0.934 5	0.935 7	0.937 0	0.938 2	0.939 4	0.940 6	0.941 8	0.942 9	0.944 1
1.6	0.945 2	0.946 3	0.947 4	0.948 4	0.949 5	0.950 5	0.951 5	0.952 5	0.953 5	0.954 5

---

① 此表中任意一个取值可以在 Excel 中利用 =NORMSDIST（z）求出。

z	0.00	0.01	0.02	0.03	0.04	0.05	0.06	0.07	0.08	0.09
1.7	0.955 4	0.956 4	0.957 3	0.958 2	0.959 1	0.959 9	0.960 8	0.961 6	0.962 5	0.963 3
1.8	0.964 1	0.964 9	0.965 6	0.966 4	0.967 1	0.967 8	0.968 6	0.969 3	0.969 9	0.970 6
1.9	0.971 3	0.971 9	0.972 6	0.973 2	0.973 8	0.974 4	0.975 0	0.975 6	0.976 1	0.976 7
2.0	0.977 2	0.977 8	0.978 3	0.978 8	0.979 3	0.979 8	0.980 3	0.980 8	0.981 2	0.981 7
2.1	0.982 1	0.982 6	0.983 0	0.983 4	0.983 8	0.984 2	0.984 6	0.985 0	0.985 4	0.985 7
2.2	0.986 1	0.986 4	0.986 8	0.987 1	0.987 5	0.987 8	0.988 1	0.988 4	0.988 7	0.989 0
2.3	0.989 3	0.989 6	0.989 8	0.990 1	0.990 4	0.990 6	0.990 9	0.991 1	0.991 3	0.991 6
2.4	0.991 8	0.992 0	0.992 2	0.992 5	0.992 7	0.992 9	0.993 1	0.993 2	0.993 4	0.993 6
2.5	0.993 8	0.994 0	0.994 1	0.994 3	0.994 5	0.994 6	0.994 8	0.994 9	0.995 1	0.995 2
2.6	0.995 3	0.995 5	0.995 6	0.995 7	0.995 9	0.996 0	0.996 1	0.996 2	0.996 3	0.996 4
2.7	0.996 5	0.996 6	0.996 7	0.996 8	0.996 9	0.997 0	0.997 1	0.997 2	0.997 3	0.997 4
2.8	0.997 4	0.997 5	0.997 6	0.997 7	0.997 7	0.997 8	0.997 9	0.997 9	0.998 0	0.998 1
2.9	0.998 1	0.998 2	0.998 2	0.998 3	0.998 4	0.998 4	0.998 5	0.998 5	0.998 6	0.998 6
3.0	0.998 7	0.998 7	0.998 7	0.998 8	0.998 8	0.998 9	0.998 9	0.998 9	0.999 0	0.999 0
3.1	0.999 0	0.999 1	0.999 1	0.999 1	0.999 2	0.999 2	0.999 2	0.999 2	0.999 3	0.999 3
3.2	0.999 3	0.999 3	0.999 4	0.999 4	0.999 4	0.999 4	0.999 4	0.999 5	0.999 5	0.999 5
3.3	0.999 5	0.999 5	0.999 5	0.999 6	0.999 6	0.999 6	0.999 6	0.999 6	0.999 6	0.999 7
3.4	0.999 7	0.999 7	0.999 7	0.999 7	0.999 7	0.999 7	0.999 7	0.999 7	0.999 7	0.999 8
3.5	0.999 8	0.999 8	0.999 8	0.999 8	0.999 8	0.999 8	0.999 8	0.999 8	0.999 8	0.999 8
3.6	0.999 8	0.999 8	0.999 9	0.999 9	0.999 9	0.999 9	0.999 9	0.999 9	0.999 9	0.999 9
3.7	0.999 9	0.999 9	0.999 9	0.999 9	0.999 9	0.999 9	0.999 9	0.999 9	0.999 9	0.999 9
3.8	0.999 9	0.999 9	0.999 9	0.999 9	0.999 9	0.999 9	0.999 9	0.999 9	0.999 9	0.999 9
3.9	1.000 0	1.000 0	1.000 0	1.000 0	1.000 0	1.000 0	1.000 0	1.000 0	1.000 0	1.000 0

附表 2 标准正态分布分位数表①

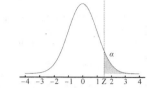

$$P(Z \geqslant z) = \alpha$$

α	0.000	0.001	0.002	0.003	0.004	0.005	0.006	0.007	0.008	0.009
0.00	—	3.090 2	2.878 2	2.747 8	2.652 1	2.575 8	2.512 1	2.457 3	2.408 9	2.365 6
0.01	2.326 3	2.290 4	2.257 1	2.226 2	2.197 3	2.170 1	2.144 4	2.120 1	2.096 9	2.074 9
0.02	2.053 7	2.033 5	2.014 1	1.995 4	1.977 4	1.960 0	1.943 1	1.926 8	1.911 0	1.895 7
0.03	1.880 8	1.866 3	1.852 2	1.838 4	1.825 0	1.811 9	1.799 1	1.786 6	1.774 4	1.762 4
0.04	1.750 7	1.739 2	1.727 9	1.716 9	1.706 0	1.695 4	1.684 9	1.674 7	1.664 6	1.654 6
0.05	1.644 9	1.635 2	1.625 8	1.616 4	1.607 2	1.598 2	1.589 3	1.580 5	1.571 8	1.563 2
0.06	1.554 8	1.546 4	1.538 2	1.530 1	1.522 0	1.514 1	1.506 3	1.498 5	1.490 9	1.483 3
0.07	1.475 8	1.468 4	1.461 1	1.453 8	1.446 6	1.439 5	1.432 5	1.425 5	1.418 7	1.411 8
0.08	1.405 1	1.398 4	1.391 7	1.385 2	1.378 7	1.372 2	1.365 8	1.359 5	1.353 2	1.346 9
0.09	1.340 8	1.334 6	1.328 5	1.322 5	1.316 5	1.310 6	1.304 7	1.298 8	1.293 0	1.287 3
0.10	1.281 6	1.275 9	1.270 2	1.264 6	1.259 1	1.253 6	1.248 1	1.242 6	1.237 2	1.231 9
0.11	1.226 5	1.221 2	1.216 0	1.210 7	1.205 5	1.200 4	1.195 2	1.190 1	1.185 0	1.180 0
0.12	1.175 0	1.170 0	1.165 0	1.160 1	1.155 2	1.150 3	1.145 5	1.140 7	1.135 9	1.131 1
0.13	1.126 4	1.121 7	1.117 0	1.112 3	1.107 7	1.103 1	1.098 5	1.093 9	1.089 3	1.084 8
0.14	1.080 3	1.075 8	1.071 4	1.066 9	1.062 5	1.058 1	1.053 7	1.049 4	1.045 0	1.040 7
0.15	1.036 4	1.032 2	1.027 9	1.023 7	1.019 4	1.015 2	1.011 0	1.006 9	1.002 7	0.998 6
0.16	0.994 5	0.990 4	0.986 3	0.982 2	0.978 2	0.974 1	0.970 1	0.966 1	0.962 1	0.958 1
0.17	0.954 2	0.950 2	0.946 3	0.942 4	0.938 5	0.934 6	0.930 7	0.926 9	0.923 0	0.919 2
0.18	0.915 4	0.911 6	0.907 8	0.904 0	0.900 2	0.896 5	0.892 7	0.889 0	0.885 3	0.881 6
0.19	0.877 9	0.874 2	0.870 5	0.866 9	0.863 3	0.859 6	0.856 0	0.852 4	0.848 8	0.845 2
0.20	0.841 6	0.838 1	0.834 5	0.831 0	0.827 4	0.823 9	0.820 4	0.816 9	0.813 4	0.809 9
0.21	0.806 4	0.803 0	0.799 5	0.796 1	0.792 6	0.789 2	0.785 8	0.782 4	0.779 0	0.775 6
0.22	0.772 2	0.768 8	0.765 5	0.762 1	0.758 8	0.755 4	0.752 1	0.748 8	0.745 4	0.742 1
0.23	0.738 8	0.735 6	0.732 3	0.729 0	0.725 7	0.722 5	0.719 2	0.716 0	0.712 8	0.709 5
0.24	0.706 3	0.703 1	0.699 9	0.696 7	0.693 5	0.690 3	0.687 1	0.684 0	0.680 8	0.677 6
0.25	0.674 5	0.671 3	0.668 2	0.665 1	0.662 0	0.658 8	0.655 7	0.652 6	0.649 5	0.646 4
0.26	0.643 3	0.640 3	0.637 2	0.634 1	0.631 1	0.628 0	0.625 0	0.621 9	0.618 9	0.615 8

---

① 此表中任意一个取值可以在 Excel 中利用 =-NORMSINV（p）求出。

附表2(续)

α	0.000	0.001	0.002	0.003	0.004	0.005	0.006	0.007	0.008	0.009
0.27	0.612 8	0.609 8	0.606 8	0.603 8	0.600 8	0.597 8	0.594 8	0.591 8	0.588 8	0.585 8
0.28	0.582 8	0.579 9	0.576 9	0.574 0	0.571 0	0.568 1	0.565 1	0.562 2	0.559 2	0.556 3
0.29	0.553 4	0.550 5	0.547 6	0.544 6	0.541 7	0.538 8	0.535 9	0.533 0	0.530 2	0.527 3
0.30	0.524 4	0.521 5	0.518 7	0.515 8	0.512 9	0.510 1	0.507 2	0.504 4	0.501 5	0.498 7
0.31	0.495 9	0.493 0	0.490 2	0.487 4	0.484 5	0.481 7	0.478 9	0.476 1	0.473 3	0.470 5
0.32	0.467 7	0.464 9	0.462 1	0.459 3	0.456 5	0.453 8	0.451 0	0.448 2	0.445 4	0.442 7
0.33	0.439 9	0.437 2	0.434 4	0.431 6	0.428 9	0.426 1	0.423 4	0.420 7	0.417 9	0.415 2
0.34	0.412 5	0.409 7	0.407 0	0.404 3	0.401 6	0.398 9	0.396 1	0.393 4	0.390 7	0.388 0
0.35	0.385 3	0.382 6	0.379 9	0.377 2	0.374 5	0.371 9	0.369 2	0.366 5	0.363 8	0.361 1
0.36	0.358 5	0.355 8	0.353 1	0.350 5	0.347 8	0.345 1	0.342 5	0.339 8	0.337 2	0.334 5
0.37	0.331 9	0.329 2	0.326 6	0.323 9	0.321 3	0.318 6	0.316 0	0.313 4	0.310 7	0.308 1
0.38	0.305 5	0.302 9	0.300 2	0.297 6	0.295 0	0.292 4	0.289 8	0.287 1	0.284 5	0.281 9
0.39	0.279 3	0.276 7	0.274 1	0.271 5	0.268 9	0.266 3	0.263 7	0.261 1	0.258 5	0.255 9
0.40	0.253 3	0.250 8	0.248 2	0.245 6	0.243 0	0.240 4	0.237 8	0.235 3	0.232 7	0.230 1
0.41	0.227 5	0.225 0	0.222 4	0.219 8	0.217 3	0.214 7	0.212 1	0.209 6	0.207 0	0.204 5
0.42	0.201 9	0.199 3	0.196 8	0.194 2	0.191 7	0.189 1	0.186 6	0.184 0	0.181 5	0.178 9
0.43	0.176 4	0.173 8	0.171 3	0.168 7	0.166 2	0.163 7	0.161 1	0.158 6	0.156 0	0.153 5
0.44	0.151 0	0.148 4	0.145 9	0.143 4	0.140 8	0.138 3	0.135 8	0.133 2	0.130 7	0.128 2
0.45	0.125 7	0.123 1	0.120 6	0.118 1	0.115 6	0.113 0	0.110 5	0.108 0	0.105 5	0.103 0
0.46	0.100 4	0.097 9	0.095 4	0.092 9	0.090 4	0.087 8	0.085 3	0.082 8	0.080 3	0.077 8
0.47	0.075 3	0.072 8	0.070 2	0.067 7	0.065 2	0.062 7	0.060 2	0.057 7	0.055 2	0.052 7
0.48	0.050 2	0.047 6	0.045 1	0.042 6	0.040 1	0.037 6	0.035 1	0.032 6	0.030 1	0.027 6
0.49	0.025 1	0.022 6	0.020 1	0.017 5	0.015 0	0.012 5	0.010 0	0.007 5	0.005 0	0.002 5

附表3 卡方分布分位数表[①]

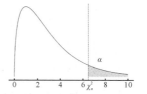

$$P(\chi^2(n) \geqslant \chi^2_\alpha(n)) = \alpha$$

n	α									
	0.995	0.990	0.975	0.950	0.900	0.100	0.050	0.025	0.010	0.005
1	0.000	0.000	0.001	0.004	0.016	2.706	3.841	5.024	6.635	7.879
2	0.010	0.020	0.051	0.103	0.211	4.605	5.991	7.378	9.210	10.597
3	0.072	0.115	0.216	0.352	0.584	6.251	7.815	9.348	11.345	12.838
4	0.207	0.297	0.484	0.711	1.064	7.779	9.488	11.143	13.277	14.860
5	0.412	0.554	0.831	1.145	1.610	9.236	11.070	12.833	15.086	16.750
6	0.676	0.872	1.237	1.635	2.204	10.645	12.592	14.449	16.812	18.548
7	0.989	1.239	1.690	2.167	2.833	12.017	14.067	16.013	18.475	20.278
8	1.344	1.646	2.180	2.733	3.490	13.362	15.507	17.535	20.090	21.955
9	1.735	2.088	2.700	3.325	4.168	14.684	16.919	19.023	21.666	23.589
10	2.156	2.558	3.247	3.940	4.865	15.987	18.307	20.483	23.209	25.188
11	2.603	3.053	3.816	4.575	5.578	17.275	19.675	21.920	24.725	26.757
12	3.074	3.571	4.404	5.226	6.304	18.549	21.026	23.337	26.217	28.300
13	3.565	4.107	5.009	5.892	7.042	19.812	22.362	24.736	27.688	29.819
14	4.075	4.660	5.629	6.571	7.790	21.064	23.685	26.119	29.141	31.319
15	4.601	5.229	6.262	7.261	8.547	22.307	24.996	27.488	30.578	32.801
16	5.142	5.812	6.908	7.962	9.312	23.542	26.296	28.845	32.000	34.267
17	5.697	6.408	7.564	8.672	10.085	24.769	27.587	30.191	33.409	35.718
18	6.265	7.015	8.231	9.390	10.865	25.989	28.869	31.526	34.805	37.156
19	6.844	7.633	8.907	10.117	11.651	27.204	30.144	32.852	36.191	38.582
20	7.434	8.260	9.591	10.851	12.443	28.412	31.410	34.170	37.566	39.997
21	8.034	8.897	10.283	11.591	13.240	29.615	32.671	35.479	38.932	41.401
22	8.643	9.542	10.982	12.338	14.041	30.813	33.924	36.781	40.289	42.796
23	9.260	10.196	11.689	13.091	14.848	32.007	35.172	38.076	41.638	44.181
24	9.886	10.856	12.401	13.848	15.659	33.196	36.415	39.364	42.980	45.559
25	10.520	11.524	13.120	14.611	16.473	34.382	37.652	40.646	44.314	46.928

---

① 此表中任意一个取值可以在 Excel 中利用 = CHISQ. INV. RT（α，n）求出。

附表3（续）

n	α									
	0.995	0.990	0.975	0.950	0.900	0.100	0.050	0.025	0.010	0.005
26	11.160	12.198	13.844	15.379	17.292	35.563	38.885	41.923	45.642	48.290
27	11.808	12.879	14.573	16.151	18.114	36.741	40.113	43.195	46.963	49.645
28	12.461	13.565	15.308	16.928	18.939	37.916	41.337	44.461	48.278	50.993
29	13.121	14.256	16.047	17.708	19.768	39.087	42.557	45.722	49.588	52.336
30	13.787	14.953	16.791	18.493	20.599	40.256	43.773	46.979	50.892	53.672
31	14.458	15.655	17.539	19.281	21.434	41.422	44.985	48.232	52.191	55.003
32	15.134	16.362	18.291	20.072	22.271	42.585	46.194	49.480	53.486	56.328
33	15.815	17.074	19.047	20.867	23.110	43.745	47.400	50.725	54.776	57.648
34	16.501	17.789	19.806	21.664	23.952	44.903	48.602	51.966	56.061	58.964
35	17.192	18.509	20.569	22.465	24.797	46.059	49.802	53.203	57.342	60.275
36	17.887	19.233	21.336	23.269	25.643	47.212	50.998	54.437	58.619	61.581
37	18.586	19.960	22.106	24.075	26.492	48.363	52.192	55.668	59.893	62.883
38	19.289	20.691	22.878	24.884	27.343	49.513	53.384	56.896	61.162	64.181
39	19.996	21.426	23.654	25.695	28.196	50.660	54.572	58.120	62.428	65.476
40	20.707	22.164	24.433	26.509	29.051	51.805	55.758	59.342	63.691	66.766
41	21.421	22.906	25.215	27.326	29.907	52.949	56.942	60.561	64.950	68.053
42	22.138	23.650	25.999	28.144	30.765	54.090	58.124	61.777	66.206	69.336
43	22.859	24.398	26.785	28.965	31.625	55.230	59.304	62.990	67.459	70.616
44	23.584	25.148	27.575	29.787	32.487	56.369	60.481	64.201	68.710	71.893
45	24.311	25.901	28.366	30.612	33.350	57.505	61.656	65.410	69.957	73.166
46	25.041	26.657	29.160	31.439	34.215	58.641	62.830	66.617	71.201	74.437
47	25.775	27.416	29.956	32.268	35.081	59.774	64.001	67.821	72.443	75.704
48	26.511	28.177	30.755	33.098	35.949	60.907	65.171	69.023	73.683	76.969
49	27.249	28.941	31.555	33.930	36.818	62.038	66.339	70.222	74.919	78.231
50	27.991	29.707	32.357	34.764	37.689	63.167	67.505	71.420	76.154	79.490
51	28.735	30.475	33.162	35.600	38.560	64.295	68.669	72.616	77.386	80.747
52	29.481	31.246	33.968	36.437	39.433	65.422	69.832	73.810	78.616	82.001
53	30.230	32.018	34.776	37.276	40.308	66.548	70.993	75.002	79.843	83.253
54	30.981	32.793	35.586	38.116	41.183	67.673	72.153	76.192	81.069	84.502
55	31.735	33.570	36.398	38.958	42.060	68.796	73.311	77.380	82.292	85.749
56	32.490	34.350	37.212	39.801	42.937	69.919	74.468	78.567	83.513	86.994

n	α									
	0.995	0.990	0.975	0.950	0.900	0.100	0.050	0.025	0.010	0.005
57	33.248	35.131	38.027	40.646	43.816	71.040	75.624	79.752	84.733	88.236
58	34.008	35.913	38.844	41.492	44.696	72.160	76.778	80.936	85.950	89.477
59	34.770	36.698	39.662	42.339	45.577	73.279	77.931	82.117	87.166	90.715
60	35.534	37.485	40.482	43.188	46.459	74.397	79.082	83.298	88.379	91.952
61	36.301	38.273	41.303	44.038	47.342	75.514	80.232	84.476	89.591	93.186
62	37.068	39.063	42.126	44.889	48.226	76.630	81.381	85.654	90.802	94.419
63	37.838	39.855	42.950	45.741	49.111	77.745	82.529	86.830	92.010	95.649
64	38.610	40.649	43.776	46.595	49.996	78.860	83.675	88.004	93.217	96.878
65	39.383	41.444	44.603	47.450	50.883	79.973	84.821	89.177	94.422	98.105
66	40.158	42.240	45.431	48.305	51.770	81.085	85.965	90.349	95.626	99.330
67	40.935	43.038	46.261	49.162	52.659	82.197	87.108	91.519	96.828	100.554
68	41.713	43.838	47.092	50.020	53.548	83.308	88.250	92.689	98.028	101.776
69	42.494	44.639	47.924	50.879	54.438	84.418	89.391	93.856	99.228	102.996
70	43.275	45.442	48.758	51.739	55.329	85.527	90.531	95.023	100.425	104.215

附表 4　　t 分布分位数表[①]

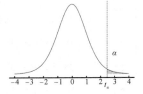

$$P(t(n) \geqslant t_\alpha(n)) = \alpha$$

n	α					
	0.100	0.050	0.025	0.010	0.005	0.001
1	3.078	6.314	12.706	31.821	63.657	318.309
2	1.886	2.920	4.303	6.965	9.925	22.327
3	1.638	2.353	3.182	4.541	5.841	10.215
4	1.533	2.132	2.776	3.747	4.604	7.173
5	1.476	2.015	2.571	3.365	4.032	5.893
6	1.440	1.943	2.447	3.143	3.707	5.208
7	1.415	1.895	2.365	2.998	3.499	4.785
8	1.397	1.860	2.306	2.896	3.355	4.501
9	1.383	1.833	2.262	2.821	3.250	4.297
10	1.372	1.812	2.228	2.764	3.169	4.144
11	1.363	1.796	2.201	2.718	3.106	4.025
12	1.356	1.782	2.179	2.681	3.055	3.930
13	1.350	1.771	2.160	2.650	3.012	3.852
14	1.345	1.761	2.145	2.624	2.977	3.787
15	1.341	1.753	2.131	2.602	2.947	3.733
16	1.337	1.746	2.120	2.583	2.921	3.686
17	1.333	1.740	2.110	2.567	2.898	3.646
18	1.330	1.734	2.101	2.552	2.878	3.610
19	1.328	1.729	2.093	2.539	2.861	3.579
20	1.325	1.725	2.086	2.528	2.845	3.552
21	1.323	1.721	2.080	2.518	2.831	3.527
22	1.321	1.717	2.074	2.508	2.819	3.505
23	1.319	1.714	2.069	2.500	2.807	3.485
24	1.318	1.711	2.064	2.492	2.797	3.467
25	1.316	1.708	2.060	2.485	2.787	3.450

① 此表中任意一个取值可以在 Excel 中利用 =-T. INV（α，n）求出。

n	α					
	0.100	0.050	0.025	0.010	0.005	0.001
26	1.315	1.706	2.056	2.479	2.779	3.435
27	1.314	1.703	2.052	2.473	2.771	3.421
28	1.313	1.701	2.048	2.467	2.763	3.408
29	1.311	1.699	2.045	2.462	2.756	3.396
30	1.310	1.697	2.042	2.457	2.750	3.385
40	1.303	1.684	2.021	2.423	2.704	3.307
60	1.296	1.671	2.000	2.390	2.660	3.232
120	1.289	1.658	1.980	2.358	2.617	3.160
∞	1.282	1.645	1.960	2.326	2.576	3.090

附表 5　F 分布分位数表

$$P(F(n_1, n_2) \geqslant F_\alpha(n_1, n_2)) = \alpha$$

$\alpha = 0.10$

n_2	n_1																				
	1	2	3	4	5	6	7	8	9	10	12	14	16	18	20	25	30	40	60	120	∞
1	39.86	49.50	53.59	55.83	57.24	58.20	58.91	59.44	59.86	60.19	60.71	61.07	61.35	61.57	61.74	62.05	62.26	62.53	62.79	63.06	63.33
2	8.53	9.00	9.16	9.24	9.29	9.33	9.35	9.37	9.38	9.39	9.41	9.42	9.43	9.44	9.44	9.45	9.46	9.47	9.47	9.48	9.49
3	5.54	5.46	5.39	5.34	5.31	5.28	5.27	5.25	5.24	5.23	5.22	5.20	5.20	5.19	5.18	5.17	5.17	5.16	5.15	5.14	5.13
4	4.54	4.32	4.19	4.11	4.05	4.01	3.98	3.95	3.94	3.92	3.90	3.88	3.86	3.85	3.84	3.83	3.82	3.80	3.79	3.78	3.76
5	4.06	3.78	3.62	3.52	3.45	3.40	3.37	3.34	3.32	3.30	3.27	3.25	3.23	3.22	3.21	3.19	3.17	3.16	3.14	3.12	3.10
6	3.78	3.46	3.29	3.18	3.11	3.05	3.01	2.98	2.96	2.94	2.90	2.88	2.86	2.85	2.84	2.81	2.80	2.78	2.76	2.74	2.72
7	3.59	3.26	3.07	2.96	2.88	2.83	2.78	2.75	2.72	2.70	2.67	2.64	2.62	2.61	2.59	2.57	2.56	2.54	2.51	2.49	2.47

n_2 \ n_1	1	2	3	4	5	6	7	8	9	10	12	14	16	18	20	25	30	40	60	120	∞
8	3.46	3.11	2.92	2.81	2.73	2.67	2.62	2.59	2.56	2.54	2.50	2.48	2.45	2.44	2.42	2.40	2.38	2.36	2.34	2.32	2.29
9	3.36	3.01	2.81	2.69	2.61	2.55	2.51	2.47	2.44	2.42	2.38	2.35	2.33	2.31	2.30	2.27	2.25	2.23	2.21	2.18	2.16
10	3.29	2.92	2.73	2.61	2.52	2.46	2.41	2.38	2.35	2.32	2.28	2.26	2.23	2.22	2.20	2.17	2.16	2.13	2.11	2.08	2.06
12	3.18	2.81	2.61	2.48	2.39	2.33	2.28	2.24	2.21	2.19	2.15	2.12	2.09	2.08	2.06	2.03	2.01	1.99	1.96	1.93	1.90
14	3.10	2.73	2.52	2.39	2.31	2.24	2.19	2.15	2.12	2.10	2.05	2.02	2.00	1.98	1.96	1.93	1.91	1.89	1.86	1.83	1.80
16	3.05	2.67	2.46	2.33	2.24	2.18	2.13	2.09	2.06	2.03	1.99	1.95	1.93	1.91	1.89	1.86	1.84	1.81	1.78	1.75	1.72
18	3.01	2.62	2.42	2.29	2.20	2.13	2.08	2.04	2.00	1.98	1.93	1.90	1.87	1.85	1.84	1.80	1.78	1.75	1.72	1.69	1.66
20	2.97	2.59	2.38	2.25	2.16	2.09	2.04	2.00	1.96	1.94	1.89	1.86	1.83	1.81	1.79	1.76	1.74	1.71	1.68	1.64	1.61
25	2.92	2.53	2.32	2.18	2.09	2.02	1.97	1.93	1.89	1.87	1.82	1.79	1.76	1.74	1.72	1.68	1.66	1.63	1.59	1.56	1.52
30	2.88	2.49	2.28	2.14	2.05	1.98	1.93	1.88	1.85	1.82	1.77	1.74	1.71	1.69	1.67	1.63	1.61	1.57	1.54	1.50	1.46
40	2.84	2.44	2.23	2.09	2.00	1.93	1.87	1.83	1.79	1.76	1.71	1.68	1.65	1.62	1.61	1.57	1.54	1.51	1.47	1.42	1.38
60	2.79	2.39	2.18	2.04	1.95	1.87	1.82	1.77	1.74	1.71	1.66	1.62	1.59	1.56	1.54	1.50	1.48	1.44	1.40	1.35	1.29
120	2.75	2.35	2.13	1.99	1.90	1.82	1.77	1.72	1.68	1.65	1.60	1.56	1.53	1.50	1.48	1.44	1.41	1.37	1.32	1.26	1.19
∞	2.71	2.30	2.08	1.94	1.85	1.77	1.72	1.67	1.63	1.60	1.55	1.50	1.47	1.44	1.42	1.38	1.34	1.30	1.24	1.17	–

α = 0.05

n_2 \ n_1	1	2	3	4	5	6	7	8	9	10	12	14	16	18	20	25	30	40	60	120	∞
1	161.45	199.50	215.71	224.58	230.16	233.99	236.77	238.88	240.54	241.88	243.91	245.36	246.46	247.32	248.01	249.26	250.10	251.14	252.20	253.25	254.31
2	18.51	19.00	19.16	19.25	19.30	19.33	19.35	19.37	19.38	19.40	19.41	19.42	19.43	19.44	19.45	19.46	19.46	19.47	19.48	19.49	19.50
3	10.13	9.55	9.28	9.12	9.01	8.94	8.89	8.85	8.81	8.79	8.74	8.71	8.69	8.67	8.66	8.63	8.62	8.59	8.57	8.55	8.53
4	7.71	6.94	6.59	6.39	6.26	6.16	6.09	6.04	6.00	5.96	5.91	5.87	5.84	5.82	5.80	5.77	5.75	5.72	5.69	5.66	5.63
5	6.61	5.79	5.41	5.19	5.05	4.95	4.88	4.82	4.77	4.74	4.68	4.64	4.60	4.58	4.56	4.52	4.50	4.46	4.43	4.40	4.36
6	5.99	5.14	4.76	4.53	4.39	4.28	4.21	4.15	4.10	4.06	4.00	3.96	3.92	3.90	3.87	3.83	3.81	3.77	3.74	3.70	3.67
7	5.59	4.74	4.35	4.12	3.97	3.87	3.79	3.73	3.68	3.64	3.57	3.53	3.49	3.47	3.44	3.40	3.38	3.34	3.30	3.27	3.23
8	5.32	4.46	4.07	3.84	3.69	3.58	3.50	3.44	3.39	3.35	3.28	3.24	3.20	3.17	3.15	3.11	3.08	3.04	3.01	2.97	2.93
9	5.12	4.26	3.86	3.63	3.48	3.37	3.29	3.23	3.18	3.14	3.07	3.03	2.99	2.96	2.94	2.89	2.86	2.83	2.79	2.75	2.71
10	4.96	4.10	3.71	3.48	3.33	3.22	3.14	3.07	3.02	2.98	2.91	2.86	2.83	2.80	2.77	2.73	2.70	2.66	2.62	2.58	2.54
12	4.75	3.89	3.49	3.26	3.11	3.00	2.91	2.85	2.80	2.75	2.69	2.64	2.60	2.57	2.54	2.50	2.47	2.43	2.38	2.34	2.30
14	4.60	3.74	3.34	3.11	2.96	2.85	2.76	2.70	2.65	2.60	2.53	2.48	2.44	2.41	2.39	2.34	2.31	2.27	2.22	2.18	2.13
16	4.49	3.63	3.24	3.01	2.85	2.74	2.66	2.59	2.54	2.49	2.42	2.37	2.33	2.30	2.28	2.23	2.19	2.15	2.11	2.06	2.01
18	4.41	3.55	3.16	2.93	2.77	2.66	2.58	2.51	2.46	2.41	2.34	2.29	2.25	2.22	2.19	2.14	2.11	2.06	2.02	1.97	1.92
20	4.35	3.49	3.10	2.87	2.71	2.60	2.51	2.45	2.39	2.35	2.28	2.22	2.18	2.15	2.12	2.07	2.04	1.99	1.95	1.90	1.84
25	4.24	3.39	2.99	2.76	2.60	2.49	2.40	2.34	2.28	2.24	2.16	2.11	2.07	2.04	2.01	1.96	1.92	1.87	1.82	1.77	1.71
30	4.17	3.32	2.92	2.69	2.53	2.42	2.33	2.27	2.21	2.16	2.09	2.04	1.99	1.96	1.93	1.88	1.84	1.79	1.74	1.68	1.62
40	4.08	3.23	2.84	2.61	2.45	2.34	2.25	2.18	2.12	2.08	2.00	1.95	1.90	1.87	1.84	1.78	1.74	1.69	1.64	1.58	1.51
60	4.00	3.15	2.76	2.53	2.37	2.25	2.17	2.10	2.04	1.99	1.92	1.86	1.82	1.78	1.75	1.69	1.65	1.59	1.53	1.47	1.39
120	3.92	3.07	2.68	2.45	2.29	2.18	2.09	2.02	1.96	1.91	1.83	1.78	1.73	1.69	1.66	1.60	1.55	1.50	1.43	1.35	1.25
∞	3.84	3.00	2.60	2.37	2.21	2.10	2.01	1.94	1.88	1.83	1.75	1.69	1.64	1.60	1.57	1.51	1.46	1.39	1.32	1.22	—

α = 0.01

n_2 \ n_1	1	2	3	4	5	6	7	8	9	10	12	14	16	18	20	25	30	40	60	120	∞
1	4 052	5 000	5 403	5 625	5 764	5 859	5 928	5 981	6 022	6 056	6 106	6 143	6 170	6 192	6 209	6 240	6 261	6 287	6 313	6 339	6 366
2	98.50	99.00	99.17	99.25	99.30	99.33	99.36	99.37	99.39	99.40	99.42	99.43	99.44	99.44	99.45	99.46	99.47	99.47	99.48	99.49	99.50
3	34.12	30.82	29.46	28.71	28.24	27.91	27.67	27.49	27.35	27.23	27.05	26.92	26.83	26.75	26.69	26.58	26.50	26.41	26.32	26.22	26.13
4	21.20	18.00	16.69	15.98	15.52	15.21	14.98	14.80	14.66	14.55	14.37	14.25	14.15	14.08	14.02	13.91	13.84	13.75	13.65	13.56	13.46
5	16.26	13.27	12.06	11.39	10.97	10.67	10.46	10.29	10.16	10.05	9.89	9.77	9.68	9.61	9.55	9.45	9.38	9.29	9.20	9.11	9.02
6	13.75	10.92	9.78	9.15	8.75	8.47	8.26	8.10	7.98	7.87	7.72	7.60	7.52	7.45	7.40	7.30	7.23	7.14	7.06	6.97	6.88
7	12.25	9.55	8.45	7.85	7.46	7.19	6.99	6.84	6.72	6.62	6.47	6.36	6.28	6.21	6.16	6.06	5.99	5.91	5.82	5.74	5.65
8	11.26	8.65	7.59	7.01	6.63	6.37	6.18	6.03	5.91	5.81	5.67	5.56	5.48	5.41	5.36	5.26	5.20	5.12	5.03	4.95	4.86
9	10.56	8.02	6.99	6.42	6.06	5.80	5.61	5.47	5.35	5.26	5.11	5.01	4.92	4.86	4.81	4.71	4.65	4.57	4.48	4.40	4.31
10	10.04	7.56	6.55	5.99	5.64	5.39	5.20	5.06	4.94	4.85	4.71	4.60	4.52	4.46	4.41	4.31	4.25	4.17	4.08	4.00	3.91
12	9.33	6.93	5.95	5.41	5.06	4.82	4.64	4.50	4.39	4.30	4.16	4.05	3.97	3.91	3.86	3.76	3.70	3.62	3.54	3.45	3.36
14	8.86	6.51	5.56	5.04	4.69	4.46	4.28	4.14	4.03	3.94	3.80	3.70	3.62	3.56	3.51	3.41	3.35	3.27	3.18	3.09	3.00

附表5（续）

n_2 \ n_1	1	2	3	4	5	6	7	8	9	10	12	14	16	18	20	25	30	40	60	120	∞
16	8.53	6.23	5.29	4.77	4.44	4.20	4.03	3.89	3.78	3.69	3.55	3.45	3.37	3.31	3.26	3.16	3.10	3.02	2.93	2.84	2.75
18	8.29	6.01	5.09	4.58	4.25	4.01	3.84	3.71	3.60	3.51	3.37	3.27	3.19	3.13	3.08	2.98	2.92	2.84	2.75	2.66	2.57
20	8.10	5.85	4.94	4.43	4.10	3.87	3.70	3.56	3.46	3.37	3.23	3.13	3.05	2.99	2.94	2.84	2.78	2.69	2.61	2.52	2.42
25	7.77	5.57	4.68	4.18	3.85	3.63	3.46	3.32	3.22	3.13	2.99	2.89	2.81	2.75	2.70	2.60	2.54	2.45	2.36	2.27	2.17
30	7.56	5.39	4.51	4.02	3.70	3.47	3.30	3.17	3.07	2.98	2.84	2.74	2.66	2.60	2.55	2.45	2.39	2.30	2.21	2.11	2.01
40	7.31	5.18	4.31	3.83	3.51	3.29	3.12	2.99	2.89	2.80	2.66	2.56	2.48	2.42	2.37	2.27	2.20	2.11	2.02	1.92	1.80
60	7.08	4.98	4.13	3.65	3.34	3.12	2.95	2.82	2.72	2.63	2.50	2.39	2.31	2.25	2.20	2.10	2.03	1.94	1.84	1.73	1.60
120	6.85	4.79	3.95	3.48	3.17	2.96	2.79	2.66	2.56	2.47	2.34	2.23	2.15	2.09	2.03	1.93	1.86	1.76	1.66	1.53	1.38
∞	6.63	4.61	3.78	3.32	3.02	2.80	2.64	2.51	2.41	2.32	2.18	2.08	2.00	1.93	1.88	1.77	1.70	1.59	1.47	1.32	—

注：此表中任意一个取值可以在 Excel 中利用 = F. INV. RT（α，n_1，n_2，）求出。